Readings in Spanish Literature

Anthony Zahareas
University of Minnesota
and
Barbara Kaminar de Mujica
Georgetown University

New York
OXFORD UNIVERSITY PRESS
London 1975 Toronto

Permission to use copyright materials is hereby gratefully acknowledged:

To Francisco Ayala, for permission to use his *El inquisidor*.
To Matea Monedero, for Antonio Machado's *La tierra de Alvargonzález*.
To José Ruibal, for his *El bacalao*.
To Carlos Valle-Inclán, for Ramón del Valle-Inclán's *La rosa de papel*.
To the sons and daughters of Leopoldo García-Alas García-Argüelles for
Leopoldo Alas's *Protesto* and *El jornalero*.
To Fernando de Unamuno for Miguel de Unamuno's *El otro*.
Selections from Cervantes, Gracián, Calderón, Larra, and Bécquer are from
Aguilar editions.

▣ Contents ▣

◙ Preface ◙

Textbook anthologies of Spanish literature do exist and it has not been our purpose merely to add one more to their number. Our purpose has been to publish a collection of first-rate unabridged works by famous Spanish authors that will consolidate, sharpen, and advance the student's grasp of Spanish language, culture, and literature by introducing him to complex yet pertinent literary works early in his course of study. Surprisingly, the opportunity to read quality literature has been consistently, almost systematically, denied to undergraduates taking Spanish as their foreign language.

Our premise is that if students read excellent, poignant, and penetrating material that deals with diverse Spanish realities, and especially if they do so at an early stage, they will not only develop a keen interest in Spanish thought and culture, but they will also retain the Spanish language better because they will be absorbed by the works. Our purpose as editors is to make the most vital aspects of Spanish available through short masterpieces that in their uniqueness and range engage students in problems common to Spain and the Western tradition. In spite of the high quality of Spanish literature, many anthologies are uneven and mediocre—as if students of Spanish were unable or unwilling to study Spain's most challenging writers.

The twelve sections in this book contain complete works, each reproduced in its entirety. The only exception is Gracián's *El héroe*, from which some overly erudite passages were eliminated. Each selection can be read as a distinct unit and not as an excerpt. A variety of major novelists, short story writers, dramatists, satirists, poets, and essayists are represented by one of their short master-pieces. The twelve authors cover nearly four centuries of Spanish literature, from the Age of the Empire to the present. They are all eminent European writers, but they are, above all, preeminently Spanish writers, conscious of the Spanish tradition. From Cervantes to Ruibal, they deal with recurring themes in European, especially Spanish, thought: appearance and reality, heroes and opportunism, identity and alienation, the subconscious.

The selections represent a variety of genres, periods, tones, and archetypes. This wide range of types and moods is deliberate: we hope the student will focus on each literary work as an imaginative creation and also as an interesting, relevant theme worth pursuing further. Each work can be read in its entirety and simultaneously studied in detail for language, idioms, thought, conversation, and composition. We have endeavored to provide a varied selection of poetry, drama, fiction and nonfiction prose, ranging from the sprightly and humorous to the serious and tragic. The situations are archetypal and hence recognizable. The twelve works can therefore be compared to each other and each one can be discussed in terms of Classic, European, or American literature. Each work is a miniature, and like all good miniatures, it invites the closest scrutiny. And if Spanish language is Spanish culture—as most modern linguists and anthropologists claim—then the Spanish taught and learned through these twelve units is perhaps the most direct and exact reflection of the total complex culture and thought of Spanish society.

Each story, play, poem, or essay is followed by a critical commen-tary prepared especially for this edition by a critic who is recognized as being among the most distinguished and influential in either the field of Spanish or of Comparative Literature. Each commentary is limited in scope to the author, his times, and the piece in question. We believe that early exposure to quality criticism will make each work incalculably more accessible and interesting to the student.

The biographical sketches of the authors emphasize the aspects of each writer's life that are relevant to understanding his works. The content analyses are intended to clarify the texts, to point out rela-tionships between one author and another, and to stimulate discus-sion. The commentators, in spite of the diversity of their approaches, have all attempted to analyze the works within the context of Spanish society.

It has been our aim to make the editorial material unusually functional by explaining difficult words and expressions as well as obscure biographical and historical references within the context of each work. We also point out examples of irony, word play, paradox, foreshadowing, and so forth; that is, interpretation and paraphrases are offered for pertinent, difficult, elliptical, or ambiguous material, and for allusions that are not readily understood in context. Where translations are euphemistic, this has also been indicated. Through the notes we have attempted to give students access to all important references, whether philosophical, literary, social, historical, or artistic. In the interests of fidelity to the spirit and language of the twelve works, we have used the most colloquial terms appropriate within the limits of good taste.

A complete vocabulary is included at the end of the book. The length and scope of the vocabulary section attests to the verbal richness of these selections and to their usefulness in the study of Spanish. The vocabulary does not contain merely those terms likely to be taught in the first two or three years of study but includes a wide variety of expressions that reflect almost every aspect of Spanish civilization. The range is wide because the situations dramatized in the selections are extremely varied. They cover countless day to day realities: popular entertainments, including theater, dance, acrobatics, buffoonery; occupations and shops; meals, food and drinks; social life; politics; business transactions; clothes; landscapes; farmwork; plants and animals; education; history; geography; popular beliefs; intellectual endeavors; church and clergy; travel; time; feelings and emotions; vice; war; peace; and many others. In selecting and editing these short masterpieces we have tried to wed the fundamental needs of language teaching—vocabulary-building, conversation, etc.,—with vital situations and relevant issues that make the Spanish language, culture, and literature come alive in the classroom.

Now, every thoughtful editor who hopes to create a useful language textbook knows that the realization of his goal hinges primarily on one central problem: to find a coherent relation between pure language and the social context of that language. We must give the student of Spanish, for example, a command of the Spanish language and at the same time an abiding sense of the value of Spanish literature and culture. In view of this, the traditional dichotomy between literature and linguistics that still exists in many universities is unnecessary. Unless we take advantage of recent advances in applied linguistics as well as of the first-rate literature that is available to us, we will not produce first-rate students. Not surprisingly, this textbook was conceived in the offices of Oxford University Press in New York, at a meeting between academics and publishers, during a discussion devoted precisely to the problem of finding ways of meaningfully fusing language teaching and literature, method and content.

Had we not been challenged by colleagues to try to create a different type of reader in Spanish literature, this project would not have been undertaken; it would not have been realized without the encouragement and continuous concern of the Oxford editors who were hoping anxiously for a textbook that might bridge the gap between language and literature. We decided from the start that the high quality of the reading material must not be compromised even once, that the difficulty with most previous textbooks had been the inclusion of uninteresting reading material. The stilted language of the highly abridged selections stunted the students' interest. Undergraduates were rarely offered reading material that was mature in content, complex in feeling, subtle in human preoccupations and, at the same time, written in vivid, high-quality Spanish. Accurate grammar explanations and elaborate notes do not stimulate students if their reading material is sophomoric and the language is humdrum or touristy. Most college readers currently on the market tend to rely on easy, safe material. They are condescending toward students in the sense that they offer no challenges. Even when the selections are excellent, they are short fragments taken from larger works. They are presented out of context and are not substantial enough to interest students or to give them a real taste of the author's writing. Often original texts are edited so drastically that the author's style or point of view is mutilated. Certainly, it is unfortunate that so many textbooks should have been prepared that make the difficult problem of learning Spanish more difficult still.

Advanced and even intermediate Spanish students are certainly able to appreciate and to learn from the works of great Spanish writers. Furthermore, Spanish cannot be learned in a vacuum, independently of Spanish culture. And what better introduction to that culture than the literary creations of some of Spain's greatest minds?

Language teaching must go beyond grammatical explanation, drill, and elementary sentence-building. We must recognize that works of great literature reflect national realities. The learned skills and techniques, which we recognize as indispensable to any systematic language instruction, and without which language courses could not be effective, should be reinforced by the introduction of good, challenging writing composed by those who use the language best. To be exposed at an early stage to the greatest Spanish writers and critics is not only more interesting and attractive to the student, but also more instructive.

Our focus in the preparation of this collection has been on the connection between Spanish literature and Spanish life. All twelve works examine man, and in particular the Spaniard, in relation to his cultural and social environment: the individual trapped by his past, condemned to judge and be judged, burdened by duties and free choice; man, the foolish, wise, crazy, frustrated, clever, hypocritical, fanatical, presumptuous; man the victim and man the oppressor, cruel or compassionate, grotesque, innocent, lost, stripped bare in the face of a civilization of which he is both the recipient and the creator.

The selections included in this book, despite the variety of forms and the range of four centuries, were not chosen at random; they form an integrated whole, not just another clever scrap heap. Each work reflects the individual vision of a particular writer. Yet, the works together relate to a single goal; together they weave a complex tapestry of the social reality of a people.

The editors share the conviction that students must know something of the Spanish language and syntax if they are to understand and appreciate Spain's institutions. A mutual relationship exists between Spanish language and Spanish thought. It is a relationship to which lip service is often paid, but which, when it comes to preparing Spanish textbooks for college students, is often ignored. The Spanish language, like any language, becomes stilted, cliché-ridden, even ugly when subjected to undue tampering.

Our great debt in preparing *Readings in Spanish Literature* is, first, to George Allen and John Wright, who encouraged us to develop our approach, and second, to the twelve critics who prepared the commentaries for the works selected. We would like to single out those critics who also helped us in the preparation of the notes for the works they analyzed—Alexander Parker, Rodolfo Cardona, Antonio Ramos, and especially, José Ruibal, Carlos del Valle-Inclán, son of

Ramón del Valle-Inclán, gave us special permission to publish *Rosa de papel* and also clarified several lexical items. The linguist Larry Grimes also helped with several passages. We would also like to express our thanks to Louise Zahareas, Mauro Mujica, and Sally Chicotel, who helped in the preparation of the manuscript. Finally, we received indirect help from four published books: Monroe Hafter's *Gracián and Perfection*, Harvard University Press (Cambridge, Mass., 1966); Alexander Parker's *The Allegorical Drama of Calderón*, Dolphin Book Co. (Oxford, 1968); *The Generation of 1898 and After*, Ed. B. Patt and M. Nozik, Dodd-Mead (New York, 1963); and Bruce Wardropper's edition of *Spanish Golden Age Theatre*, Scribners (New York, 1970).

Anthony N. Zahareas

Minneapolis, Minn.

Barbara Kaminar de Mujica

Washington, D.C.

◙ Miguel de Cervantes ◙

Entremés¹ de el retablo de las maravillas²

PERSONAJES

CHANFALLA	TERESA REPOLLA
LA CHIRINOS	JUANA CASTRADA
EL RABELÍN	EL AUTOR
EL GOBERNADOR	LA AUTORA
BENITO REPOLLO	EL MÚSICO
JUAN CASTRADO	SOBRINO DE BENITO
PEDRO CAPACHO	EL FURRIER

(*Salen*³ CHANFALLA *y la* CHIRINOS.⁴)

CHANFALLA.—No se te pasen de la memoria,⁵ Chirinos, mis advertimentos, principalmente los que te he dado para este nuevo embuste, que ha de salir tan a luz como el pasado del llovista.⁶

1. *Entremés*   theatrical interlude. Brief one-act farce, full of buffoonery, staged between the acts of the regular performance of a full-length play. Cervantes published eight such interludes, six in prose and two in verse.
2. *Retablo de las maravillas*   the spectacle of miracles (marvels). *Retablo* has two meanings. In a church, the *retablo* (retable) is the raised ledge for holding ornaments during service above the back of an altar. The term may also refer to a series of sacred paintings or carvings behind the altar about historical or religious episodes. In lay terms, *retablo* means a sort of shelf or box upon which one could represent an action, especially that of a puppet show. The pun between the religious "retable" and the common "puppet show" of miracles is intentional.
3. *Salen*   enter (theatrical term)
4. *Chirinos*   trifles; happy-go-lucky. Several names of characters are humorous puns. See notes 9 and 22.
5. *No... memoria*   Don't forget
6. *llovista*   This particular trick of the "rainmaker" is not known. Perhaps Cervantes is referring to folk tales about swindles by medicine men who used certain ritualistic hocus-pocus supposedly to influence the rain gods.

CHIRINOS.—Chanfalla ilustre, lo que en mí fuere,[7] tenlo como de
5 molde,[8] que tanta memoria tengo como entendimiento, a quien se
junta una voluntad de acertar a satisfacerte que excede a las demás
potencias. Pero dime: ¿de qué sirve este Rabelín[9] que hemos tomado? Nosotros dos solos, ¿no pudiéramos salir con[10] esta empresa?

CHANFALLA.—Habíamosle[11] menester como el pan de la boca, para
10 tocar en los espacios que tardaren en salir las figuras del retablo de
las maravillas.[12]

CHIRINOS.—Maravilla será si no nos apedrean por sólo el Rabelín,
porque tan desventurada criaturilla no la he visto en todos los días de
mi vida.

(*Sale el* RABELÍN.)

15 RABELÍN.—¿Hase de hacer algo en este pueblo, señor autor?[13] Que
yo me muero porque vuesa merced vea que no me tomó a carga
cerrada.[14]

CHIRINOS.—Cuatro cuerpos de los vuestros no harán un tercio,
cuanto más una carga.[15] Si no sois más gran músico que grande,
20 medrados estamos.[16]

RABELÍN.—Ello dirá[17]; que en verdad que me han escrito para entrar en una compañía de partes,[18] por chico que soy.

7. *lo... fuere*   whatever I can do. *Fuere,* the future subjunctive of *ser,* is now rarely
used.
8. *tenlo... molde*   count on it; you can take it for granted
9. *Rabelín*   puny player of the rebeck, a boat-shaped, three-string instrument played
with a bow (*rabelín* is diminutive of *rabel*)
10. *salir con*   get away with, succeed in
11. *Habíamosle*   *le habíamos.* In the sixteenth and seventeenth centuries, a pronoun often followed and was attached to a conjugated verb.
12. *los... maravillas*   In traveling puppet shows, loud drums, trumpets, or lutes and
booming declamations were used to create excitement before the appearance of
puppets.
13. *autor*   In the sixteenth and seventeenth centuries, manager of a theatrical
company.
14. *a carga cerrada*   buying an item blindly, without examining it; i.e., you didn't
make a bad deal when you took me in the company
15. *Cuatro... carga*   Untranslatable pun on *carga,* military charge or weight, and on
tercio, corps or half a mule's load, one third; something like, four of you wouldn't
add up to half a mule's load (which is only a third part of man), let alone a real charge.
16. *Medrados estamos*   we're in for it
17. *Ello dirá*   you wait and see; proverbial expression similar to the English "time
will tell."
18. *compañía de partes*   touring stock company where earnings were split in parts
among the actors

CHANFALLA.—Si os han de dar la parte a medida del cuerpo, casi será invisible. Chirinos, poco a poco estamos ya en el pueblo, y éstos que aquí vienen deben de ser, como lo son sin duda, el gobernador y los alcaldes.[19] Salgámosles al encuentro y date un filo a la lengua en la piedra de la adulación[20]; pero no despuntes de aguda.[21]

Salen el GOBERNADOR *y* BENITO REPOLLO, *alcalde*, JUAN CASTRADO, *regidor, y* PEDRO CAPACHO,[22] *escribano*

CHANFALLA.—Beso a vuesas mercedes las manos. ¿Quién de vuesas mercedes es el gobernador de este pueblo?

GOBERNADOR.—Yo soy el gobernador. ¿Qué es lo que queréis, buen hombre?

CHANFALLA.—A tener yo dos onzas de entendimiento, hubiera echado de ver que esa peripatética[23] y anchurosa presencia no podía ser de otro que del dignísimo gobernador de este honrado pueblo, que, con venirlo a ser de las Algarrobillas,[24] lo deseche vuesa merced.

CHIRINOS.—En vida de la señora y de los señoritos,[25] si es que el señor gobernador los tiene.

CAPACHO.—No es casado el señor gobernador.

CHIRINOS.—Para cuando lo sea, que no se perderá nada.

GOBERNADOR.—Y bien: ¿qué es lo que queréis, hombre honrado?

CHIRINOS.—Honrados días viva vuesa merced, que así nos honra. En fin; la encina da bellotas; el pero, peras; la parra, uvas, y el honrado, honra, sin poder hacer otra cosa.

BENITO.—Sentencia ciceronianca,[26] sin quitar ni poner un punto.

19. *alcaldes* members of the city council, aldermen; akin to the term is the modern word for mayor.
20. *date... adulación* sharpen your tongue on flattery's whetstone; be witty and flattering
21. *pero... aguda* but don't overdo it; don't make your tongue excessively sharp.
22. *Repollo, Castrado, Capacho* Cabbage head, Castrated (or Eunuch), Sack-clothed (or Baggy-pants)
23. *peripatética* ambling. Pun on peripatetic, the name of the philosophical school of Aristotle, who taught ambling (or walking) about. Chirinos puts on airs to impress the country hicks.
24. *Algarrobillas* at that time, village known for hams. It is not clear whether Chirinos wishes that he were its governor or that he is glad he is not.
25. *En... señoritos* I wish the best for your wife and children
26. *ciceronianca* Laughable blunder in pronouncing learned words, typical among rustics who put on airs: Ciceronkian or Ciceronican, instead of Ciceronian, referring to Cicero, the Roman statesman.

CAPACHO.—*Ciceroniana* quiso decir el señor alcalde Benito Repollo.

BENITO.—Siempre quiero decir lo que es mejor, sino que las más veces no acierto. En fin, buen hombre: ¿qué queréis?

50 CHANFALLA.—Yo, señores míos, soy Montiel, el que trae el retablo de las maravillas. Hanme enviado a llamar de la corte los señores cofrades de los hospitales,[27] porque no hay autor de comedias en ella, y perecen los hospitales, y con mi idea se remediará todo.

GOBERNADOR.—Y ¿qué quiere decir «retablo de las maravillas»?

55 CHANFALLA.—Por las maravillosas cosas que en él se enseñan y muestran, viene a ser llamado retablo de las maravillas; el cual fabricó y compuso el sabio Tontonelo,[28] debajo de tales paralelos, rumbos, astros y estrellas,[29] con tales puntos, caracteres y observaciones, que ninguno puede ver las cosas que en él se muestran que 60 tenga alguna raza de confeso,[30] o no sea habido[31] y procreado de sus padres de legítimo matrimonio,[32] y el que fuere contagiado destas dos tan usadas enfermedades, despídase de ver las cosas jamás vistas ni oídas de mi retablo.[33]

BENITO.—Ahora echo de ver que cada día se ven en el mundo 65 cosas nuevas. ¿Y qué? ¿Se llamaba Tontonelo el sabio que el retablo compuso?

CHIRINOS.—Tontonelo se llamaba, nacido en la ciudad de Tontonela; hombre de quien hay fama que le llegaba la barba a la cintura.

BENITO.—Por la mayor parte, los hombres de grandes barbas son 70 sabihondos.[34]

---

27. *cofrades... hospitales* Hospital or Asylum Brethren. Religious brotherhoods which administered hospitals were also in charge of local theatrical shows and received a good part of the profits.

28. *Tontonelo* Humorous play on *tonto*. Foolfoorello or Simplefoolton.

29. *astros y estrellas* It was a common belief that man's fate could be foretold by examining the various positions of the stars. That is, Tontonelo is some sort of astrologer who can work magic.

30. *raza de confeso* Stigma in one's lineage for having converted Jews as ancestors, that is, for being a Christian with Jewish blood in his veins. A *confeso*, or *converso* is a Jew confessed and converted to Catholicism and hence a "new" Christian with "tainted" or "impure" blood. After the expulsion of the Jews from Spain in 1492, the *conversos* were suspected by the Inquisition of pretending to profess Christianity in order to escape death or prosecution. Many New Christians lived in mortal fear and led a life of insecurity. The only "pureblooded" and therefore unsuspected Christians were "old," rural Castilians.

31. *o... habido* or who is not begot

32. *no sea... matrimonio* Euphemism for "who is a bastard."

33. *ver... retablo* The power of illusion to envelop and transform reality is a folk motif that has come down to us from the Middle Ages. Hans Christian Andersen used it in his popular children's story "The Emperor's New Clothes."

34. *sabihondos* know-it-all; wise guy. Humorous misuse of the term.

GOBERNADOR.—Señor regidor Juan Castrado: yo determino, debajo de su buen parecer, que esta noche se despose la señora Juana Castrada, su hija, de quien yo soy padrino, y, en regocijo de la fiesta, quiero que el señor Montiel muestre en vuestra casa su retablo.   75

JUAN.—Eso tengo yo[35] por servir al señor gobernador, con cuyo parecer me convengo, entablo y arrimo,[36] aunque haya otra cosa en contrario.

CHIRINOS.—La cosa que hay en contrario es que, si no se nos paga primero nuestro trabajo, así verán las figuras como por el cerro   80 de Ubeda.[37] ¿Y vuesas mercedes, señores justicias, tienen conciencia y alma en esos cuerpos? ¡Bueno sería que entrase esta noche todo el pueblo en casa del señor Juan Castrado, o como es su gracia, y viese lo contenido en el tal retablo, y mañana, cuando quisiésemos mostrarle al pueblo, no hubiese ánima que le viese! No, señores: no,   85 señores; *ante omnia*,[38] nos han de pagar lo que fuere justo.

BENITO.—Señora autora, aquí no os ha de pagar ninguna Antona ni ningún Antoño; el señor regidor Juan Castrado os pagará más que honradamente, y si no, el Concejo. ¡Bien conocéis el lugar, por cierto! Aquí, hermana, no aguardamos a que ninguna Antona pague   90 por nosotros.

CAPACHO.—¡Pecador de mí, señor Benito Repollo, y qué lejos da del blanco! No dice la señora autora que pague ninguna Antona, sino que le paguen adelantado y ante todas cosas, que eso quiere decir *ante omnia*.   95

BENITO.—Mirad, escribano Pedro Capacho: haced vos que me hablen a derechas, que yo entenderé a pie llano.[39] Vos, que sois leído y escribido, podéis entender esas algarabías de allende,[40] que yo no.

JUAN.—Ahora bien: ¿contentarse ha[41] el señor autor con que yo le dé adelantados media docena de ducados? Y más, que se tendrá   100 cuidado que no entre gente del pueblo esta noche en mi casa.

CHANFALLA.—Soy contento, porque yo me fío de la diligencia de vuesa merced y de su buen término.

---

35. *Eso tengo yo*   I'll handle this
36. *convengo... arrimo*   I concur, indeed. Humorous redundancy.
37. *el cerro de Ubeda*   fig., you'll see nothing (of the puppets)
38. *ante omnia*   Latin, "first of all." Phonetically, however, it sounds like Antonia to an uneducated rustic, hence the humorous misunderstanding.
39. *a pie llano*   without difficulty
40. *algarabías de allende*   Arabic gibberish from foreign lands
41. *contentarse ha*   Archaic for *se contentará;* infinitive + *haber* is the way the future tense was formed in Old Spanish.

JUAN.—Pues véngase conmigo. Recibirá el dinero, y verá mi casa
105 y la comodidad que hay en ella para mostrar ese retablo.

CHANFALLA.—Vamos, y no se les pase de las mientes[42] las calidades que han de tener los que se atrevieren a mirar el maravilloso
retablo.

BENITO.—A mi cargo queda eso, y séle decir que, por mi parte,
110 pueda ir seguro a juicio, pues tengo el padre alcalde; cuatro dedos
de enjundia de cristiano viejo rancioso[43] tengo sobre los cuatro cos-
tados de mi linaje[44]: ¡miren si veré el tal retablo!

CAPACHO.—Todos le pensamos ver, señor Benito Repollo.

JUAN.—No nacimos todos acá en las malvas,[45] señor Pedro Ca-
115 pacho.

GOBERNADOR.—Todo será menester, según voy viendo, señores
alcalde, regidor y escribano.

JUAN.—Vamos, autor, y manos a la obra, que Juan Castrado me
llamo, hijo de Antón Castrado y de Juana Macha[46]; y no digo más en
120 abono y seguro que podré ponerme cara a cara y a pie quedo[47]
delante del referido retablo.

CHIRINOS.—¡Dios lo haga! (*Entranse*[48] JUAN CASTRADO y CHAN-
FALLA.)

GOBERNADOR.—Señora autora, ¿qué poetas se usan[49] ahora en la
125 corte de fama y rumbo, especialmente de los llamados cómicos?
Porque yo tengo mis puntas y collar de[50] poeta, y pícome de la
farándula y carátula[51]; veinte y dos comedias tengo, todas nuevas,
que se ven las unas a las otras,[52] y estoy aguardando coyuntura para
ir a la corte y enriquecer con ellas media docena de autores.

42. *y... mientes*   and you shouldn't forget
43. *cristiano viejo rancioso*   old-fashioned, traditional Christian. Pun on *rancioso*,
"greasy" (and hence non-Jewish, since it was forbidden in the Jewish religion to
eat pork) and "of the oldest stock." Cervantes is mocking Spaniards' pretentions at
purity of blood.
44. *los... linaje*   i.e., from all sides of my family background I have pure, Christian
blood. Jewish ancestry was a constant preoccupation of the time but the villagers
assumed that their blood was pure. Most converts lived in cities.
45. *nacer... malvas*   to be low-born, born in the sticks (colloquial)
46. *Juana Macha*   Humorous play on *macho*, male, masculine.
47. *a pie quedo*   firmly
48. *Entranse*   exit (theatrical term)
49. *se usan*   are in vogue
50. *tengo... de*   I have it in myself to be a; I'm inclined to be a; *puntas y collar*   leanings, inclinations
51. *farándula y carátula*   company of actors, masques, or any group of theatrical
entertainers, especially for courts
52. *se... otras*   each play is as good as the other

CHIRINOS.—A lo que vuesa merced, señor gobernador, me pre- 130
gunta de los poetas, no le sabré responder, porque hay tantos, que
quitan el sol, y todos piensan que son famosos; los poetas cómicos
son los ordinarios y que siempre se usan, y así, no hay para qué
nombrarlos. Pero dígame vuesa merced, por su vida: ¿cómo es su
buena gracia? ¿Cómo se llama? 135

GOBERNADOR.—A mí, señora autora, me llaman el licenciado
Gomecillos.

CHIRINOS.—¡Válame[53] Dios, y que vuesa merced es el señor
licenciado Gomecillos, el que compuso aquellas coplas tan famosas
de «Lucifer estaba malo» Y «Tómale mal de fuera»![54] 140

GOBERNADOR.—Malas lenguas hubo que me quisieron ahijar estas
coplas, y así fueron mías como del Gran Turco.[55] Las que yo com-
puse, y no lo quiero negar, fueron aquéllas que trataron del diluvio
de Sevilla[56]; que, puesto que los poetas son ladrones unos de otros,
nunca me precié de hurtar nada a nadie: con mis versos me ayude 145
Dios, y hurte el que quisiere.

(*Vuelve* CHANFALLA.)

CHANFALLA.—Señores, vuesas mercedes vengan, que todo está a
punto, y no falta más que comenzar.

CHIRINOS.—¿Está ya el dinero *in corbona?*[57]

CHANFALLA.—Y aun entre las telas del corazón. 150

CHIRINOS.—Pues doite por aviso, Chanfalla, que el gobernador es
poeta

CHANFALLA.—¿Poeta? ¡Cuerpo del mundo![58] Pues dale por engañado, porque todos los de humor[59] semejante son hechos a la mazacona[60]; gente descuidada, crédula y no nada maliciosa. 155

53. *Válame*   Archaic for *válgame.*
54. *Lucifer... fuera*   "Lucifer took ill" and "He had a sudden fit" are a parody of
contemporary cliché-ridden poems.
55. *Gran Turco*   Grand Sultan; emphatic expression to reinforce a denial, not at all,
in no way
56. *diluvio de Sevilla*   Allusion to Seville, which was inundated by winter floods of
the Guadalquivir River in 1595, or 1596–97, or 1603–4.
57. *in corbona*   Biblical Latin for "tucked in the chest of offerings," i.e., safely
tucked away. Popular use of a biblical expression.
58. *cuerpo del mundo*   Euphemism for ¡*Cuerpo de Dios!*—an angry retort, comparable
to I'll be damned!
59. *humor*   temperament, or disposition. Sixteenth-century medicine taught that an
individual's behavior was related to the distribution of his body humors or liquids.
60. *a la mazacona*   without sharpness, i.e., poets are not very alert

BENITO.—Vamos, autor, que me saltan los pies por ver esas maravillas.

(*Entranse todos. Salen* JUANA CASTRADA *y* TERESA REPOLLA, *labradoras; la una, como desposada, que es la* CASTRADA.)

CASTRADA.—Aquí te puedes sentar, Teresa Repolla amiga, que tendremos el retablo enfrente; y pues sabes las condiciones que han de tener los miradores del retablo, no te descuides, que sería una gran desgracia.

TERESA.—Ya sabes, Juana Castrada, que soy tu prima, y no digo más. Tan cierto tuviera yo el Cielo como tener cierto ver todo aquello que el retablo mostrare. Por el siglo de mi madre, que me sacase los mismos ojos de mi cara si alguna desgracia me aconteciese. ¡Bonita soy yo para eso![61]

CASTRADA.—Sosiégate, prima, que toda la gente viene.

(*Salen el* GOBERNADOR, BENITO REPOLLO, JUAN CASTRADO, PEDRO CAPACHO, *el* AUTOR, *y la* AUTORA, *y el* MÚSICO, *y otra gente del pueblo, y un* SOBRINO *de* BENITO, *que ha de ser aquel gentilhombre que baila.*)

CHANFALLA.—Siéntense todos. El retablo ha de estar detrás de este repostero,[62] y la autora también, y aquí el músico.

BENITO.—¿Músico es éste? Métanlo también detrás del respostero; que, a trueco de no verle, daré por bien empleado el no oírle.[63]

CHANFALLA.—No tiene vuesa merced razón, señor alcalde Repollo, de descontentarse del músico, que en verdad que es muy buen cristiano, y hidalgo de solar conocido.[64]

GOBERNADOR.—Calidades son bien necesarias para ser buen músico.

BENITO.—De solar bien podrá ser; mas de sonar, abrenuncio.[65]

RABELÍN.—Eso se merece el bellaco que se viene a sonar delante de...

---

61. *¡Bonita... eso!* That's all I need! i.e., a fine thing if I had a Jewish ancestry! (Colloquial)
62. *repostero* elegant, square tapestry adorned with bright coats of arms, used as curtain for small stages. What Chirinos calls tapestry, however, is only a blanket.
63. *daré... no oírle* I'll settle for not having to hear him
64. *solar conocido* known, well-bred family; that is, his line of ancestors is well documented. Parody of the claims of many *hidalgos* (Spanish noblemen of secondary rank below that of a grandee) who were presumptuous because of their lineage.
65. *abrenuncio* I swear it isn't so, I deny it. (Latin religious expression)

GOBERNADOR.—Quédese esta razón en el *de* del señor Rabel, y en   180
el *tan* del alcalde, que será proceder en infinito, y el señor Montiel
comience su obra.

BENITO.—¡Poca balumba[66] trae el autor para tan gran retablo!

JUAN.—Todo debe de ser de maravilla.

CHANFALLA.—¡Atención, señores, que comienzo! ¡Oh tú, quien-   185
quiera que fuiste,[67] que fabricaste este retablo con tan maravilloso
artificio, que alcanzó renombre de las maravillas por la virtud que
en él se encierra! Te conjuro, apremio y mando que luego *incon-*
tinente[68] muestres a estos señores algunas de las tus maravillosas
maravillas, para que se regocijen y tomen placer sin escándalo   190
alguno. ¡Ea!, que ya veo que has otorgado mi petición, pues por
aquella parte asoma la figura del valentísimo Sansón, abrazado con
las columnas del templo, para derribarle por el suelo y tomar venganza de sus enemigos.[69] ¡Tente, valeroso caballero, tente, por la
gracia de Dios Padre! ¡No hagas tal desaguisado, porque no cojas   195
debajo y hagas tortilla[70] tanta y tan noble gente como aquí se ha
juntado!

BENITO.—¡Téngase, cuerpo de tal, conmigo![71] ¡Bueno sería que, en
lugar de habernos venido a holgar, quedásemos aquí hechos
plasta! ¡Téngase, señor Sansón, pesia a[72] mis males, que se lo ruegan   200
buenos![73]

CAPACHO.—¿Veisle vos, Castrado?

JUAN.—¡Pues no lo había de ver! ¿Tengo yo los ojos en el colodrillo?

GOBERNADOR.—(*Aparte*.) ¡Milagroso caso es éste! Así veo yo a   205

---

66. *poca balumba*   hardly any stage equipment
67. *Oh... fuiste*   Common formula for conjuring up demons. Chanfalla narrates or
acts out the show while Chirinos pretends to be behind the curtain handling the
prodigious puppets. In reality, there is no show except in the imagination of the
villagers ignited by the suggestions of the tricksters.
68. *incontinente*   instantly (Latin)
69. *Sansón... enemigos*   Reference to Samson's downfall and humiliation and to his
revenge when, after regaining his strength with the growth of his hair, he destroyed
the temple of the Philistines by wrecking the columns.
70. *hagas tortilla*   crush
71. *cuerpo... conmigo*   curse you!, damn you!
72. *pesia a*   Archaic for *pese a*, in spite of.
73. *que... buenos*   it's good people who are pleading with you. Although the spectators do not actually see puppets, they participate so intensely that they convert
the imaginary figures into real people in their own minds.

Sansón ahora, como al Gran Turco; pues en verdad que me tengo
por legítimo y cristiano viejo.[74]

CHIRINOS.—¡Guárdate, hombre, que sale el mismo toro que mató
al ganapán de Salamanca! ¡Echate, hombre! ¡Echate, hombre! ¡Dios
210 te libre! ¡Dios te libre!

CHANFALLA.—Echense todos... ¡Echense todos! Húchoho,[75] húchoho, húchoho! (*Echanse todos y alborótanse.*)

BENITO.—¡El diablo lleva en el cuerpo el torillo! Sus partes tiene
de hosco y de bragado.[76] Si no me tiendo, me lleva de vuelo.

215 JUAN.—Señor autor, haga, si puede, que no salgan figuras que
nos alboroten. Y no lo digo por mí, sino por estas mochachas, que
no les ha quedado gota de sangre en el cuerpo, de la ferocidad del
toro.

CASTRADA.—¡Y cómo padre! No pienso volver en mí en tres días.
220 Ya me vi en sus cuernos, que los tiene agudos como una lezna.

JUAN.—No fueras tú mi hija, y no lo vieras.[77]

GOBERNADOR.—(*Aparte.*) Basta; que todos ven lo que yo no veo;
pero al fin habré de decir que lo veo, por la negra honrilla.[78]

CHIRINOS.—Esa manada de ratones que allá va desciende por línea
225 recta de aquéllos que se criaron en el Arca de Noé; de ellos son
blancos, de ellos albarazados, de ellos jaspeados y de ellos azules,
y, finalmente, todos son ratones.

CASTRADA.—¡Jesús!... ¡Ay de mí!... Téngame, que me arrojaré
por aquella ventana. ¡Ratones! ¡Desdichada! Amiga, apriétate las
230 faldas, y mira no te muerdan. ¡Y monta que son pocos![79] Por el siglo
de mi abuela,[80] que pasan de milenta.[81]

TERESA.—Yo sí soy la desdichada, porque se me entran sin reparo
ninguno. Un ratón morenico me tiene asida de una rodilla. Socorro
venga del Cielo, pues en la Tierra me falta.[82]

74. *pues... viejo* The governor knows who he is but feels pressured to keep up
appearances.
75. *Húchoho* A gutteral exclamation something like "c'mon," to excite or scare the
bull.
76. *de... bragado* it's as black as pitch with different colored legs
77. *No... vieras* you couldn't be my daughter and not see the bull. Each viewer
assumes that others can see what he cannot.
78. *la negra honrilla* Apologetic, pejorative way of referring to one's honor, or to
those who act out of concern for what people will say, "to save face." The governor's self-confession is to be contrasted to the outward reactions of the villagers.
They probably suspect for the first time in their lives that they have impure ancestors just as he does, but public opinion pressures them to keep silent.
79. *¡Y... pocos!* And they're not just a few of them!
80. *Por... abuela* on my granny's soul
81. *milenta* Humorously coined great number; thousands.
82. *Socorro... falta* stanza from a popular poem

BENITO.—Aun bien[83] que tengo gregüescos; que no hay ratón que   235
se me entre por pequeño que sea.

CHANFALLA.—Esta agua que con tanta prisa se deja descolgar de
las nubes es de la fuente que da origen y principio al río Jordán.[84]
Toda mujer a quien tocare en el rostro, se le volverá como de plata
bruñida, y a los hombres se les volverán las barbas como de oro.   240

CASTRADA.—¿Oyes, amiga? Descubre el rostro, pues ves lo que te
importa. ¡Oh qué licor tan sabroso! ¡Cúbrase, padre, no se moje!

JUAN.—Todos nos cubrimos, hija.

BENITO.—Por las espaldas me ha calado el agua hasta la canal
maestra.[85]   245

CAPACHO.—¡Yo estoy más seco que un esparto!

GOBERNADOR.—(Aparte.) ¿Qué diablos puede ser esto, que aún no
me ha tocado una gota donde todos se ahogan? ¿Mas si viniera yo
a ser bastardo entre tantos legítimos?

BENITO.—Quítenme de allí aquel músico; si no, voto a Dios que   250
me vaya sin ver más figuras. ¡Válgate el diablo por músico aduendado,[86] y que hace de menudear sin cítola[87] y sin son!

RABELÍN.—Señor alcalde, no tome conmigo la hincha, que yo toco
como Dios ha sido servido de enseñarme.

BENITO.—¡Dios te había de enseñar, sabandija! Métete tras la   255
manta[88]; si no por Dios que te arrojo este banco.

RABELÍN.—El diablo creo que me ha traído a este pueblo.

CAPACHO.—¡Fresca es el agua del santo río Jordán! Y aunque me
cubrí lo que pude, todavía me alcanzó un poco en los bigotes, y
apostaré que los tengo rubios como un oro.   260

BENITO.—Y aun peor cincuenta veces.

CHIRINOS.—Allá van hasta dos docenas de leones rampantes y de
osos colmeneros.[89] Todo viviente se guarde, que aunque fantásticos,
no dejarán de dar alguna pesadumbre, y aun de hacer las fuerzas
de Hércules con espadas desenvainadas.   265

---

83. *Aun bien*   it's lucky for me
84. *río Jordán*   Refers to the popular superstition that the Jordan's waters had powers
to rejuvenate.
85. *canal maestra*   Humorous euphemism for anus.
86. *aduendado*   possessed by spirits, i.e., Rabelín is a grotesque sprite that does more
mischief than play music
87. *cítola*   small, guitarlike instrument twanged with a quill. Benito points out that
there is no zither and no sound.
88. *manta*   See note 62. It was the custom for musicians to stay behind the blanket-
curtain.
89. *osos colmeneros*   honey-eating bears

JUAN.—¡Ea, señor autor, cuerpo de nosla!,[90] ¿y ahora nos quiere llenar la casa de osos y de leones?

BENITO.—¡Mirad qué ruiseñores y calandrias nos envía Tontonelo, sino leones y dragones! Señor autor, o salgan figuras más apacibles, 270 o aquí nos contentamos con las vistas, y Dios le guíe, y no pare más en el pueblo un momento.

CASTRADA.—Señor Benito Repollo, deje salir ese oso y leones, siquiera por nosotras, y recibiremos mucho contento.

JUAN.—Pues, hija, ¿de antes te espantabas de los ratones, y ahora 275 pides osos y leones?

CASTRADA.—Todo lo nuevo aplace, señor padre.

CHIRINOS.—Esa doncella que ahora se muestra tan galana y tan compuesta es la llamada Herodias,[91] cuyo baile alcanzó en premio la cabeza del Precursor de la vida.[92] Si hay quien la ayude a bailar, 280 verán maravillas.

BENITO.—Esta sí, ¡cuerpo del mundo!, que es figura hermosa, apacible y reluciente. ¡Hideputa, y como que se vuelve la mochacha! Sobrino Repollo, tú, que sabes de achaques de castañetas, ayúdala, y será la fiesta de cuatro capas.[93]

285 SOBRINO.—Que me place, tío Benito Repollo. (*Tocan la zarabanda.*[94])

CAPACHO.—¡Toma mi abuelo[95] si es antiguo el baile de la zarabanda y de la chacona![96]

BENITO.—¡Ea!, sobrino, ténselas tiesas[97] a esa bellaca judía. Pero 290 si ésta es judía, ¿cómo ve estas maravillas?

CHANFALLA.—Todas las reglas tienen excepción,[98] señor alcalde.

---

90. *cuerpo de nosla*   Euphemism for a vulgar expression; for Christ's sake!

91. *Herodias*   Herod's niece and Salome's mother whose incestuous marriages were censured by John the Baptist.

92. *Precursor... vida*   Saint John the Baptist, who was beheaded by King Herod at the urging of Salome. See note 91.

93. *fiesta... capas*   very solemn religious celebration made spectacular by a chorus of clergymen wearing long, flowing capes. Note the sacrilegious comparison between the supposed wild dancing party and the church ceremony.

94. *zarabanda*   popular, happy dance done with castanets and usually executed with sensual body movements. The dance was considered immoral.

95. *toma mi abuelo*   Exclamation of surprise; By my grandad.

96. *chacona*   popular jig, considered lascivious because of suggestive movements

97. *ténselas tiesas*   hold on tight to her hips

98. *reglas... excepción*   Benito is confused and Chanfalla is alert: the Jewess should not be able to see the show; nor should she have been able to see Samson earlier.

*(Suena una trompeta o corneta dentro de la escena
y sale un* FURRIER[99] *de compañias.)*

FURRIER.—¿Quién es aquí el señor gobernador?

GOBERNADOR.—Yo soy. ¿Qué manda vuesa merced?

FURRIER.—Que luego al punto mande hacer alojamiento[100] para treinta hombres de armas que llegarán aquí dentro de media hora, y aun antes, que ya suena la trompeta. Y adiós. 295

BENITO.—Yo apostaré que los envía el sabio Tontonelo.

CHANFALLA.—No hay tal; que ésta es una compañía de caballos que estaba alojada dos leguas de aquí.

BENITO.—Ahora yo conozco bien a Tontonelo, y sé que vos y él 300 sois unos grandísimos bellacos, no perdonando al músico; y mirad que os mando que mandéis a Tontonelo no tenga atrevimiento de enviar estos hombres de armas, que la haré dar doscientos azotes en las espaldas, que se vean unos a otros.[101]

CHANFALLA.—Digo, señor alcalde, que no los envía Tontonelo. 305

BENITO.—Digo que los envía Tontonelo, como ha enviado las otras sabandijas que yo he visto.

CAPACHO.—Todos las habemos visto, señor Benito Repollo.

BENITO.—No digo yo que no, señor Pedro Capacho. ¡No toques más, músico de entresueños,[102] que te romperé la cabeza! 310

(Vuelve el FURRIER.*)*

FURRIER.—¡Ea!, ¿está ya hecho el alojamiento? Que ya están los caballos en el pueblo.

BENITO.—Qué, ¿todavía ha salido con la suya Tontonelo? ¡Pues si yo voto a tal, autor de humos y de embelecos,[103] que me lo habéis de pagar! 315

CHANFALLA.—Séanme testigos que me amenaza el alcalde.

CHIRINOS.—Séanme testigos que dice el alcalde que lo que manda su majestad[104] lo manda el sabio Tontonelo.

---

99. *Furrier*   Army Quartermaster whose job was to arrange quartering and food for the troops

100. *alojamiento*   Townspeople were obliged by decree to provide lodging for the marching troops. This practice often created explosive situations and *furriers* were unpopular.

101. *que... otros*   one blow as hard as the other

102. *músico de entresueños*   nightmarish or somnambulic musician

103. *Pues... embelecos*   well, damn you; fraud and humbug

104. *majestad*   i.e., the Quartermaster carries out the king's orders

BENITO.—¡Atontonelada[105] te vean mis ojos, plegue a Dios todo-
320 poderoso!

GOBERNADOR.—Yo para mí tengo que verdaderamente estos hombres de armas no deben de ser de burlas.

FURRIER.—¿De burlas habían de ser, señor gobernador? ¿Está en
su seso?

325 JUAN.—Bien pudieran ser atontonelados, como esas cosas que
habemos visto aquí. Por vida del autor, que haga salir otra vez a la
doncella Herodias, porque vea este señor lo que nunca ha visto;
quizá con esto le cohecharemos[106] para que se vaya presto del lugar.

CHANFALLA.—Eso en buena hora, y veisla aquí a do[107] vuelve y
330 hace de señas a su bailador a que de nuevo la ayude.

SOBRINO.—Por mí no quedará, por cierto.

BENITO.—Eso sí, sobrino; cánsala, cánsala: vueltas y más vueltas.
¡Vive Dios, que es un azogue la muchacha! ¡Al hoyo,[108] al hoyo; a
ello, a ello!

335 FURRIER.—¿Está loca esta gente? ¿Qué diablos de doncella es ésta,
y qué baile, y qué Tontonelo?

CAPACHO.—¿Luego no ve la doncella Herodiana el señor furrier?

FURRIER.—¡Qué diablos de doncella tengo de ver![109]

CAPACHO.—Basta; de *ex illis* es.[110]

340 GOBERNADOR.—De *ex illis* es, de *ex illis* es.

JUAN.—De ellos es, de ellos es el señor furrier; de ellos es.

FURRIER.—¡Soy de la mala puta que los parió![111] ¡Y por Dios vivo
que si echo mano a la espada, que los haga salir por las ventanas,
que no por la puerta!

345 CAPACHO.—Basta; de *ex illis* es.

BENITO.—Basta; de ellos es, pues no ve nada.

---

105. *Atontonelada*   baffled, damned. Coined on *Tontonelo*. Akin to flabbergasted.
106. *cohecharemos*   we will bribe him. Allusion to shady, private deals frequently
carried out between townspeople and quartermasters.
107. *do*   Archaic or poetic for *donde*.
108. ¡*Al hoyo*!   exhortation; That's it, Go to it
109. ¿*Qué... ver*?   The Quartermaster is the innocent bystander who, like the innocent child in Andersen's story, calls things as he sees them, thereby confronting
the hypocrisy of the others.
110. *ex illis es*   Biblical Latin for you are one of them. That is, the Quartermaster is
called a converted Jew ("one of them") because he does not see Herodias dancing
with Repollo's nephew. *Ex illis est* is what the wife of Caiaphas told Peter when he
was denying Christ (John 11:19).
111. ¡*Soy... parió*!   Strong insult, similar to sons-of-bitches, denying their accusation.

FURRIER.—Canalla barretina[112]: ¡si otra vez me dicen que soy de ellos, no les dejaré hueso sano!

BENITO.—Nunca los confesos ni bastardos fueron valientes,[113] y por eso no podemos dejar de decir: de ellos es, de ellos es. 350

FURRIER.—¡Cuerpo de Dios con los villanos! ¡Esperad! (*Mete mano a la espada y acuchíllase con todos, y el* ALCALDE *aporrea al* RABE-LLEJO,[114] *y la* CHIRINOS *descuelga la manta y dice:*)

CHIRINOS.—El diablo ha sido la trompeta y la venida de los hombres de armas; parece que los llamaron con campanilla. 355

CHANFALLA.—El suceso ha sido extraordinario; la virtud del retablo se queda en su punto, y mañana lo podemos mostrar al pueblo, y nosotros mismos podemos cantar el triunfo de esta batalla diciendo. «¡Viva Chirinos y Chanfalla!»

---

112. *barretina*   beret or cap worn by Jews. The insult is, "Jewish rabble." Many of the contemporary curse expressions were religious.
113. *Nunca... valientes*   Jews were portrayed as cowards in Golden Age literature.
114. *Rabellejo*   Rabelín, see note 9.

◙ *Commentary* ◙

The central situation of *El retablo de las maravillas*, like that of the Maese Pedro episode in the *Quijote*, concerns the effectiveness of illusion and its imminent disruptiveness as measured by an inner audience who are also actors in the piece. The illusion is more intricate than it looks.

To keep up appearances and preserve their own vanity, the better people in town not only accept the Stage Manager Chanfalla's conditions without question, but agree to be judged by them as well. The conditions are that to see the invisible puppet show which Chanfalla has prepared, the audience must qualify by having been legitimately born (not bastards) and being pure-blooded Christians (not Jews). Eager to prove themselves qualified, each outdoes the other by reacting to what he cannot see as though he were experiencing it with all his senses. Another aspect of the illusion, then, is that the better townspeople, who make up the inner audience, must pretend to see or imagine what is not there in order to be an audience at all.

Enhancing the Manager's deception with his ready compliance, the Mayor has his nephew mount the stage and dance with the invisible figure of Herodias, who, one remembers, made off with the head of John the Baptist. The nephew, of course, simply gyrates alone, dancing with himself. (Or does he? For, as the critic Joaquín Casalduero remarks, "es un hombre que baila con la nada hecha palabra, y el autor dominante, imperioso, implacable, va dirigiendo el movimiento y sometiendo a su entusiasmo el ritmo de la humanidad." This perception opens a window on Cervantes's favorite game of punning with ideas or juggling appearance and reality.)

The other side of the illusion is that when the intruding Quartermaster enters, the inner audience refuse to be brought back to the reality of their uninitiated lives; instead, they grimly incriminate the newcomer as a bastard and a Jew for saying he cannot see the tableau. The illusion has swallowed them totally, and the curtain falls on the riotous dupes as the Stage Manager emerges, promising to take in the rest of the townspeople (are we, the outer audience now, to be identified with them?) at another performance the next day. Meanwhile Chanfalla is clearly triumphant with the success of his illusion-making powers, embodied in this new trick ("este nuevo embuste"), hopefully envisaged at the beginning as comparable to the old one involving the rainmaker ("que ha de salir tan a luz como el pasado del llovista"). He is right to be proud of it; the trick worked magically, almost miraculously, well. It is an aesthetic triumph.

But if we also think of this moralistically, in terms of the Goddess Folly in Erasmus, an author whom Cervantes admired, it is not so much the illusion that triumphs as the folly of those who deliberately embrace it in order to preserve the appearance of negative virtues—not being bastards and not being Jews. Perhaps because folly is finally unaccountable, it is hydra-headed and, in the broadest sense, both the source and the outcome of illusion. Cervantes recurs to this note often in the course of the play through actions and comments related to the principal plot.

Rabelín the musician, who sits on the stage, becomes the butt of antagonism, not once but twice. First, when the Stage Manager's wife or accomplice, Chirinos, derides him for being pretentious and (or because he is also) so small; then, when Benito Repollo, the blunt, illiterate *alcalde*, assails him simply because he can't stand music or musicians. But Chanfalla knows better. He knows that music and musicians are invaluable to the illusion as a whole: "como el pan de la boca, para tocar en los espacios que tardaren en salir las figuras del Retablo de las Maravillas." As for the overly responsive young folk, whether they are actually frightened or merely pretending to be, it is the newness of the thing that matters. "Todo lo nuevo aplace, señor padre," Juana Castrada tells her father. That goes for the latest *frisson* in dances too—the *zarabanda* and the *chacona*. ("By Bach's time," according to B. W. Wardropper, "the saraband and the chaconne were originally wild flings, noted for their lascivious gestures.")

This taste for novelty is applauded everywhere—thus helping to fill out the appeal of the illusion—except in religion, where the legendary pureblooded *cristiano viejo* is the only tolerable idea, even though El Gobernador keeps admitting to himself that he cannot possibly manage to sustain it. The full absurdity of double-dealing and self-deceptive folly is reserved for the end, after the revelation of the Quartermaster. Then, when the better people accuse him of being *ex illis* (one of those unmentionable bastards and Jews), he mordantly replies with a racial curse that they understand only too well, "Canalla barretina"—"You Jewish swine!" (*Barretina,* Wardropper tells us, is the Jewish skullcap.)

Inextricably relating the art of illusion with the bitterly deceptive, self-annihilating human capacity for folly and unmotivated malice, Cervantes created this marvelous dramatic farce, no doubt the best of all eight of his *entremeses,* since it is as alive today in our wounded postnazi world as it was in the seventeenth-century world of the wounding Inquisition.

Edwin Honig

◙ Francisco de Quevedo ◙

El mundo por de dentro[1]

AL LECTOR

COMO DIOS ME LO DEPARARE, CÁNDIDO O PURPÚREO,
PÍO O CRUEL, BENIGNO O SIN SARNA

Es cosa averiguada, así lo siente Metrodoro Chío[2] y otros muchos,
que no se sabe nada y que todos son ignorantes. Y aun esto no se
sabe de cierto: que, a saberse, ya se supiera algo; sospéchase. Dícelo
así el doctísimo Francisco Sánchez,[3] médico y filósofo, en su libro
cuyo título es *Nihil scitur:* No se sabe nada. En el mundo, fuera de los   5
teólogos, filósofos y juristas, que atienden a la verdad y al verdadero
estudio, hay algunos que no saben nada y estudian para saber, y
éstos tienen buenos deseos y vano ejercicio: porque, al cabo, sólo
les sirve el estudio de conocer cómo toda la verdad la quedan ignorando.[4] Otros hay que no saben nada y no estudian, porque piensan   10

1. The fourth in a collection of seven satirical allegories known as *sueños*. In each
sueño the author recounts an alleged dream in which he was witness to the deceits
of society.
2. *Metrodoro Chío*   Metrodorus of Lampsacus (*c.* 330–277 B.C.), philosopher and
disciple of Epicurus, who in several polemics defended the teachings of his master
3. *Francisco Sánchez* (*c.* 1552–1623), author of a famous skeptical treatise written in 1581
entitled *Quod nihil scitur* (Why Nothing Can Be Known). Many of the premises put
forth by Quevedo in this preface come from Sánchez's systematic analysis of
knowledge and ignorance.
4. *toda... ignorando*   Probable allusion to Socrates who, unlike others, did acknowl-
edge his ignorance.

que lo saben todo. Son déstos muchos irremediables. A éstos se les
ha de envidiar el ocio y la satisfacción y llorarles el seso.[5] Otros hay
que no saben nada, y dicen que no saben nada porque piensan que
saben algo de verdad, pues lo es que no saben nada, y a éstos se les
había de castigar la hipocresía con creerles la confesión. Otros hay, y
en éstos, que son los peores, entro yo, que no saben nada ni quieren
saber nada ni creen que se sepa nada, y dicen de todos que no saben
nada y todos dicen dellos lo mismo y nadie miente. Y como gente
que en cosas de letras y ciencia tiene que perder tan poco, se atreven
a imprimir y sacar a luz[6] todo cuanto sueñan. Estos dan que hacer a
las imprentas,[7] sustentan a los libreros, gastan a los curiosos[8] y, al
cabo, sirven a las especierías.[9] Yo, pues, como uno déstos, y no de
los peores ignorantes, no contento con haber soñado el Juicio ni
haber endemoniado un alguacil, y, últimamente, escrito el Infierno,[10] ahora salgo (sin ton ni son; pero no importa, que esto no
es bailar)[11] con el *Mundo por de dentro.* Si te agradare y pareciere
bien, agradécelo a lo poco que sabes, pues de tan mala cosa te
contentas. Y si te pareciere malo, culpa mi ignorancia en escribirlo
y la tuya en esperar otra cosa de mí. Dios te libre, lector, de prólogos
largos y de malos epítetos.

DISCURSO

Es nuestro deseo siempre peregrino en las cosas desta vida, y así,
con vana solicitud, anda de unas en otras, sin saber hallar patria ni
descanso. Aliméntase de la variedad y diviértese con ella, tiene por
ejercicio el apetito y éste nace de la ignorancia de las cosas. Pues, si
las conociera, cuando cudicioso y desalentado las busca, así las
aborreciera, como cuando, arrepentido, las desprecia. Y es de considerar la fuerza grande que tiene, pues promete y persuade tanta
hermosura en los deleites y gustos, lo cual dura sólo en la pretensión
dellos; porque, en llegando cualquiera a ser poseedor, es juntamente

---

5. *llorarles el seso*   lament their poor way of thinking
6. *sacar a luz*   to publish
7. *dan... imprentas*   keep the print shops busy
8. *gastan... curiosos*   they make busybodies spend their money on books
9. *especierías*   flea markets, variety stores
10. *Juicio, Alguacil, Infierno*   Reference to the three *sueños* which precede this one in the collection.
11. *(sin... bailar)*   without rhyme or reason; but it doesn't matter, for it's like dancing without music or being out of step

descontento.[12] El mundo, que a nuestro deseo sabe la condición[13] para lisonjearla, pónese delante mudable y vario, porque la novedad y diferencia es el afeite[14] con que más nos atrae. Con esto acaricia nuestros deseos, llévalos tras sí y ellos a nosotros.

Sea por todas las experiencias mi suceso, pues cuando más apurado me había de tener el conocimiento destas cosas, me hallé todo en poder de la confusión, poseído de la vanidad de tal manera, que en la gran población del mundo, perdido ya, corría donde tras la hermosura me llevaban los ojos, y adonde tras la conversación los amigos, de una calle en otra, hecho fábula de todos.[15] Y en lugar de desear salida al laberinto, procuraba que se me alargase el engaño. Ya por la calle de la ira, descompuesto, seguía las pendencias,[16] pisando sangre y heridas; ya por la de la gula[17] veía responder a los brindis turbados.[18] Al fin, de una calle en otra andaba, siendo infinitas, de tal manera confuso, que la admiración aún no dejaba sentido para el cansancio, cuando llamado de voces descompuestas y tirado porfiadamente del manteo,[19] volví la cabeza.

Era un viejo venerable en sus canas, maltratado, roto por mil partes vestido y pisado. No por eso ridículo: antes[20] severo y digno de respeto.

—¿Quién eres—dije—, que así te confiesas envidioso de mis gustos? Déjame, que siempre los ancianos aborrecéis en los mozos los placeres y deleites, no que dejáis de vuestra voluntad,[21] sino que, por fuerza, os quita el tiempo. Tú vas, yo vengo. Déjame gozar y ver el mundo.

Desmintiendo sus sentimientos,[22] riéndose, dijo:

—Ni te estorbo ni te envidio lo que deseas; antes te tengo lástima. ¿Tú, por ventura, sabes lo que vale un día? ¿Entiendes de cuánto precio es una hora? ¿Has examinado el valor del tiempo? Cierto es que no, pues así alegre le dejas pasar hurtado de la hora, que, fugitiva

12. *en llegando... descontento*   right when you get what you're after you feel let down
13. *El mundo... condición*   the world that knows which way we incline
14. *afeite*   flashy adornment; cosmetic
15. *hecho... todos*   friends were gossiping about me
16. *pendencias*   challenges and street quarrels
17. *la de la gula*   Gluttony Street
18. *los brindis turbados*   confused toasts by drunkards
19. *tirado... manteo*   plucked obstinately at my cloak
20. *No... antes*   but by no means ridiculous looking, on the contrary
21. *no que... voluntad*   not that you give up your pleasures willingly
22. *Desmintiendo sus sentimientos*   slyly concealing his real feelings

y secreta, te lleva preciosísimo robo.[23] ¿Quién te ha dicho que lo
que ya fué volverá, cuando lo hayas menester, si lo llamares? Dime:
¿has visto algunas pisadas de los días? No, por cierto, que ellos sólo
vuelven la cabeza a reírse y burlarse de los que así los dejaron pasar.
5 Sábete que la muerte y ellos están eslabonados y en una cadena, y
que, cuando más caminan los días que van delante de ti, tiran hacia
ti y te acercan a la muerte, que quizá la aguardas y es ya llegada, y,
según vives, antes será pasada que creída. Por necio tengo al que
toda la vida se muere de miedo que se ha de morir, y por malo al
10 que vive tan sin miedo della como si no la hubiese. Que éste la viene
a temer cuando la padece, y, embarazado con el temor, ni halla
remedio a la vida ni consuelo a su fin. Cuerdo es sólo el que vive
cada día, como quien cada día y cada hora puede morir.

    —Eficaces palabras tienes, buen viejo.[24] Traído me has el alma a
15 mí, que me llevaban embelesada vanos deseos.[25] ¿Quién eres, de
dónde y qué haces por aquí?

    —Mi hábito y traje dicen que soy hombre de bien[26] y amigo de
decir verdades, en lo roto y poco medrado,[27] y lo peor que tu vida
tiene es no haberme visto la cara hasta ahora. Yo soy el Desengaño.[28]
20 Estos rasgones de la ropa son de los tirones que dan de mí los que
dicen en el mundo que me quieren, y estos cardenales del rostro,[29]
estos golpes y coces me dan en llegando, porque vine y porque me
vaya. Que en el mundo todos decís que queréis desengaño, y, en
teniéndole, unos os desesperáis, otros maldecís a quien os le dió, y
25 los más corteses no le creéis. Si tú quieres, hijo, ver el mundo, ven
conmigo, que yo te llevaré a la calle mayor, que es adonde salen todas
las figuras, y allí verás juntos los que por aquí van divididos, sin

---

23. *el valor... robo* Refers to the commonplace that time cheats man because he
cannot resist the temptations of the moment.
24. *buen viejo* Archetype of the Wise Old Man who has learned about life through
the bitter lessons of experience and no longer allows himself to be taken in by
appearances. Here, he provides a contrast with the inexperienced, naïve narrator.
25. *Traído... deseos* You've helped me get a grip on myself, for I was spellbound
by silly wishes.
26. *hombre de bien* an honest man
27. *en... medrado* in my ragged appearance and undistinguished state
28. *el Desengaño* Personification of the power to undeceive; the Old Man is the
disenchanter or plain dealer. The concept of *desengaño* is key in Quevedo's
thought: the idea is to accept life as it is rather than as the illusion of what we
would like it to be.
29. *cardenales del rostro* black and blue marks on my face

cansarte. Yo te enseñaré el mundo como es: que tú no alcanzas a ver sino lo que parece.[30]

—Y ¿cómo se llama —dije yo— la calle mayor del mundo donde hemos de ir?

—Llámase—respondió—Hipocresía. Calle que empieza con el   5 mundo y se acabará con él,[31] y no hay nadie casi que no tenga sino una casa, un cuarto o un aposento en ella. Unos son vecinos y otros paseantes: que hay muchas diferencias de hipócritas, y todos cuantos ves por ahí lo son.

Y, ¿ves aquél que gana de comer como sastre y se viste como   10 hidalgo? Es hipócrita, y el día de fiesta, con el raso y el terciopelo y el cintillo[32] y la cadena de oro, se desfigura de suerte que no le conocerán las tijeras y agujas y jabón, y parecerá tan poco oficial, que aun parece que dice verdad.[33]

¿Ves aquel hidalgo con aquél que es como caballero?[34] Pues,   15 debiendo medirse con su hacienda, ir solo,[35] por ser hipócrita y parecer lo que no es, se va metiendo a caballero, y, por sustentar un lacayo, ni sustenta lo que dice ni lo que hace, pues ni lo cumple ni lo paga. Y la hidalguía y la ejecutoria[36] le sirven sólo de pontífice en dispensarle los casamientos que hace con sus deudas: que está   20 más casado con ellas que con su mujer.

Aquel caballero, por ser señoría, no hay diligencia que no haga y ha procurado hacerse Venecia por su señoría, sino que, como se fundó en el viento para serlo, se había de fundar en el agua.[37] Sustenta, por parecer señor, caza de halcones,[38] que lo primero que   25 matan es a su amo de hambre con la costa y luego el rocín en que los llevan, y después, cuando mucho,[39] una graja o un milano.

---

30. *Yo... parece* In the allegorical tour of the world that is about to begin, the narrator is easily taken in by what he sees while the Wise Old Man points out the deceptiveness of all appearances.

31. *Calle... con él* it's the street that crosses the world from one pole to the other

32. *cintillo* hatband adorned with stones and gold or silver

33. *tan poco... verdad* Insinuation that public office holders never tell the truth.

34. *hidalgo... caballero* A *caballero* had higher rank than an *hidalgo* and expected different treatment.

35. *debiendo... solo* instead of behaving within the means of his modest fortune and property and going out alone (unaccompanied by servants)

36. *la hidalguía... ejecutoria* the inherited rights of a noble and the patent of his pedigree

37. *hacerse... agua* The sense is: he would even venture a voyage to Venice for the title, yet he is better at building castles in the air than upon the water.

38. *caza de halcones* Fowling with falcons was a traditional activity of nobles.

39. *cuando mucho* at most, at best

Y ninguno es lo que parece. El señor, por tener acciones de grande, se empeña, y el grande remeda ceremonia de Rey.

Pues, ¿qué diré de los discretos? ¿Ves aquel aciago de cara?[40] Pues, siendo un mentecato, por parecer discreto y ser tenido por tal, se alaba de que tiene poca memoria, quéjase de melancolías, vive descontento y préciase de malregido, y es hipócrita, que parece entendido y es mentecato.

¿No ves los viejos, hipócritas de barbas, con las canas envainadas en tinta,[41] querer en todo parecer muchachos? ¿No ves a los niños preciarse de dar consejos y presumir de cuerdos? Pues todo es hipocresía.

Pues en los nombres de las cosas, ¿no la hay la mayor del mundo? El zapatero de viejo se llama entretenedor del calzado. El botero,[42] sastre del vino, porque le hace de vestir. El mozo de mulas, gentilhombre de camino. El bodegón, estado;[43] el bodegonero, contador. El verdugo se llama miembro de la justicia, y el corchete, criado. El fullero, diestro; el ventero, huésped; la taberna, ermita;[44] la putería, casa; las putas, damas; las alcahuetas, dueñas; los cornudos, honrados. Amistad llaman al amancebamiento, trato a la usura, burla a la estafa, gracia la mentira, donaire la malicia, descuido la bellaquería, valiente al desvergonzado, cortesano al vagamundo, al negro, moreno; señor maestro al albardero, y señor doctor al platicante. Así que ni son lo que parecen ni lo que se llaman: hipócritas en el nombre y en el hecho.

¡Pues unos nombres que hay generales! A toda pícara, señora hermosa; a todo hábito largo,[45] señor licenciado; a todo gallofero, señor soldado; a todo bien vestido, señor hidalgo; a todo capigorrón,[46] o lo que fuere, canónigo o arcediano; a todo escribano, secretario.

De suerte que todo el hombre es mentira por cualquier parte que le examines, si no es que, ignorante como tú, crea las apariencias. ¿Ves los pecados? Pues todos son hipocresía, y en ella empiezan y

---

40. *aciago de cara*   sour puss
41. *las... tinta*   their white hair dyed
42. *botero*   maker of wineskins. Hence the pun on "tailor" and "to dress."
43. *El bodegón, estado*   a cheap tavern (is called) a high-class inn
44. *ermita*   Euphemism for saloon (from *ermita de Baco*).
45. *hábito largo*   long vestment worn by important people
46. *capigorrón*   idler, loafer. Pun on students who take minor orders (and thus wear a cape and a cap—*capa y gorrón*) but who are also spongers and beggars.

acaban y della nacen y se alimentan la ira, la gula, la soberbia, la avaricia, la lujuria, la pereza, el homicidio[47] y otros mil.

—¿Cómo me puedes tú decir ni probarlo, si vemos que son diferentes y distintos?

—No me espanto[48] que eso ignores, que lo saben pocos. Oye y entenderás con facilidad eso, que así te parece contrario, que bien se conviene. Todos los pecados son malos: eso bien lo confiesas. Y también confiesas con los filósofos y teólogos que la voluntad apetece lo malo debajo de razón de bien,[49] y que para pecar no basta la representación de la ira ni el conocimiento de la lujuria sin el consentimiento de la voluntad, y que eso, para que sea pecado, no aguarda la ejecución, que sólo le agrava más,[50] aunque en esto hay muchas diferencias. Esto así visto y entendido, claro está que cada vez que un pecado destos se hace, que la voluntad lo consiente y lo quiere, y, según su natural, no pudo apetecelle sino debajo de razón de algún bien. Pues ¿hay más clara y más confirmada hipocresía que vestirse del bien en lo aparente para matar con el engaño? ¿Qué esperanza es la del hipócrita?, dice Job.[51] Ninguna, pues ni la tiene por lo que es, pues es malo, ni por lo que parece, pues lo parece y no lo es. Todos los pecadores tienen menos atrevimiento que el hipócrita, pues ellos pecan contra Dios; pero no con Dios ni en Dios. Mas el hipócrita peca contra Dios y con Dios, pues le toma por instrumento para pecar.[52]

En esto llegamos a la calle mayor. Vi todo el concurso que el viejo me había prometido. Tomamos puesto conveniente para registrar lo que pasaba. Fué un entierro en esta forma. Venían envainados en unos sayos grandes de diferentes colores unos pícaros, haciendo una taracea de mullidores.[53] Pasó esta recua incensando con las campanillas. Seguían los muchachos de la doctrina,[54]

47. *la ira... homicidio*   the seven capital sins
48. *No me espanto*   I'm not surprised
49. *debajo... bien*   under the pretext of something good
50. *no... más*   it need not wait (for sin) to be committed since experiencing it only aggravates it (the sin) further
51. *Job*   The Book of Job, 27:8, "for what is the hope of the hypocrite, though he hath gained, when God taketh away his soul?"
52. *pues... pecar*   for he invokes God's holy name as a cloak for his sins
53. *Venían... mullidores*   First came some rogues dressed in long, loose tunics of many colors, acting as funeral orderlies; in line, they looked like a marquetry of fluffy wool. A pun on the two meanings of *mullidor*: one who fluffs up wool and church messengers or beadles.
54. *muchachos de la doctrina*   Poor orphans, educated by religious orders, often sang at funerals.

meninos de la muerte y lacayuelos del ataúd, chirriando la calavera.[55]
Seguíanse luego doce galloferos, hipócritas de la pobreza, con doce
hachas acompañando el cuerpo y abrigando a los de la capacha,[56]
que, hombreando, testificaban el peso de la difunta. Detrás seguía
5 larga procesión de amigos, que acompañaban en la tristeza y luto
al viudo, que anegado en capuz de bayeta y devanado en una chía,[57]
perdido el rostro en la falda de un sombrero, de suerte que no se
le podían hallar los ojos, corvos e impedidos los pasos con el peso
de diez arrobas[58] de cola que arrastraba, iba tardo y perezoso.[59]
10 Lastimado deste espectáculo:

—¡Dichosa mujer—dije—, si lo puede ser alguna en la muerte,
pues hallaste marido que pasó con la fe y el amor más allá de la
vida y sepultura![60] ¡Y dichoso viudo, que ha hallado tales amigos,
que no sólo acompañan su sentimiento, pero que parece que le
15 vencen en él![61] ¿No ves qué tristes van y suspensos?

El viejo, moviendo la cabeza y sonriéndose, dijo:

—¡Desventurado! Eso todo es por de fuera y parece así; pero ahora
lo verás por de dentro y verás con cuánta verdad el ser desmiente
a las apariencias.[62] ¿Ves aquellas luces, campanillas y mullidores, y
20 todo este acompañamiento piadoso, que es sufragio cristiano y
limosnero? Esto es saludable; mas las bravatas que en los túmulos
sobrescriben podrición y gusanos, se podrían excusar.[63] Empero
también los muertos tienen su vanidad y los difuntos y difuntas su
soberbia. Allí no va sino tierra de menos fruto y más espantosa de
25 la que pisas, por sí no merecedera de alguna honra ni aun de ser
cultivada con arado ni azadón. ¿Ves aquellos viejos que llevan las
hachas? Pues algunos no las atizan para que atizadas alumbren más,

---

55. *chirriando la calavera*   singing with squeaky voices behind the casket
56. *y abrigando... capacha*   and patronizing the members of the Order of St. John of
God. (The latter sought alms for the poor, putting the offerings in arm baskets
called *capachas*.)
57. *anegado... chía*   muffled in a hooded cloak of thick flannel and bundled in a short
black mourning cloak
58. *el peso... arrobas*   Comic reference to the weight of the mourning cloak. One
arroba weighs about 25 pounds.
59. *iba... perezosa*   was walking at a sad, heavy pace
60. *amor... sepultura*   "Amor constante más allá de la muerte" is perhaps Quevedo's
best-known love sonnet.
61. *que... él*   The sense is: the friends seem to feel sorrow even deeper than the
husband's.
62. *el ser... apariencias*   reality strips away the falsity of appearances
63. *mas... excusar*   but we could well do without the boastful eulogies written on
tombs which envelop the maggots of corruption

sino por que atizadas a menudo se derritan más y ellos hurten más cera para vender.[64] Estos son los que a la sepultura hacen la salva en el difunto y difunta,[65] pues antes que ella lo coma ni lo pruebe, cada uno le ha dado un bocado, arrancándole un real o dos; mas con todo esto tiene el valor de la limosna. ¿Ves la tristeza de los   5 amigos? Pues todo es de ir en el entierro y los convidados van dados al diablo con los que convidaron[66]; que quisieran más pasearse o asistir a sus negocios. Aquél que habla de mano[67] con el otro le va diciendo que convidar a entierro y a misacantanos,[68] donde se ofrece, que no se puede hacer con un amigo y que el   10 entierro sólo es convite para la tierra, pues a ella solamente llevan qué coma.[69] El viudo no va triste del caso y viudez, sino de ver que, pudiendo él haber enterrado a su mujer en un muladar y sin costa y fiesta ninguna, le hayan metido en semejante baraúnda y gasto de cofradías y cera, y entre sí dice que le debe poco, que, ya que   15 se había de morir, pudiera haberse muerto de repente, sin gastarle en médicos, barberos ni boticas y no dejarle empeñado en jarabes y pócimas.[70] Dos ha enterrado con ésta, y es tanto el gusto que recibe de enviudar, que ya va trazando el casamiento con una amiga que ha tenido, y, fiado con su mala condición y endemoniada   20 vida, piensa doblar el capuz por poco tiempo.[71]

Quedé espantado de ver todo esto ser así, diciendo:

—¡Qué diferentes son las cosas del mundo de como las vemos! Desde hoy perderán conmigo todo el crédito mis ojos y nada creeré menos de lo que viere.   25

Pasó por nosotros el entierro, como si no hubiera de pasar por nosotros tan brevemente, y como si aquella difunta no nos fuera enseñando el camino y, muda, no nos dijera a todos:

"Delante voy, donde aguardo a los que quedáis, acompañando a otros que yo vi pasar con ese propio descuido."   30

Apartónos desta consideración el ruido que andaba en una casa a nuestras espaldas. Entramos dentro a ver lo que fuese, y al tiempo

64. *Pues... vender* Well, they keep on poking the heavy wax candles not for more light but just to make the wax melt faster so they can steal it in order to sell it.

65. *hacen... difunta* taste first the tidbits and drinks served at funerals

66. *Pues... convidaron* The guests are only vexed for being invited to the funeral and curse both themselves and those who invite them

67. *habla de mano* gestures while talking

68. *a misacantanos* to hear priests singing mass for the first time

69. *pues... coma* only she (the earth) should be fed

70. *empeñado... pócimas* in debt for the prescribed liquid doses and potions

71. *piensa... tiempo* i.e., he intends to be a widower again before long

que sintieron gente comenzó un plañido, a seis voces, de mujeres
que acompañaban una viuda. Era el llanto muy autorizado, pero
poco provechoso al difunto. Sonaban palmadas de rato en rato, que
parecía palmeado de disciplinantes.[72] Oíanse unos sollozos estirados,
5   embutidos de suspiros, pujados por falta de gana.[73] La casa estaba
despojada, las paredes desnudas. La cuitada estaba en un aposento
escuro sin luz ninguna, lleno de bayetas,[74] donde lloraban a tiento.[75] Unas decían:
     —Amiga, nada se remedia con llorar.
10   Otras:
     —Sin duda goza de Dios.
     Cuál[76] la animaba a que se conformase con la voluntad del Señor.
Y ella luego comenzaba a soltar el trapo,[77] y llorando a cántaros[78]
decía:
15   —¿Para qué quiero yo vivir sin Fulano? ¡Desdichada nací, pues no
me queda a quien volver los ojos! ¡Quién ha de amparar a una
pobre mujer sola!
     Y aquí plañían todas con ella y andaba una sonadera de narices
que se hundía la cuadra.[79] Y entonces advertí que las mujeres se
20   purgan en un pésame déstos, pues por los ojos y las narices echan
cuanto mal tienen. Enternecíme y dije:
     —¡Qué lástima tan bien empleada es la que se tiene a una viuda!,
pues por sí una mujer es sola, y viuda mucho más. Y así su nombre
es de *mudas sin lengua*. Que eso significa la voz que dice *viuda* en
25   hebreo,[80] pues ni tiene quien hable por ella ni atrevimiento, y como
se ve sola para hablar, y aunque hable, como no la oyen, lo mismo
es que ser mudas y peor.

---

72. *parecía... disciplinantes*   The sense is: the periodic clapping of the funereal
laments sounded like the whiplashings of the Christian sect known as the Disci-
plinants, whose members flagellated themselves publicly as a means of discipline.
73. *pujados... gana*   forced make-believe sorrow because they didn't feel like sighing
74. *lleno de bayetas*   the dark room was flanneled, i.e., even the very decoration of
the house added to the mourning ritual
75. *a tiento*   with uncertainty
76. *Cuál*   another one
77. *soltar el trapo*   to give free rein to her emotions
78. *llorando a cántaros*   weeping bucketsful. Play on *llover a cántaros*, to rain
bucketsful.
79. *y andaba... cuadra*   there was such blowing, sobbing, and sniveling that the
room was sinking from the flood
80. *viuda en hebreo*   Etymologically in Hebrew "widow" meant "to keep silent."

—Esto remedian con meterse a dueñas.[81] Pues en siéndolo, obran de manera, que de lo que las sobra pueden hablar todos los mudos y sobrar palabras para los tartajosos y pausados. Al marido muerto llaman *el que pudre*. Mirad cuáles son éstas, y si muerto, que ni las asiste, ni las guarda, ni las acecha, dicen que pudre, ¿qué dirían   5
cuando vivo hacía todo esto?

—Eso—respondí—es malicia que se verifica en algunas; mas todas son un género femenino desamparado, y tal como aquí se representa en esta desventurada mujer. Dejadme—dije al viejo—llorar seme-jante desventura y juntar mis lágrimas a las destas mujeres.   10

El viejo, algo enojado, dijo:

—¿Ahora lloras, después de haber hecho ostentación vana de tus estudios y mostrádote docto y teólogo, cuando era menester mos-trarte prudente? ¿No aguardaras a que yo te hubiera declarado estas cosas para ver cómo merecían que se hablase dellas? Mas ¿quién   15
habrá que detenga la sentencia ya imaginada en la boca?[82] No es mucho, que no sabes otra cosa, y que a no ofrecerse la viuda, te quedabas con toda tu ciencia en el estómago. No es filósofo el que sabe dónde está el tesoro, sino el que trabaja y le saca. Ni aun ése lo es del todo, sino el que después de poseído usa bien dél. ¿Qué   20
importa que sepas dos chistes y dos lugares,[83] si no tienes prudencia para acomodarlos? Oye, verás esta viuda, que por de fuera tiene un cuerpo de responsos,[84] cómo por de dentro tiene una ánima de aleluyas,[85] las tocas negras y los pensamientos verdes.[86] ¿Ves la escuridad del aposento y el estar cubiertos los rostros con el manto?   25
Pues es porque así, como no las pueden ver, con hablar un poco gangoso, escupir y remedar sollozos, hace un llanto casero y hechizo, teniendo los ojos hechos una yesca.[87] ¿Quiéreslas consolar? Pues déjalas solas y bailarán en no habiendo con quien cumplir, y luego las amigas harán su oficio:[88]   30

—¡Quedáis moza y es malograros![89] Hombres habrá que os esti-

---

81. *con... dueñas* by setting themselves up as chaperones. A satirical jab at meddle-some household *dueñas*, whose job was to supervise the work of the servant girls.
82. *¿quién... boca?* who can keep from blurting out a judgment once it is made?
83. *dos lugares* a couple of quotes
84. *un cuerpo de responsos* nothing but prayers for the dead
85. *ánima de aleluyas* cheerfulness in her soul
86. *las tocas... verdes* her mourning veil may be black but her thoughts are lascivious
87. *hechos una yesca* stone-dry eyes, i.e., without real tears
88. *las amigas... oficio* then begins the chattering game that confidantes play
89. *¡Quedáis... malograros!* You're still young and yet you've wasted away!

men. Ya sabéis quién es Fulano, que cuando no supla la falta del
que está en la gloria, etc.[90]
   Otra:
   —Mucho debéis a don Pedro, que acudió en este trabajo. No sé
5 qué me sospeche. Y, en verdad, que si hubiera de ser algo..., que
por quedar tan niña os será forzoso...
   Y entonces la viuda, muy recoleta de ojos[91] y muy estreñida de
boca, dice:
   —No es ahora tiempo deso. A cargo de Dios está: El lo hará, si
10 viere que conviene.
   Y advertid que el día de la viudez es el día que más comen estas
viudas, porque para animarla no entra ninguna que no le dé un
trago. Y le hace comer un bocado, y ella lo come, diciendo:
   —Todo se vuelve ponzoña.
15   Y medio mascándolo dice:
   —¿Qué provecho puede hacer esto a la amarga viuda que estaba
hecha a comer a medias todas las cosas y con compañía, y ahora
se las habrá de comer todas enteras sin dar parte a nadie de puro
desdichada?
20   Mira, pues, siendo esto así, qué a propósito vienen tus exclama-
ciones.
   Apenas esto dijo el viejo, cuando arrebatados de unos gritos,
ahogados en vino, de gran ruido de gente, salimos a ver qué fuese.
Y era un alguacil,[92] el cual con sólo un pedazo de vara en la mano
25 y las narices ajadas,[93] deshecho el cuello, sin sombrero y en cuerpo,
iba pidiendo favor al Rey, favor a la justicia,[94] tras un ladrón, que
en seguimiento de una iglesia, y no de puro buen cristiano, iba tan
ligero como pedía la necesidad y le mandaba el miedo.
   Atrás, cercado de gente, quedaba el escribano,[95] lleno de lodo, con
30 las cajas en el brazo izquierdo, escribiendo sobre la rodilla. Y noté

90. *que... gloria,* etc.   I bet he'll do nicely as bed partner and thus replace well her
departed husband
91. *recoleta de ojos*   with beatific eyes
92. *alguacil*   constable; the *alguacil* was the town's peace officer with powers and
jurisdiction somewhat equal to those of a sheriff
93. *ajadas*   bloodied
94. *favor al Rey... justicia*   in the king's name, in the name of the law (legal
formuli)
95. *escribano*   notary; legal scribe. Quevedo, like other Golden Age writers, satirized
severely the deceptions and scheming villainies of lawyers, scriveners, notary clerks,
etc.

que no hay cosa que crezca tanto en tan poco tiempo como culpa en poder de escribano, pues en un instante tenía una resma al cabo.[96]

Pregunté la causa del alboroto. Dijeron que aquel hombre que huía era amigo del alguacil, y que le fió no sé qué secreto tocante en delito, y, por no dejarlo a otro que lo hiciese, quiso él asirle. Huyósele, después de haberse dado muchas puñadas, y viendo que venía gente, encomendóse a sus pies, y fuése a dar cuenta de sus negocios a un retablo.[97]

El escribano hacía la causa, mientras el alguacil con los corchetes,[98] que son podencos del verdugo[99] que siguen ladrando, iban tras él y no le podían alcanzar. Y debía de ser el ladrón muy ligero, pues no le podían alcanzar soplones,[100] que por fuerza corrían como el viento.

—¿Con qué podrá premiar una república el celo deste alguacil, pues, porque yo y el otro tengamos nuestras vidas, honras y haciendas, ha aventurado su persona?[101] Este merece mucho con Dios y con el mundo. Mírale cuál va roto y herido, llena de sangre la cara, por alcanzar aquel delincuente y quitar un tropezón a la paz del pueblo.[102]

—Basta—dijo el viejo—. Que si no te van a la mano, dirás un día entero.[103] Sábete que ese alguacil no sigue a este ladrón ni procura alcanzarle por el particular y universal provecho de nadie; sino que, como ve que aquí le mira todo el mundo, córrese de que haya quien en materia de hurtar le eche el pie delante,[104] y por eso aguija por alcanzarle. Y no es culpable el alguacil porque le prendió, siendo amigo, si era delincuente. Que no hace mal el que come de su hacienda; antes hace bien y justamente. Y todo delincuente y malo, sea quien fuere, es hacienda del alguacil y le es lícito comer della. Estos tienen sus censos sobre azotes y galeras y sus juros sobre la

---

96. *tenía... cabo*   he had a whole ream of paper full of the misdeeds of the suspect
97. *fuése... retablo*   he took refuge in the altar of a church. (The church was considered a sanctuary where fugitives from justice were immune from arrest.)
98. *corchetes*   deputy constables; bailiffs
99. *podencos del verdugo*   hangman's hounds
100. *soplones*   A pun on the two meanings of *soplón:* catchpole (something like sheriff's deputy) and informer or squealer.
101. *porque... persona*   just so you and I can stay alive and live with honor and in safety this constable should have risked his life
102. *y quitar... del pueblo*   and restore public peace
103. *Que... entero*   Because if no one interrupts you, you'll talk all day.
104. *córrese... delante*   it's rumored that no one is better when it comes to stealing

horca.[105] Y créeme que el año de virtudes para éstos y para el infierno es estéril. Y no sé cómo aborreciéndolos el mundo tanto, por venganza dellos no da en ser bueno adrede por uno o por dos años, que de hambre y de pena se morirían.[106] Y renegad de oficio que tiene
5   situados sus gajes donde los tiene situados Bercebú.[107]

—Ya que en eso pongas también dolo,[108] ¿cómo lo podrás poner en el escribano, que le hace la causa, calificada con testigos?[109]

—Ríete deso—dijo—. ¿Has visto tú alguacil sin escribano algún día?[110] No, por cierto. Que, como ellos salen a buscar de comer,
10 porque (aunque topen un inocente) no vaya a la cárcel sin causa, llevan escribano que se la haga. Y así, aunque ellos no den causa para que les prendan, hácesela el escribano, y están presos con causa. Y en los testigos no repares, que para cualquier cosa tendrán tantos como tuviere gotas de tinta el tintero: que los más en los
15 malos oficiales los presenta la pluma y los examina la cudicia. Y si dicen algunos lo que es verdad, escriben lo que han menester y repiten lo que dijeron. Y para andar como había de andar el mundo, mejor fuera y más importara que el juramento, que ellos toman al testigo que jure a Dios y a la cruz decir verdad en lo que le fuere
20 preguntado, que el testigo se lo tomara a ellos de que la escribirán como ellos la dijeren.[111] Muchos hay buenos escribanos, y alguaciles muchos; pero de sí el oficio es con los buenos como la mar con los muertos, que no los consiente, y dentro de tres días los echa a la orilla. Bien me parece a mí un escribano a caballo y un alguacil con
25 capa y gorra honrando unos azotes, como pudiera un bautismo detrás de una sarta de ladrones que azotan;[112] pero siento que cuando el pregonero dice:

105. *Estos... horca*   The revenues of constables come from whippings and from sending criminals to the galleys; the hangman's noose is their privilege; i.e., lawmen earn a living only insofar as there are criminals around.
106. *Y... morirán*   The sense is: people could take vengeance on hated lawmen by going out of their way to be good for a year or two; without breaches of law to exploit, lawmen would starve to death.
107. *Y... Bercebú*   And damn a job which relies for its wages on the torments of Hell.
108. *dolo*   fraud
109. *que... testigos*   who brings an action against him
110. *¿Has... día?*   Refers to the common belief that constables and notaries collaborated on the side.
111. *mejor... dijeren*   better that witnesses testify openly in court under oath than allow notaries to take testimony
112. *honrando... azotan*   doing the honors of accompaniment to a line of thieves whiplashed publicly just as they do the honors to a baptismal procession

"A estos hombres por ladrones, que suene el eco en la vara del alguacil y en la pluma del escribano."

Más dijera si no le tuviera la grandeza con que un hombre rico iba en una carroza, tan hinchado que parecía porfiaba a sacarla de husillo,[113] pretendiendo parecer tan grave, que a las cuatro bestias aun se lo parecía, según el espacio con que andaban. Iba muy derecho, preciándose de espetado, escaso de ojos y avariento de miraduras, ahorrando cortesías con todos, sumida la cara en un cuello abierto hacia arriba, que parecía vela en papel, y tan olvidado de sus conjunturas, que no sabía por dónde volverse a hacer una cortesía ni levantar el brazo a quitarse el sombrero, el cual parecía miembro, según estaba fijo y firme.[114] Cercaban el coche cantidad de criados traídos con artificio, entretenidos con promesas y sustentados con esperanzas. Otra parte iba de acompañamiento de acreedores, cuyo crédito sustentaba toda aquella máquina. Iba un bufón en el coche entreteniéndole.

—Para ti se hizo el mundo—dije yo luego que le vi—, que tan descuidado vives y con tanto descanso y grandeza. ¡Qué bien empleada hacienda! ¡Qué lucida! ¡Y cómo representa bien quién es este caballero!

—Todo cuanto piensas—dijo el viejo—es disparate y mentira, y cuanto dices, y sólo aciertas en decir que el mundo sólo se hizo para éste. Y es verdad, porque el mundo es sólo trabajo y vanidad, y éste es todo vanidad y locura. ¿Ves los caballos? Pues comiendo se van, a vueltas de la cebada y paja, al que la fía a éste y por cortesía de las ejecuciones trae ropilla.[115] Más trabajo le cuesta la fábrica de sus embustes para comer, que si lo ganara cavando. ¿Ves aquel bufón? Pues has de advertir que tiene por bufón al que le sustenta y le da lo que tiene. ¿Qué más miseria quieres destos ricos, que

---

113. *tan... husillo* so puffed up he is stretching the very coach off its axles

114. *Iba... firme* This long caricature cannot be rendered into literal English. We offer L'Estrange's early eighteenth-century paraphrase which approximates Quevedo's caricature of affected manners and bad taste: "He had a deep laced ruff on, that was right Spanish, which he wore erect, and so stiff starches, that a man would have thought he had carried his head in a paper lanthorn. He was a great studier of set faces, and much affected with looking politic and big; but for his arms and body he had entirely lost or forgotten the use of them: he could neither bow nor move his hat to any man that saluted him; nor so much as turn from one side to the other, but sat as if he had been boxed up like a Bartholomew baby."

115. *comiendo... ropilla* the horses go on eating the barley and hay bought on credit while the nobleman wears an elegant short vestment over his doublet only because of his titles

todo el año andan comprando mentiras y adulaciones, y gastan sus
haciendas en falsos testimonios? Va aquél tan contento porque el
truhán le ha dicho que no hay tal príncipe como él, que todos los
demás son unos escuderos, como si ello fuera así. Y diferencian muy
5   poco, porque el uno es juglar del otro. Desta suerte el rico se ríe
con el bufón, y el bufón se ríe del rico, porque hace caso de lo que
lisonjea.

Venía una mujer hermosa trayéndose de paso los ojos que la
miraban y dejando los corazones llenos de deseos. Iba ella con
10   artificioso descuido escondiendo el rostro a los que ya la habían visto
y descubriéndole a los que estaban divertidos. Tal vez se mostraba
por velo, tal vez por tejadillo.[116] Ya daba un relámpago de cara con
un bamboleo de manto, ya se hacía brújula mostrando un ojo solo,
y, tapada de medio lado, descubría un tarazón de mejilla.[117] Los
15   cabellos martirizados hacían sortijas a las sienes. El rostro era nieve
y grana y rosas que se conservaban en amistad, esparcidas por
labios, cuello y mejillas. Los dientes transparentes y las manos, que
de rato en rato nevaban el manto,[118] abrasaban los corazones. El talle
y paso, ocasionando pensamientos lascivos. Tan rica y galana como
20   cargada de joyas recebidas y no compradas. Vila, y, arrebatado de
la naturaleza, quise seguirla entre los demás, y, a no tropezar en las
canas del viejo, lo hiciera. Volvíme atrás diciendo:

—Quien no ama con todos sus cinco sentidos una mujer hermosa,
no estima a la naturaleza su mayor cuidado y su mayor obra. Di-
25   choso es el que halla tal ocasión, y sabio el que la goza. ¡Qué sentido
no descansa en la belleza de una mujer, que nació para amada del
hombre! De todas las cosas del mundo aparta y olvida su amor
correspondido, teniéndole todo en poco y tratándole con desprecio.
¡Qué ojos tan honestamente hermosos! ¡Qué mirar tan cauteloso y
30   prevenido en los descuidos de un alma libre! ¡Qué cejas tan negras,
esforzando recíprocamente la blancura de la frente! ¡Qué mejillas,
donde la sangre mezclada con la leche engendra lo rosado que
admira! ¡Qué labios encarnados, guardando perlas,[119] que la risa
muestra con recato! ¡Qué cuello! ¡Qué manos! ¡Qué talle! Todos

116. *por tejadillo*   by placing the cloak seductively on her forehead
117. *Ya... mejilla*   First she unveils her face, next she covers it up, then peeks out
through one eye and, finally, teasingly shows only part of her cheek.
118. *las manos... manto*   her lily-white hands, which now and then stroked the cloak.
Commonplace, learned image.
119. *Qué labios... perlas*   Traditional poetic image of red lips and white teeth

son causa de perdición, y juntamente disculpa del que se pierde por ella.

—¿Qué más le queda a la edad que decir y al apetito que desear? —dijo el viejo—. Trabajo tienes, si con cada cosa que ves haces esto. Triste fué tu vida; no naciste sino para admirado.[120] Hasta ahora te juzgaba por ciego, y ahora veo que también eres loco, y echo de ver que hasta ahora no sabes para lo que Dios te dió los ojos ni cuál es su oficio: ellos han de ver, y la razón ha de juzgar y elegir; al revés lo haces, o nada haces, que es peor. Si te andas a creerlos, padecerás mil confusiones, tendrás las sierras por azules, y lo grande por pequeño, que la longitud y la proximidad engañan la vista. ¡Qué río caudaloso no se burla della,[121] pues para saber hacia dónde corre es menester una paja o ramo que se lo muestre![122] ¿Viste esa visión,[123] que acostándose fea se hizo esta mañana hermosa ella misma y hace extremos grandes? Pues sábete que las mujeres lo primero que se visten, en despertando, es una cara, una garganta y unas manos, y luego las sayas. Todo cuanto ves en ellas es tienda y no natural. ¿Ves el cabello? Pues comprado es y no criado. Las cejas tienen más de ahumadas que de negras; y si como se hacen cejas se hicieran las narices, no las tuvieran. Los dientes que ves y la boca era, de puro negra, un tintero, y a puros polvos se ha hecho salvadera.[124] La cera de los oídos se ha pasado a los labios, y cada uno es una candelilla. ¿Las manos? Pues lo que parece blanco es untado.[125] ¿Qué cosa es ver una mujer, que ha de salir otro día a que la vean, echarse la noche antes en adobo, y verlas acostar las caras hechas confines de pasas,[126] y a la mañana irse pintando sobre lo vivo como quieren? ¿Qué es ver una fea o una vieja querer, como el otro tan celebrado nigromántico,[127] salir de nuevo de una re-

120. *para admirado*   to be awe struck
121. *della*   The antecedent is *vista.*
122. *es menester... muestre*   you need a straw or branch to indicate the direction of the wind
123. *visión*   apparition. Here, ridiculous, ugly person.
124. *la boca... salvadera*   her mouth was as black as an inkwell and she used so much powder to whiten it that it's now like a sandcaster (container for sprinkling sand to blot wet ink)
125. *untado*   Pun on the two meanings of *untar:* to grease and to bribe; the hands are rubbed with grease because the woman has received bribes; i.e., she has sold her body.
126. *las caras... pasas*   their faces becoming full of wrinkles (shriveled like a raisin)
127. *nigromántico*   Reference to the black magic of the Marquis Enrique de Villena, legendary sorcerer of the early fifteenth century.

doma? ¿Estásla mirando? Pues no es cosa suya. Si se lavasen las
caras, no las conocerías. Y cree que en el mundo no hay cosa tan
trabajada como el pellejo de una mujer hermosa, donde se enjugan
y secan y derriten más jabelgues[128] que sus faldas desconfiadas de
5   sus personas.[129] Cuando quieren halagar algunas narices, luego se
encomiendan a la pastilla y al sahumerio o aguas de olor, y a veces
los pies disimulan el sudor con las zapatillas de ámbar. Dígote que
nuestros sentidos están en ayunas de lo que es mujer y ahitos de
lo que le parece.[130] Si la besas, te embarras los labios; si la abrazas,
10   aprietas tablillas y abollas cartones; si la acuestas contigo, la mitad
dejas debajo de la cama en los chapines; si la pretendes, te cansas;
si la alcanzas, te embarazas; si la sustentas, te empobreces; si la
dejas, te persigue; si la quieres, te deja. Dame a entender de qué
modo es buena, y considera ahora este animal soberbio con nuestra
15   flaqueza, a quien hacen poderoso nuestras necesidades, más prove-
chosas sufridas o castigadas que satisfechas, y verás tus disparates
claros. Considérala padeciendo los meses,[131] y te dará asco, y,
cuando está sin ellos, acuérdate que los ha tenido y que los ha de
padecer, y te dará horror lo que te enamora, y avergüénzate de
20   andar perdido por cosas que en cualquier estatua de palo tienen
menos asqueroso fundamento.

Mirando estaba yo confusión de gente tan grande, cuando dos
figurones,[132] entre pantasmas y colosos,[133] con caras abominables y
facciones traídas,[134] tiraron una cuerda. Delgada me pareció y de mil
25   diferentes colores, y dando gritos por unas simas que abrieron por
bocas,[135] dijeron:

—Ea, gente cuerda, alto a la obra.

No lo hubieron dicho cuando de todo el mundo, que estaba al

128. *jabelgue*   cosmetic used to whiten the skin
129. *que... personas*   like billowing petticoats piled up layer upon layer, disconfident
of the legs underneath them; i.e., the woman uses makeup to hide her unattractive
face just as she might use petticoats to hide her unattractive legs.
130. *nuestros... parece*   we're eager to see what a woman really looks like; we're up to
here with woman's presumptuousness
131. *padeciendo los meses*   when she has her menstrual period
132. *figurones*   ridiculous actors
133. *pantasmas y colosos*   ghosts and giants. The *coloso* is a man on stilts or a giant
cardboard figure with a person inside, to this day common in Spanish carnivals.
134. *facciones traídas*   shabby appearance
135. *por... bocas*   through gaping hollows that opened instead of mouths. The
grotesque image is characteristic of Quevedo's style.

otro lado, se vinieron a la sombra de[136] la cuerda muchos, y, en entrando, eran todos tan diferentes, que parecía trasmutación o encanto. Yo no conocí a ninguno.

—¡Válgate Dios por cuerda[137]—decía yo—, que tales tropelías haces! 5

El viejo se limpiaba las lagañas, y daba unas carcajadas sin dientes, con tantos dobleces de mejillas, que se arremetían a sollozos mirando mi confusión.

—Aquella mujer allí fuera estaba más compuesta que copla, más serena que la de la mar, con una honestidad en los huesos, anublada 10 de manto,[138] y, en entrando aquí, ha desatado las coyunturas,[139] mira de par en par,[140] y por los ojos está disparando las entrañas a aquellos mancebos, y no deja descansar la lengua en ceceos,[141] los ojos en guiñaduras, las manos en tecleados de moño.[142]

—¿Qué te ha dado, mujer? ¿Eres tú la que yo vi allí? 15

—Sí es—decía el vejete con una vez trompicada en toses y con juanetes de gargajos—,[143] ella es; mas por debajo de la cuerda[144] hace estas habilidades.

—Y aquél que estaba allí tan ajustado de ferreruelo, tan atusado de traje, tan recoleto de rostro, tan angustiado de ojos, tan morti- 20 ficado de habla, que daba respeto y veneración—dije yo—, ¿cómo no hubo pasado, cuando se descerrajó de mohatras[145] y de usuras? Montero de necesidades, que las arma trampas, y perpetuo vocinglero del tanto más cuanto, anda acechando logros.[146]

—Ya te he dicho que eso es por debajo de la cuerda. 25

—¡Válate el diablo por cuerda,[147] que tales cosas urdes! Aquél que

136. *a la sombra de* on the other side of; here, "on the sly." The Old Man helps the narrator detect errors.
137. *Válgate... cuerda* Good God, what a rope
138. *anublada de manto* concealed by her mourning cloak
139. *ha... coyunturas* she has lost all possible reserve
140. *mira de par en par* i.e., she has flung her doors wide open and looks in all directions for new prospects
141. *en ceceos* i.e., she lisps suggestively, she whispers provocatively
142. *las manos... moño* her hands suggestively patting her hair now and then
143. *trompicada... gargajos* his voice choked by cough and thick phlegm
144. *por... cuerda* underhandedly; secretly
145. *mohatras* fake sales
146. *Montero... logros* Like a scavenger on the hunt for things he needs (in order to keep up false appearances), he pulls many a trick and, a perennial loudmouth in accounts and hagglings, he's always on the lookout for bargains.
147. *Válate... cuerda* damned string

anda escribiendo billetes, sonsacando virginidades,[148] solicitando
deshonras y facilitando maldades, yo lo conocí a la orilla de la cuerda,
dignidad gravísima.

—Pues por debajo de la cuerda tiene esas ocupaciones—respondió
5   mi ayo.

—Aquél que anda allí juntando bregas, azuzando pendencias,
revolviendo caldos, aumentando cizañas, y calificando porfías y
dando pistos a temas desmayadas,[149] yo lo vi fuera de la cuerda
revolviendo libros, ajustando leyes, examinando la justicia, orde-
10   nando peticiones, dando pareceres:[150] ¿cómo he de entender estas
cosas?

—Ya te lo he dicho—dijo el buen caduco—. Ese propio por debajo
de la cuerda hace lo que ves, tan al contrario de lo que profesa.
Mira aquél que fuera de la cuerda viste a la brida[151] en mula tarta-
15   muda de paso,[152] con ropilla y ferreruelo y guantes y receta, dando
jarabes,[153] cuál[154] anda aquí a la brida en un basilisco, con peto y
espaldar y con manoplas,[155] repartiendo puñaladas de tabardillos,[156]
y conquistando las vidas, que allí parecía que curaba. Aquí por
debajo de la cuerda está estirando las enfermedades para que den
20   de sí y se alarguen, y allí parecía que rehusaba las pagas de las
visitas. Mira, mira aquel maldito cortesano, acompañante perdurable
de los dichosos, cuál andaba allí fuera a la vista de aquel ministro,
mirando las zalemas de los otros para excederlas, rematando las
reverencias en desaparecimientos; tan bajas las hacía por pujar a
25   otros la ceremonia,[157] que tocaban en de buces. ¿No le viste siempre
inclinada la cabeza como si recibiera bendiciones y negociar de puro
humilde a lo Guadiana por debajo de tierra,[158] y aquel amén sonoro
y anticipado a todos los otros bergantes a cuanto el patrón dice y

148. *sonsacando virginidades*   enticing girls to give up their virginity
149. *juntando... desmayadas*   getting people to scuffle with each other, stirring up
quarrels, causing grief, increasing discord, and turning arguments into disputes and
making cooled-off wrangles flare up again
150. *dando pareceres*   offering counsel; persuading
151. *viste a la brida*   dresses as if to ride like a noble, with low saddle and long
stirrups
152. *tartamuda de paso*   with hesitant gait
153. *dando jarabes*   talking idly
154. *cuál*   Read: *cómo*.
155. *con peto... manoplas*   with breastplate, armor's back support, and with postilion
whips
156. *de tabardillos*   by nutty fellows; rabble
157. *por pujar... ceremonia*   to outdo the rest in formalities
158. *a... tierra*   just like the rivers that moisten and fertilize underground soil, which
otherwise would be dry

contradice? Pues mírale allí por debajo de la cuerda royéndole los zancajos,[159] que ya se le ve el hueso, abrasándole en chismes, maldiciéndole y engañándole, y volviendo en gestos y en muecas las esclavitudes de la lisonja, lo cariacontecido del semblante,[160] y las adulaciones menudas del coleo de la barba[161] y de los entreteni-   5
mientos de la jeta. ¿Viste allá fuera aquel maridillo[162] dar voces que hundía el barrio: "Cierren esa puerta, qué cosa es ventanas, no quiero coche, en mi casa me como, calle y pase, que así hago yo", y todo el séquito de la negra honra?[163] Pues mírale por debajo de la cuerda encarecer con sus desabrimientos los encierros de su mujer.   10
Mírale amodorrido con una promesa, y los negocios, que se le ofrecen cuando le ofrecen: cómo vuelve a su casa con un esquilón por tos tan sonora, que se oye a seis calles.[164] ¡Qué calidad tan inmensa y qué honra halla en lo que come, y en lo que le sobra, y qué nota en lo que pide y le falta, qué sospechoso es de los pobres,   15
y qué buen concepto tiene de los dadivosos y ricos, qué a raíz tiene el ceño de los que no pueden más, y qué a propósito las jornadas para los precipitados de dádiva! ¿Ves aquel bellaconazo que allí está vendiéndose por amigo de aquel hombre casado y arremetiéndose a hermano, que acude a sus enfermedades y a sus pleitos, y que   20
le prestaba y le acompañaba? Pues mírale por debajo de la cuerda añadiéndole hijos y embarazos en la cabeza y trompicones en el pelo. Oye cómo reprendiéndoselo aquel vecino, que parece mal que entre a cosas semejantes en casa de su amigo, donde le admiten y se fían dél y le abren la puerta a todas horas, él responde: "Pues   25
qué: ¿queréis que vaya donde me aguarden con una escopeta, no se fían de mí y me niegan la entrada? Eso sería ser necio, si estotro es ser bellaco."
Quedé muy admirado de oír al buen viejo y de ver lo que pasaba por debajo de la cuerda en el mundo, y entonces dije entre mí: 30
—Si a tan delgada sombra, fiando su cubierta del bulto de una cuerda, son tales los hombres, ¿qué serán debajo de tinieblas de mayor bulto y latitud?[165]

---

159. *royéndole los zancajos*   talking behind his back
160. *lo... semblante*   his mournful look
161. *coleo... barba*   stroking of his beard
162. *maridillo*   complacent husband; cuckold
163. *el séquito... honra*   all the hangers-on of outward respectability
164. *un esquilón... sonora*   preceded by a bell of a cough so resonant he can be heard from far away
165. *¿qué... latitud?*   what would they be when covered by darkness of greater length and breadth?

Extraña cosa era de ver cómo casi todos se venían de la otra parte
del mundo a declararse de costumbres en estando debajo de la
cuerda. Y luego a la postre vi otra maravilla, que siendo esta cuerda
de una línea invisible, casi debajo della cabían infinitas multitudes,
5   y que hay debajo de cuerda en todos los sentidos y potencias, y en
todas partes y en todos oficios. Y yo lo veo por mí, que ahora escribo
este discurso, diciendo que es para entretener, y por debajo de la
cuerda doy un jabón muy bueno a los que prometí halagos muy
sazonados.[166] Con esto el viejo me dijo:
10   —Forzoso es que descanses. Que el choque de tantas admira-
ciones y de tantos desengaños fatigan el seso, y temo se te descon-
cierte la imaginación. Reposa un poco para que lo que resta te
enseñe y no te atormente.
Yo tal estaba, que di conmigo en el sueño y en el suelo obediente
15   y cansado.

166. *doy... sazonados*   I sternly reprimanded those whom I promised to regale with
entertainments

SALMO XIX

¡Cómo de entre mis manos te resbalas!
¡Oh, cómo te deslizas, edad mía![1]
¡Qué mudos pasos traes, oh muerte fría,
pues con callado pie[2] todo lo igualas!

5   Feroz, de tierra el débil muro escalas,[3]
en quien lozana[4] juventud se fía;
mas ya mi corazón del postrer día
atiende el vuelo,[5] sin mirar las alas.[6]

1. *edad mía*   years of my life
2. *con callado pie*   with your silent tread
3. *de... escalas*   *escalas el débil muro de tierra*
4. *lozana*   vigorous, lusty
5. *del postrer... vuelo*   awaits the last journey
6. *alas*   metaphorically, the wings of dreams, illusions

¡Oh condición mortal! ¡Oh dura suerte!
¡Que no puedo querer vivir mañana
sin la pensión[7] de procurar mi muerte!

Cualquier instante de la vida humana
es nueva ejecución,[8] con que me advierte   5
cuán frágil es, cuán mísera, cuán vana.

7. *sin la pensión*   without paying the price, without investing toward
8. *ejecución*   Double meaning: execution or summons and foreclosure on a mortgage.
Note the play on *pensión*, investment.

AMOR CONSTANTE MÁS ALLÁ DE LA MUERTE[1]

Cerrar podrá mis ojos la postrera
sombra que me llevare el blanco día,[2]
y podrá desatar esta alma mía
hora a su afán ansioso lisonjera;[3]

mas no,[4] de esotra[5] parte, en la ribera,   5
dejará la memoria, en donde ardía:[6]
nadar sabe mi llama la agua fría,[7]
y perder el respeto a ley severa.[8]

1. "Amor... muerte"   This sonnet is considered one of the great love poems of all
time and has attracted a great deal of critical attention.
2. *Cerrar... día*   the last darkness (i.e., death) may close my eyes and thus take away
from me the bright day (i.e., life, the capacity to see)
3. *y... lisonjera*   and this soul of mine may be set free at some moment that yields
to its anxiety to die; i.e., the lover may have the fortune to die at a moment when
he no longer desires to live. The syntax is complicated because the subject of *podrá*
is *hora*.
4. *mas no*   but that does not mean
5. *esotra*   *esta otra;*   i.e., on the other bank
6. *en donde ardía*   in which it used to burn with love
7. *agua fría*   the cold water of Lethe, river of forgetfulness, flowing through Hades;
i.e., passion will not be obliterated by death
8. *ley severa*   stern law of death

Alma a quien todo un dios prisión ha sido,[9]
venas que humor a tanto fuego han dado,
medulas que han gloriosamente ardido,

su cuerpo dejará, no su cuidado;[10]
5   serán[11] ceniza,[12] mas tendrá sentido;
polvo serán, mas polvo enamorado.[13]

9. *Alma... sido*   freely, my soul, for which nothing less than the very god (of love) has been a prison
10. *su cuerpo... cuidado*   it (the soul) will abandon its body but not its loving care
11. *serán*   The subjects are *venas* and *medulas*.
12. *ceniza*   Play on the double meaning of *ceniza*: ashes of burial and ashes of the fire of love.
13. *polvo enamorado*   The assertion made in the title is here repeated defiantly: the soul will leave the body, the veins and bones will become dust and ashes, but all three will continue to love.

RIESGO DE CELEBRAR LA HERMOSURA DE LAS TONTAS

Sol os llamó mi lengua pecadora,[1]
y desmintióme a boca llena[2] el cielo;
luz os dije que dábades[3] al suelo,
y opúsose un candil,[4] que alumbra y llora.[5]

5   Tan creído tuvistes ser aurora,[6]
que amanecer quisistes con desvelo;[7]
en vos llamé rubí lo que mi abuelo
llamara labio y jeta comedora.[8]

1. *lengua pecadora*   lying tongue. Quevedo mocks the poetic commonplaces of courtly love poems.
2. *a boca llena*   completely, categorically
3. *dábades*   dabais (archaic)
4. *candil*   oil lamp
5. *llora*   Playful image of the dribblings of oil from the lamp.
6. *aurora*   dawn
7. *con desvelo*   by staying up all night
8. *jeta comedora*   hog's snout

Codicia os puse[9] de vender los dientes,
diciendo que eran perlas; por ser bellos,
llamé los rizos minos de oro ardientes.

Pero si fueran oro los cabellos,
calvo su casco fuera, y diligentes   5
mis dedos los pelaran por vendellos.

9. *Codicia os puse*   I made you greedy enough to want

VENGANZA DE LA EDAD EN HERMOSURA PRESUMIDA

Cuando tuvo, Floralba, tu hermosura,
cuantos[1] ojos te vieron, en cadena,[2]
con presunción, de honestidad ajena,[3]
los despreció soberbia tu locura.

Persuadióte el espejo conjetura   5
de eternidades en la edad serena,
y que a su plata el oro en tu melena
nunca del tiempo trocaría la usura.[4]

Ves que la que antes eras, sepultada
yaces en la que vives; y quejosa   10
tarde te acusa vanidad burlada.

Mueres doncella, y no de virtuosa,[5]
sino de presumida y despreciada:
esto eres vieja, esotro fuiste hermosa.[6]

1. *cuantos* all
2. *tuvo... en cadena*   held enchained, captivated
3. *de honestidad ajena*   that was unchaste
4. *y... usura*   and that when time came to collect his dues he would never change
the gold of your hair into his silver
5. *y... virtuosa*   and not because you're virtuous
6. *esto... hermosa*   scorned is what you are now that you're old, presumptuous is
what you were when you were beautiful

▣ Commentary ▣

Uno diría que don Francisco Gómez de Quevedo y Villegas (1580–1645), retirado en la Torre de Juan Abad, pasó buena parte del 1612 en un claroscuro de dudas y certezas. La dedicatoria de *El mundo por de dentro* respira inseguridad. ¿Por qué una obra tal, en efecto, no había de llevar "al cielo" al autor? No hay en ella osadías de expresión, idea, o pintura que empañen la intención ejemplar, reforzada por prédicas bien directas; y el escepticismo del prologuillo, centrado en la vieja y tenaz sospecha de que "no se sabe nada," no bastaría a poner en tela de juicio el valor moral de la pieza (aparte de que paradójicamente queda contradicho por la sustancia del texto inmediato). No es, pues, muy arriesgado conjeturar que, al referirse a las "obras" que no iban a llevarle "al cielo" y sí a darle "nombre" en la tierra, Quevedo transfería a *El mundo por de dentro* reflexiones que por entonces debía hacerse más bien a propósito del conjunto de su labor literaria y de su propio vivir. En 1612, quedaban atrás años de estudio, de Corte y de bullir mundano, y se anunciaba una madurez que llevaría a don Francisco a la intriga política, la cárcel, y la privanza junto a los grandes; que lo mantendría siempre entre las dos aguas de ambiciones y logros, enemistades y fidelidades, buen humor y tristeza desencantada. Jorge Luis Borges ha escrito ser Quevedo "menos un hombre que una dilatada y compleja literatura." Pues compuesto a la mitad del camino de la vida, *El mundo por de dentro* reúne vestigios de toda la riquísima biblioteca que es la obra quevedesca. Ahí, en la meta última de la obrita, está un propósito didáctico similar al de *La cuna y la sepultura*—digamos—y, en la fisonomía de muchos pasajes, un tono festivo parejo al de incontables sátiras. Las consideraciones sobre la fugacidad del tiempo nos llevan al espíritu de muchos de los mejores versos del gigantesco poeta que fué don Francisco y a preocupaciones reflejadas en sus versiones en prosa de las doctrinas neoestoicas. La presentación de los personajes nos recuerda técnicas de *La vida del Buscón*, novela picaresca, y la vivacidad de varias escenas nos evoca comedias y entremeses. Las pedanterías en torno a la Sagrada Escritura transparentan las presunciones de Quevedo como biblista y hebraísta, "docto y teólogo"; y el estilo ceñido de más de un momento tiene réplica en la prosa impecable de la *Política de Dios*. Por otro lado, *El mundo por de dentro* es el tercero de los cinco *Sueños* publicados por el autor para formar una colección de irónicas fantasías "descubridoras de abusos, engaños y vicios, en *todos* los géneros de estados y oficios del mundo," colección que acabaría por culminar en *La hora de todos y la Fortuna con seso*, resumen de las portentosas dotes creadoras de Quevedo, "el excepcional, el múltiple, el enciclopédico" (Raimundo Lida).

El núcleo de *El mundo por de dentro* es la convicción de que los hombres "ni son lo que parecen ni lo que se llaman." No nos desoriente la concreción de los ejemplos que ilustran tal creencia, pues, de hecho, nos las habemos con un asunto universal y permanente, grato a los moralistas y a los satíricos de todos los tiempos y países. Un largo párrafo dedica Quevedo, verbigracia, a mostrar cómo la hipocresía de las gentes confunde "los nombres de las cosas" y cómo sucede, así, que " 'amistad' llaman al amancebamiento; 'trato,' a la usura...; a toda pícara, 'señora hermosa,' " etc. Semejante retahila puede antojársenos diagnóstico de los males del día, fruto únicamente de la observación. Pero, a decir verdad, otro tanto habían escrito sobre el vivir coetáneo Tucídides, Lucrecio, Salustio, o Séneca (el último, en un pasaje que hubiera dado un excelente epígrafe al *sueño* quevedesco: "Ni las cosas ni las palabras nos engañen.... Los vicios nos asaltan bajo el nombre de las virtudes: la temeridad se esconde bajo el título de 'fortaleza,' la moderación se llama 'cobardía,' por 'cauto' se toma al tímido"); otro tanto repitieron los Padres de la Iglesia y cristalizó en el tema medieval del "mundo al revés"; otro tanto decantó Erasmo y glosaron Alfonso de Valdés, Luis Vives, Antonio de Guevara, o Mateo Alemán; otro tanto ocurre en el ficticio *1984*, de George Orwell, donde se habla de guerra cuando se dice "paz," y de odio, cuando

se mienta el "amor." En todas partes cuecen habas, y rara vez han
faltado imposturas—para aducir un par de casos bien próximos—
como bautizar "económicamente débiles" a los desposeídos, o "die
Endlösung del Judenfrage" ("la solución definitiva del problema
judío"), a la mayor tragedia de nuestro siglo. Quevedo ensambla,
pues, motivos de la realidad contemporánea en la armazón de un
tópico literario apoyado en la tediosa persistencia de ciertos rasgos
de la naturaleza humana. Y, por ahí, al combinar rasgos del momento con un diseño eterno, *El mundo por de dentro* adquiere esa
doble dimensión de "documento" y de "monumento" que le asegura una perpetua vigencia.

Un rápido análisis del modo de proceder quevedesco nos descubre
una mezcla similar a la que pone de manifiesto la perspectiva
histórica. Cierto: nota principal de la obrita es el continuo ir y venir
de la generalidad a la especificación y del detalle concreto a la
fórmula abstracta, tanto al nivel del concepto como en el plano del
lenguaje. La pieza, así, parte de unas especulaciones de amplio
alcance sobre la desatinada curiosidad de los hombres y se remansa
en un "suceso" de la primera persona narrativa, "suceso" que
servirá de cifra de "todas las experiencias" posibles. El *yo* del escritor se disuelve rápidamente en un marco alegórico ("en la grande
población del mundo..., ya por la calle de la Ira descompuesto,"
etc.), para regresar al plano de la realidad más común, "tirado
porfiadamente del manteo," y enfrentarse con un viejo canoso y
desastrado, "roto por mil partes el vestido": el Desengaño, personi-
ficación de uno de los ideales del saber más válidos en la Europa
de hacia 1600 (el *desengaño* es la actitud del que ha caído en la cuenta
de la vanidad y falsedad de los deseos y convicciones al uso), quien
se ofrece a mostrar al autor "el mundo como es," por detrás de "lo
que parece," vale decir, "the seamy side" de las gentes de relumbrón.

El movimiento de sístole y diástole, de concreción y abstracción,
patente en los párrafos preliminares podría compendiarse en los
"rasgones de la ropa" y los "cardenales del rostro" de ese inmaterial Desengaño o en la ambigüedad del escenario observado (la
"calle mayor," que, si en la intención lo es del Mundo y se identifica
con la Hipocresía, en la realización de Quevedo presenta el desfile
de personajes que podían hallarse en la Calle mayor del Madrid
de los Austrias); pero es fundamental advertir que ese mismo movimiento ocurre igualmente en la serie de viñetas que constituyen

al cuerpo de la obra, y aun, dentro de ellas, en el enlace de los juegos verbales ("ha procurado hacerse Venecia por ser 'señoría,' sino que, como se fundó en el viento para serlo, se había de fundar en el agua"). Lo que tales viñetas nos ofrecen es una animada colección de "figuras" (y, en los días de Quevedo, "figura" vale 'sujeto estrafalario, de afectación ridícula'), tipificaciones de comportamientos más o menos habituales ilustradas con unos cuantos detalles sumamente concretos. Tales "figuras" venían rodando de tiempo atrás por la poesía de humor, los sermonarios, las florestas de chascarrillos, las narraciones picarescas, el teatro menor, las misceláneas, y Quevedo las había hecho blanco preferido de su sátira (sátira no poco conservadora, pues esencialmente aspira a señalar que la primera causa del desbarajuste de la sociedad, convertida en un "laberinto," es la 'nefasta' veleidad que lleva a los hombres a pretender salirse del casillero en que los han colocado la sangre y la providencia). En efecto, no hay un motivo de *El mundo por de dentro* que no reaparezca más de una vez en los *Sueños* o en las múltiples obras de burlas quevedescas, y en ocasiones el uno prácticamente duplica a los otros o a las otras (así, la viuda de "las tocas negras y los pensamientos verdes" es gemela de la protagonista del segundo entremés de don Francisco sobre *Diego Moreno*).

Por lo mismo, importa reconocer el rasgo conceptual y estilístico que básicamente diferencia la factura de nuestra piececilla y la de tantos textos quevedescos de asunto afín: el énfasis del autor, obviamente, se pone ahora en desentrañar la oposición de apariencias y realidades, en realizar la distancia entre lo que se ofrece al espectador ingenuo (voluntaria y casi caricaturescamente ingenuo) y lo que revela la mirada perspicaz del Desengaño, en confrontar punto por punto la fotografía y la radiografía. Ejemplar es la final estampa de la "mujer hermosa" que, con "artificioso descuido" (Mateo Alemán había ya hecho anatomía del "cuidadoso descuido"), va mostrándose a retazos a los transeúntes, tan laberíntica como el propio Mundo que la rodea. A retazos también, morosamente, la celebra el protagonista, echando mano del rosario de tópicos que la lírica renacentista había enhebrado para la descripción de la belleza femenina (véase aquí mismo el soneto "Sol os llamó...," donde igualmente se ofrecen la cara y la cruz de esos elogios convencionales). Y a retazos desmonta el Desengaño, implacablemente, toda la tramoya de la hermosura postiza, volviéndola del revés, con el infinito talento de Quevedo para la definición grotesca (com-

párese el poema "Érase un hombre..."). El quiebro entre apariencia
y realidad se subraya cargando las tintas desagradables según
progresa el parlamento del Desengaño, para acabar, con rotundidad
de moralista, recogiendo el hilo del inicio: insistiendo ("te dará
horror lo que te enamora") en la vanidad del deseo que arrastra
al hombre tras personas y cosas que, "si las conociera" por de
dentro, al punto "las aborreciera."

                                                              Francisco Rico

▣ Baltasar Gracián ▣

El héroe

AL LECTOR

¡Qué singular te deseo! Emprendo formar con un libro enano un varón gigante, y con breves períodos,[1] inmortales hechos; sacar un varón máximo, esto es milagro en perfección; y, ya que no por naturaleza, rey por sus prendas,[2] que es ventaja.

Formáronle prudente Séneca; sagaz, Esopo; belicoso, Homero; Aristóteles, filósofo; Tácito, político, y cortesano el Conde.[3]   5

Yo, copiando algunos primores[4] de tan grandes maestros, intento

1. *breves períodos* short sentences, few words. Concision and brevity of sentences are fundamental to Gracián's style.
2. *ya que... prendas* even if he's not born a king, his merits make him one; i.e., an individual is not born a hero, but learns to be one
3. *Séneca... Conde* Famous figures who wrote treatises on man's conduct: Séneca (54 B.C.?–39 A.D.), Roman statesman and stoic, author of various philosophical essays on self-control; Aesop (620–560 B.C.), reputed Greek author of fables which deal with practical aspects of man's behavior; Homer, traditional ancient Greek poet, singer of heroic deeds, to whom are ascribed the war epics *Iliad* and *Odyssey*; Aristotle (384–322 B.C.), famous Greek philosopher, tutor of Alexander the Great; Tacitus (55?–117 A.D.), Roman orator, politician, and historian, author of an account of the reigns of various emperors; Count Baldassare Castiglione (1478–1529), Italian diplomat, author of the *Courtier*, a celebrated dialogue on the courtly ideal. Gracián was well versed in the classics and in Italian moral and political philosophy.
4. *primores* virtues or excellences. Each of the 20 chapters of Gracián's treatise is a *primor* because it focuses on one particular quality essential to greatness. The 20 *primores* or qualities characterize the ideal leader.

bosquejarle héroe y universalmente prodigio. Para esto forjé este
espejo manual[5] de cristales ajenos y yerros[6] míos. Tal vez[7] te lison-
jará y te avisará tal vez; en él verás o lo que ya eres o lo que
debrías ser.

5   Aquí tendrás una no política ni aun económica, sino una razón
de estado de ti mismo,[8] una brújula de marear a la excelencia,[9]
una arte de ser ínclito con pocas reglas de discreción.

Escribo breve por tu mucho entender; corto, por mi poco pensar.
Ni quiero detenerte porque pases adelante.

PRIMOR I

QUE EL HÉROE PRACTIQUE INCOMPRENSIBILIDADES DE CAUDAL[10]

10   Sea ésta la primera destreza en el arte de entendidos:[11] medir el
lugar con su artificio.[12] Gran treta es ostentarse al conocimiento,
pero no a la comprensión;[13] cebar la expectación, pero nunca desen-
gañarla del todo; prometa más lo mucho, y la mejor acción deje
siempre esperanzas de mayores.

15   Excuse a todos el varón culto[14] sondarle el fondo a su caudal,
si quiere que le veneren todos. Formidable fué un río hasta que
se le halló vado, y venerado un varón hasta que se le encontró
término a la capacidad;[15] porque ignorada y presumida profundidad, siempre mantuvo con el recelo el crédito.

20   Culta propiedad fué llamar señorear al descubrir, alternando luego

---

5. *espejo manual*   hand mirror. Note play on word *manual:* the hand mirror guides
its user toward knowledge of himself and control of his conduct, just as Gracián
hopes the *Oráculo manual* will do for the reader.
6. *yerros*   Play on words *hierros* ("metal" of the mirror) and *yerros* ("errors" of
Gracián).
7. *tal vez   alguna vez*
8. *una razón... mismo*   a reason for your own being
9. *una brújula... excelencia*   a compass which can point the way through the maze to
excellence
10. *incomprehensibilidades de caudal*   abilities which defy comprehension
11. *entendidos*   sophisticated men
12. *medir... artificio*   size up the situation shrewdly
13. *Gran... comprehensión*   the trick is to be in the public eye often enough to be
easily recognized, yet not so often as to be easily understood
14. *Excuse... culto*   the clever man should not allow everybody to
15. *Formidable... capacidad*   man whose limitations are discovered is like a once
overpowering river which has been forded (both appear shallow)

la victoria sujetos; si el que comprende señorea, el que se recata nunca cede.

Compita la destreza del advertido en templarse con la curiosidad del atento en conocerle, que suele ésta doblarse a los principios de una tentativa.

Nunca el diestro en desterrar una barra[16] remató al primer lance; vase empeñando con uno para otro, y siempre adelantándolos.

Ventajas son de Ente Infinito[17] envidar mucho con resto de infinidad.[18] Esta primera regla de grandeza advierte, si no el ser infinitos, a parecerlo, que no es sutileza común.

En este entender, ninguno escrupuleará aplausos a la cruda paradoja del sabio de Mitilene.[19] Más es la mitad que el todo, porque una mitad en alarde y otra en empeño, más es que un todo declarado.

Fué jubilado[20] en ésta como en todas las demás destrezas, aquel gran rey[21] primero del Nuevo Mundo, último de Aragón, si no el *non plus ultra* de sus heroicos reyes.

Entretenía este católico monarca, atentos siempre, a todos sus conreyes, más con las prendas de su ánimo, que cada día de nuevo brillaba, que con las nuevas coronas que ceñía.

Pero a quien deslumbró este centro de los rayos de la prudencia, gran restaurador de la monarquía goda,[22] fué, cuando más, a su heroica consorte,[23] después a los tahures del palacio,[24] sutiles a

16. *desterrar una barra* an old game of hitting and advancing iron bars. The advice here is to win a game but not by overwhelming the opponent; advance the bar step by step, steadily; do not hit long shots and score ostentatiously.

17. *Ente Infinito* Supreme Being

18. *envidar... infinidad* only God has endless resources

19. *sabio de Mitilene* Pithacus (652–569 B.C.), the Greek ruler of Mytilene, was one of the seven wise men of Greece

20. *Fué jubilado* he was master

21. *gran rey* Ferdinand the Catholic (1452–1516), joint sovereign of Spain with Isabel, united the Spanish factions and liberated Granada from the Moors. He was considered a master politician in Spain and the rest of Europe; he was especially admired by Machiavelli who mentions him in *The Prince*, chap. XXI. Gracián constantly refers to Ferdinand as a model of self-control.

22. *monarquía goda* Spaniards considered themselves descendants of the Gothic monarchs who ruled Spain before the Moslem conquest.

23. *consorte* Isabel the Catholic Queen (1451–1504), wife of Ferdinand.

24. *tahures del palacio* Allusion to the courtiers who, like shrewd gamblers, strove to penetrate the king's thoughts and intentions; thus by inference, Ferdinand was a clever card player.

brujulear el nuevo rey, desvelados a sondarle el fondo, atentos a medirle el valor.

Pero ¡qué advertido se les permitía y detenía Fernando, qué cauto se les concedía y se les negaba!, y al fin ganóles.

5   ¡Oh varón cándido de la fama! Tú, que aspiras a la grandeza, alerta al primor. Todos te conozcan, ninguno te abarque;[25] que con esta treta, lo moderado parecerá mucho, y lo mucho infinito, y lo infinito más.

PRIMOR II

CIFRAR LA VOLUNTAD

Lega quedaría el arte si, dictando recato a los términos de la
10 capacidad, no encargase disimulo a los ímpetus del afecto.[26]

Si todo exceso en secreto lo es en caudal, sacramentar una voluntad será soberanía. Son los achaques de la voluntad desmayos de la reputación, y si se declaran, mueren comúnmente.

El primer esfuerzo llega a violentarlos; a disimularlos el segundo.
15 Aquello tiene más de lo valeroso; esto, de lo astuto.

Quien se les rinde[27] baja de hombre a bruto; quien los reboza conserva, por lo menos en apariencias, el crédito.

Arguye eminencia de caudal penetrar toda voluntad ajena, y concluye superioridad saber celar la propia.

20 Lo mismo es descubrirle a un varón un afecto que abrirle un portillo a la fortaleza del caudal, pues por allí maquinan políticamente los atentos, y las más veces asaltan con triunfo. Sabidos los afectos, son sabidas las entradas y salidas de una voluntad, con señorío en ella a todas horas.

25 Soñó dioses a muchos la inhumana gentilidad,[28] aun no con la mitad de hazañas de Alejandro,[29] y nególe al laureado macedón el predicamento o la caterva de deidades. Al que ocupó mucho mundo, no le señaló poco cielo; pero ¿de dónde tanta escasez, cuándo tanta prodigalidad?

25. *ninguno te abarque*   let no one fathom you, i.e., remain mysterious to others
26. *Lega... afecto*   The art of self-domination would remain unperfected if while restraining one's tendencies to push his capacities to the limit one did not at the same time undertake to hide all his emotions.
27. *Quien rinde*   the man overcome by them (emotional impulses)
28. *Soñó... gentilidad*   the pagan peoples created many gods
29. *Alejandro*   Alexander the Great (356–323 B.C.), conqueror of all Greece and most of Persia, symbolized the great man who was, in spite of his achievements, prisoner of his passions.

Asombró Alejandro[30] lo ilustre de sus proezas con lo vulgar de sus furores, y desmintióse a sí mismo tantas veces triunfante, con rendirse a la avilantez del afecto. Sirvióle poco conquistar un mundo, si perdió patrimonio de un príncipe, que es la reputación.

Atienda, pues, el varón excelente, primero a violentar[31] sus pasiones, cuando menos a solaparlas con tal destreza, que ninguna contratreta acierte a descifrar su voluntad.[32]

Avisa este primor a ser entendidos no siéndolo, y pasa adelante a ocultar todo defecto, desmintiendo las atalayas de los descuidos y deslumbrando los linces de la ajena oscuridad.

Aquella católica amazona,[33] desde quien España no tuvo que envidiar las Cenobias, Tomiris, Semíramis y Pantasileas,[34] pudo ser oráculo de estas sutilezas. Encerrábase a parir en el retrete más oscuro y recelando el connatural decoro, la innata majestad echaba un sello a los suspiros de su real pecho, sin que se le oyese un ay, y un velo de tinieblas a los desmanes del semblante.[35] Pero quien así menudeaba en tan excusables achaques del recato, como que escrupulearía en los del crédito.[36]

PRIMOR III

LA MAYOR PRENDA DE UN HÉROE

Grandes partes se desean para un gran todo, y grandes prendas para la máquina de un héroe.

Gradúan en primer lugar los apasionados[37] al entendimiento por origen de toda grandeza; y así como no admiten varón grande sin

---

30. *Asombró Alejandro*   Alexander tarnished
31. *Violentar*   to curb, to restrain
32. *a descifrar su voluntad*   to unmask his feelings
33. *católica amazona*   Reference to Isabel the Catholic.
34. *Cenobias... Pantasileas*   Queens famous for their military prowess and their wisdom: Zenobia, Queen of Palmyra, occupied Egypt and fixed garrisons in Asia Minor; Tamyris, Queen of the Massagetae, slew King Cyrus in battle; Semiramis, legendary Queen of Assyria was supposedly the founder of Babylon; Pantasileas is an unidentified queen.
35. *un velo... semblante*   a dark veil over signs of suffering that could have shown on her face; i.e., the queen was able to control herself in the presence of others even in moments of severe pain.
36. *como... crédito*   one can imagine how scrupulous the queen was in matters concerning her own reputation
37. *Gradúan... apasionados*   those who are well versed in the subject of heroism give first place

excesos de entendimiento, así no conocen varón excesivamente entendido sin grandeza.

Es lo mejor de lo visible el hombre, y en él el entendimiento; luego sus victorias, las mayores.

5 La valentía, la prontitud, la sutileza de ingenio. Sol es de este mundo en cifra, si no rayo, vislumbre de divinidad. Todo héroe participó exceso de ingenio.[38] Fué pronto César[39] en el pensar, como en el hacer.

Dignábase tal vez[40] el Gran Turco desde un balcón, antes al vulgo 10 de un jardín que al de la plaza, prisión de la majestad y grillos del decoro. Comenzó a leer un papel, que, o por burla o por desengaño de la mayor soberanía, se lo voló el viento de los ojos a las ojas.[41] Aquí los pajes, émulos de él y de sí mismos, volaron escala abajo con las alas de lisonja.[42] Uno de ellos, Ganimedes[43] de 15 su ingenio, supo hallar atajo por el aire, arrojóse por el balcón. Voló, cogióle y subía cuando los otros bajaban, y fué subir con propiedad y aun remontarse; porque el príncipe, lisonjeado eficazmente, le levantó a su valimiento.

Que la agudeza, si no reina, merece conreinar.

20 Compite con la de Salomón la prontitud de aquel Gran Turco. Pretendía un judío cortar una onza de carne a un cristiano, pena sobre usura; insistía en ello con igual terquería a su príncipe, que perfidia a su Dios. Mandó el gran juez traer peso y cuchillo, conminóle al degüello si cortaba más ni menos. Y fué dar un agudo 25 corte a la lid, y al mundo un milagro del ingenio.

Es la prontitud oráculo en las mayores dudas, esfinge en los enigmas. Hilo de oro en laberintos,[44] y suele ser de condición de león, que guarda el extremarse[45] para el mayor aprieto.

Hasta aquí favores de la naturaleza, desde aquí realces del arte.

---

38. *Todo... ingenio Ingenio* includes the meanings wit, intelligence, talent, and cleverness.
39. *César* Julius Caesar was reputed to have a nimble mind and a ready wit.
40. *tal vez* once
41. *ojos... ojas* A pun on *ojos* and *ojas (hojas).*
42. *alas de lisonja* i.e., the pages were playing on their master's vanity by flattering him
43. *Ganimedes* Ganymede was the clever, willing page who became Zeus' cupbearer.
44. *esfinge... laberintos* a difficult person to know when it comes to riddles and one who can easily extricate himself from difficult predicaments. Allusion to the monster that challenged passersby with riddles and to Theseus who found his way out of the Cretan labyrinth by marking the pathway with a spool of thread.
45. *guarda el extremarse* reserves his greatest effort

Aquélla engendra la agudeza, ésta la alimenta, ya de ajenas sales, ya de la prevenida advertencia.

PRIMOR IV

CORAZÓN DE REY

Gran cabeza es de filósofos, gran lengua de oradores, pecho de atletas, brazos de soldados, pies de cursores, hombros de palanquines. Gran corazón de reyes. De las divinidades de Platón, y texto con que en favor del corazón arman algunos pleitos a la inteligencia.[46]

¿Qué importa que el entendimiento se adelante si el corazón se queda? Concibe dulcemente el capricho lo que le cuesta mucho de sacar a lucimiento al corazón.

Son estériles por la mayor parte las sutilezas del discurso, y flaquean por su delicadeza en la ejecución.

Proceden grandes efectos de gran causa, y portentos de hazañas de un prodigio de corazón. Son gigantes los hijos de un corazón gigante. Presume siempre empeños de su tamaño, y afecta primeros asuntos.[47]

Es el corazón el estómago de la fortuna, que digiere con igual valor sus extremos. Un gran buche no se embaraza con grandes bocados, no se estraga fácilmente con la afectación, ni se aceda con la ingratitud. Es hambre de un gigante el hartazgo de un enano.

No brilla tan ufano el casi eterno diamante en medio de los voraces carbunclos, como soliza (si así puede decirse de un sol) un augusto corazón en medio de las violencias de un riesgo.

Presentáronle al rey de Arabia un alfanje[48] damasquino, lisonja para un guerrero. Alabáronle los grandes de la asistencia áulica,[49] no por ceremonia, sí con razón; y atentos a la fineza y arte, alargáronse a juzgarle por rayo de acero, si no pecara algo en corto.[50] Mandó llamar el rey al príncipe para que diese su voto, y podía, pues era el famoso Jacob Almanzor. Vino, examinóle, y dijo que valía una ciudad: propio apreciar de un príncipe. Instó el rey que

46. *arman... inteligencia*   at least some plead the case of intelligence
47. *y afecta... asuntos*   and he meets and tackles subjects of highest priority
48. *alfanje*   scimitar, a type of curved Oriental sword or saber
49. *asistencia áulica*   those assembled in Court
50. *si... corto*   except that it was a trifle too short

si le hallaba alguna falta. Respondió que todas eran sobras.[51] «Pues, príncipe, estos caballeros todos le condenan por corto.» Él, entonces, echando mano a su cimitarra, dijo: «Para un caballero animoso, nunca hay arma corta, porque con hacerse él un paso adelante, se alarga ella bastantemente, y lo que falta de acero, lo suple el corazón de valor.»

No hay encomio igual a un decir Luis XII de Francia: No venga el rey los agravios hechos al duque de Orleáns.[52] Estos son milagros del corazón de un héroe.

PRIMOR V

GUSTO RELEVANTE[53]

Toda buena capacidad fué mal contentadiza. Hay cultura de gusto, así como de ingenio. Entrambos relevantes son hermanos de un vientre, hijos de la capacidad, heredados por igual en la excelencia.

Ingenio sublime nunca crió gusto ratero.

PRIMOR VI

EMINENCIA EN LO MEJOR

De las prendas, unas da el cielo, otras libra a la industria; una ni dos no bastan a realzar un sujeto; cuanto destituyó el cielo de las naturales supla la diligencia en las adquiridas. Aquéllas son hijas del favor, éstas de la loable industria, y no suelen ser las menos nobles.

No toda arte merece estimación ni todo empleo logra crédito. Saberlo todo no se censura; practicarlo todo sería pecar contra la reputación.

Ser eminente en profesión humilde es ser grande en lo poco, es ser algo en nada. Quedarse en una medianía[54] apoya la universalidad; pasar a eminencia desluce el crédito.[55]

51. *que... sobras*   that none of its flaws were important
52. *No venga... Orleáns*   King Luis XII should not take vengeance on the wrongs committed against him before he became king, when he was only the Duke of Orleans.
53. *Gusto relevante*   superior taste, proper inclination
54. *medianía*   Deliberate ambiguity on the double meaning of *medianía*: vulgar mediocrity or Golden Mean.
55. *desluce el crédito*   dims one's merit, i.e., to strive for too much superiority is risky and, ironically, makes a hero vulnerable

Distaron mucho los dos Filipos,[56] el de España y Macedonia. Extrañó el primero en todo y segundo en el renombre, al príncipe, el cantar en su retrete, y abonó el macedón a Alejandro el correr en el estadio.[57] Fué aquélla puntualidad de un prudente; fué éste descuido de la grandeza. Pero corrido Alejandro, antes que corredor,[58] acudió bien; que competir con reyes aún aún.[59]

Lo que tiene más de lo deleitable tiene menos de lo heroico comúnmente.

No debe un varón máximo limitarse a una ni a otra perfección, sino con ambiciones de infinidad aspirar a una universalidad[60] plausible, correspondiendo la intención de las noticias a la excelencia de las artes.

Muchas medianías no bastan a agregar una grandeza, y sobra sola una eminencia a asegurar superioridad.

No ha habido héroe sin eminencia en algo, porque es carácter de la grandeza; y cuanto más calificado el empleo, más gloriosa la plausibilidad.

Aquel Marte castellano, por quien se dijo: «Castilla capitanes si Aragón reyes», don Diego Pérez de Vargas, con más hazañas que días, retiróse a acabarlos[61] en Jerez de la Frontera.[62] Retiróse él, mas no su fama, que cada día se extendía más por el teatro universo.[63] Solicitado de ella Alfonso, rey novel, pero antiguo apreciador de una eminencia, y más en armas, fué a buscarle disfrazado con solos cuatro caballeros.

Que la eminencia es imán de voluntades, es hechizo del afecto.

Llegado el rey a Jerez y a su casa, no le halló en ella, porque el Vargas, enseñado a campear, engañaba en el campo su generosa inclinación.[64] El rey, a quien no se le había hecho de mal ir desde

56. *dos Filipos* King Philip II of Spain (1527–98) and Philip of Macedon, father of Alexander the Great
57. *y abonó... estadio* Reference to the permissiveness of Philip of Macedon toward the excesses of his young, impetuous son who, on this occasion, wished to claim the prize as top runner.
58. *corrido... corredor* Alexander, humiliated for running without being a good runner
59. *aún aún* he would still agree to renew the running contest
60. *universalidad* here, acceptance or recognition by others
61. *acabarlos* to end his days
62. *Jerez de la Frontera* city in southern Spain
63. *el teatro universo* the theater of the world was a frequently used metaphor, and a favorite of Gracián and his contemporaries. Cf. *El gran teatro del mundo*
64. *enseñado... inclinación* accustomed to waging military campaigns, he was wasting his combative impulses in the fields

la corte a Jerez, no extrañó[65] el ir desde allí a la alquería. Descubriéronle desde lejos, que con una hoz en la mano iba descabezando vides con más dificultad que en otro tiempo vidas. Mandó Alfonso hacer alto y emboscarse los suyos. Apeóse del caballo, y con majestuosa galantería, comenzó a recoger los sarmientos que el Vargas, descuidado, derribaba. Acertó éste a volver la cabeza, avisado de algún ruido que hizo el rey, o, lo que es más cierto, de algún impulso fiel de su corazón. Y cuando conoció a su majestad, arrojándose a sus plantas a lo de aquel tiempo,[66] dijo: «Señor, ¿qué hacéis aquí?» «Proseguid, Vargas—dijo Alfonso—, que a tal podador, tal sarmentador.»[67]

¡Oh triunfo de una eminencia!

Anhele a ella el varón raro, con seguridad de que lo que le costará de fatiga lo logrará de celebridad.

PRIMOR VII

EXCELENCIA DEL PRIMERO

Hubieran sido algunos fénix[68] en los empleos, a no irles otros delante.[69] Gran ventaja el ser primero, y si con eminencia, doblada. Gana en igualdad el que ganó de mano.

Son tenidos por imitadores de los pasados los que les siguen; y por más que suelen, no pueden purgar la presunción de imitación. Mas no consiste la gala en ser primero en tiempo, sino en ser el primero en la eminencia.

Es la pluralidad descrédito de sí misma, aun en preciosos quilates, y al contrario, la raridad encarece la moderada perfección.

Es, pues, destreza no común inventar nueva senda para la excelencia, descubrir moderno rumbo para la celebridad. Son multiplicados los caminos que llevan a la singularidad, no todos sendereados. Los más nuevos, aunque arduos, suelen ser atajos para la grandeza.

65. *no extrañó*   did not vacillate
66. *a... tiempo*   as it was the practice at that time
67. *a tal... sarmentador*   like pruner, like vineshoot gatherer. (The king uses the proverb to tell him that each needs the other.)
68. *fénix*   phoenix, used here in the sense of paragon or model of perfection. In Egyptian mythology, a beautiful bird said to live 500 or 600 years, then consume itself in fire, rising anew from its ashes to begin another life cycle.
69. *a no... delante*   had others not beaten them to the draw

Echóse sabiamente Salomón[70] por lo pacífico, cediéndole a su padre lo guerrero. Mudó el rumbo y llegó con menos dificultad al predicamento de los héroes.

Afectó Tiberio conseguir por lo político lo que Augusto por lo magnánimo.   5

Y nuestro gran Filipo[71] gobernó desde el trono de su prudencia todo el mundo, con pasmo de todos los siglos; y si el César, su invicto padre, fué un prodigio de esfuerzo, Filipo lo fué de la prudencia.

Sin salir del arte sabe el ingenio salir de lo ordinario y hallar en   10
la encanecida profesión nuevo paso para la eminencia. Que el alentado capricho nunca se rindió a la fácil imitación.

Vió el otro galante pintor[72] que le habían cogido la delantera el Ticiano, Rafael[73] y otros. Estaba más viva la fama cuando muertos ellos; valióse de su invencible inventiva. Dió en pintar a lo valentón;   15
objetáronle algunos el no pintar a lo suave y pulido, en que podía imitar al Ticiano, y satisfizo galantemente que quería más ser el primero en aquella grosería que segundo en la delicadeza.

Extiéndase el ejemplo a todo empleo,[74] y todo varón raro entienda bien la treta; que en la eminente novedad sabrá hallar extravagante   20
rumbo para la grandeza.

PRIMOR VIII

QUE EL HÉROE PREFIERA LOS EMPEÑOS PLAUSIBLES[75]

No admite controversia la ventaja que llevó Catón[76] a Hércules; pues le excedió en prudencia, pero ganóle Hércules a Catón en fama.

Más de arduo y primoroso tuvo el asunto de Catón, pues se empeñó en domeñar monstruos de costumbres, si Hércules de   25
naturaleza; pero tuvo más de famoso el del tebano.[77]

---

70. *Salomón*   the biblical king Solomon, known for his good judgment
71. *gran Filipo*   Philip II of Spain
72. *pintor*   Allusion to the Spanish painter Diego Rodríguez de Silva y Velázquez (1599–1660).
73. *Ticiano, Rafael*   famous sixteenth-century Italian painters
74. *Extiéndase... empleo*   let the aforementioned example apply to all sorts of activities
75. *plausibles*   Used here in the archaic sense of popular, deserving of applause.
76. *Catón*   The Roman tribune Cato the Younger (95–46 B.C.) was also a Stoic philosopher.
77. *tebano*   Hercules was from Thebes.

Con todo esto, prefieren algunos, y no los menos juiciosos, el asunto primoroso al más plausible, y puede más con ellos la admiración de pocos que el aplauso de muchos, si vulgares.[78]

Milagros de ignorantes llaman a los empeños plausibles.

5   Empleo plausible llamo aquél que se ejecuta a vista de todos y a gusto de todos, con el fundamento siempre de la reputación, por excluir aquéllos, tan faltos de crédito cuan sobrados de ostentación.[79] Rico vive de aplauso un histrión,[80] y perece de crédito.

Ser, pues, eminente en hidalgo asunto[81] expuesto al universal 10 teatro; eso es conseguir augusta plausibilidad.

¿Qué príncipes ocupan los catálogos de la fama, sino los guerreros? A ellos se les debe en propiedad el renombre de magnos. Llenan el mundo de aplauso, los siglos de fama, los libros de proezas, porque lo belicoso tiene más de plausible que lo pacífico.

15   Entre los jueces se entresacan los justicieros a inmortales, porque la justicia sin crueldad siempre fué más acepta al vulgo que la piedad remisa.[82]

En los asuntos del ingenio triunfó siempre la plausibilidad. Lo suave de un discurso plausible recrea el alma, lisonjea el oído; que 20 lo seco de un concepto metafísico los atormenta y enfada.

PRIMOR IX

DEL QUILATE REY[83]

En unos reina el corazón, en otros la cabeza, y es punto de necedad querer uno estudiar con el valor y pelear otro con la agudeza.

No hay hombre que en algún empleo no hubiera conseguido la 25 eminencia, y vemos ser tan pocos, que se denominan raros, tanto por lo único como por lo excelente, y como el fénix, nunca salen de la duda.

---

78. *si vulgares*   especially since many of those who applaud ·the hero are common, vulgar people. Gracián warns against the dangers of cheap, easy applause.
79. *tan... ostentación*   those who are as deficient in merit as they are excessive in ostentation
80. *histrión*   a person given to histrionics; that is, feigned emotions or affectation in a manner or speech. The allusion here is to the Roman Emperor Nero.
81. *hidalgo asunto*   noble task
82. *piedad remisa*   indulgence; excessive pity
83. *Del quilate rey*   about the sovereign degree of perfection

Ninguno se tiene por inhábil para el mayor empleo; pero lo que lisonjea la pasión desengaña tarde el tiempo.

Excusa es no ser eminente en el mediano por ser mediano en el eminente;[84] pero no lo hay en ser mediano en el ínfimo, pudiendo ser primero en el sublime.

Enseñó la verdad, aunque poeta,[85] aquél. Tú no emprendas asunto en que te contradiga Minerva;[86] pero no hay cosa más difícil que desengañar de capacidad.

¡Oh, si hubiera espejos de entendimiento como los hay de rostro! Él lo ha de ser de sí mismo y falsifícase fácilmente. Todo juez de sí mismo halla luego textos de escapatoria y sobornos de pasión.[87]

Son tan muchos los gustos como los empleos. A los más viles y aun infames no faltan apasionados. Y lo que no pudiera recabar la poderosa providencia del más político rey, facilita la inclinación.

Si el monarca hubiera de repartir las mecánicas tareas, sed vos labrador y vos sed marinero, rindiérase luego a la imposibilidad. Ninguno estuviera contento aun con el más civil empleo,[88] y ahora la elección propia se ciega aun por el más villano.

Tanto puede la inclinación, y si se aúna con las fuerzas,[89] todo lo sujetan; pero lo ordinario es desavenirse.

Procure, pues, el varón prudente alargar el gusto y atraerle sin violencias de despotiquez a medirse con las fuerzas; y reconocida una vez la prenda relevante, empléela felizmente.

PRIMOR X

QUE EL HÉROE HA DE TENER TANTEADA SU FORTUNA AL EMPEÑARSE[90]

Regla es muy de maestros en la discreción política tener observada su fortuna y la de sus adherentes. El que la experimentó madre logre

84. *Excusa... el eminente* one can excuse the man who is not outstanding in average activities as long as he is at least average in eminent activities
85. *poeta* Reference to Horace (65–8 B.C.), Roman lyric poet and satirist.
86. *Minerva* Goddess of Wisdom
87. *sobornos de pasión* controls for his passionate impulses
88. *civil empleo* urban role
89. *sin... fuerzas* size up the force of his inclinations without prejudicing his likes and dislikes
90. *Que... empeñarse* the hero should try out his fortune before getting involved. The role of Fortune was an important topic for many moral writers. Gracián suggests that sheer luck plays a large part in the careers of the great.

el regalo, empéñase con bizarría que, como amante, se deja lisonjear de la confianza.[91]

Tenía bien tomado el pulso a su fortuna el César cuando, ani-
mando al rendido barquero, le decía: «No temas, que agravias a la
5   fortuna de César.»[92] No halló más segura áncora que su dicha. No
temió los vientos contrarios el que llevaba en popa los alientos de
su fortuna.[93] ¿Qué el mar brame,[94] si las estrellas se ríen?

Pareció en muchos temeridad un empeño, pero no fué sin destreza, atendiendo a favor de su fortuna. Perdieron otros, al con-
10   trario, grandes lances de celebridad por no tener comprensión de
su dicha. Hasta el ciego jugador consulta al arrojarse.[95] Tú no hagas
ni digas cosa alguna teniendo a la fortuna por contraria.[96]

PRIMOR XI

QUE EL HÉROE SEPA DEJARSE, GANANDO CON LA FORTUNA

Pero hay hidrópicos de la suerte, que no tienen ánimo para
vencerse a sí mismos si les está bailando el agua la fortuna.[97]
15   Sea augusto ejemplar de este primor aquel gran mayorazgo de la
fortuna y de la suerte, el máximo de los Carlos[98] y aun de los héroes.
Coronó este gloriosísimo emperador con prudente fin todas sus
hazañas. Triunfó del orbe con la fortuna, y al cabo triunfó de la
misma fortuna. Supo dejarse, que fué echar el sello a sus proezas.[99]
20   Perdieron otros, al contrario, todo el caudal de su fama en pena
de su codicia. Tuvieron monstruoso fin grandes principios de
felicidad, que a valerse de esta treta, pusieran en cobro[100] la reputación.

Estaba Abul, moro, hermano del rey de Granada, preso en Salo-
25   breña, y para desmentir sus confirmadas desdichas, púsose a jugar

---

91. *como... confianza*   should not be overconfident like a silly lover
92. *César*   from Plutarch's *Parallel Lives*, 49
93. *el que... fortuna* he one blessed with luck
94. *¿Qué... brame*   Read: *¿Qué importa que el mar...*
95. *al arrojarse*   before taking a chance
96. *por contraria*   Maxim by Horace.
97. *si les... fortuna*   when luck is knocking at their door
98. *Carlos*   Charles I of Spain and V of Germany (1500–1558), Holy Roman Emperor,
grandson of the Catholic king and queen
99. *proezas*   Allusion to Charles's retirement to the monastery of Yuste (1557), after
relinquishing power to his son Philip II.
100. *pusieran en cobro*   they could place in safety

al ajedrez, propio ensaye[101] del juego de la fortuna. Llegó en esto el correo de su muerte, que siempre ésta nos corre la posta.[102] Pidió Abul dos horas de vida; muchas le parecieron al comisario, y otorgóle sólo acabar el juego comenzado. Díjole la suerte, y ganó la vida y aun el reino, pues antes de acabarlo llegó otro correo con   5
la vida y la corona, que por muerte del rey le presentaba Granada.

Tantos subieron del cuchillo a la corona como bajaron de la corona al cuchillo. Cómense mejor los buenos bocados de la suerte con el agridulce de un azar.

Es corsaria la fortuna, que espera a que carguen los bajeles. Sea   10
la contratreta anticiparse a tomar puerto.

PRIMOR XII

GRACIA DE LAS GENTES[103]

Poco es conquistar el entendimiento si no se gana la voluntad, y mucho rendir con la admiración la afición juntamente.

Muchos con plausibles empresas mantienen el crédito, pero no la benevolencia.   15

Conseguir esta gracia universal, algo tiene de estrella;[104] lo más, de diligencia propia. Discurrirán otros al contrario, cuando a igualdad de méritos corresponden con desproporción los aplausos.

Lo mismo que fué en uno imán de las voluntades, es en otro conjuro. Mas yo siempre le concederé aventajado el partido al   20
artificio.

PRIMOR XIII

DEL DESPEJO[105]

El despejo, alma de toda prenda, vida de toda perfección, gallardía de las acciones, gracia de las palabras y hechizo de todo buen gusto, lisonjea la inteligencia y extraña la explicación.[106]

Es un realce de los mismos realces y es una belleza formal. Las   25

---

101. *propio ensaye*   a copy itself
102. *nos... posta*   death always brings news by mail
103. *Gracia... gentes*   to have grace (favor) in the eyes of people
104. *algo... estrella*   depends somewhat on one's lucky star
105. *despejo*   ready wit combined with charm. Gracián's favorite term to describe that elusive quality that gives a man grace in the eyes of others.
106. *extraña la explicación*   cannot be explained

demás prendas adornan la naturaleza; pero el despejo realza las mismas prendas. De suerte que es perfección de la misma perfección, como trascendente beldad, con universal[107] gracia.

Consiste en una cierta airosidad, en una indecible gallardía, 5 tanto en el decir como en el hacer, hasta en el discurrir.

Sin él la menor ejecución es muerta, la mayor perfección, desabrida. Ni es tan accidente que no sea el principal alguna vez; no sólo sirve al ornato, sino que apoya lo importante.

Porque si es el alma de la hermosura, es espíritu de la prudencia; 10 si es alimento de la gala, es vida del valor.

También es político el despejo, y en fe de él aquel monarca espiritual del orbe llegó a decir: «¿Hay otro mundo que gobernar?»

PRIMOR XIV

DEL NATURAL IMPERIO[108]

Empéñase este primor en una prenda tan sutil, que corriera riesgo por lo metafísico si no la afianzaran[109] la curiosidad y el 15 reparo.

Brilla en algunos un señorío innato, una secreta fuerza de imperio, que se hace obedecer sin exterioridad de preceptos,[110] sin arte de persuasión.

Cautivo César[111] de los isleños piratas, era más señor de ellos; 20 mandábales vencido y servíanle ellos vencedores. Era cautivo por ceremonia y señor por realidad de soberanía.

Sujétaseles la más orgullosa mente sin advertir él cómo, y ríndeseles el juicio más exento.[112]

Fué aviso de Catón y propio parto[113] de su severidad, que debe 25 un varón respetarse a sí mismo, y aun temerse.

El que se pierde a sí propio el miedo, da licencia a los demás, y con la permisión suya facilita la ajena.

---

107. *universal*   versatile, multifaceted
108. *Del natural imperio*   The sense is: power to command.
109. *si... afianzaran*   if it were not backed up by
110. *sin... preceptos*   without having to resort to giving orders
111. *César*   The anecdote is taken from Plutarch's *Parallel Lives*, 2.
112. *Sujétales... exento*   The sense is: even the best minds are helpless before the uncanny power of this hero.
113. *parto*   offshoot

PRIMOR XV

DE LA SIMPATÍA[114] SUBLIME

Prenda es de héroe tener simpatía con héroes.

Son prodigios de la simpatía los que la común ignorancia reduce a hechizos, y la vulgaridad a encantos.[115]

La más culta perfección sufrió desprecios de la antipatía, y la más inculta fealdad logró finezas de la simpatía.

Sea, pues, destreza en discreción, conocer y lograr la simpatía pasiva. Válgase el atento de este hechizo natural y adelante el arte lo que comenzó naturaleza.[116] Tan indiscreta cuan mal lograda es la porfía[117] de pretender sin este natural favor y querer conquistar voluntades sin esta munición de simpatía.

PRIMOR XVI

RENOVACIÓN DE GRANDEZA

Un bizarro principio, a más de que pone en subido traste el aplauso, empeña mucho el valor.

Es la sospecha en materia de reputación a los principios de condición de precita, que si una vez entra, nunca más sale del desprecio.

Amanezca un héroe con esplendores del sol. Siempre ha de afectar grandes empresas, pero en los principios, máximas.[118] Ordinario asunto no puede conducir extravagante crédito, ni la empresa pigmea puede acreditar de jayán.[119]

Pero no bastan alentados principios, si son desmayados los progresos. Comenzó Nerón con aplausos de fénix y acabó con desprecios de basilisco.[120]

Desproporcionados extremos, si se juntan, declaran monstruosidad.

114. *simpatía*   congeniality, winsomeness
115. *Son... encantos*   Ignorant commoners call the marvels of congeniality bewitchment while low, vulgar people call them enchantments.
116. *Válgase... naturaleza*   The alert man must take advantage of this natural charm and let art cultivate what nature began.
117. *mal... porfía*   doomed is the quest
118. *en... máximas*   at the outset he will look for the greatest undertakings
119. *empresa... jayán*   nor a tiny venture a giant gain
120. *Nerón... basilisco*   Nero began his career applauded as if a paragon, yet ended up scorned as if some despicable creature. (Note the contrast of two mythological monsters, phoenix and basilisk, a slimy lizard.)

Es, pues, treta, tanto de águila como de fénix, el renovar la grandeza, el remozar la fama y volver a renacer al aplauso.

La mayor perfección pierde por cotidiana, y los hartazgos de ella enfadan la estimación, empalagan el aprecio.

PRIMOR XVII

TODA PRENDA SIN AFECTACIÓN

5   La perfección ha de estar en sí; la alabanza en los otros; y es merecido castigo que al que neciamente se acuerda de sí, discretamente le pongan en el olvido los demás.

Todos son necios los Narcisos,[121] pero los de ánimo con incurable necedad, porque está el achaque en el remedio.[122]

10   Pero si el afectar prendas es necedad de a ocho,[123] no le quedará grado al afectar imperfecciones.

Por huir la afectación dan otros en el centro de ella, pues afectan el no afectar.

Afectó Tiberio[124] el disimular, pero no supo disimular. Consiste
15   el mayor primor de un arte en desmentirlo, y el mayor artificio, en encubrirle con otro mayor.

PRIMOR XVIII

EMULACIÓN[125] DE IDEAS

Carecieron por la mayor parte los héroes, ya de hijos, ya de hijos héroes; pero no de imitadores, que parece los expuso el cielo más para ejemplares del valor, que para propagadores de la naturaleza.
20   Son los varones eminentes textos animados de la reputación, de quienes debe el varón culto tomar lecciones de grandeza, repitiendo sus hechos y construyendo sus hazañas.

121. *Narciso* Narcissus was, in mythology, the beautiful youth who pined away for love of his own reflection
122. *los... remedio* but the folly of those who love themselves is incurable since the malady of self-love is in the remedy itself
123. *necedad de a ocho* the highest degree of foolishness
124. *Tiberio* The Roman emperor Tiberius (42 B.C.–37 A.D.) was at first wise and beneficent, later vicious and tyrannical.
125. *Emulación* Being ambitious enough to try to imitate others in order to equal or surpass them was, according to Machiavelli, an important quality for a successful prince. Gracián shared Machiavelli's point of view.

Propóngase en cada predicamento los primeros, no tanto a la imitación cuanto a la emulación, no para seguirles, sí para adelantárseles.

Fué Aquiles heroico desvelo de Alejandro,[126] y durmiendo en su sepulcro, despertó en él la emulación de su fama. Abrió los ojos el alentado macedón al llanto y al aprecio por igual, y lloró, no a Aquiles sepultado, sino a sí mismo, no bien nacido a la fama.

Empeñó después Alejandro a César, y lo que fué Aquiles para Alejandro, fué Alejandro para César; picóle en lo vivo, en la generosidad del corazón, y adelantóse tanto, que puso la fama en controversia y la grandeza en parangón; pues si Alejandro hizo teatro augusto de sus proezas el Oriente, César, el Occidente de las suyas.

Y nótese cómo se van heredando estos héroes con la emulación la grandeza, y con la grandeza la fama.

Llámese el émulo común de todos los héroes quien es centro de todas sus proezas y equivóquese el aplauso en blasones con eminente pluralidad. El afortunado, por su felicidad; el animoso, por su valor; el discreto, por su ingenio; el catolicísimo, por su recelo; el despejado, por su airosidad, y el universal, por todo.

PRIMOR XIX

PARADOJA CRÍTICA

Hay intenciones con metafísica ponzoña que saben sutilmente transformar las prendas, malear las perfecciones y dar siniestra interpretación al más justificado empeño.

Sea, pues, treta política permitirse algún venial desliz[127] que roa la envidia y distraiga el veneno de la emulación.

A más de que una travesura de la naturaleza suele ser perfección de toda una hermosura. Un lunar tal vez da campo a los realces de la belleza.

---

126. *Alejandro* What follows is a confused combination of two different anecdotes: Alexander envied the dead hero of Troy, Achilles, for having a loyal friend in life and a famous poet, Homer, to sing his praises in death; Ceasar wept at the thought that he had not yet performed any memorable feats while Alexander, at a comparable age, had already conquered many lands.
127. *venial desliz* pardonable error

Hay defectos sin defecto. Afectó algunos Alcibíades[128] en el valor, Ovidio[129] en el ingenio, llamándolos las fuentes de salud.

¿Quién es el sol sin eclipses, el diamante sin raza,[130] la reina de lo florido[131] sin espinas?

5   No es menester arte donde basta la naturaleza. Sobra la afectación donde basta el descuido.

PRIMOR ÚLTIMO Y CORONA

VAYA LA MEJOR JOYA DE LA CORONA Y FÉNIX DE LAS PRENDAS DE UN HÉROE

Todo lucimiento desciende del padre de ellos y sí de padre a hijos.

Todo héroe participó tanto de felicidad y de grandeza, cuanto de virtud, porque corren paralelas desde el nacer al morir.

10   Eclipsóse en Saúl[132] la una con la otra y amanecieron en David a la par.

Fué Constantino[133] entre los césares el primero que se llamó Magno, y fué juntamente el primer emperador cristiano; superior oráculo de que con la cristiandad nació hermanada la grandeza.

15   Carlos,[134] primer emperador de Francia, alcanzó el mismo renombre y aspiró al de santo.

En España, Fernando,[135] llamado comúnmente el Santo en Castilla, fué el Magno del orbe.

Los dos Reyes Católicos, Fernando e Isabel, fueron el *non plus* 20 *ultra*, digo columnas de la fe.

Aun en los gentiles e infieles reluce el sol de los ingenios, Augustino, toda la grandeza al fundamento de algunas virtudes morales.

128. *Alcibíades* (450–404 B.C.) Athenian politician, general in the Peloponnesian War between Athens and Sparta (931–409 B.C.), and a favorite disciple of Socrates. There has been considerable doubt concerning his valor.
129. *Ovidio* the famous Roman poet Ovid (43 B.C.–17? A.D.), author of the witty *Art of Love*
130. *sin raza* spotless
131. *la reina... florido* rose
132. *Saúl* Saul was the first king of Israel; he was succeeded by David.
133. *Constantino* Constantine the Great (280–337 A.D.), the first emperor of Rome to convert to Christianity
134. *Carlos* Charlemagne (742–814 A.D.), king of the Franks who waged war against the Moors
135. *Fernando* Ferdinand the Saint (1199–1252), Castilian king who united the various Christian kingdoms during the Reconquest

Creció Alejandro hasta que menguaron sus costumbres. Venció Alcides[136] monstruos de fortaleza hasta que se rindió a la misma flaqueza.

Fué tan cruel la fortuna, digo, justiciera, con ambos Nerones,[137] cuando lo fueron ellos con sus vasallos.   5

Monstruos fueron de la lascivia y flojedad Sardanápalo, Calígula y Rodrigo,[138] y portentos del castigo.

En las monarquías pretende evidenciar este primor. Floreció el que es flor de los reinos, mientras que floreció la piedad y religión, y marchitóse con la herejía de su belleza.   10

Pereció el fénix de las provincias en el fuego de Rodrigo, y renació en la piedad de Pelayo o en el celo de Fernando.

Salió a ser maravilla de prosapias la augustísima casa de Austria, fundando su grandeza en la que es cifra de las maravillas de Dios. Y rubricó su imperial sangre con la de Cristo, Señor nuestro sacra- 15
mentado.

¡Oh, pues, varón culto, pretendiente de la heroicidad! Nota el más importante primor, repara en la más constante destreza.

No puede la grandeza fundarse en el pecado, que es nada, sino en Dios, que lo es todo.[139]   20

Si la excelencia mortal es de codicia, la eterna sea de ambición.

Ser héroe del mundo poco o nada es; serlo del cielo es mucho, a cuyo gran Monarca sea la alabanza, sea la honra, sea la gloria.

---

136. *Alcides* Hercules

137. *Nerones* The second Nero to whom Gracián refers is Peter the Cruel (1334–69), King of Castile, whose reign was marked by merciless brutality. Peter was slain by his half-brother Henry; hence Gracián's appraisal of his fortune as both *cruel* and *justiciera*.

138. *Sardanápalo, Calígula y Rodrigo* Sovereigns who ruined their reigns by arbitrary, licentious behavior: Sardanapalus (*c.* 822 B.C.), the effeminate and immoral ruler of Assyria; Caligula (12 A.D.–41 A.D.), the tyrannical Roman emperor who was eventually assassinated; Roderick (d. ? 711 A.D.), the last King of the Visigoths in Spain who, according to legend, lost the kingdom because he could not control his erotic passions.

139. *No... todo* Contrast this advice for achieving greatness through virtue with earlier advice for excelling by means of appearance and deceit.

▣ *Commentary* ▣

Baltasar Gracián, escritor aragonés, nacido en 1601; perteneció a la Compañía de Jesús y residió en diversas ciudades—Huesca, Tarragona, Valencia—de la parte oriental de la Península. Participó como capellán en la guerra contra los franceses, asistiendo a la acción victoriosa de la liberación de Lérida, en 1646, campaña en la que estuvo presente el propio Rey Felipe IV. Gracián refleja aspectos decisivos de la conexión que puede establecerse entre jesuitismo y barroco. Se encuentra en él—especialmente en *El Criticón*—uno de los testimonios más plenos del pesimismo moderno, cuya influencia, por la directa lectura de sus textos, llegará hasta Schopenhauer, y, en España, hasta algunos de los escritores de la Generación del 98. Murió en Tarazona (provincia de Zaragoza), en 1658.

La obra de Gracián es resultado y exponente a la vez de uno de los cambios más profundos que se manifestaron como consecuencia de ese episodio histórico que llamamos la crisis del Barroco. Los dos últimos siglos, aproximadamente, que preceden a las fechas en que Gracián comienza a escribir, ven acumularse una larga serie de novedades de toda índole. Entre ellas, las hay altamente decisivas, que afectan globalmente a la posición del individuo en sus relaciones con los demás; esto es, al complejo de relaciones económicas, políticas, técnicas, y también intelectuales, religiosas, etc., a través de las que se define el puesto del hombre en la sociedad. Las transformaciones de los lazos entre los individuos, en el campo de la economía, van unidas decisivamente al auge de la economía dine-

raria, con la cual, cambian muy hondamente los vínculos de subordinación de hombre a hombre. Pues bien, en referencia a esto, si
hay un aspecto importante en la obra de Gracián, es el del nuevo
carácter de las relaciones de dependencia interindividual, que vistas
desde la otra cara, consituyen el perfil de la libertad. Una alteración
semejante se da en el campo de la política: la vieja pirámide de la
sociedad jerárquica o de estamentos, es removida por el establecimiento del vínculo jurídico-político de "súbditos," sobre el que se
alza la Monarquía absoluta. En qué medida tales cambios inauguran
la temática del "medrar" o, como hoy diríamos, de la promoción
social, tan característica de los planetamientos de Gracián, es fácil
de advertir. Por otra parte, las nuevas maneras en el propósito de
dominación de la naturaleza, que la misma explicitación del planeta
—tras los descubrimientos geográficos—suscita, se proyectan sobre
la actitud con que el hombre dispara sus pretensiones sobre los
demás hombres. Ello da lugar a una manera "técnica," sabiamente
neutra y calculada, de comportarse, y a una estimación de los medios
de conducirse que sólo serán apreciados en relación a su eficacia
final.

Tal es la figura del comportamiento humano que inspira y en que
se resume toda la invención gracianesca—"todo lo dora un buen
fin" escribe en *El Héroe*. El papel que las ideas de "gusto," de "libre
ingenio," de "agudeza," tienen en la estética de Gracián; la autonomía que se reconoce en sus personajes, respecto a la fijación de
sus aspiraciones y objetivos; correlativamente, el predominio con
que el plano de la experiencia se impone sobre el de la trascendencia, en el conjunto de la doctrina gracianesca, son aspectos paralelos
a los que la conmoción barroca del arte o la crisis religiosa moderna
ofrecieron. Todo ello revela que en la visión del mundo y de la
sociedad que Gracián nos transmite, el individuo se halla colocado
en una posición nueva. La razón histórica de este fenómeno se
encuentra, como es sabido, en el individualismo que se expande en
la crisis del Renacimiento y que hunde sus raíces por igual en el
terreno de la economía, como en el del arte, en el de la moral o en
el de la religión. Pero ese individualismo afirmativo, creador, conquistador, en la época expansiva del siglo XVI, vino a tomar un
cariz problemático y gesticulante, bajo las extravagantes formas del
Barroco. Tal transformación se halla plenamente documentada en los
escritos de Gracián, hasta en su última gran obra, *El Criticón*, y desde
la primera de ellas, *El Héroe*. Todo Gracián, en estos aspectos fundamentales, se halla ya reflejado en su primera producción importante,

El Héroe. Todo el drama de su época se puede observar en la profunda alteración con que la idea del héroe se presenta en esas páginas gracianescas, respecto a lo que la misma había significado en el Medievo o en el pleno Renacimiento. En ese aspecto, Gracián, que no es un cultivador de la introspección psicológica, que no llega en ningún caso a construir una fundamentación sistemática de la ética, tiene, sin embargo, un gran interés: su obra encierra uno de los testimonios—más ricos en cuanto a significación, más claros y completos—del estado crítico de una sociedad.

La crisis de la sociedad española en el siglo XVII contempló un cambio en las motivaciones, valores, y patrones del comportamiento humano, el cual implicaba una transformación de la moral. En más amplio panorama, éste es el problema del siglo XVII, en todas partes: se trata del siglo de Hobbes y de Spinoza, de Gracián y de La Rochefoucauld. Todo ello—y entre otras cosas, la aparición de escritores de este tipo, cualesquiera que sean las diferencias entre ellos—está motivado por la radical experiencia que el hombre de ese tiempo vive, según la cual la sociedad le aparece como el espacio en que pululan otros individuos tan desvinculados como él—"vivirse a solas" es una condición del héroe gracianesco. Allí se anudan, aproximando tácticamente a unos con otros, las relaciones de pugna y de emulación de cada uno con los demás individuos. Un personaje de Gracián es siempre un hombre en acecho y aquéllos con quienes se encuentra en el curso de su vivir, son sus "émulos." El mismo año en que se publica el *Leviathan* hobbesiano, Gracián enunciará coincidentemente el aforismo "homo hominis lupus."[1]

La relación del individuo con los demás, en la moral gracianesca, se traduce en una dominación. En el siglo XVII hay un desarrollo de relaciones de este tipo en la economía y en la política: es el siglo en que se exalta el absolutismo y en que se cae en la cuenta del poder de los monopolios. Pero en Gracián se nos da una sublimación de esa relación en el plano de la moral y de la conducta interindividual. Observemos que el socratismo ético tradicional del "conocerse a sí mismo," para vencer las propias pasiones y hacerse perfecto, se convierte ahora en un resorte moralístico para dominar a los otros: "sea uno primero señor de sí y lo será después de los otros" (*Oráculo*

---

1. Podemos observar a este respecto un interesante contraste entre épocas. Si el citado verso latino no había sido ignorado antes, en el siglo XVI Francisco de Vitoria lo recoge para rechazarlo: "non enim homini homo lupus est, ut ait Ovidius, sed homo" (*Reflectiones Theologicae, Rel: de Indiis*, II, 3), En cambio, en el XVII coincidiendo con la línea de Gracián, lo citaban Luque Fajardo y Hernando de Villarreal.

Manual). Para ser dueño de sí hay que conocerse: conocer es señorear, "el que comprende señorea," conocer es hacerse señor de
algo o de alguien, dominarlo (*El Héroe*). Y de ahí, la consecuencia:
hay que penetrar y comprender a los demás para conducirlos, gober-
narlos; por el contrario, hay que impedir que los demás le com-
prendan a uno, para que no le dominen. Insistamos en que esta
relación de dominio no presenta un sentido jurídico; quiere decir
verse reducido a pieza o instrumento en el juego del comportamiento
social de otro. "Saber celar la voluntad propia," que nadie la des-
cifre; penetrar en la ajena: "Sabidos los afectos, son sabidas las
entradas y salidas de una voluntad, con señorío en ella a toda hora."
Tal es la primera condición del héroe; éste debe mantener la incomprensibilidad de su caudal: que nadie lo sondee, lo vadee o lo
abarque—son éstas las tres imágenes de que nuestro autor se sirve.
Por tanto, celarse, encubrirse, disimular. El parentesco con la tecnificación maquiavélica del comportamiento político se reconoce fácilmente al ver que a ésa su formulación moralística, Gracián la llama—
al empezar la obra que aquí se reproduce—"una razón de Estado
de ti mismo."

La moralística gracianesca—versión de una moral prudencialista a
ultranza—se traduce en la idea de "juego": la conducta es un juego
que tiene un contrincante enfrente. La idea del juego de naipes—tan
general en la sociedad española del XVII, tan presente en la picaresca
—aparece con reiteración en los escritos gracianescos (la idea de
"descartarse" define más de una vez el comportamiento con otros).
El mismo tema tan maquiavélico y renacentista—más acá de sus
antecedentes "antiguos"—de la "fortuna," se considera como un
juego con la cambiante circunstancialidad de las "contingencias"
(problema muy gracianesco éste de la "contingencia," en correspondencia con una mentalidad barroca que ha descubierto la mutabilidad del tiempo histórico).

Ante un mundo vario, contingente, conflictivo, como el que Gracián, con mente barroca, contempla, cobra una importancia grande
la técnica del comportamiento; esto es, el "arte," la "cultura" y la
"industria" con que uno ha de manejarse a sí mismo y ha de alcanzar
a manejar a los demás. Así es el individuo que quiere llegar al
grado de plenitud que el autor expresa con la idea de "héroe."
Para Gracián, el héroe no es alguien que sobresale, con un esfuerzo
altruista, en la obtención de un bien general o comunitario, sino
el que atiende a su éxito personal y lo logra—empleando esta última
palabra en el sentido que la mentalidad del primer capitalismo diera

a los derivados del término *lucrum*. Gracián entiende por éxito el resultado favorable respecto a los objetivos que el individuo coloca como fin de su interés. Ese logro, estimado por individuos de semejante actitud moral, permite al que lo alcanza obtener reputación de eminente y llegar al grado de héroe.

El análisis de las correcciones del manuscrito autógrafo de *El Héroe* que llevó a cabo Romera Navarro, nos hace posible advertir que, para su autor son conceptos conexos y reemplazables en ciertos casos los de "inmortalidad," "felicidad," "heroicidad." Por otra parte, el estudio del último capítulo de *El Criticón* nos revela que esa línea de su pensamiento se conserva hasta el final. El último "primor" de *El Héroe*—así son llamados sus breves capítulos—sentaba ya un nexo entre virtud, felicidad, grandeza. Pero, más allá de la referencia a la fuente cristiana que el autor introdujo en ese pasaje final de su primer tratado, ¿qué es esa "virtud," en el pensamiento de Gracián?; podemos respondernos a esta pregunta, considerando las calidades que, según la doctrina moral gracianesca, la posesión de la virtud atribuye al individuo de condición heroica: "ella hace un sujeto prudente, atento, sagaz, cuerdo, sabio, valeroso, reportado, entero, feliz, plausible, verdadero y universal héroe." Estas palabras con que acaba *El Oráculo Manual* recogen y condensan la doctrina de Gracián, en su plena versión de la virtud heroica, que su primera obra, *El Héroe*, anuncia.

Añadamos que Gracián recomienda a su personaje ser "hombre de su tiempo" y con ello refleja la inspiración de modernidad que se da en el espíritu barroco. Como su héroe mismo, Gracián, sin duda, pretendía "descubrir moderno rumbo" (primor VII). Y si parece indudable que la que llamamos "moral de adaptación" gracianesca se atiene a las condiciones de la sociedad española en el siglo XVII, en actitud conservadora—su "héroe" es un elemento estabilizador— no menos cierto es que Gracián contribuyó a que se alcanzara una visión dinámica y en avance del curso de la historia.[2]

José Antonio Maravall

2. Véase mi obra *Antiguos y modernos: La idea de progreso en el desarrollo inicial de una sociedad*. Madrid, Ed. Moneda y Crédito, en donde estudio el proceso históricosocial que llevó en el Renacimiento y en el Barroco a la formación de un criterio de preferencia por los modernos y, con ello, al arranque de una concepción porvenirista de la marcha del acontecer humano.

▣ Pedro Calderón ▣ de la Barca

El gran teatro del mundo

Auto sacramental[1] alegórico[2]

PERSONAS

EL AUTOR.	LA LEY DE GRACIA.	EL POBRE.
EL MUNDO.	LA HERMOSURA.	UN NIÑO.
EL REY.	EL RICO.	UNA VOZ.
LA DISCRECIÓN.	EL LABRADOR.	ACOMPAÑAMIENTO.

(*Sale el* AUTOR[3] *con manto de estrellas y potencias en el sombrero.*[4])

> AUTOR.—Hermosa[5] compostura
> de esa varia inferior arquitectura,[6]
> que entre sombras y lejos[7]
> a esta celeste usurpas los reflejos,

1. *auto sacramental*   short religious play dealing with the mystery of the Mass, usually performed during the procession on the day of the feast of Corpus Christi.
2. *alegórico*   in which abstract principles are personified by characters on the stage. In *El gran teatro del mundo* each allegorical figure represents a social role or a Christian value.
3. *el Autor*   the theatrical producer, who must authorize the performance of the play and who in this *auto* symbolizes God. He emerges from the lower story of one of two carts. God's cart represents heaven.
4. *con... sombrero*   God is traditionally represented in religious paintings as wearing a starry cloak and a crown of nine rays grouped in threes, symbols of his omnipotence.
5. *Hermosa*   Lines 1–26 are a prelude in which God addresses the World, his Stage Manager, in the other cart.
6. *inferior arquitectura*   the world, whose architectural structure is inferior to heaven's. What follows is a description of the universe in pictorial, scientific, and biblical terms.
7. *lejos*   the shadowy background or retreating visual planes of a painting

5   cuando con flores bellas
       el número compite a sus estrellas,[8]
       siendo con resplandores
       humano cielo de caducas flores.[9]
       Campaña de elementos,[10]
10   con montes, rayos, piélagos[11] y vientos:
       con vientos, donde graves
       te surcan los bajeles de las aves;[12]
       con piélagos y mares donde a veces
       le vuelan las escuadras de los peces;
15   con rayos donde ciego
       te ilumina la cólera del fuego;
       con montes donde dueños absolutos
       te pasean los hombres y los brutos:[13]
       siendo, en continua guerra,
20   monstruo de fuego y aire, de agua y tierra.
       Tú, que siempre diverso,
       la fábrica feliz del Universo
       eres, primer prodigio sin segundo,
       y por llamarte de una vez, tú el Mundo,
25   que naces como el Fénix[14] y en su fama
       de tus mismas cenizas.

                    (*Sale el* MUNDO *por diversa puerta.*)

         MUNDO.[15]   ¿Quién me llama,
         que, desde el duro centro
         de aqueste globo que me esconde dentro,
30   alas visto veloces?[16]

8. *a... estrellas*   you usurp heaven's glory when you let innumerable beautiful flowers
compete with the stars
9. *siendo... flores*   the rivalry between World and Heaven is unequal since flowers
are merely temporal while the stars are eternal
10. *Campaña de elementos*   Reference to the battle among the four hostile elements—
air, water, fire, and earth—which created chaos until God imposed a truce on them
at the time of the Creation.
11. *piélagos*   oceans
12. *te... aves*   birds fly. A metaphor interrelating the four elements: the body of the
bird cuts through the air as the vessel ploughs the waves.
13. *brutos*   animals, beasts
14. *tú... Fénix*   you are reborn constantly. Allusion to the Phoenix.
15. *Mundo*   In lines 26–288 the Producer and World give an account of the Creation
through theatrical metaphors and biblical history.
16. *alas... veloces*   I'll put on wings and rush over

¿Quién me saca de mí, quién me da voces?
AUTOR.—Es tu Autor Soberano.
De mi voz un suspiro, de mi mano
un rasgo es quien te informa[17]
y a su oscura materia le da forma.[18]   35
MUNDO.—Pues ¿qué es lo que me mandas?
¿Qué me quieres?
AUTOR.—Pues soy tu Autor, y tú mi hechura eres
hoy, de un concepto mío
la ejecución a tus aplausos fío.[19]   40
Una fiesta hacer quiero
a mi mismo poder, si considero
que sólo a ostentación de mi grandeza
fiestas hará la gran naturaleza;
y como siempre ha sido   45
lo que más ha alegrado y divertido
la representación bien aplaudida,
y es representación la humana vida,
una comedia sea[20]
la que hoy el cielo en tu teatro vea.   50
Si soy Autor y si la fiesta es mía
por fuerza la ha de hacer mi compañía.
Y pues que yo escogí de los primeros
los hombres y ellos son mis compañeros,[21]
ellos, en el *teatro*   55
del mundo, que contiene partes cuatro,[22]
con estilo oportuno
han de representar. Yo a cada uno
el papel le daré que le convenga,
y porque en fiesta igual su parte tenga   60
el hermoso aparato

---

17. *De... informa*   a small turn of my hand is what gives you form
18. *oscura... forma*   i.e., divine intervention gives order to loose, chaotic matter
19. *de... fío*   I trust you will approve the plan I wish to carry out. A producer's idea is realized by a stage manager and, by analogy, the World's function is to concretize God's plans.
20. *una comedia sea*   let it be a verse play
21. *y... compañeros*   i.e., men were created in the image of God. That is why He chooses them to be the actors in his theatrical company.
22. *partes cuatro*   the world's four corners or continents: Europe, Asia, Africa, and America

de apariencias,[23] de trajes el ornato,
hoy prevenido quiero
que, alegre, liberal y lisonjero,
65   fabriques apariencias
que de dudas se pasen a evidencias.
Seremos, yo el Autor, en un instante,
tú el teatro, y el hombre el recitante.
        MUNDO.—Autor[24] generoso mío
70   a cuyo poder, a cuyo
acento[25] obedece todo,
yo *el gran teatro del mundo*,
para que en mí representen
los hombres, y cada uno
75   halle en mí la prevención
que le impone el papel suyo,
como parte obedencial,
que solamente ejecuto
lo que ordenas, que aunque es mía
80   la obra el milagro es tuyo,
primeramente porque es
de más contento y más gusto
no ver el tablado antes
que esté el personaje a punto,[26]
85   lo tendré de un negro velo
todo cubierto y oculto,
que sea un caos donde estén
los materiales confusos.[27]
Correráse aquella niebla
90   y, huyendo el vapor oscuro,
para alumbrar el teatro
(porque adonde luz no hubo
no hubo fiesta), alumbrarán
dos luminares,[28] el uno

23. *apariencias*   stage decorations such as painted screens, backdrops, etc., and, symbolically, the deceiving appearance of all things in life
24. *Autor*   In lines 67–278 World explains the divine plan as described in the Bible.
25. *acento*   word
26. *no... punto*   not to see the stage until the actors enter and are ready to perform
27. *que... confusos*   i.e., Creation is preceded by dark chaos just as a theatrical performance is preceded by a dark, unordered stage
28. *luminares*   Stage lights, symbolizing the sun and the moon.

divino farol del día,   95
y de la noche nocturno
farol el otro, a quien ardan
mil luminosos carbunclos[29]
que en la frente de la noche
den vividores influjos.[30]   100
En la primera jornada,[31]
sencillo y cándido nudo[32]
de la gran *ley natural*,[33]
allá en los primeros lustros
aparecerá un jardín[34]   105
con bellísimos dibujos,
ingeniosas perspectivas,
que se dude cómo supo
la naturaleza hacer
tan gran lienzo sin estudio.[35]   110
Las flores mal despuntadas
de sus rosados capullos
saldrán la primera vez
a ver el Alba en confuso.[36]
Los árboles estarán   115
llenos de sabrosos frutos,
si ya el áspid de la envidia[37]
no da veneno en alguno.
Quebraránse mil cristales
en guijas, dando su curso   120
para que el Alba los llore
mil aljófares menudos.[38]

29. *luminosos carbunclos* glittering jewels; i.e., stars
30. *influjos* Play on the double meaning of *influjo*, influx and influence: the influx of light from the stars could influence the destinies of men.
31. *jornada* act
32. *nudo* plot
33. *ley natural* Natural Law, which existed before God gave man written law
34. *jardín* Allusion to the Garden of Eden.
35. *tan... estudio* such a sophisticated canvas painted spontaneously, without craft. Commonplace that what is produced artlessly or naturally often exceeds in beauty what is artificial or manufactured.
36. *a... confuso* to salute Dawn in excessive numbers
37. *áspid... envidia* Allusion to Satan, who assumed the form of a serpent to tempt Eve.
38. *Quebraránse... menudos* complex image of dewdrops at the break of dawn. (*Aljófar:* irregular pearl or dewdrop.)

Y para que más campee
este humano cielo, juzgo
125   que estará bien engastado
de varios campos incultos.
Donde fueren menester
montes y valles profundos
habrá valles, habrá montes;
130   y ríos, sagaz y astuto,
haciendo zanjas la tierra,
llevaré por sus conductos
brazos de mar desatados
que corran por varios rumbos.
135   Vista la primera escena
sin edificio ninguno,
en un instante verás
cómo repúblicas fundo,
cómo ciudades fabrico,
140   cómo alcázares descubro.
Y cuando solicitados
montes fatiguen algunos
a la tierra con el peso
y a los aires con el bulto,[39]
145   mudaré todo el teatro
porque todo, mal seguro,
se verá cubierto de agua
a la saña de un diluvio.[40]
En medio de tanto golfo,
150   a los flujos y reflujos
de ondas y nubes, vendrá
haciendo ignorados surcos[41]
por las aguas un bajel[42]
que fluctuando seguro
155   traerá su vientre preñado
de hombres, de aves y de brutos.

39. *Y... bulto*   And when troublesome mountains tire the earth with their weight and obstruct the air with their bulk.
40. *diluvio*   Refers to the great flood sent as God's punishment: "and every living substance that I have made will I destroy from off the face of the earth" (Genesis, 7:4).
41. *haciendo... surcos*   smoothly breaking the water
42. *bajel*   Noah's ark

A la seña que, en el cielo,
de paz hará un arco rubio[43]
de tres colores, pajizo,[44]
tornasolado y purpúreo,   160
todo el gremio de las ondas
obediente a su estatuto[45]
hará lugar,[46] observando
leyes que primero tuvo,
a la cerviz de la tierra   165
que, sacudiéndose el yugo,
descollará su semblante
bien que macilento y mustio.[47]
Acabado el primer acto,
luego empezará el segundo,   170
ley escrita[48] en que poner
más apariencias procuro
pues para pasar a ella
pasarán con pies enjutos[49]
los hebreos desde Egipto   175
los cristales del mar rubio;[50]
amontonadas las aguas
verá el Sol que le descubro
los más ignorados senos[51]
que ha mirado en tantos lustros.   180
Con dos columnas de fuego[52]
ya me parece que alumbro
el desierto antes de entrar

43. *arco rubio*   rainbow, sign of peace after the storm
44. *pajizo... purpúreo*   three colors of the rainbow: pale yellow, light purple, and deep red
45. *estatuto*   Reference to God's decree that He would never again destroy mankind with a flood.
46. *hará lugar*   i.e., the wild waters will withdraw and take their proper places on earth
47. *que... mustio*   shaking off the yoke of overwhelming waters, the earth will emerge through the ebbing flood with its haggard, sad features
48. *ley escrita*   law of the Old Testament, given to Moses as precepts
49. *con pies enjutos*   effortlessly, without pain or labor
50. *mar rubio*   Red Sea. "And the children of Israel went into the midst of the sea upon the dry ground" (Exodus, 14:22).
51. *ignorados senos*   unfathomed depths
52. *dos... fuego*   the Lord led the way, by day, with a pillar of cloud and, by night, with a pillar of fire (Exodus, 13:22)

en el prometido fruto.[53]
185   Para salir con la ley
Moisés a un monte robusto
le arrebatará una nube
en el rapto vuelo suyo.[54]
Y esta segunda jornada
190   fin tendrá en un furibundo
eclipse en que todo el Sol
se ha de ver casi difunto.[55]
Al último parasismo[56]
se verá el orbe cerúleo[57]
195   titubear,[58] borrando tantos
paralelos y coluros.[59]
Sacudiránse los montes
y delirarán los muros,[60]
dejando en pálidas ruinas
200   tanto escándalo caduco.[61]
Y empezará la tercera
jornada, donde hay anuncios
que habrá mayores portentos
por ser los milagros muchos
205   de la *ley de gracia*,[62] en que
ociosamente discurro.[63]
Con lo cual en tres jornadas
tres leyes y un estatuto

53. *prometido fruto* the Promised Land of the Israelites, Canaan
54. *Moisés... suyo* Moses received the written law from God in a cloud moving swiftly across Mount Sinai (Exodus 19:9 ff)
55. *todo... difunto* Refers to the eclipse and earthquake during the Crucifixion of Christ.
56. *parasismo* Christ's last gasp
57. *cerúleo* sky-blue
58. *el orbe... titubear* the blue globe of the earth shall quake and tremble
59. *paralelos y coluros* Reference to the lines of latitude and the intersecting circles of celestial spheres; i.e., the geometry of heaven will be muddled.
60. *delirarán los muros* the walls of cities shall fall upon the inhabitants
61. *escándalo caduco* decrepit wonder is the temple of the Jews shattered by the earthquake
62. *ley de gracia* The law of Christ replaced the written law of the Old Testament and is proof of God's good will toward his people—a concept fundamental to this *auto*.
63. *ociosamente discurro* I ramble idly; i.e., World apologizes because the Gospels are well known to all.

los hombres dividirán
las tres edades del mundo;   210
hasta que al último paso
todo el tablado, que tuvo
tan grande aparato en sí,
una llama, un rayo puro
cubrirá porque no falte   215
fuego en la fiesta...[64] ¿Qué mucho
que aquí, balbuciente el labio,
quede absorto, quede mudo?
De pensarlo, me estremezco;
de imaginarlo, me turbo;   220
de repetirlo, me asombro;
de acordarlo, me consumo.
Mas ¡dilátese esta escena,[65]
este paso horrible y duro,
tanto, que nunca le vean   225
todos los siglos futuros!
Prodigios verán los hombres
en tres actos y ninguno
a su representación
faltará por mí en el uso.[66]   230
Y pues que ya he prevenido
cuanto al teatro, presumo
que está todo ahora; cuanto
al vestuario, no dudo
que allí en tu mente le tienes,   235
pues allá en tu mente juntos,
antes de nacer, los hombres
tienen los aplausos suyos.[67]
Y para que, desde Ti
a representar al mundo   240

64. *porque... fiesta* freely, just so our performance ends with a bang and not a whimper; i.e., the end of the show parallels allegorically the flaming end of the world and Last Judgment.
65. *dilátese esta escena* let's postpone this awesome final scene
66. *ninguno... uso* I shall not be responsible if anyone fails to play his role properly in the upcoming performance
67. *pues... suyos* just as the producer knows, before the production of a play begins, who the actors are and what parts they will play, so God knows, before each person is born, what social station and what profession he will have

salgan y vuelvan a entrarse,
ya previno mi discurso
dos puertas; la una es la cuna
y la otra es el sepulcro.
245 Y para que no les falten
las galas y adornos juntos,
para vestir los papeles[68]
tendré prevenido a punto
al que hubiere de hacer rey,[69]
250 púrpura y laurel augusto;[70]
al valiente capitán,
armas, valores y triunfos;
al que ha de hacer el ministro,
libros, escuelas y estudios.
255 Al religioso, obediencias:
al facineroso,[71] insultos;
al noble le daré honras,
y libertades al vulgo.[72]
Al labrador, que a la tierra
260 ha de hacer fértil a puro
afán, por culpa de un necio,[73]
le daré instrumentos rudos.
A la que hubiere de hacer
la dama,[74] le daré sumo
265 adorno en las perfecciones,
dulce veneno de muchos.
Sólo no vestiré al pobre
porque es papel de desnudo,
porque ninguno después
270 se queje de que no tuvo
para hacer bien su papel
todo el adorno que pudo,
pues el que bien no lo hiciere[75]

68. *para... papeles*   in order to provide costumes and props for the assigned roles
69. *al... rey*   for the actor who will play the part of the king
70. *púrpura... augusto*   royal purple and majestic crown
71. *al facineroso, insultos*   insults for the villain
72. *libertades al vulgo*   permissiveness for the common people
73. *necio*   Adam foolishly disobeyed God. Ever since, man has had to till the earth.
74. *dama*   leading lady
75. *el... hiciere*   anyone who doesn't play his role well

será por defecto suyo,
no mío. Y pues que ya tengo   275
todo el aparato junto,
¡venid, mortales, venid
a adornaros cada uno
para que representéis
en el *teatro del mundo!*   280

                                        (*Vase.*)

    AUTOR.—Mortales que aún no vivís
y ya os llamo yo mortales,
pues en mi presencia iguales
antes de ser asistís;
aunque mis voces no oís,   285
venid a aquestos vergeles,
que ceñido de laureles,
cedros y palma[76] os espero,
porque aquí entre todos quiero
repartir estos papeles.   290

    (*Salen el* RICO, *el* REY, *el* LABRADOR, *el* POBRE *y*
la HERMOSURA, *la* DISCRECIÓN *y un* NIÑO.)

    REY.—Ya estamos a tu obediencia,
Autor nuestro, que no ha sido
necesario haber nacido
para estar en tu presencia.
Alma, sentido, potencia,   295
vida, ni razón tenemos;
todos informes nos vemos;[77]
polvo somos de tus pies.
Sopla aqueste polvo,[78] pues,
para que representemos.   300
    HERM.—Sólo en tu concepto estamos,
ni animamos ni vivimos,
ni tocamos ni sentimos
ni del bien ni el mal gozamos;

---

76. *laureles... palma* Laurel and palm leaves symbolize triumph; cedar, eternity.
77. *todos... vemos* we're all unformed
78. *aqueste polvo* God formed man of dust (Genesis 2:7)

305   pero, si hacia el mundo vamos
       todos a representar,
       los papeles puedes dar,
       pues en aquesta ocasión
       no tenemos elección
310   para haberlos de tomar.[79]
         LAB.—Autor mío soberano
       a quien conozco desde hoy,
       a tu mandamiento estoy
       como hechura de tu mano,
315   y pues tú sabes, y es llano
       porque en Dios no hay ignorar,[80]
       qué papel me puedes dar,
       si yo errare este papel,
       no me podré quejar de él,
320   de mí me podré quejar.
         AUTOR.—Ya sé que si para ser
       el hombre elección tuviera,
       ninguno el papel quisiera
       del sentir y padecer:
325   todos quisieran hacer
       el de mandar y regir,
       sin mirar, sin advertir
       que en acto tan singular
       aquello es representar,
330   aunque piense que es vivir.[81]
       Pero yo, Autor soberano,
       sé bien qué papel hará
       mejor cada uno; así va
       repartiéndolos mi mano.
335   Haz tú el Rey.

                   (*Da su papel a cada uno.*[82])

    REY.   Honores gano.

---

79. *haberlos de tomar* that is, persons have no choice in selecting their role in life
80. *en... ignorar* there is nothing that God does not know
81. *aquello... vivir* life is only playacting even though men think it is real. A key motif in this and other Calderonian dramas is the confusion between appearance and reality.
82. *qué... uno* The Producer gives each actor—just as God gives each person—the part to which he is best suited.

AUTOR.—La dama, que es la hermosura
humana, tú.
    HERM.   ¡Qué ventura!
    AUTOR.—Haz tú al rico, al poderoso.   340
    RICO.—En fin nazco venturoso
a ver del sol la luz pura.
    AUTOR.—Tú has de hacer al labrador.
    LAB.—¿Es oficio o beneficio?
    AUTOR.—Es un trabajoso oficio.   345
    LAB.—Seré mal trabajador.
Por vuestra vida... Señor,
que aunque soy hijo de Adán,
que no me deis este afán,
aunque me deis posesiones,   350
porque tengo presunciones
que he de ser grande holgazán.
De mi natural infiero,
con ser tan nuevo, Señor,
que seré mal cavador   355
y seré peor quintero;[83]
si aquí valiera un "no quiero"
dijérale, mas delante
de un autor tan elegante,
nada un "no quiero" remedia,   360
y así seré en la comedia
el peor representante.[84]
Como sois cuerdo, me dais
como el talento el oficio,[85]
y así mi poco jüicio   365
sufrís y disimuláis;
nieve como lana dais:[86]
justo sois, no hay que quejarme;
y pues que ya perdonarme
vuestro amor me muestra en él,[87]   370

83. *quintero* farmer
84. *el peor representante* The Peasant is the most picturesque and humorous of the characters, resembling somewhat the *gracioso* or buffoon, a stock character in seventeenth-century Spanish plays.
85. *como... oficio* the trade you give me fits my skills
86. *nieve... dais* you bring us cold, yet give us wool with which to keep warm
87. *pues... él* and since your forgiveness is proof that you love me in my role

yo haré, Señor, mi papel
despacio por no cansarme.
    AUTOR.—Tú la discreción harás.
    DISC.—Venturoso estado sigo.
375   AUTOR.—Haz tú al mísero, al mendigo.
    POBRE.—¿Aqueste papel me das?
    AUTOR.—Tú, sin nacer morirás.[88]
    NIÑO.—Poco estudio el papel tiene.
    AUTOR.—Así mi ciencia previene
380   que represente el que viva.
Justicia distributiva[89]
soy, y sé lo que os conviene.
    POBRE.—Si yo pudiera excusarme
cuando mi vida repara
385   deste papel, me excusara,
en el que has querido darme;
y ya que no declararme
puedo, aunque atrevido quiera,
le tomo; mas considera,
390   ya que he de hacer el mendigo,
no, Señor, lo que te digo,
lo que decirte quisiera.[90]
¿Por qué tengo de hacer yo
el pobre en esta comedia?
395   ¿Para mí ha de ser tragedia,
y para los otros no?
Cuando este papel me dió
tu mano, ¿no me dió en él
igual alma a la de aquél
400   que hace al rey? ¿Igual sentido?
¿Igual ser? Pues ¿por qué ha sido
tan desigual mi papel?
Si de otro barro me hicieras,
si de otra alma me adornaras,
405   menos vida me fiaras,
menos sentidos me diera:

88. *sin nacer morirás* you will be stillborn
89. *Justicia distributiva* retributive justice; i.e., there are rewards and punishments in the afterlife in accordance with deeds performed on earth; each one will be judged as he deserves
90. *lo... quisiera* what I leave unsaid

ya parece que tuvieras
otro motivo, Señor;
pero parece rigor,
perdona decir cruel,   410
el ser mejor su papel[91]
no siendo su ser mejor.
   AUTOR.—En la representación
igualmente satisface
el que bien al pobre hace   415
con afecto, alma y acción,
como el que hace al rey, y son
iguales éste y aquél
en acabando el papel.
Haz tú bien el tuyo, y piensa   420
que para la recompensa
yo te igualaré con él.
No porque pena te sobre,
siendo pobre, es en mi ley
mejor papel el del rey   425
si hace bien el suyo el pobre;
uno y otro de mí cobre
todo el salario después
que haya merecido, pues
en cualquier papel se gana,   430
que toda la vida humana
representaciones es.
Y la comedia acabada
ha de cenar a mi lado
el que haya representado,   435
sin haber errado en nada,
su parte más acertada;
allí igualaré a los dos.
   HERM.—Pues decidnos, Señor, Vos,
¿cómo en lengua de la fama   440
esta comedia se llama?
   AUTOR.—*Obrar bien, que Dios es Dios.*
   REY.—Mucho importa que no erremos
comedia tan misteriosa.

---

91. *en... papel*   when the role of each actor is finished; i.e., King and Beggar alike must die

445   RICO.—Para eso es acción forzosa
que primero la ensayemos.
         DIS.—¿Cómo ensayarla podremos
si nos llegamos a ver
sin luz, sin alma y sin ser
450   antes de representar?
         POBRE.—Pues ¿cómo sin ensayar
la comedia se ha de hacer?
         LAB.—Del pobre apruebo la queja,
que lo siento así, Señor,
455   (que son, pobre y labrador
para par a la pareja).[92]
Aun una comedia vieja
harta de representar[93]
si no se vuelve a ensayar
460   se yerra cuando se prueba,
¿si no se ensaya esta nueva
cómo se podrá acertar?
         AUTOR.—Llegando ahora a advertir
que siendo el cielo jüez
465   se ha de acertar de una vez
cuanto es nacer y morir.[94]
         HER.—Pues ¿el entrar y salir
cómo lo hemos de saber
ni a qué tiempo haya de ser?
470   AUTOR.—Aun eso se ha de ignorar,
y de una vez acertar
cuanto es morir y nacer.
Estad siempre prevenidos
para acabar el papel;
475   que yo os llamaré al fin de él.
         POBRE.—¿Y si acaso los sentidos
tal vez se miran perdidos?
         AUTOR.—Para eso, común grey,
tendré, desde el pobre al rey,
480   para enmendar al que errare
y enseñar al que ignorare

92. *para... pareja* like birds of a feather, Beggar and Peasant flock together; i.e., both actors feel the same need to rehearse
93. *harta de representar* already presented many times over
94. *se... morir* you should understand once and for all that you live and die but once

con el apunto a mi Ley;[95]
ella a todos[96] os dirá
lo que habéis de hacer, y así
nunca os quejaréis de mí.   485
Albedrío[97] tenéis ya,
y pues prevenido está
el teatro, vos y vos
medid las distancias dos
de la vida.[98]   490
    DIS.   ¿Qué esperamos?
¡Vamos al teatro!
    TODOS.   ¡Vamos
a *obrar bien, que Dios es Dios!*

        (*Al irse a entrar, sale el* MUNDO *y detiénelos.*[99])

    MUNDO.—Ya está todo prevenido   495
para que se represente
esta comedia aparente
que hace el humano sentido.
    REY.—Púrpura y laurel te pido.
    MUNDO.—¿Por qué púrpura y laurel?   500
    REY.—Porque hago este papel.

                (*Enséñale el papel,*
           y toma la púrpura y corona, y vase.)

    MUNDO.—Ya aquí prevenido está.
    HER.—A mí, matices me da
de jazmín, rosa y clavel.
Hoja a hoja y rayo a rayo   505
se desaten a porfía[100]
todas las luces del día,

---

95. *con... Ley*   i.e., God's law is in the promptbook which will cue those performers who might forget their lines
96. *a todos*   i.e., irrespective of your social positions
97. *Albedrío*   free will. According to Catholic doctrine as set forth here, man has the option of choosing between good and evil.
98. *medid... vida*   measure the distance of your life from the cradle to the grave
99. *detiénelos*   In lines 489–627 each player shows the part he has received from the Producer and asks for the costume and accessories he requires to play it; World hands each one the appropriate props.
100. *se... porfía*   let burst forth in competition with each other

todas las flores del mayo;
padezca mortal desmayo[101]
510   de envidia al mirarme el sol,
y como a tanto arrebol
el girasol ver desea,
la flor de mis luces sea
siendo el sol mi girasol.[102]
515   MUNDO.—Pues ¿cómo vienes tan vana
a representar al mundo?
          HER.—En este papel me fundo.[103]
          MUNDO.—¿Quién es?
          HER.   La hermosura humana.
520   MUNDO.—Cristal, carmín, nieve y grana
pulan sombras y bosquejos
que te afeiten de reflejos.[104]

                              (*Dale un ramillete.*)

          HER.—Pródiga[105] estoy de colores.
Servidme de alfombras, flores;
525   sed, cristales, mis espejos.

                                        (*Vase.*)

          RICO.—Dadme riquezas a mí,
dichas y felicidades
pues para prosperidades
hoy vengo a vivir aquí.
530   MUNDO.—Mis entrañas para ti
a pedazos romperé;
de mis senos sacaré
toda la plata y el oro,
que en avariento tesoro
535   tanto encerrado oculté.

                                   (*Dale joyas.*)

101. *padezca mortal desmayo*   let the sun die
102. *siendo... girasol*   i.e., may the sun turn to look at my dazzling beauty as the
sunflower turns upward toward the sun
103. *En... fundo*   I'm just playing my part (as set forth on this piece of paper). Note
the play on the double meaning of *papel*: role and paper.
104. *Cristal... reflejos*   May bright colors such as crystal, carmine, snow white and
crimson illuminate the shadows and creases of your face and embellish you with
their reflections. World holds a bouquet of multicolored flowers for Beauty.
105. *Pródiga*   Beauty receives her brilliant accessories with vanity and boasting.

RICO.—Soberbio y desvanecido
con tantas riquezas voy.
   DIS.—Yo, para mi papel, hoy,
tierra en que vivir te pido.
     MUNDO.—¿Qué papel el tuyo ha sido?   540
     DIS.—La discreción estudiosa.[106]
     MUNDO.—Discreción tan religiosa
tome ayuno y oración.

              (*Dale cilicio y disciplina.*[107])

   DIS.—No fuera yo discreción
tomando de ti otra cosa.   545

                 (*Vase.*)

   MUNDO.—¿Cómo tú entras sin pedir
para el papel que has de hacer?
     NIÑO.—¡Como no te he menester
para lo que he de vivir!
Sin nacer he de morir,   550
en ti no tengo de estar
más tiempo que el de pasar
de una cárcel a otra oscura,[108]
y para una sepultura
por fuerza me la has de dar.   555
     MUNDO.—¿Qué pides tú, di, grosero?
     LAB.—Lo que le diera yo a él.[109]
     MUNDO.—Ea, muestra tu papel.
     LAB.—Ea, digo que no quiero.
     MUNDO.—De tu proceder infiero   560
que como bruto gañán
habrás de ganar tu pan.
     LAB.—Esas mis desdichas son.
     MUNDO.—Pues, toma aqueste azadón.

                (*Dale un azadón.*)

---

106. *La discreción estudiosa*   Contemplative discretion represents the ascetic religious
life.
107. *cilicio y disciplina*   hairshirt and scourge, symbols of suffering and self-denial.
108. *de... oscura*   i.e., from my mother's womb to the tomb
109. *a él*   i.e., to the Child

565   LAB.—Esta es la herencia de Adán.
           Señor Adán, bien pudiera,
           pues tanto llegó a saber,
           conocer que su mujer
           pecaba de bachillera,[110]
570   dejárala que comiera
           y no la ayudara él;
           mas como amante cruel[111]
           dirá que se lo rogó
           y así tan mal como yo
575   representó su papel.

                                                          (Vase.)

           POBRE.—Ya que a todos darles dichas,
           gustos y contentos vi,
           dáme pesares a mí,
           dáme penas y desdichas;
580   no de las venturas dichas
           quiero púrpura y laurel;
           déste colores, de aquél
           plata ni oro no he querido.
           Sólo remedios te pido.
585   MUNDO.—¿Qué papel es tu papel?
           POBRE.—Es mi papel la aflicción,
           es la angustia, es la miseria,
           ....[112]
           la desdicha, la pasión,
590   el dolor, la compasión,
           el suspirar, el gemir,
           el padecer, el sentir,
           importunar y rogar,
           el nunca tener que dar,
595   el siempre haber de pedir.
           El desprecio, la esquivez,
           el baldón, el sentimiento,
           la vergüenza, el sufrimiento,
           la hambre, la desnudez,

110. *pecaba de bachillera*   talked too much
111. *amante cruel*   Comic allusion to courtly love poetry, which portrayed the lover as
a vassal of a lady on a pedestal.
112. ...   A verse is missing from the ten-line stanza.

el llanto, la mendiguez,   600
la inmundicia, la bajeza,
el desconsuelo y pobreza,
la sed, la penalidad,
y es la vil necesidad,
que todo esto es la pobreza.   605
    MUNDO.—A ti nada te he de dar,
que el que haciendo al pobre vive
nada del mundo recibe,
antes te pienso quitar
estas ropas, que has de andar   610
desnudo, para que acuda

                                    (Desnúdale.)

yo a mi cargo, no se duda.
    POBRE.—En fin, este mundo triste
al que está vestido viste[113]
y al desnudo le desnuda.   615
    MUNDO.—Ya que de varios estados[114]
está el teatro cubierto,
pues un rey en él advierto
con imperios dilatados;
beldad a cuyos cuidados   620
se adormecen los sentidos,[115]
poderosos aplaudidos,
mendigos menesterosos,
labradores, religiosos,
que son los introducidos   625
para hacer los personajes
de la comedia de hoy
a quien[116] yo el teatro doy,
las vestiduras y trajes
de limosnas y de ultrajes,[117]   630
¡sal, divino Autor, a ver
las fiestas que te han de hacer

---

113. *al... viste* "For unto every one that hath shall be given,... but from him that hath not shall be taken away even that which he hath" (Matthew 25:29)
114. *varios estados* diverse social classes
115. *beldad... sentidos* men lose their senses when serving a beautiful woman
116. *a quien* a quienes
117. *de limosnas y de ultrajes* The World gives alms to some and insults to others.

los hombres! ¡Abrase el centro
de la tierra, pues que dentro
635   della la escena ha de ser!

(Con música se abren a un tiempo dos globos: en el uno, estará
un trono de gloria, y en él el AUTOR sentado; en el otro ha de
haber representación con dos puertas; en la una pintada una
cuna y en la otra un ataúd.)

AUTOR.—Pues para grandeza mía[118]
aquesta fiesta he trazado,
en ese trono sentado,
donde es eterno mi día,
640   he de ver mi compañía.
Hombres que salís al suelo[119]
por una cuna de yelo
y por un sepulcro entráis,
ved cómo representáis,
645   que os ve el Autor desde el cielo.

(Sale la DISCRECIÓN con un instrumento, y canta.)

DIS.—Alaben[120] al Señor de tierra y cielo,
el sol, luna y estrellas;
alábenle las bellas
flores que son carácteres del suelo;
650   alábele la luz, el fuego, el yelo
la escarcha y el rocío,
el invierno y estío,
y cuanto esté debajo de ese velo
que en visos celestiales,
655   árbitro es de los bienes y los males.[121]

(Vase.)

AUTOR.—Nada me suena mejor
que en voz del hombre este fiel
himno que cantó Daniel

---

118. *para grandeza mía* The sole purpose of the play (i.e., of life) is the glorification
of God.
119. *al suelo* on the stage flooring (i.e., on earth)
120. *Alaben* Adaptation of a hymn of praise sung by three Jews thrown into the
furnace in Daniel 3:62–64; several speeches are paraphrases of biblical material.
121. *árbritro... males* i.e., God is judge of all

para templar el furor
de Nabuco-Donosor.   660
   MUNDO.—¿Quién hoy la *loa*[122] echará?
Pero en la aparencia ya
la ley convida a su voz
que como corre veloz,
en elevación[123] está   665
sobre la haz de la tierra.

   (*Aparece la* LEY DE GRACIA *en una elevación, que estará
sobre donde estuviere el* MUNDO, *con un papel en la mano.*)

   LEY.—Yo, que Ley de Gracia soy,
la fiesta introduzco hoy;
para enmendar al que yerra
en este papel se encierra   670
la gran comedia, que Vos
compusisteis sólo en dos
versos que dicen así:

                                         (*Canta.*)

*"Ama al otro como a ti,
y obra bien, que Dios es Dios."*[124]   675
   MUNDO.—La Ley después de la loa
con el apunto quedó;
victoriar[125] quisiera aquí
pues me presenta a mí.
Vulgo[126] de esta fiesta soy,   680
mas callaré porque empieza
ya la representación.

---

122. *loa* Prologue to a play recited by a member of the cast before the actual performance; a short play performed before the main spectacle.
123. *en elevación* on a raised platform of the cart for actors to stand on. Allegorically, on the heights above the surface of the earth.
124. *"Ama... Dios"* "Love thy neighbor as thyself," the key principle of Christian
love. The prologue recited by the prompter, Law of Grace, is repeated over and over
like a refrain; *obra bien*—perform well—means both "give a good performance in the
play" and "perform charitable deeds in life."
125. *victoriar* to applaud; i.e., the World is so enthusiastic about the prologue that
he wants to stand up and shout *víctor*, a custom practiced by common spectators
during the seventeenth century.
126. *vulgo* general public; i.e., World now becomes the audience of his own theater.

(*Sale*[*n*] *la* HERMOSURA *y la* DISCRECIÓN *por la*
puerta de la cuna.*[127]*)

HER.—Vente conmigo a espaciar
por estos campos que son
685   feliz patria del mayo,
dulce lisonja del sol;
pues sólo a los dos conocen,
dando solos a los dos,
resplandores, rayo a rayo,
690   y matices, flor a flor.
DIS.—Ya sabes que nunca gusto
de salir de casa, yo,
quebrantando la clausura
de mi apacible prisión.*[128]*
695   HER.—¿Todo ha de ser para ti
austeridad y rigor?
¿No ha de haber placer un día?
Dios, di, ¿para qué crió
flores, si no ha de gozar
700   el olfato el blando olor
de sus fragantes aromas?
¿Para qué aves engendró,
que en cláusulas lisonjeras*[129]*
cítaras de pluma*[130]* son,
705   si el oído no ha de oírlas?
¿Para qué galas si no
las ha de romper el tacto
con generosa ambición?*[131]*
¿Para qué las dulces frutas
710   si no sirve su sazón
de dar al gusto manjares
de un sabor y otro sabor?
¿Para qué hizo Dios, en fin,
montes, valles, cielo, sol,

---

127. *Salen... cuna*   In lines 675ff the actors make their entrance, the play begins,
and each character expounds on his or her attitude toward life.
128. *apacible prisión*   symbol of the peaceful life of the convent
129. *cláusulas lisonjeras*   pleasing cadences
130. *cítaras de pluma*   little feathered lutes, a learned metaphor for birds
131. *¿Para... ambición?*   Why the splendid clothes if they're not to be enjoyed? Beauty
makes a plea for the delights of worldly life.

si no han de verlo los ojos?   715
Ya parece, y con razón,
ingratitud no gozar
las maravillas de Dios.
    DIS.—Gozarlas para admirarlas
es justa y lícita acción   720
y darle gracias por ellas,
gozar las bellezas no
para usar dellas tan mal
que te persuadas que son
para verlas las criaturas   725
sin memoria del Criador.
Yo no he de salir de casa;
ya escogí esta religión
para sepultar mi vida:
por eso soy Discreción.   730

                                                              (*Apártanse.*)

    HER.—Yo, para esto, Hermosura:
a ver y ser vista voy.
    MUNDO.[132]—Poco tiempo se avinieron
Hermosura y Discreción.
    HER.—Ponga redes su cabello,   735
y ponga lazos mi amor
al más tibio afecto, al más
retirado corazón.[133]
    MUNDO.—Una acierta y otra yerra
su papel, de aquestas dos.   740
    DIS.—¿Qué haré yo para emplear
bien mi ingenio?
    HER.   ¿Qué haré yo
para lograr mi hermosura?
    LEY.—(*Canta.*) *Obrar bien, que Dios es Dios.*   745
    MUNDO.—Con oírse aquí el apunto
la Hermosura no le oyó.

                                                      (*Sale el* RICO.)

132. *Mundo* Note that the World, as spectator, comments on the performance of the actors.
133. *Ponga... corazón* I want to have my hair arranged in a style that will charm and lure even the coldest heart

RICO.—Pues pródigamente el Cielo
hacienda y poder me dió,
750   pródigamente se gaste
en lo que delicias son.
Nada me parezca bien
que no lo apetezca yo;
registre mi mesa cuanto
755   o corre o vuela veloz.[134]
Sea mi lecho la esfera
de Venus,[135] y en conclusión
la pereza y las delicias,
gula, envidia y ambición
760   hoy mis sentidos posean.

(*Sale el* LABRADOR.)

LAB.—¿Quién vió trabajo mayor
que el mío? Yo rompo el pecho
a quien el suyo me dió[136]
porque el alimento mío
765   en esto se me libró.[137]
Del arado que la cruza
la cara,[138] ministro soy,
pagándola el beneficio
en aquestos que la doy.
770   Hoz y azada son mis armas;
con ellas riñendo[139] estoy:
con las cepas, con la azada;
con las mieses, con la hoz.
En el mes de abril y mayo
775   tengo hidrópica pasión,[140]
y si me quitan el agua
entonces estoy peor.

134. *o corre... veloz*   wild birds or swift animals
135. *Sea... Venus*   Let my bed become a place for pleasure. Venus is the goddess of lascivious love and sensual beauty.
136. *el pecho... dió*   the surface soil of the earth who gave me her breasts
137. *en esto... libró*   i.e., depends precisely on tilling the soil
138. *la cruza la cara*   lashes the earth's face. Metaphor for plowing the soil. Note the irony of "slapping earth's face" in repayment for her favors.
139. *riñendo*   The Peasant struggles perpetually with the land.
140. *tengo... pasión*   I'm obsessed with the fear that my fields might not get enough water

En cargando algún tributo
de aqueste siglo pensión
encara la puntería   780
contra el triste labrador.[141]
Mas, pues trabajo y lo sudo,
los frutos de mi labor
me ha de pagar quien los compre
al precio que quiera yo.   785
No quiero guardar la tasa[142]
ni seguir más la opinión
de quien[143] porque ha de comprar,
culpa a quien no la guardó.
Y yo sé que si no llueve   790
este abril, que ruego a Dios
que no llueva, ha de valer
muchos ducados mi troj.[144]
Con esto un Nabal-Carmelo[145]
seré de aquesta región   795
y me habrán menester todos,
pero muy hinchado[146] yo,
entonces, ¿qué podré hacer?
    LEY.—(Canta.) *Obrar bien, que Dios es Dios.*
    DIS.—¿Cómo el apunto no oíste?   800
    LAB.—Como sordo a tiempo soy.
    MUNDO.—El al fin se está en sus treces.[147]
    LAB.—Y aun en mis catorce estoy.[148]

(Sale el POBRE.)

---

141. *En... labrador*   whenever a new tax is levied—which is how money is made these days—it's aimed at us poor peasants
142. *No... tasa*   I intend to ask more than the fixed prices officials put on my produce; i.e., the Peasant will exploit the buyer just as he himself is exploited by the authorities.
143. *de quién*   of any buyer
144. *ha... troj*   i.e., he has cleverly stocked grain during the shortage while prices are going up (*troj:* granary).
145. *Nabal-Carmelo*   The wealthy landowner who kept his possessions on Mount Carmel in the biblical story in I Kings, 25
146. *hinchado*   loaded with goods
147. *se... treces*   he's hard-headed, stubborn
148. *Y... estoy*   And hard as a rock. The Peasant's rejoinder is a humorous play on *trece.*

POBRE.—De cuantos el mundo viven,
805 ¿quién mayor miseria vió
que la mía? Aqueste suelo
es el más dulce y mejor,
lecho mío que, aunque es
todo el cielo pabellón
810 suyo, descubierto está
a la escarcha y al calor;[149]
la hambre y la sed me afligen.
¡Dadme paciencia, mi Dios!
    RICO.—¿Qué haré yo para ostentar
815 mi riqueza?
    POBRE.   ¿Qué haré yo
para sufrir mis desdichas?
    LEY.—(Canta.) Obrar bien, que Dios es Dios.
    POBRE.—¡Oh, cómo esta voz consuela!
820 RICO.—¡Oh, cómo cansa esta voz!
    DIS.—El Rey sale a estos jardines.
    RICO.—¡Cuánto siente esta ambición
postrarse a nadie!
    HER.   Delante
825 de él he de ponerme yo
para ver si mi hermosura
pudo rendirlo a mi amor.
    LAB.—Yo detrás; no se le antoje
viendo que soy labrador,
830 darme con un nuevo arbitrio,[150]
pues no espero otro favor.

(Sale el REY.)

    REY.—A mi dilatado imperio
estrechos límites son
cuantas contiene provincias
835 esta máquina inferior.[151]
De cuanto circunda el mar
y de cuanto alumbra el sol

149. *el cielo... calor*   even though heaven acts as a protective tent, the earth is open
to frost and heat
150. *arbitrio*   tax
151. *A... inferior*   To a broad empire such as mine all the provinces of earth are but
narrow boundaries.

soy el absoluto dueño,
soy el supremo señor.
Los vasallos de mi imperio   840
se postran por donde voy.
¿Qué he menester yo en el mundo?
    LEY.—(*Canta.*) *Obrar bien, que Dios es Dios.*
    MUNDO.—A cada uno va diciendo
el apunto lo mejor.   845
    POBRE.—Desde la miseria mía
mirando infeliz estoy,
ajenas felicidades.
El rey, supremo señor,
goza de la majestad   850
sin acordarse que yo
necesito de él; la dama
atenta a su presunción
no sabe si hay en el mundo
necesidad y dolor;   855
la religosa, que siempre
se ha ocupado en oración,
si bien a Dios sirve, sirve
con comodidad a Dios.
El labrador, si cansado   860
viene del campo, ya halló
honesta mesa su hambre
si opulenta mesa no;
al rico le sobra todo;
y solo, en el mundo, yo   865
hoy de todos necesito,
y así llego a todos hoy,
porque ellos viven sin mí
pero yo sin ellos no.
A la Hermosura me atrevo   870
a pedir. Dadme, por Dios,
limosna.
    HER.   Decidme fuentes,
pues que mis espejos sois,
¿qué galas me están más bien?,   875
¿qué rizos me están mejor?
    POBRE.—¿No me veis?
    MUNDO.   Necio, ¿no miras

que es vana tu pretensión?
880   ¿Por qué ha de cuidar de ti
quien de sí se descuidó?[152]
    POBRE.—Pues, que tanta hacienda os sobra,
dadme una limosna, vos.
    RICO.—¿No hay puertas donde llamar?
885   ¿Así os entráis donde estoy?
En el umbral del zaguán[153]
pudierais llamar, y no
haber llegado hasta aquí.
    POBRE.—No me tratéis con rigor.
890   RICO.—Pobre importuno, idos luego.
    POBRE.—Quien tanto desperdició
por su gusto, ¿no dará
alguna limosna?
    RICO.   No.
895   MUNDO.—El avariento y el pobre
de la parábola,[154] son.
    POBRE.—Pues a mi necesidad
le falta ley y razón,
atreveréme al rey mismo.
900   Dadme limosna, Señor.
    REY.—Para eso tengo ya
mi limosnero[155] mayor.
    MUNDO.—Con sus ministros el Rey
su conciencia aseguró.
905   POBRE.—Labrador, pues recibís
de la bendición de Dios
por un grano que sembráis
tanta multiplicación,
mi necesidad os pide
910   limosna.
    LAB.   Si me la dió
Dios, buen arar y sembrar

---

152. *quien.. descuidó*   who is careless about her own well-being
153. *En... zaguán*   Beggars asking for alms must stand outside in the vestibule; Rich Man resents Poor Man's presumptuousness in intruding.
154. *parábola*   Allusion to Christ's story about the sumptously rich man and the sick beggar, Lazarus (Luke 16:19ff); the former ended up in hell and the latter in heaven.
155. *limosnero*   the official almsgiver of the palace who, in the name of the king, distributes food and clothes to the poor

y buen sudor me costó.
Decid: ¿No tenéis vergüenza
que un hombrazo como vos   915
pida? ¡Servid, noramala![156]
No os andéis hecho un bribón.[157]
Y si os falta que comer,
tomad aqueste azadón
con que lo podéis ganar.   920
    POBRE.—En la comedia de hoy
yo el papel de pobre hago;
no hago el de labrador.
    LAB.—Pues, amigo, en su papel
no le ha mandado el autor   925
pedir no más y holgar siempre,
que el trabajo y el sudor
es propio papel del pobre.
    POBRE.—Sea por amor de Dios.
Riguroso, hermano, estáis.   930
    LAB.—Y muy pedigüeño vos.
    POBRE.—Dadme vos algún consuelo.
    DIS.—Tomad, y dadme perdón.

                  (*Dale un pan.*[158])

    POBRE.—Limosna de pan, señora,
era fuerza hallarla en vos,   935
porque el pan que nos sustenta
ha de dar la Religión.[159]
    DIS.—¡Ay de mí!
    REY.   ¿Qué es esto?
    DIS.   Es   940
alguna tribulación
que la Religión padece.

            (*Va a caer la* RELIGIÓN, *y la
da el* REY *la mano.*)

---

156. *¡Servid, noramala!* Work and support yourself, damn it!
157. *No... bribón* Don't slum around like a bum.
158. *pan* Allegorically, the consecrated bread which, with wine, is used in Holy Communion.
159. *Religión* Note that Religion and Discretion are one and the same; here, *Discreción* gives spiritual nourishment.

REY.—Llegaré a tenerla[160] yo.

DIS.—Es fuerza; que nadie puede

945   sostenerla como vos.[161]

AUTOR.—Yo, bien pudiera enmendar
los yerros que viendo estoy;
pero por eso les di
albedrío superior

950   a las pasiones humanas,
por no quitarles la acción
de merecer con sus obras;[162]
y así dejo a todos hoy
hacer libres sus papeles,[163]

955   y en aquella confusión[164]
donde obran todos juntos
miro en cada uno yo,
diciéndoles por mi ley:

LEY.—(*Canta.*) *Obrar bien, que Dios es Dios.*

(*Recita.*)

960   A cada uno por sí
y a todos juntos, mi voz
ha advertido; ya con esto
su culpa será su error.

(*Canta.*)

Ama al otro como a ti

965   *y obrar bien que Dios es Dios.*

REY.—Supuesto que es esta vida
una representación,
y que vamos un camino
todos juntos, haga hoy

970   del camino la llaneza,
común la conversación.[165]

160. *tener*   sustain, support
161. *como vos*   i.e., the monarchy best supports the Church
162. *por... obras*   just so I don't interfere with their ability to earn entrance to
Heaven through their good deeds. The notion that the individual is free either to
perform well or poorly and is therefore responsible for his own salvation or condem-
nation is central to the *auto.*
163. *hacer... papeles*   to play their roles according to their free will
164. *confusión*   goings-on in the theater; allegorically, the activities of life and the
confusion of the world.
165. *haga... conversación*   we may as well take advantage of the informality of the
situation and chat with each other during our journey

HER.—No hubiera mundo[166] a no haber
esa comunicación.
  RICO.—Diga un cuento[167] cada uno.
  DIS.—Será prolijo;[168] mejor   975
será que cada uno diga
qué está en su imaginación.
  REY.—Viendo estoy mis imperios dilatados,
mi majestad, mi gloria, mi grandeza,
en cuya variedad naturaleza   980
perfeccionó de espacio[169] mis cuidados.
Alcázares poseo levantados,
mi vasalla ha nacido la belleza.[170]
La humildad de unos, de otros la riqueza
triunfo son al arbitrio de los hados.[171]   985
Para regir, tan desigual, tan fuerte
monstruo de muchos cuellos,[172] me concedan
los Cielos atenciones más felices.
Ciencia me den con que a regir acierte,
que es imposible que domarse puedan 990
con un yugo no más tantas cervices.[173]
  MUNDO.—Ciencia para gobernar
pide, como Salomón.[174]

    (*Canta una voz triste dentro, a la parte
    que está la puerta del ataúd.*[175])

  VOZ.—Rey de este caduco imperio,
cese, cese tu ambición,   995

166. *No hubiera mundo* the world would not be what it is
167. *Diga un cuento* Telling anecdotes to pass the time while journeying was a common framework for relating collected stories. See, for example, Chaucer's *Canterbury Tales* and Boccaccio's *Decameron*.
168. *Será prolijo* it will probably be tedious (telling stories to each other)
169. *de espacio* *despacio*, i.e., carefully, little by little
170. *mi... belleza* beauty was born to be my vassal
171. *al... hados* over the capricious whims of fate
172. *monsturo... cuellos* Allusion to Hydra's mythological nine-headed serpent, slain by Hercules; two heads immediately replaced the one lopped off. The King describes the world as a many-necked monster, a place full of confusion and conflict.
173. *que... cervices* for it is impossible to bring under one yoke so many necks; that is, to control under one government so many rebellious subjects. The King wants to impose order.
174. *Salomón* Solomon, King of Israel, noted for his wisdom; he dreamed he asked the Lord for advice on how to govern properly (Kings 3:5–10).
175. *Canta... ataúd* In verses 977–1250 each actor is told by the voice of death to finish acting his part and to leave the stage through the coffin-door.

que en el teatro del mundo
ya tu papel se acabó.
   REY.—Que ya acabó mi papel
me dice una triste voz,
1000   que me ha dejado al oírla
sin discurso ni razón.
Pues se acabó el papel, quiero
entrarme; mas ¿dónde voy?
Porque a la primera puerta,
1005   donde mi cuna se vió,
no puedo, ¡ay de mí!, no puedo
retroceder. ¡Qué rigor!
¡No poder hacia la cuna
dar un paso!... ¡Todos son
1010   hacia el sepulcro!... ¡Que el río
que, brazo de mar,[176] huyó,
vuelva a ser mar; que la fuente
que salió del río (¡qué horror!)
vuelva a ser río; el arroyo
1015   que de la fuente corrió
vuelva a ser fuente, y el hombre,
que de su centro[177] salió,
vuelva a su centro, a no ser
lo que fué!... ¡Qué confusión!
1020   Si ya acabó mi papel
supremo y divino Autor,
dad a mis yerros disculpa,
pues arrepentido estoy.

(Vase por la puerta del ataúd
y todos se han de ir tras ella.)

   MUNDO.—Pidiendo perdón[178] el rey,
1025   bien su papel acabó.
   HERM.—De en medio de sus vasallos,
de su pompa y de su honor,
faltó el rey.
   LAB.   No falte en mayo

176. *río... mar* Traditional Christian metaphor comparing life to a river that flows inalterably toward the sea which is death.
177. *centro* centro de la tierra
178. *pidiendo perdón* i.e., the King recognized and asked forgiveness for his sins

el agua al campo en sazón,[179]   1030
que con buen año y sin rey[180]
lo pasaremos mejor.
    DIS.—Con todo, es gran sentimiento.
    HERM.—Y notable confusión.
¿Qué haremos sin él?   1035
    RICO.   Volver
a nuestra conversación.
Dinos, tú, lo que imaginas.
    HERM.—Aquesto imagino yo.
    MUNDO.—¡Qué presto se consolaron   1040
los vivos de quien murió!
    LAB.—Y más cuando el tal difunto
mucha hacienda les dejó.
    HERM.—Viendo[181] estoy mi beldad hermosa y pura;
ni al rey envidio, ni sus triunfos quiero,   1045
pues más ilustre imperio considero
que es el que mi belleza me asegura.
Porque si el rey avasallar procura
las vidas, yo las almas; luego infiero
con causa que mi imperio es el primero,   1050
pues que reina en las almas la hermosura.
"Pequeño mundo"[182] la filosofía
llamó al hombre; si en él mi imperio fundo,
como el cielo lo tiene, como el suelo,
bien puede presumir la deidad mía   1055
que el que al hombre llamó "pequeño mundo,"
llamará a la mujer "pequeño cielo."
    MUNDO.—No se acuerda de Ezequiel[183]
cuando dijo que trocó
la soberbia a la hermosura   1060
en fealdad la perfección.[184]

---

179. *No... sazón*   as long as there's rain for the fields in May
180. *con... Rey*   if we have a good crop and no king to tax it
181. *Viendo*   Lines 1044 to 1057 are a sonnet replete with traditional imagery and contrasts.
182. *Pequeño mundo*   i.e., man. Greek philosophers regarded man as a microcosm —a minuscule reflexion of the world.
183. *Ezequiel*   Probable allusion to Ezequiel 28:12–19, in which God threatens to disfigure man.
184. *trocó... perfección*   pride caused Beauty to turn her perfection into ugliness

voz.—(*Canta*.) Toda la hermosura humana
es una pequeña flor.[185]
Marchítese, pues la noche
1065 ya de su aurora llegó.
        HERM.—Que fallezca la hermosura
dice una triste canción.
No fallezca, no fallezca.
Vuelva a su primer albor.
1070 Mas, ¡ay de mí!, que no hay rosa
de blanco o rojo color
que a las lisonjas del día,
que a los halagos del sol
saque a deshojar[186] sus hojas,
1075 que no caduque, pues no
vuelve ninguna a cubrirse
dentro del verde botón.
Mas ¿qué importa que las flores,
del alba breve candor,
1080 marchiten del sol dorado
halagos de su arrebol?[187]
¿Acaso tiene conmigo
alguna comparación
flor en que ser y no ser
1085 términos continuos son?
No, que yo soy flor hermosa
de tan grande duración,
que si vió el sol mi principio,
no verá mi fin el sol.
1090 Si eterna soy, ¿cómo puedo
fallecer? ¿Qué dices, Voz?
        voz.—(*Canta*.) Que en el alma eres eterna
y en el cuerpo mortal flor.
        HERM.—Ya no hay réplica que hacer
1095 contra aquesta distinción.
De aquella cuna salí

185. *flor* Traditional comparison of beauty to a flower. Compare the following lines
from another Calderonian sonnet: "*A florecer las rosas madrugaron | y para envejecerse
florecieron; | cuna y sepulcro en un botón hallaron.*"
186. *saque a deshojar* opens up its petals
187. *¿qué... arrebol?* What do I care if flowers, so fresh at dawn, should fade by
dusk?

y hacia este sepulcro voy.
Mucho me pesa no haber
hecho mi papel mejor.

                                        (*Vase.*)

    MUNDO.—Bien acabó el papel, pues   1100
arrepentida acabó.
    RICO.—De entre las galas y adornos
y lozanías faltó
la Hermosura.
    LAB.   No nos falte   1105
pan, vino, carne y lechón
por Pascua,[188] que a la Hermosura
no la echaré menos yo.
    DIS.—Con todo, es grande tristeza.
    POBRE.—Y aun notable compasión.   1110
¿Qué habemos de hacer?
    RICO.   Volver
a nuestra conversación.
    LAB.—Cuando el ansioso cuidado
con que acudo a mi labor   1115
miro sin miedo al calor
y al frío desazonado,
y advierto lo descuidado
del alma, tan tibia ya,
la culpo, pues dando está   1120
gracias de cosecha nueva
al campo porque la lleva
y no a Dios que se la da.
    MUNDO.—Cerca está de agradecido
quien se conoce deudor.   1125
    POBRE.—A este labrador me inclino,
aunque antes me reprehendió.
    VOZ.—(*Canta.*) Labrador, a tu trabajo
término fatal llegó;
ya lo serás de otra tierra.   1130
¿Dónde será? ¡Sabe Dios!...
    LAB.—Voz, si de la tal sentencia
admites apelación,

188. *por Pascua*   on feast days; on holidays

admíteme, que yo apelo
1135   a tribunal superior.
No muera yo en este tiempo,
aguarda sazón mejor,
siquiera porque mi hacienda
la deje puesta en sazón;[189]
1140   y porque, como ya dije,
soy maldito labrador,
como lo dicen mis viñas
cardo a cardo y flor a flor,
pues tan alta está la yerba
1145   que duda el que la miró
un poco apartado dellas
si mieses o viñas son.
Cuando panes del lindero[190]
son gigante admiración,
1150   casi enanos son los míos,
pues no salen del terrón.[191]
Dirá quien aquesto oyere
que antes es buena ocasión,
estando el campo sin fruto,
1155   morirme, y respondo yo:
"Si dejando muchos frutos
al que hereda, no cumplió
testamento de sus padres,
¿qué hará sin frutos, Señor?"[192]
1160   Mas, pues no es tiempo de gracias,
pues allí dijo una voz
que me muero, y el sepulcro
la boca a tragarme abrió;
si mi papel no he cumplido
1165   conforme a mi obligación,
pésame que no me pese
de no tener gran dolor.[193]

                                        (Vase.)

189. *siquiera... sazón*   at least until I can put my affairs in order
190. *panes del lindero*   wheat grown next door; my neighbor's grain
191. *casi... terrón*   by comparison mine are dwarfed, for they've hardly emerged from
the ground
192. *¿qué... Señor?*   If when one who leaves abundant fruit to his heirs barely fulfills
his parents' will (it is a custom to leave something to one's heirs), how can he fulfill
his obligations if he has no fruit to leave, Lord?
193. *pésame... dolor*   I'm sorry I'm not sorry not to be sorry

MUNDO.—Al principio le juzgué
grosero, y el me advirtió
con su fin de mi ignorancia.   1170
¡Bien acabó el labrador!
        RICO.—De azadones y de arados,
polvo, cansancio y sudor,
ya el labrador ha faltado.
        POBRE.—Y afligidos nos dejó.   1175
        DIS.—¡Qué pena!
        POBRE.   ¡Qué desconsuelo!
        DIS.—¡Qué llanto!
        POBRE.   ¡Qué confusión!
        DIS.—¿Qué habemos de hacer?   1180
        RICO.   Volver
a nuestra conversación;
y, por hacer lo que todos,
digo lo que siento yo.
¿A quién mirar no le asombra   1185
ser esta vida una flor
que nazca con el albor
y fallezca con la sombra?[194]
Pues si tan breve se nombra,
de nuestra vida gocemos   1190
el rato[195] que la tenemos:
dios a nuestro vientre hagamos.[196]
¡Comamos hoy y bebamos,
que mañana moriremos!
        MUNDO.—De la Gentilidad[197] es   1195
aquella proposición;
así lo dijo Isaías.[198]
        DIS.—¿Quién se sigue ahora?
        POBRE.   Yo.
Perezca, Señor,[199] el día   1200
en que a este mundo nací.

194. *y... sombra*   and wither by dusk. Rich Man laments the brevity of life and comments on the need to enjoy life's pleasures while one can.
195. *gocemos/el rato*   The Rich Man expresses the philosophy known as *carpe diem*,
which stresses enjoying the present.
196. *dios... hagamos*   let's make our stomachs our God; let's enjoy eating and drinking
197. *Gentilidad*   pagans, heathens
198. *Isaías*   Reference to the prophet Isaiah's invective in 22:14.
199. *Perezca, Señor*   What follows is an adaptation of Job's lament: "Let the day
perish wherein I was born, and the night in which it was said, There is a man
child conceived" (3:3–9).

Perezca la noche fría
en que concebido fuí
para tanta pena mía.
1205   No la alumbre la luz pura
del sol entre oscuras nieblas;
todo sea sombra oscura,
nunca venciendo la dura
opresión de las tinieblas.
1210   Eterna la noche sea,
ocupando pavorosa
su estancia, y porque no vea
el Cielo, caliginosa
oscuridad la posea.
1215   De tantas vivas centellas
luces sea su arrebol,
día sin aurora y sol,
noche sin luna ni estrellas.
No porque así me he quejado
1220   es, Señor, que desespero
por mirarme en tal estado,
sino porque considero
que fuí nacido en pecado.[200]
        MUNDO.—Bien ha engañado las señas
1225   de la desesperación,[201]
que así, maldiciendo el día,
maldijo el pecado Job.
        VOZ.—(*Canta.*) Número tiene la dicha,
número tiene el dolor;
1230   de ese dolor y esa dicha
venid a cuentas los dos.[202]
        RICO.—¡Ay de mí!
        POBRE.   ¡Qué alegre nueva!
        RICO.—Desta voz que nos llamó,
1235   ¿tú no te estremeces?
        POBRE.   Sí.
        RICO.—¿No procuras huir?

200. *en pecado*   original sin; the depravity inherent in all mankind as a consequence of Adam's sin of disobedience
201. *Bien... desesperación*   the Poor Man's show of despair really fooled me
202. *venid... dos*   the two of you (Beggar and Rich Man), come and render your accounts

POBRE.   No;
que el estremecerse es
una natural pasión   1240
del ánimo a quien, como hombre,
temiera Dios, con ser Dios.
Mas si el huir será en vano,
porque si della no huyó
a su sagrado el poder,[203]   1245
la hermosura a su blasón,
¿dónde podrá la pobreza?
Antes mil gracias le doy,
pues con esto acabará
con mi vida mi dolor.   1250
 RICO.—¿Cómo no sientes dejar
el teatro?
 POBRE. Como no
dejo en él ninguna dicha,
voluntariamente voy.   1255
 RICO.—Yo ahorcado, porque dejo
en la hacienda el corazón.
 POBRE.—¡Qué alegría!
 RICO.   ¡Qué tristeza!
 POBRE.—¡Qué consuelo!   1260
 RICO.   ¡Qué aflicción!
 POBRE.—¡Qué dicha!
 RICO.   ¡Qué sentimiento!
 POBRE.—¡Qué ventura!
 RICO.   ¡Qué rigor! (*Vanse los dos.*)   1265
 MUNDO.—¡Qué encontrados[204] al morir
el rico y el pobre son!
 DIS.—En efecto, en el teatro
sola me he quedado yo.
 MUNDO.—Siempre lo que permanece   1270
más en mí es la religión.
 DIS.—Aunque ella acabar no puede,
yo sí, porque yo no soy
la Religión, sino un miembro
que aqueste estado eligió.[205]   1275

---

203. *poder* Reference to the king's not being able to take refuge in his palace.
204. *Qué encontrados* how different in every way
205. *yo... eligió* That is, the concept of Religion does not die; only the individual who chooses to live religiously does—just as any other individual.

Y antes que la voz me llame
yo me anticipo a la voz
del sepulcro, pues ya en vida
me sepulté, con que doy,
1280   por hoy, fin a la comedia
que mañana hará el Autor.[206]
Enmendaos para mañana
los que veis los yerros de hoy.[207]

                (*Ciérrase el globo de la Tierra.*)[208]

AUTOR.—Castigo y premio ofrecí
1285   a quien mejor o peor
representase, y verán
qué castigo y premio doy.

          (*Ciérrase el globo celeste, y en él, el* AUTOR.)

MUNDO.[209]—¡Corta fué la comedia! Pero ¿cuándo
no lo fué la comedia desta vida,
1290   y más para el que está considerando
que toda es una entrada, una salida?
Ya todos el teatro van dejando,
a su primer materia[210] reducida
la forma que tuvieron y gozaron.
1295   Polvo salgan de mí, pues polvo entraron.
Cobrar quiero de todos, con cuidado,
las joyas que les di con que adornasen
la representación en el tablado,
pues sólo fué mientras representasen.
1300   Pondréme en esta puerta, y, avisado,
haré que mis umbrales no traspasen
sin que dejen las galas que tomaron.
Polvo salgan de mí, pues polvo entraron.

206. *que... Autor* Discretion simply ends her part; the Producer will wind up the play later.
207. *Enmendaos... hoy* Correct for tomorrow's performance those flaws you detect in today's. Discretion's words apply both to the theatrical performance and to life itself.
208. *Ciérrase... tierra* the rest of the action dealing with Judgment Day will take place in the cart of God
209. *Mundo* In lines 1288–1469 the World collects the props from the seven performers and asks each to explain how he performed his role.
210. *primer materia* dust; "...dust you are and unto dust you shall return" (Genesis 3:19).

(*Sale el* REY.)

Di: ¿qué papel hiciste tú, que ahora
el primero a mis manos has venido?   1305
   REY.—Pues ¿el Mundo qué fuí tan presto ignora?
   MUNDO.—El Mundo lo que fué pone en olvido.
   REY.—Aquél fuí que mandaba cuanto dora
el sol, de luz y resplandor vestido,
desde que en brazos de la aurora nace   1310
hasta que en brazos de la sombra yace.[211]
Mandé, juzgué, regí muchos estados;
hallé, heredé, adquirí grandes memorias;[212]
vi, tuve, concebí cuerdos cuidados;
poseí, gocé, alcancé varias victorias.   1315
Formé, aumenté, valí varios privados;
hice, escribí, dejé varias historias;
vestí, imprimí, ceñí, en ricos doseles,
las púrpuras, los cetros y laureles.
   MUNDO.—Pues deja, suelta, quita la corona;   1320
la majestad, desnuda, pierde, olvida.[213]

(*Quítasela.*)

Vuélvase, torne, salga tu persona
desnuda de la farsa de la vida.
La púrpura, de quien tu voz blasona,
presto de otro se verá vestida,[214]   1325
porque no has de sacar de mis crueles
manos, púrpuras, cetros ni laureles.
   REY.—¿Tú no me diste adornos tan amados?
¿Cómo me quitas lo que ya me diste?
   MUNDO.—Porque dados no fueron, no; prestados   1330
sí para el tiempo que el papel hiciste.
Déjame para otro los estados,
la majestad y pompa que tuviste.
   REY.—¿Cómo de rico fama solicitas
si no tienes para dar si no lo quitas?   1335

---

211. *desde... yace* from dawn to dusk
212. *grandes memorias* much renown
213. *la majestad... olvida* take off your majestic robes, give them up, forget them
214. *La púrpura... vestida* the purple robes that are the distinguishing marks of your majesty will soon be worn by another

¿Qué tengo de sacar en mi provecho
de haber, al mundo, al rey representado?
   MUNDO.—Esto, el Autor, si bien o mal lo has hecho,
premio o castigo te tendrá guardado:
1340   no, no me toca a mí, según sospecho,
conocer tu descuido o tu cuidado;
cobrar me toca el traje que sacaste,
porque me has de dejar como me hallaste.

              (*Sale la* HERMOSURA.)

   MUNDO.—¿Qué has hecho tú?
1345   HERM.   La gala y la hermosura.
   MUNDO.—¿Qué te entregué?
   HERM.   Perfecta la belleza.
   MUNDO.—Pues ¿dónde está?
   HER.   Quedó en la sepultura.
1350   MUNDO.—Pasmóse aquí la gran Naturaleza
viendo cuán poco la hermosura dura,
que aun no viene a parar adonde empieza,
pues al querer cobrarla yo, no puedo;
ni la llevas ni yo con ella quedo.
1355   El rey, la majestad en mí ha dejado;
en mí ha dejado el lustre, la grandeza.[215]
La belleza no puedo haber cobrado,
que espira con el dueño la belleza.[216]
Mírate a ese cristal.[217]
1360   HERM.   Ya me he mirado.
   MUNDO.—¿Dónde está la beldad, la gentileza
que te presté? Volvérmela procura.
   HERM.—Toda la consumió la sepultura.
Allí dejé matices y colores,[218]
1365   allí perdí jazmines y corales,
allí desvanecí rosas y flores,
allí quebré marfiles y cristales.

---

215. *la grandeza* i.e., the memory of the king's grandeur survives his death
216. *espira... belleza* Beauty disintegrates because, like its possessor, it is ephemeral, insubstantial, and transitory. Note that at the end Beauty alone ceases to be as she was at the beginning of the *auto* and thus unable to return what the World gave her.
217. *cristal* a mirror which, ironically, Beauty is carrying
218. *colores* Beauty gives a catalog of colors used by poets to describe lovely women.

Allí turbé afecciones y primores,
allí borré designios y señales,
allí eclipsé esplendores y reflejos,						1370
allí aún no toparás sombras y lejos.

(*Sale el* LABRADOR.)

MUNDO.—Tú, villano, ¿qué hiciste?
    LAB.					Si villano,
era fuerza que hiciese, no te asombre,
un labrador;[219] que ya tu estilo vano				1375
a quien labra la tierra da ese nombre.
Soy a quien trata siempre el cortesano
con vil desprecio y bárbaro renombre;
y soy, aunque de serlo más me aflijo,
por quien el *él*, el *vos* y el *tú* se dijo.[220]			1380
    MUNDO.—Deja lo que te di.
    LAB.					Tú ¿qué me has dado?
    MUNDO.—Un azadón te di.
    LAB.				¡Qué linda alhaja!
    MUNDO.—Buena o mala, con ella habrás pagado.[221]			1385
    LAB.—¿A quién el corazón no se le raja[222]
viendo que deste mundo desdichado
de cuanto la codicia vil trabaja
un azadón, de la salud castigo,[223]
aun no le han de dejar llevar consigo?				1390

(*Salen el* RICO *y el* POBRE.)

MUNDO.—¿Quién va allá?
    RICO.			Quien de ti nunca quisiera
salir.
    POBRE.—Y quien de ti siempre ha deseado
salir.									1395

---

219. *Si... labrador*   The Peasant resents being called *villano*, with its implications of surliness and ill-breeding. He responds sarcastically·that his boorishness was fitting for his role of farmer.
220. *por... dijo*   scornful or disdainful ways of saying "you" to lower-class people
221. *con... pagado*   you've played your part with that hoe
222. *no... raja*   wouldn't break
223. *de... castigo*   from the toil of his excessive zeal, a mere shovel, so harmful to one's health

MUNDO.—¿Cómo los dos de esa manera
dejarme y no dejarme habéis llorado?
RICO.—Porque yo rico y poderoso era.
POBRE.—Y yo porque era pobre y desdichado.
1400   MUNDO.—Suelta estas joyas.

(Quítaselas.)

POBRE.   Mira qué bien fundo[224]
no tener que sentir dejar el mundo.

(Sale el NIÑO.)

MUNDO.—Tú que al teatro a recitar entraste,
¿cómo, di, en la comedia no saliste?
1405   NIÑO.—La vida en un sepulcro me quitaste.
Allí te dejo lo que tú me diste.

(Sale la DISCRECIÓN.)

MUNDO.—Cuando a las puertas del vivir llamaste
tú, para adorno tuyo, ¿qué pediste?
DISC.—Pedí una religión y una obediencia,
1410   cilicios, disciplinas y abstinencia.
MUNDO.—Pues déjalo en mis manos; no me puedan
decir que nadie saca sus blasones.
DISC.—No quiero; que en el mundo no se quedan
sacrificios, afectos y oraciones;
1415   conmigo he de llevarlos, porque excedan
a tus mismas pasiones tus pasiones;[225]
o llega a ver si ya de mí las cobras.[226]
MUNDO.—No te puedo quitar las buenas obras.
Estas solas del mundo se han sacado.
1420   REY.—¡Quién más reinos no hubiera poseído!
HERM.—¡Quién más beldad no hubiera deseado!
RICO.—¡Quién más riquezas nunca hubiera habido!
LAB.—¡Quién más, ay Dios, hubiera trabajado!
POBRE.—¡Quién más ansias hubiera padecido!

224. *que... fundo*   how correct I am
225. *porque... pasiones*   just so you suffer more than you do
226. *las cobras*   i.e., *las buenas obras*

MUNDO.—Ya es tarde; que en muriendo, no os asombre,   1425
no puede ganar méritos el hombre.
Ya que he cobrado augustas majestades,
ya que he borrado hermosas perfecciones
ya que he frustrado altivas vanidades
ya que he igualado cetros y azadones;   1430
al teatro pasad de las verdades,
que éste el teatro es de las ficciones.[227]
     REY.—¿Cómo nos recibiste de otra suerte
que nos despides?[228]
     MUNDO.   La razón advierte.   1435
Cuando algún hombre hay algo que reciba,
las manos pone, atento a su fortuna,
en esta forma,[229] cuando con esquiva
acción lo arroja, así las vuelve; da una
suerte, puesta la cuna boca arriba,   1440
recibe al hombre, y esta misma cuna
vuelta al revés, la tumba suya ha sido.
Si cuna os recibí, tumba os despido.
     POBRE.—Pues que tan tirano el mundo
de su centro nos arroja,   1445
vamos a aquella gran cena
que en premio de nuestras obras
nos ha ofrecido el Autor.
     REY.—¿Tú, también, tanto baldonas
mi poder, que vas delante?   1450
¿Tan presto de la memoria
que fuiste vasallo mío,
mísero mendigo, borras?
     POBRE.—Ya, acabado tu papel,
en el vestuario ahora   1455
del sepulcro iguales somos.
Lo que fuiste, poco importa.

227. *al teatro... ficciones* Traditional concept that earthly life is only fictitious; true
life begins after death when one is either admitted into the presence of God or cast
into hell.
228. *Cómo... despides* How come you send us off so differently from the way you
greeted us. World's manner is gruff and discourteous.
229. *en esta forma* Note that World is very theatrical, using gestures as he makes a
point to the actors. He cups his hands upwards as if receiving something to illustrate
a cradle and then downwards as if emptying its contents to show a raised tomb.

RICO.—¿Cómo te olvidas que a mí
ayer pediste limosna?
1460   POBRE.—¿Cómo te olvidas que tú
no me la diste?
HERM.   ¿Ya ignoras
la estimación que me debes
por más rica y más hermosa?
1465   DISC.—En el vestuario ya
somos parecidas todas,
que en una pobre mortaja
no hay distinción de personas.
RICO.—¿Tú vas delante de mí,
1470   villano?
LAB. Deja las locas
ambiciones, que, ya muerto,
del sol que fuiste eres sombra.
RICO.—No sé lo que me acobarda
1475   el ver al Autor ahora.
POBRE.—Autor del Cielo y la tierra,
ya tu compañía toda
que hizo de la vida humana
aquella comedia corta,
1480   a la gran cena, que tú
ofreciste, llega; corran
las cortinas de tu solio
aquellas cándidas hojas.[230]

(Con música se descubre otra vez el globo celeste, y en él una
mesa con cáliz y hostia,[231] y el Autor sentado a ella.)

(Sale el MUNDO.)

AUTOR.—Esta mesa donde tengo
1485   pan que los cielos adoran
y los infiernos veneran,
os espera; mas importa
saber los que han de llegar

---

230. *corran... hojas* let the curtains of your throne be drawn away so that we may
see the white canopy of your globe
231. *una mesa... hostia* the Sacramental or Communion Table. The rest of the action
takes place before God.

a cenar conmigo ahora,
porque de mi compañía   1490
se han de ir los que no logran
sus papeles por faltarles
entendimiento y memoria
del bien que siempre les hice
con tantas misericordias.[232]   1495
Suban a cenar conmigo
el pobre y la religiosa
que, aunque por haber salido
del mundo este pan no coman,
sustento será adorarle   1500
por ser objeto de gloria.[233]

(*Suben los dos.*)

POBRE.—¡Dichoso yo! ¡Oh, quién pasara
más penas y más congojas,
pues penas por Dios pasadas
cuando son penas son glorias!   1505
DISC.—Yo, que tantas penitencias
hice, mil veces dichosa,
pues tan bien las he logrado.
Aquí, dichoso es quien llora
confesando haber errado.   1510
REY.—Yo, Señor, ¿entre mis pompas
ya no te pedí perdón?
Pues ¿por qué no me perdonas?
AUTOR.—La hermosura y el poder,
por aquella vanagloria   1515
que tuvieron, pues lloraron,
subirán,[234] pero no ahora,
con el labrador también,
que aunque no te dió limosna,
no fue por no querer darla,   1520
que su intención fué piadosa,
y aquella reprehensión

232. *misericordias*   Reference to the Christian concept of God as infinitely merciful.
233. *que... gloria*   A subtle theological point: the souls left the world and thus cannot partake of the consecrated bread; they can nevertheless worship it, thereby gaining spiritual sustenance.
234. *por... subirán*   Read: *subirán, pues lloraron por aquella vanagloria que tuvieron.*

fué en su modo misteriosa
para que tú te ayudases.

1525   LAB.—Esa fué mi intención sola,
que quise mal vagabundos.[235]

AUTOR.—Por eso os lo premio ahora,
y porque llorando culpas
pedisteis misericordia,
1530   los tres en el Purgatorio[236]
en su dilación penosa
estaréis.

DISC.   Autor divino
en medio de mis congojas
1535   el Rey me ofreció su mano
y yo he de dársela ahora.

                    (*Da la mano al* REY *y suben.*)

AUTOR.—Yo le remito la pena,
pues la religión le abona;[237]
pues vivió con esperanzas,[238]
1540   vuele el siglo, el tiempo corra.[239]

LAB.—Bulas de difuntos[240] lluevan
sobre mis penas ahora,
tantas que por llegar antes
se encuentren unas a otras;[241]
1545   pues son estas letras santas
del Pontífice de Roma[242]

235. *que... vagabundos*   because I had no use for idlers
236. *Purgatorio*   King, Beauty, and Peasant must cleanse their sins in purgatory before entering heaven
237. *Yo . . . abona*   God speaks in legalistic terms: I shall refrain from exacting the King's punishment now because Religion vouches (posts bond) for him.
238. *esperanzas*   Hope is a key Christian virtue guaranteeing salvation of the soul; God made possible hope by redeeming man from death through the resurrection of Christ.
239. *vuele... corra*   let time fly by quickly; i.e., the King will not have to stay in purgatory
240. *Bulas de difuntos*   Papal bulls or remissions of purgatorial punishments still due; i.e., the Peasant hopes that those on earth will buy many indulgences on his behalf and thus help shorten his stay in purgatory.
241. *se... otras*   let the indulgences rush headlong into one another
242. *Pontífice de Roma*   Ecclesiastical pardons were authorized by the Pope.

mandamientos de soltura
de esta cárcel tenebrosa.[243]
   NIÑO.—Si yo no erré mi papel,
¿por qué no me galardonas,   1550
gran Señor?
   AUTOR.   Porque muy poco
le acertaste;[244] y así, ahora,
ni te premio ni castigo.
Ciego, ni uno ni otro goza,   1555
que en fin naces del pecado.[245]
   NIÑO.—Ahora, noche medrosa,
como en un sueño, me tiene
ciego sin pena ni gloria.[246]
    RICO.—Si el poder y la hermosura   1560
por aquella vanagloria
que tuvieron, con haber
llorado, tanto se asombran,[247]
y el labrador que a gemidos[248]
enterneciera una roca   1565
está temblando de ver
la presencia poderosa
de la vista del Autor,
¿cómo oso mirarla ahora?
Mas es preciso llegar,   1570
pues no hay adonde me esconda
de su riguroso juicio.
¡Autor!
   AUTOR.   ¿Cómo así me nombras?
Que aunque soy tu Autor, es bien   1575
que de decirlo te corras,[249]
pues que ya en mi compañía
no has de estar. De ella te arroja
mi poder. Desciende adonde

243. *cárcel tenebrosa*   purgatory
244. *muy... acertaste*   you played your part neither well nor badly
245. *que... pecado*   for when all is said and done you are an offspring of original sin
246. *ni gloria*   Unbaptized children go to limbo, a dark region bordering on hell.
247. *tanto te asombran*   impress you so much
248. *a gemidos*   groans in purgatory
249. *que... corras*   that you should avoid uttering my name

1580   te atormente tu ambiciosa
          condición eternamente
          entre penas y congojas.
              RICO.—¡Ay de mí! Que envuelto en fuego
          caigo arrastrando mi sombra[250]
1585   donde ya que no me vea
          yo a mí mismo, duras rocas
          sepultarán mis entrañas
          en tenebrosas alcobas.[251]
              DISC.—Infinita gloria tengo.
1590   HERM.—Tenerla espero dichosa.
              LAB.—Hermosura, por deseos
          no me llevarás la joya.[252]
              RICO.—No la espero eternamente.
              NIÑO.—No tengo, para mí, gloria.
1595   AUTOR.—Las cuatro postrimerías[253]
          son las que presentes notan
          vuestros ojos, y porque
          destas cuatro se conozca
          que se ha de acabar la una,[254]
1600   suba la Hermosura ahora
          con el Labrador, alegres,
          a esta mesa misteriosa,
          pues que ya por sus fatigas
          merece grados de gloria.

                                        (Suben los dos.)

1605   HERM.—¡Qué ventura!
              LAB.   ¡Qué consuelo!
              RICO.—¡Qué desdicha!
              REY.   ¡Qué victoria!
              RICO.—¡Qué sentimiento![255]

---

250. *mi sombra*   The Rich Man is reluctant to abandon his earthly condition.
251. *alcobas*   here, a visual description of hell
252. *no... joya*   you will not outdo me, I'll beat you to it; *joya* refers to a prize given to the best performance in an *auto sacramental*.
253. *postrimerías*   the last stages of man after death and Last Judgment are heaven, purgatory, hell, and limbo
254. *Una*   Purgatory ends for the soul after the expiation of its sins; hell, limbo, and heaven never end.
255. *¡Qué sentimiento!*   What grief!

DISC.   ¡Qué alivio!   1610
POBRE.—¡Qué dulzura!
RICO.   ¡Qué ponzoña!
NIÑO.—Gloria y pena hay, pero yo
no tengo pena ni gloria.
    AUTOR.—Pues el ángel en el cielo,   1615
en el mundo las personas
y en el infierno el demonio
todos a este Pan[256] se postran;
en el infierno, en el cielo
y mundo a un tiempo se oigan   1620
dulces voces que le alaben
acordadas y sonoras.

(*Tocan chirimías, cantando el* Tantum ergo[257] *muchas veces.*)

    MUNDO.—Y pues representaciones
es aquesta vida toda,
merezca alcanzar perdón[258]   1625
de las unas y las otras.

FIN DE

EL GRAN TEATRO DEL MUNDO

256. *Pan*   host; wafer of the Eucharist before which all must kneel and pray
257. *Tantum ergo*   song in praise of God, sung by a chorus on Corpus Christi day
258. *perdón*   Note double meaning: forgiveness for our sins and forgiveness for the
errors made during the performance.

◙ *Commentary* ◙

El gran teatro del mundo, written in 1633–35, exemplifies a dramatic *genre* called the *auto sacramental*, the Spanish survival of the morality play. In accordance with medieval tradition it was written to be performed in the open air, on the feast of Corpus Christi, on a type of stage that continued, in essentials, the "multiple stage" of the early religious drama.

Its author, Don Pedro Calderón de la Barca (1600–1681), began writing for the theater about 1625. Ten years later he had succeeded Lope de Vega as Spain's most popular playwright and had also become the leading dramatist at Court. In 1651 he took orders and subsequently wrote plays only for palace festivities and two *autos sacramentales* for Madrid each year. From then on these plays became complex and subtle theological allegories, so much more advanced than those of his predecessors that they can be said to constitute, at his hands, a unique *genre*. *El gran teatro del mundo*, however, is one of the simplest, because one of the earliest, examples.

Its production required a fixed stage set up in a public square. Behind the stage were attached two "carts" (later each *auto* was to require four), which were two-story towers on wheels, through which the actors entered and left the stage and inside which were the symbolical scenic props that served as visual aids to the comprehension of the play's allegorical setting. In *El gran teatro del mundo* each cart has, in its upper story, a large globe which opens: the one with a throne for *el Autor* represents Heaven, the other, with two doors on which are painted a Cradle and a Coffin respectively, represents the World. The lower stories of the carts open at the start of the *auto* for *el Autor* and *el Mundo,* each from his own cart, to emerge onto the stage. The opening and closing of any part of a cart marks a division in the action. It will be noted that *El gran teatro del mundo* is thereby divided into four "scenes" at lines 628, 1254, and 1437.

While this type of staging is not essential for the dramatic form (the play can be produced on a "picture stage" without distorting the author's intention), the same is not, of course, true of the allegorical presentation. This is neither adornment nor a means of evading reality, but the only way in which the theme can be presented. It is not just "a play within a play," but a work expounding the purpose of existence through a structured and functional conception of human society. A theme of this amplitude, conceived on a philosophical-moral level, can only be presented on the stage through the medium of allegory if it is to retain its universality. The starting point for the allegory is the metaphor "the world is a stage." This goes back to classical antiquity, but is most familiar to us from *As You Like It* ("All the world's a stage,/And all the men and women merely players," etc.). In Shakespeare the metaphor is not, of course, dramatic: it is an analogy that emphasizes the changing appearances and activities of a man in the "seven ages" of his existence, and that thus serves to bring out the impermanence and unsubstantiality of human life. In Calderón the metaphor is made dramatic by being enacted, and it is this extension of the metaphor that produces the allegory. Since it is an allegory, the *auto* does not merely justify the analogy by showing how the world can be properly likened to a stage; it uses the metaphor to justify a particular view of life: since the world *is* a stage certain conclusions follow about the lives of men. Calderón presents each detail of the analogy and extracts from each its special significance.

Only in one respect does the analogy not hold good: the play of human life can have no author. Each man acts out what is in him and makes his own response to his role. The *author* of a seventeenth-century troupe was its head, who served both as business manager and producer. The decision to *hacer fiesta* (put on a play) is the Producer's, and for this he requires a stage manager. God is therefore *el Autor* when he decides to create mankind, and he first summons *el Mundo* to his presence. The crucial element in the metaphor is the conception of man as actor. This enables Calderón to make the essential distinction between *living for* the goods of this world, or *using* them as a means to moral perfection in the way that an actor uses the costume and concomitants of his role as means to a good performance of it. It thus also facilitates the basic distinction between a man as a human being (having a human nature to perfect or mar) and a man as a social being (having a function to perform in society). Actors are only such when they are performing roles and dressed for the parts; off the stage they are ordinary men. As men they are all equal; as actors they are graded in importance by the unequal roles that the play requires. Human society has its King and its Peasant (el *Labrador*), its Rich Man and its Beggar (el *Pobre*), but the social disparity between these roles does not make one actor superior to another. Significance is measured not by the role but by the quality of the acting, and the man who plays the Beggar can be a better *actor* than the man who plays the King.

In addition to these four male roles there are two female parts, *la Hermosura* and *la Discreción*. They represent two opposing goals. All beauty is lovable, but there is a beauty of the body and a beauty of the mind; if the former is loved, pleasure is sought in sensuality; if the latter is loved, satisfaction is found in the enlightenment and cultivation of the intelligence, which means a training in the discernment of values. This is what "discretion" means in the *auto*. Since the theme requires this abstraction to be given a social form, it is embodied in a nun who symbolizes the religious life in general while standing for social withdrawal from the sensual pleasures of the world in order to pursue, in seclusion, the good of the intellect and the spirit. By contrast, *la Hermosura* is, purely and simply, a Beautiful Woman.

With each of the six roles assigned to an actor by *el Autor*, and with the costumes and properties distributed by *el Mundo*, the play can start. But what is the play? The title, they are told, is *Obrar bien que Dios es Dios* (a popular proverb). To their surprise they learn that there is no rehearsal. How can a play be properly performed unless it is rehearsed? Here Calderón strikes a very modern note in the otherwise purely medieval philosophy of his play. For the present-day existentialist the root of the anguish of existence is the fact that humanity is thrown into the world without knowing what for—which is precisely tantamount to acting blindly without a rehearsal. The echoes of this disturbing question continue to reverberate, though Calderón, as a Christian, can supply an answer. The play is to be performed in what *el Mundo* had earlier (lines 199–204) called the Third Act of the Human Drama. This is under the "Law of Grace," or the Christian dispensation, when God's revelation to men has been completed and the Church founded to teach it. No Christian coming into the world can remain ignorant of how to save his soul, or ignorant of how to *obrar bien*, for his conscience, enlightened by the Church, will always tell him (which is what *la Ley de Gracia* as Prompter means).

Salvation is achieved through an ethical life of altruistic social activity. Each role offers its performer, in equal measure, the wherewithal to attain salvation. The concept most remote from our modern way of thinking is of poverty or destitution being envisaged as a social *function*. The reader must be able to think historically. Only with industrialism have men been able to see the elimination of poverty as a practicable goal. In 1635, as in every century previously, such an aim was impossibly utopian: there always would be beggars, and therefore beggars "had to be." Within the medieval concept of society as a hierarchy of interrelated functions poverty, therefore, could not but be considered one of them. The purpose of social living was to teach men altruism; this they could not practise if there were no object for their self-sacrificing generosity. *El Pobre* is that object: paradoxically his social function is to cease to be poor by giving *el Rico* the means to exercise *his* function of charity and social benefaction.

The argument between *la Hermosura* and *la Discreción*, with which the play of human life opens, poses the basic moral problem, that of attachment to, or detachment from, "the world." Does one indulge fully in the sensual response to life, or does one withdraw from sensuality in search of a deeper response? To look outward towards the world (so the *auto* tells us) is, in fact, to be self-centered: it is taking, not giving. To look inward, away from the world, is to be centered in God and in one's neighbor. One actress asks how she can make the most of her physical beauty with the aim of ensnaring men; for the other actress it is a question of how best she can develop and use her mind. Every man, within his own sphere, must make the choice—to live for self (receiving) or for others (giving). The choice is symbolized by *el Pobre* as he approaches each in turn. He receives alms only from *la Discreción*. He and she are the only ones whose performance is free from error and who can ascend straight to the Lord's Supper. The performances of *El Rey, la Hermosura,* and *el Labrador* are not wholly bad; they can ascend to heaven after a period in purgatory. Only *el Rico* can offer no extenuating circumstances. The damnation of the Rich Man and the salvation of the Beggar, is, of course, evangelical (the parable of the Rich Glutton and Lazarus: Luke, 12:19–31) and runs through medieval popular literature.

Although the *auto* closes with the almost universal salvation of mankind, its tone is sad, not cheerful. Life is a play that cannot be rehearsed; it is an all too brief passage across the world's stage from birth to death; of all the human "characters," only the nun and the Rich Glutton act their parts with assurance; the others are hesitant, some being both attracted and frightened by what the world offers them, others swaying between angry revenge and truculent acceptance, or between suffering and resignation. The two who have the hardest lot, *el Labrador* and *el Pobre,* are the ones most fully developed. The plays that men put on in their social world are *fiestas,* but there is no festive note in Calderón's conception of God's *fiesta.* There is no assertion that human life is a splendid spectacle while it lasts; instead there is the constant awareness of life as hardship and of death as advancing all too quickly. Calderón lavishes his most moving poetry on the scene of death, when the actors are called off the stage and despoiled by *el Mundo* of the costumes that had given some of them a fleeting moment of ostentation, or else go as naked and as wretched to the grave as they had been in life. Especially heartrending to mankind is the fact that *la Hermosura*—Beauty herself—decays and perishes. The *auto* is sad, indeed, with a sadness both of the mind (tinged with disenchantment) and of the heart (touched with compassion).

Alexander A. Parker

◨ Mariano José de Larra ◨

El castellano viejo[1]

Ya en mi edad pocas veces gusto de alterar el orden que en mi manera
de vivir tengo hace tiempo establecido, y fundo esta repugnancia
en que no he abandonado mis lares ni un solo día para quebrantar
mi sistema, sin que haya sucedido el arrepentimiento más sincero
al desvanecimiento de mis engañadas esperanzas.[2] Un resto, con   5
todo eso, del antiguo ceremonial que en su trato tenían adoptado
nuestros padres, me obliga a aceptar a veces ciertos convites a que
parecería el negarse grosería o, por lo menos, ridícula afectación de
delicadeza.

Andábame días pasados por esas calles a buscar materiales para   10
mis artículos. Embebido en mis pensamientos, me sorprendí varias
veces a mí mismo riendo como un pobre hombre de mis propias
ideas y moviendo maquinalmente los labios: algún tropezón me
recordaba de cuando en cuando que para andar por el empedrado
de Madrid no es la mejor circunstancia la de ser poeta ni filósofo;   15
más de una sonrisa maligna, más de un gesto de admiración de los
que a mi lado pasaban me hacía reflexionar que los soliloquios no
se deben hacer en público; y no pocos encontrones que al volver las
esquinas di con quien tan distraída y rápidamente como yo las
doblaba me hicieron conocer que los distraídos no entran en el   20
número de los cuerpos elásticos, y mucho menos de los seres glo-
riosos e impasibles.[3]

1. *castellano viejo*   pure-bred Spaniard from Old Castile
2. *al... esperanzas*   whenever my baseless expectations are shattered
3. *los seres... impasibles*   souls in heaven

En semejante situación de espíritu, ¿qué sensación no[4] debería producirme una horrible palmada que una gran mano pegada (a lo que por entonces entendí) a un grandísimo brazo[5] vino a descargar sobre uno de mis dos hombros que, por desgracia, no tienen punto
5   alguno de semejanza con los de Atlante?[6]

Una de esas interjecciones que una repentina sacudida suele, sin consultar al decoro, arrancar de una boca castellana, se atravesó entre mis dientes, y hubiérala echado redonda a haber estado esto en mis costumbres, y a no haber reflexionado que semejantes maneras de
10 anunciarse, en sí algo exageradas, suelen ser las inocentes muestras de afecto o de franqueza de este país de exabruptos.

No queriendo dar a entender que desconocía este enérgico modo de anunciarse ni desairar el agasajo de quien, sin duda, había creído hacérmelo más que mediano,[7] dejándome torcido para todo
15 el día, traté sólo de volverme por conocer quién fuese tan mi amigo para tratarme tan mal; pero mi castellano viejo es hombre que cuando está de gracias[8] no se ha de dejar ninguna en el tintero.[9] ¿Cómo dirá el lector que[10] siguió dándome pruebas de confianza y cariño? Echóme las manos a los ojos, y sujetándome por detrás:
20 "¿Quién soy?", gritaba, alborozado con el buen éxito de su delicada travesura. "¿Quién soy?" "Un animal irracional", iba a responderle; pero me acordé de repente de quién podría ser, y sustituyendo cantidades iguales:[11] "Braulio eres", le dije.

Al oírme suelta sus manos, ríe, se aprieta los ijares, alborota la
25 calle y pónenos a entrambos en escena.[12]

—¡Bien, mi Bachiller! ¿Pues en qué me has conocido?

—¿Quién pudiera sino tú...?

—¿Has venido ya de tu Vizcaya?[13]

4. *no*   The word *no* should not be translated in this sentence.
5. *una gran... brazo*   a big hand fastened to a huge arm. Imitation of Quevedo's burlesque style.
6. *Atlante*   Atlas, the mythological Titan who supported the world on his shoulders.
7. *ni... mediano*   nor receive discourteously the affectionate reception of one who doubtlessly thought he was going out of his way to be nice
8. *está de gracias*   he's in a merry mood
9. *no... tintero*   he exhausts his jokes; he leaves nothing unsaid (*Ninguna* refers to *gracia*).
10. *¿Cómo... que*   can the reader imagine how
11. *sustituyendo... iguales*   i.e., calling him an "animal," but in different words. The complete expression is *sustituir una cantidad por otra igual*.
12. *pónenos... escena*   makes a spectacle of us both
13. *Vizcaya*   Basque Provinces; North Atlantic region comprising three provinces in Spain. Larra had visited Bilbao, the capital of Vizcaya, in October 1832, shortly before writing this article.

—No, Braulio, no he venido.

—Siempre el mismo genio. ¿Qué quieres?,[14] es la pregunta del español. ¡Cuánto me alegro de que estés aquí! ¿Sabes que mañana son mis días?[15]

—Te los deseo muy felices.[16]

—Déjate de cumplimientos entre nosotros; ya sabes que yo soy franco y castellano viejo: el pan pan y el vino vino;[17] por consiguiente, exijo de ti que no vayas a dármelos;[18] pero estás convidado.

—¿A qué?

—A comer conmigo.

—No es posible.

—No hay remedio.

—No puedo—insisto temblando.

—¿No puedes?

—Gracias.

—¿Gracias? Vete a paseo; amigo, como no soy[19] el duque de F***, ni el conde de P***.

¿Quién se resiste a una sorpresa calurosa de esta especie? ¿Quién quiere parecer vano?

—No es eso, sino que...

—Pues si no es eso—me interrumpe—, te espero a las dos: en casa se come a la española:[20] temprano. Tengo mucha gente; tendremos al famoso X***, que nos improvisará de lo lindo;[21] T*** nos cantará de sobremesa[22] una rondeña[23] con su gracia natural, y por la noche J*** cantará y tocará alguna cosilla.

Esto me consoló algún tanto, y fué preciso ceder; un día malo, dije para mí, cualquiera lo pasa;[24] en este mundo para conservar amigos es preciso tener el valor de aguantar sus obsequios.

—No faltarás, si no quieres que riñamos.

---

14. *¿Qué quieres?*   Braulio is momentarily embarrassed because the author has mockingly answered his foolish question.
15. *mis días*   my name day; my saint's day. In Catholic countries one celebrates the day of the saint whose name one bears.
16. *Te... felices*   Many happy returns.
17. *el pan... vino*   I like to call a spade a spade
18. *dármelos   darme cumplimientos;*   i.e., don't congratulate me here
19. *Vete... soy*   The heck with you, buddy. Just because I'm not
20. *a la española*   in the good old Spanish way. Spanish families had their two principal meals at midday (around 2:00 P.M.) and at nightfall.
21. *de lo lindo*   charmingly, nicely
22. *de sobremesa*   after dinner, while the guests are still seated at the table
23. *rondeña*   a lively, rhythmical tune typical of Ronda, Analusia
24. *cualquiera lo pasa*   you'll live through it

—No faltaré—dije con voz exánime y ánimo decaído, como el zorro que se revuelve inútilmente dentro de la trampa donde se ha dejado coger.

—Pues hasta mañana, mi Bachiller—y me dió un torniscón por
5 despedida.

Vile marchar como el labrador ve alejarse la nube de su sembrado,[25] y quedéme discurriendo cómo podían entenderse estas amistades tan hostiles y tan funestas.

Ya habrá conocido el lector, siendo tan perspicaz como yo le
10 imagino, que mi amigo Braulio está muy lejos de pertenecer a lo que se llama gran mundo[26] y sociedad de buen tono; pero no es tampoco un hombre de la clase inferior, puesto que es un empleado de los de segundo orden,[27] que reúne entre su sueldo y su hacienda cuarenta mil reales[28] de renta;[29] que tiene una cintita atada al ojal
15 y una crucecita[30] a la sombra de la solapa;[31] que es persona, en fin, cuya clase, familia y comodidades de ninguna manera se oponen a que tuviese[32] una educación más escogida y modales más suaves e insinuantes.[33]

Mas la vanidad le ha sorprendido por donde ha sorprendido casi
20 siempre a toda o a la mayor parte de nuestra clase media y a toda nuestra clase baja. Es tal su patriotismo, que dará todas las lindezas del extranjero[34] por un dedo de su país. Esta ceguedad le hace adoptar todas las responsabilidades de tan inconsiderado cariño, de paso que defiende que no hay vinos como los españoles, en lo
25 cual bien puede tener razón, defiende que no hay educación como la española, en lo cual bien pudiera no tenerla; a trueque de defender que el cielo de Madrid es purísimo, defenderá que nuestras manolas[35] son las más encantadoras de todas las mujeres; es un hombre, en fin, que vive de exclusivas,[36] a quien le sucede poco más o menos

25. *la nube... sembrado* the storm clouds over his sown field
26. *gran mundo* high society
27. *empleado... orden* second-class civil servant
28. *real* monetary unit formerly used in Spain
29. *de renta* income
30. *cintita... crucecita* Little ribbons and small crosses are minor official decorations or insignias conferred by some honorable body.
31. *la sombra... solapa* behind the lapel
32. *se oponen... tuviese* prevent him from having
33. *modales... insinuantes* more refined and ingratiating manners
34. *dará... extranjero* wouldn't exchange all the attractions of foreign countries
35. *manolas* low-class women in old Madrid, notorious for their dress, speech, manners, and fast lives
36. *de exclusivas* with a one-track mind, stubbornly

lo que a una parienta mía, que se muere por las jorobas sólo porque tuvo un querido que llevaba una excrecencia bastante visible sobre entrambos omóplatos.[37]

No hay que hablarle, pues, de estas conveniencias sociales, de estos respetos mutuos, de estas reticencias urbanas, de esa delicadeza de trato que establece entre los hombres una preciosa armonía, diciendo sólo lo que debe agradar y callando siempre lo que puede ofender. El se muere *por plantarle una fresca al lucero del alba,*[38] como suele decir, y cuando tiene un resentimiento, se lo *espeta a uno cara a cara.*[39] Como tiene trocados todos los frenos,[40] dice de los cumplimientos que ya sabe lo que quiere decir *cumplo y miento;*[41] llama a la urbanidad hipocresía, y a la decencia, monadas;[42] a toda cosa buena le aplica un mal apodo; el lenguaje de la finura es para él poco más que griego:[43] cree que toda la crianza está reducida a decir *Dios guarde a ustedes* al entrar en una sala, y añadir *con permiso de usted* cada vez que se mueve; a preguntar a cada uno por toda su familia, y a despedirse de todo el mundo;[44] cosas todas que así se guardará él de olvidarlas como de tener pacto con franceses.[45]

En conclusión, hombres de estos que no saben levantarse para despedirse sino en corporación con alguno o algunos otros, que han de dejar humildemente debajo de una mesa su sombrero, que llaman *su cabeza,*[46] y que cuando se hallan en sociedad por desgracia sin un socorrido bastón,[47] darían cualquier cosa por no tener manos ni brazos, porque en realidad ni saben dónde ponerlos, ni qué cosa se puede hacer con los brazos en una sociedad.

---

37. *una excrecencia... omóplatos*   i.e., overly patriotic Spaniards praise the deformed outgrowths of their society just for being Spanish, just as the author's relative is crazy about humps simply because her boyfriend has one on his back
38. *plantarle... alba*   i.e., tell off anyone
39. *se... cara*   he blurts it right out to one's face
40. *tiene... frenos*   i.e., he can't control his tongue
41. *cumplo y miento*   Pun on *cumplimientos,* formalities; *cumplo,* I comply with my duties; *miento,* I do lie.
42. *a la urbanidad... monadas*   he calls sophistication hypocrisy and good manners silly affectation
43. *el lenguaje... griego*   polite discourse is Greek to him
44. *a... mundo*   making sure he says goodby to every single guest
45. *así... franceses*   he'd be as unlikely to forget them as he'd be to make a pact with Frenchmen. Allusion to those Spaniards who treacherously collaborated with the French during the War of Independence, 1808–14.
46. *cabeza*   "lid." The author mocks Braulio's pretentious slang.
47. *sin... bastón*   without a handy cane; i.e., without anyone to help them behave properly

Llegaron las dos, y como yo conocía ya a mi Braulio, no me pareció
conveniente acicalarme demasiado[48] para ir a comer; estoy seguro
de que se hubiera picado; no quise, sin embargo, excusar un frac
de color[49] y un pañuelo blanco, cosa indispensable en un día de
5   días en semejantes casas; vestíme sobre todo lo más despacio[50] que
me fué posible, como se reconcilia al pie del suplicio el infeliz reo,
que quisiera tener cien pecados más cometidos que contar para ganar
tiempo;[51] era citado a las dos, y entré en la sala a las dos y media.
No quiero hablar de las infinitas visitas ceremoniosas que antes
10   de la hora de comer entraron y salieron en aquella casa, entre los
cuales no eran de despreciar[52] todos los empleados de su oficina,
con sus señoras y sus niños, y sus capas, y sus paraguas, y sus
chanclos, y sus perritos; déjome en blanco[53] los necios cumplimientos que dijeron al señor de los días;[54] no hablo del inmenso
15   círculo con que guarnecía la sala el concurso de tantas personas
heterogéneas, que hablaron de que el tiempo iba a mudar, y de que
en invierno suele hacer más frío que en verano. Vengamos al caso:
dieron las cuatro, y nos hallamos solos los convidados.[55] Desgraciadamente para mí, el señor de X***, que debía divertirnos tanto,
20   gran conocedor de esta clase de convites, había tenido la habilidad
de ponerse malo aquella mañana; el famoso T*** se hallaba oportuna-
mente comprometido para otro convite; y la señorita que tan bien
había de cantar y tocar, estaba ronca en tal disposición, que se
asombraba ella misma de que se le entendiese una sola palabra, y
25   tenía un panadizo en un dedo.[56] ¡Cuántas esperanzas desvanecidas!
—Supuesto que estamos los que hemos de comer—exclamó don
Braulio—, vamos a la mesa, querida mía.
—Espera un momento—le contestó su esposa casi al oído—; con
tanta visita yo he faltado algunos momentos de allá dentro,[57] y...

48. *acicalarme demasiado*   to get all dressed up
49. *excusar... color*   to go without an attractive dress coat
50. *vestíme... despacio*   Ironic use of the Spanish proverb, *Vísteme despacio que estoy
de prisa*—Haste makes waste.
51. *como... tiempo*   i.e., the author finds pretexts to delay leaving for the dinner just
as criminals condemned to the gallows would gladly confess more crimes in order
to postpone their execution
52. *no... despreciar*   were not to be overlooked
53. *déjome en blanco*   I say nothing of
54. *señor... días*   the gentleman whose name day was being celebrated
55. *dieron... convidados*   four o'clock struck and only we dinner guests remained
56. *tenía... dedo*   she had an infected finger
57. *con... dentro*   I've been so tied up with the guests I haven't been able to supervise properly the dinner preparations in the kitchen

—Bien; pero mira que son las cuatro...

—Al instante comeremos...

Las cinco eran cuando nos sentábamos a la mesa.

—Señores—dijo el anfitrión al vernos titubear en nuestras respecti- 5
vas colocaciones—,[58] exijo la mayor franqueza; en mi casa no se
usan cumplimientos. ¡Ah, Fígaro!,[59] quiero que estés con toda comodidad; eres poeta, y además estos señores, que saben nuestras
íntimas relaciones, no se ofenderán si te prefiero; quítate el frac,
no sea que lo manches.

—¿Qué tengo de manchar?—le respondí, mordiéndome los labios. 10

—No importa, te daré una chaqueta mía; siento que no haya para
todos.

—No hay necesidad.

—¡Oh!, sí, sí, ¡mi chaqueta! Toma, mírala; un poco ancha te
vendrá. 15

—Pero, Braulio...

No hay remedio; no te andes con etiquetas.

Y en esto me quita él mismo el frac, *velis nolis*,[60] y quedo sepultado en una cumplida chaqueta rayada, por la cual sólo asomaba
los pies y la cabeza, y cuyas mangas no me permitirían comer pro- 20
bablemente. Dile las gracias: al fin el hombre creía hacerme un
obsequio.

Los días en que mi amigo no tiene convidados se contenta con
una mesa baja, poco más que banqueta de zapatero,[61] porque él y
su mujer, como dice, ¿para qué quieren más? Desde la tal mesita, 25
y como se sube el agua de un pozo, hace subir la comida hasta la
boca, adonde llega goteando después de una larga travesía; porque
pensar que estas gentes han de tener una mesa regular, y estar
cómodos todos los días del año, es pensar en lo excusado.[62]

Ya se concibe, pues, que la instalación de una gran mesa de 30

---

58. *titubear... colocaciones*   hesitate as to which seat to take
59. *Fígaro*   Larra's pen name, after the talkative hero of the French play by Beau-
marchais, *The Barber of Seville*. Larra explained the choice: "*nombre a la par sonoro
y significativo de mis hazañas, porque aun no soy barbero, ni de Sevilla, soy, como si
lo fuera, charlatán, enredador y curioso, además, si los hay.*"
60. *velis nolis*   (Latin) willy-nilly; whether I wanted to or not
61. *banqueta de zapatero*   shoemaker's bench. Since benches are low, if one uses a
bench as a table it is difficult to avoid dribbling due to the distance from the plate
to the mouth; hence, the amusing comparison that follows between eating and drawing water from a well.
62. *es... excusado*   it would be expecting too much

convite era un acontecimiento en aquella casa; así que se había creído capaz de contener catorce personas que éramos una mesa donde apenas podrían comer ocho cómodamente. Hubimos de sentarnos de medio lado[63] como quien va a arrimar el hombro a la
5 comida,[64] y entablaron los codos de los convidados íntimas relaciones entre sí con la más fraternal inteligencia del mundo. Colocáronme, por mucha distinción,[65] entre un niño de cinco años, encaramado en unas almohadas que era preciso enderezar a cada momento, porque las ladeaba la natural turbulencia de mi joven
10 *adlátere,*[66] y entre uno de esos hombres que ocupan en el mundo el espacio y sitio de tres, cuya corpulencia por todos lados se salía de madre de[67] la única silla en que se hallaba sentado, digámoslo así, como en la punta de una aguja. Desdobláronse silenciosamente las servilletas, nuevas a la verdad, porque tampoco eran muebles en
15 uso para todos los días, y fueron izadas por todos aquellos buenos señores a los ojales de sus fraques como cuerpos intermedios entre las salsas y las solapas.[68]

—Ustedes harán penitencia,[69] señores—exclamó el anfitrión una vez sentado—; pero hay que hacerse cargo de que no estamos en
20 Genieys.[70]

Frase que creyó preciso decir. Necia afectación es ésta, si es mentira, dije yo para mí; y si verdad, gran torpeza convidar a los amigos a hacer penitencia.

Desgraciadamente, no tardé mucho en conocer que había en
25 aquella expresión más verdad de la que mi buen Braulio se figuraba. Interminables y de mal gusto fueron los cumplimientos con que para dar y recibir cada plato nos aburrimos unos a otros.

—Sírvase usted.

—Hágame usted el favor.
30 —De ninguna manera.

—No lo recibiré.

—Páselo usted a la señora.

---

63. *de medio lado* sideways
64. *arrimar... comida* to lift the set banquet table on his shoulders
65. *por mucha distinción* because I was such a special guest
66. *adlátere* (Latin) next to me
67. *se... de* was overflowing onto; was protruding from
68. *como... solapas* i.e., the napkins shielded the lapels from the gravy
69. *Ustedes... penitencia* You'll take pot luck. Braulio plays the game of modesty by suggesting the meal will be frugal. (*hacer penitencia:* to fast)
70. *Genieys* the most fashionable restaurant in Madrid at that time

—Está bien ahí.

—Perdone usted.

—Gracias.

—Sin etiqueta, señores—exclamó Braulio.

Y se echó el primero con su propia cuchara. Sucedió a la sopa 5
un cocido[71] surtido de todas las sabrosas impertinencias de este
engorrosísimo,[72] aunque buen plato; cruza por aquí la carne; por
allá la verdura; acá los garbanzos; allá el jamón; la gallina por derecha; por medio el tocino; por izquierda los embuchados de Extremadura;[73] siguióle un plato de ternera mechada, que Dios maldiga, 10
y a éste otro y otros y otros; mitad traídos de la fonda,[74] que esto
basta para que excusemos hacer su elogio,[75] mitad hechos en casa
por la criada de todos los días, por una vizcaína auxiliar tomada al
intento para aquella festividad y por el ama de la casa, que en semejantes ocasiones debe estar en todo, y, por consiguiente, suele no 15
estar en nada.

—Este plato hay que disimularlo—decía ésta de unos pichones—;
están un poco quemados.

—Pero, mujer...

—Hombre, me aparté un momento, y ya sabes lo que son las 20
criadas.

—¡Qué lástima que este pavo no haya estado media hora más al
fuego! Se puso algo tarde.

—¿No les parece a ustedes que está algo ahumado este estofado?[76]

—¿Qué quieres? Una no puede estar en todo. 25

—¡Oh, está excelente!—exalamábamos todos dejándonoslo en el
plato—; ¡excelente!

—Este pescado está pasado.

—Pues en el despacho de la diligencia del fresco[77] dijeron que
acababa de llegar; ¡el criado es tan bruto! 30

—¿De dónde se ha traído este vino?

---

71. *cocido* stew made of sausage, chickpeas, and vegetables, each served sep-
arately. *Cocido* is a common everyday Spanish dish, not suited for a dignified
occasion.

72. *engorrosísimo* The stew is an awkward dish to serve because of the need to pass
so many different ingredients from one person to another.

73. *Extremadura* region in southwestern Spain known for its hog raising

74. *traídos... fonda* through the catering service of a restaurant

75. *para... elogio* not to praise them

76. *que... estofado* that the stew is somewhat darkened by smoke

77. *diligencia del fresco* fresh fish store

—En eso no tienes razón, porque es...

—Es malísimo.

Estos diálogos cortos iban exornados con una infinidad de miradas furtivas del marido para advertirle continuamente a su mujer alguna
5 negligencia queriendo darnos a entender a todos entrambos a dos que estaban muy al corriente de todas las fórmulas que en semejantes casos se reputan en finura[78] y que todas las torpezas eran hijas de los criados,[79] que nunca han de aprender a servir. Pero estas negligencias se repetían tan a menudo, servían tan poco ya
10 las miradas, que le fué preciso al marido recurrir a los pellizcos y a los pisotones;[80] y ya la señora, que a duras penas había podido hacerse superior hasta entonces a las persecuciones de su esposo, tenía la faz encendida y los ojos llorosos.

—Señora, no se incomode usted por eso—le dijo el que a su lado
15 tenía.

—¡Ah! Les aseguro a ustedes que no vuelvo a hacer estas cosas en casa; ustedes no saben lo que es esto; otra vez, Braulio, iremos a la fonda y no tendrás...

—Usted, señora mía, hará lo que...
20 —¡Braulio! ¡Braulio!

Una tormenta espantosa estaba a punto de estallar; empero todos los convidados a porfía[81] probamos a aplacar aquellas disputas, hijas del deseo de dar a entender la mayor delicadeza,[82] para lo cual no fué poca parte la manía de Braulio[83] y la expresión concluyente que
25 dirigió de nuevo a la concurrencia acerca de la inutilidad de los cumplimientos, que así llama él al estar bien servido y al saber comer. ¿Hay nada más ridículo que estas gentes que quieren pasar por finas en medio de la más crasa ignorancia de los usos sociales; que para obsequiarle le obligan a usted a comer y beber por fuerza,
30 y no le dejan medio de hacer su gusto? ¿Por qué habrá gentes que sólo quieren comer con alguna más limpieza[84] los días de días?

A todo esto, el niño que a mi izquierda tenía hacía saltar las aceitunas a un plato de magras con tomate, y una vino a parar a uno de mis ojos, que no volvió a ver claro en todo el día; y el señor
35 gordo de mi derecha había tenido la precaución de ir dejando en el

78. *se... finura*   are regarded as good manners
79. *hijas... criados*   servant's doings
80. *recurrir... pisotones*   resort to pinching his wife and stepping on her foot
81. *a porfía*   vying with each other to
82. *hijas... delicadeza*   the result of striving to put on airs of the greatest refinement
83. *no... Braulio*   Braulio's persistence was greatly to blame
84. *sólo... limpieza*   wish to eat properly only

mantel, al lado de mi pan, los huesos de las suyas, y los de las aves que había roído; el convidado de enfrente, que se preciaba de trinchador,[85] se había encargado de hacer la autopsia de un capón, o sea gallo, que esto nunca se supo:[86] fuese por la edad avanzada de la víctima, fuese por los ningunos conocimientos anatómicos del victimario, jamás parecieron las coyunturas.

"Este capón no tiene coyunturas", exclamaba el infeliz sudando y forcejeando, más como quien cava que como quien trincha. ¡Cosa más rara! En una de las embestidas resbaló el tenedor sobre el animal como si tuviera escama,[87] y el capón, violentamente despedido, pareció querer tomar su vuelo como en sus tiempos más felices, y se posó en el mantel tranquilamente como pudiera en un palo de un gallinero.[88]

El susto fué general y la alarma llegó a su colmo cuando un surtidor de caldo, impulsado por el animal furioso, saltó a inundar mi limpísima camisa: levántase rápidamente a este punto el trinchador con ánimo de cazar el ave prófuga, y al precipitarse sobre ella, una botella que tiene a la derecha, con la que tropieza su brazo, abandonando su posición perpendicular, derrama un abundante caño de Valdepeñas[89] sobre el capón y el mantel; corre vino, auméntase la algazara, llueve la sal[90] sobre el vino para salvar el mantel; para salvar la mesa se ingiere por debajo de él una servilleta, y una eminencia se levanta sobre el teatro de tantas ruinas.

Una criada, toda azorada, retira el capón en el plato de su salsa; al pasar sobre mí hace una pequeña inclinación, y una lluvia maléfica de grasa desciende, como el rocío sobre los prados, a dejar eternas huellas en mi pantalón color de perla; la angustia y el aturdimiento de la criada no conocen término; retírase atolondrada sin acertar con las excusas; al volverse tropieza con el criado que traía una docena de platos limpios y una salvilla con las copas para los vinos generosos[91] y toda aquella máquina[92] viene al suelo con el más horroroso estruendo y confusión.

85. *que... trinchador* who took pride in being a meat carver
86. *que... supo* for we never found out which
87. *como... escama* i.e., as though it were a fish
88. *en... gallinero* on a chickenyard perch
89. *un abundante... Valdepeñas* a huge stream of cheap red wine. Valdepeñas is a town in Castile where such wine is made.
90. *llueve la sal* they poured salt on the spilled wine to prevent it from staining the tablecloth
91. *vinos generosos* strong or fine wines
92. *toda aquella máquina* the whole business; i.e., the plates and the tray of little glasses

—¡Por San Pedro!—exclama, dando una voz,[93] Braulio, difundida
ya sobre sus facciones una palidez mortal, al paso que brota fuego
el rostro de su esposa—.[94] Pero sigamos, señores; no ha sido nada—
añade, volviendo en sí.[95]

5   ¡Oh honradas casas donde un modesto cocido y un principio
final[96] constituyen la felicidad diaria de una familia, huíd del tumulto de un convite de día de días! Sólo la costumbre de comer y
servirse bien diariamente puede evitar semejantes destrozos.

¿Hay más desgracias? ¡Santo cielo! Sí, las hay para mí, ¡infeliz!
10 Doña Juana, la de los dientes negros y amarillos, me alarga de su
plato y con su propio tenedor una fineza, que es indispensable
aceptar y tragar; el niño se divierte en despedir a los ojos de los
concurrentes los huesos disparados de las cerezas;[97] don Leandro me
hace probar el manzanilla[98] exquisito, que he rehusado, en su misma
15 copa, que conserva las indelebles señales de sus labios grasientos;
mi gordo fuma ya sin cesar y me hace cañón de su chimenea,[99] por
fin, ¡oh última de las desgracias!, crece el alboroto y la conversación;
roncas ya las voces, piden versos y décimas[100] y no hay más poeta
que el Bachiller.[101]

20   —Es preciso.

—Tiene usted que decir algo—claman todos.

—Désele pie forzado;[102] que diga una copla[103] a cada uno.

—Yo le daré el pie: *A don Braulio en este día.*

—Señores, ¡por Dios!

25   —No hay remedio.

—En mi vida[104] he improvisado.

—No se haga usted el chiquito.[105]

—Me marcharé.

93. *dando una voz*   shouting
94. *al... esposa*   while his wife's face is flaming red
95. *volviendo en sí*   getting hold of himself
96. *principio final*   entrée, served after the *cocido*
97. *se divierte... cerezas*   amuses himself by shooting what is left of the cherry stones
into the eyes of the guests
98. *manzanilla*   a light wine from Andalusia, with a slightly bitter flavor
99. *me hace... chimenea*   i.e., blows his smoke into my face
100. *décimas*   Spanish stanzas of ten octosyllabic lines; i.e., poetry
101. *el Bachiller*   i.e., myself
102. *Désele... forzado*   Start by giving him a line. The *pie forzado* is a set foot in poetry
with which others compose verses that rhyme.
103. *copla*   here, improvised verse. The game calls for the poet to improvise verses
about the guests for each line they give him.
104. *En mi vida*   never
105. *No... chiquito*   Don't be modest; don't play coy.

—Cerrar la puerta.

—No se sale de aquí sin decir algo.

Y digo versos por fin, y vomito disparates, y los celebran, y crece la bulla y el humo y el infierno.

A Dios gracias, logro escaparme de aquel nuevo pandemónium. Por fin, ya respiro el aire fresco y desembarazado de la calle; ya no hay necios, ya no hay castellanos viejos a mi alrededor.

"¡Santo Dios, yo te doy las gracias—exclamo respirando como el ciervo que acaba de escaparse de una docena de perros y que oye ya apenas sus ladridos—; para de aquí en adelante no te pido riquezas, no te pido empleos, no honores; líbrame de los convites caseros y de días de días; líbrame de estas casas en que es un convite un acontecimiento, en que sólo se pone la mesa decentemente para los convidados, en que creen hacer obsequios cuando dan mortificaciones,[106] en que se hacen finezas, en que se dicen versos, en que hay niños, en que hay gordos, en que reina, en fin, la brutal franqueza de los castellanos viejos! Quiero que, si caigo de nuevo en tentaciones semejantes, me falte un *roastbeef*,[107] desaparezca del mundo el *beefsteak*, se anonaden los timbales de macarrones,[108] no haya pavos en Périgueux,[109] ni pasteles en Périgord,[110] se sequen los viñedos de Burdeos,[111] y beban, en fin, todos menos yo la deliciosa espuma del champaña."

Concluída mi deprecación mental, corro a mi habitación a despojarme de mi camisa y de mi pantalón, reflexionando en mi interior que no son unos todos los hombres,[112] puesto que los de un mismo país, acaso de un mismo entendimiento, no tienen las mismas costumbres, ni la misma delicadeza, cuando ven las cosas de tan distinta manera. Vístome y vuelvo a olvidar tan funesto día entre el corto número de gentes que piensan que viven sujetas al provechoso yugo de una buena educación libre y desembarazada,[113] y que fingen acaso estimarse y respetarse mutuamente para no incomodarse, al paso que las otras hacen ostentación de incomodarse, y se ofenden y se maltratan, queriéndose y estimándose, tal vez verdaderamente.

---

106. *cuando dan mortificaciones* when in fact they humiliate you
107. *me... roastbeef* may I never eat a roast beef
108. *se... macarrones* may macaroon tarts disappear from the face of the earth
109. *Périgueux* French town famous for truffles, poultry, and pies
110. *Périgord* French province famous for its patés
111. *Burdeos* Bordeaux, French province famous for its wines
112. *no son... hombres* all men are not alike
113. *sujetas... desembarazada* subject to the advantages of good manners that are easygoing and tolerant

Día de difuntos[1] de 1836[2]

"FIGARO" EN EL CEMENTERIO

Beati qui moriuntur in Domino.[3]

En atención a que[4] no tengo gran memoria, circunstancia que no deja de contribuir a esta especie de felicidad que dentro de mí mismo me he formado, no tengo muy presente en qué artículo escribí (en los tiempos en que yo escribía) que vivía en un perpetuo asombro
5 de cuantas cosas a mi vista se presentaban. Pudiera suceder también que no hubiera escrito tal cosa en ninguna parte, cuestión en verdad[5]

1. *Día de difuntos*   All Souls' Day, a holiday observed by Catholics on November 2 with services and prayers for the dead. Larra's article is based on the custom of visiting the cemetery and decorating graves on this day.
2. *1836*   In 1836 Spain was beset by political unrest. King Fernando VII had abrogated the Salic law, which permitted only male heirs to the throne, in favor of his daughter, who succeeded him in 1833 as Isabel II. Fernando's brother, Don Carlos de Borbón, refused to recognize the new queen and claimed the throne for himself, throwing Spain into civil war. The conservatives and clerics supported Carlos, while the liberals and upper-middle classes, who would profit from the sale of Church properties, supported Isabel. Larra sided with the liberals. The Carlists were defeated in 1839, but the entire century was plagued by renewed political and military conflict.
3. *Beati... Domino*   (Latin) "Blessed are those who die in the Lord"; prayer for the dead recited on All Souls' Day.
4. *En... que*   owing to the fact that
5. *cuestión... verdad*   it's a problem really

que dejaremos a un lado por harto poco importante en época en que
nadie parece acordarse de lo que ha dicho ni de lo que otros han
hecho. Pero suponiendo que así fuese, hoy, día de difuntos de 1836,
declaro que si tal dije es como si nada hubiera dicho, porque en la
actualidad maldito si me asombro de cosa alguna. He visto tanto,   5
tanto, tanto..., como dice alguien en *El califa*.[6] Lo que sí me sucede
es no comprender claramente todo lo que veo, y así es que al amanecer un día de difuntos no me asombra precisamente que haya
tantas gentes que vivan: sucédeme, sí, que no lo comprendo.

En esta duda estaba deliciosamente entretenido el Día de los   10
Santos,[7] y fundado en el antiguo refrán, que dice: *Fíate en la Virgen
y no corras*[8] (refrán cuyo origen no se concibe en un país tan emi-
nentemente cristiano como el nuestro), encomendábame a todos
ellos con tanta esperanza,[9] que no tardó en cubrir mi frente una nube
de melancolía; pero de aquellas melancolías de que sólo un liberal   15
español, en estas circunstancias,[10] puede formar una idea aproxi-
mada. Quiero dar una idea de esta melancolía; un hombre que cree
en la amistad, y llega a verla por dentro;[11] un inexperto, que se
ha enamorado de una mujer; un heredero, cuyo tío indiano[12] muere
de repente sin testar; un tenedor de bonos de Cortes,[13] una viuda 20
que tiene asignada pensión[14] sobre el Tesoro español, un diputado
elegido en las penúltimas elecciones,[15] un militar que ha perdido
una pierna por el Estatuto[16] y se ha quedado sin pierna y sin Estatuto, un grande que fué liberal por ser prócer[17] y que se ha que-

6. *El califa*   Rossini's opera *Adina o il Califfo di Bagdad,* reviewed by Larra in 1833
7. *el día... Santos*   All Saints Day, Church festival observed on November 1 in honor
of all the saints.
8. *Fíate... corras*   Ironic proverb mocking those who trust only in divine help;
"Trust in the Virgin and don't exert yourself."
9. *con tanta esperanza*   ironic, with so little hope
10. *en estas circunstancias*   Reference to the political chaos of the period.
11. *llega... dentro*   comes to see it for what it really is
12. *tío indiano*   rich uncle from America
13. *tenedor... Cortes*   holder of government bonds. In 1836 Spain's national treasury
was empty and government bonds were worthless.
14. *pensión*   The Spanish treasury could not meet its commitments regularly.
15. *penúltimas elecciones*   The elected legislature of 1836 never convened because of
an army revolt. Larra was one of the disappointed deputies.
16. *Estatuto   Estatuto Real.* The royal charter of 1834 had authorized a two-chamber
parliament, but it had been discarded by 1836.
17. *un grande... prócer*   Grandees became liberals in order to be eligible for the
Upper House; after the abolition of the royal charter they ended up, ironically,
being only liberals and no longer representatives to parliament.

dado sólo liberal, un general constitucional que persigue a Gómez,[18] imagen fiel del hombre corriendo siempre tras la felicidad, sin encontrarla en ninguna parte; un redactor de *El Mundo*,[19] en la cárcel, en virtud de la libertad de imprenta;[20] un ministro de España
5 y un rey, en fin, constitucional, son todos seres alegres y bulliciosos, comparada su melancolía con aquella que a mí me acosaba, me oprimía y me abrumaba en el momento de que voy hablando.

Volvíame y me revolvía en un sillón de éstos que parecen camas, sepulcro de todas mis meditaciones, y ora me daba palmadas en la
10 frente, como si fuese mi mal mal de casado;[21] ora sepultaba las manos en mis faltriqueras, a guisa de buscar mi dinero, como si mis faltriqueras fueran el pueblo español y mis dedos otros tantos gobiernos;[22] ora alzaba la vista al cielo como si, en calidad de liberal, no me quedase más esperanza que en él; ora la bajaba avergonzado,
15 como quien ve un faccioso más,[23] cuando un sonido lúgubre y monótono, semejante al ruido de los partes,[24] vino a sacudir mi entorpecida existencia.

¡Día de difuntos!, exclamé, y el bronce[25] herido que anunciaba con lamentable clamor la ausencia eterna de los que han sido, parecía
20 vibrar más lúgubre que ningún año, como si presagiase su propia muerte. Ellas también, las campanas, han alcanzado su última hora,[26] y sus tristes acentos son el estertor del moribundo; ellas también van a morir a manos de la libertad, que todo lo vivifica, y ellas serán las únicas en España, ¡santo Dios!, que morirán colgadas.
25 ¡Y hay justicia divina![27]

La melancolía llegó entonces a su término; por una reacción

18. *Gómez*   Miguel Gómez was the bold Carlist general who in 1836 eluded the most expert commanders of the queen's forces.

19. *El Mundo*   a liberal newspaper, often censored for its radical opinions

20. *libertad de imprenta*   Ironical comment, implying that journalists exercised their freedom only to end up in jail.

21. *como... casado*   as if what bothered me was being a cuckold; that is, he slapped his forehead right where the horns would protrude.

22. *mis dedos... gobiernos*   i.e., governments put the touch on citizens like common pickpockets

23. *un faccioso más*   one more Carlist rebel. A contemptuous allusion to the followers of the pretender.

24. *los partes*   *partes de guerra,* war communiqués

25. *bronce*   tolling of the bells

26. *última hora*   Reference to the burning and sacking of convents. Many bells had been earmarked for munitions.

27. *¡Y... divina!*   Ironical exclamation meaning that there is no justice because those who really deserve the gallows will escape and only the bells will pay for it, hanged.

natural, cuando se ha agotado una situación, ocurrióme de pronto que la melancolía es la cosa más alegre del mundo para los que la ven, y la idea de servir yo entero de diversión...²⁸ ¡Fuera, exclamé, fuera!, como si estuviera viendo representar a un actor español; ¡fuera! como si oyese hablar a un orador en las Cortes;²⁹ y arrojéme   5
a la calle; pero, en realidad, con la misma calma y despacio como si tratase de cortar la retirada a Gómez.³⁰

Dirigíanse las gentes por las calles en gran número y larga procesión serpenteando de unas en otras, como largas culebras de infinitos colores; ¡al cementerio, al cementerio! ¡Y para eso salían   10
de las puertas de Madrid!

Vamos claros,³¹ dije yo para mí; ¿dónde está el cementerio? ¿Fuera o dentro? Un vértigo espantoso se apoderó de mí, y comencé a ver claro. El cementerio está dentro de Madrid. Madrid es el cementerio, donde cada casa es el nicho de una familia, cada calle el   15
sepulcro de un acontecimiento, cada corazón la urna cineraria de una esperanza o de un deseo.

Entonces, y en tanto que los que creen vivir acudían a la mansión que presumen de los muertos, yo comencé a pasear con toda la devoción y recogimiento de que soy capaz las calles del grande osario.³²   20

"Necios, decía a los transeúntes, ¿os movéis para ver muertos? ¿No tenéis espejos, por ventura? ¿Ha acabado también Gómez con el azogue de Madrid?³³ ¡Míraos, insensatos, a vosotros mismos, y en vuestra frente veréis vuestro propio epitafio! ¿Vais a ver a vuestros padres y a vuestros abuelos cuando vosotros sois los muertos? Ellos   25
viven, porque ellos tienen paz; ellos tienen libertad, la única posible sobre la tierra, la que da la muerte; ellos no pagan contribuciones,³⁴

---

28. *servir... diversión*   of myself serving as the butt of other people's jokes
29. *orador... Cortes*   Members of parliament were notorious for their pompous tirades. (*Cortes:* Spanish parliament)
30. *la retirada... Gómez*   i.e., it's a useless undertaking
31. *Vamos claros*   let's make this clear
32. *osario*   burial urn; urn filled with bones. Larra begins his allegorical tour of Madrid and comments on the various landmarks. Starting from the palace at the western outskirts of the city, he makes his way through the principal streets until he reaches the eastern boundary and the Buen Retiro Park. Allegorically, each landmark stands for a recent historical occurrence that has contributed to Spain's political tragedy.
33. *¿ha... Madrid?*   has that rebel Gómez done away even with mirror glass so you can't look at yourselves? (*azogue:* quicksilver, mercury)
34. *no pagan contribuciones*   Larra refers to contemporary grievances, such as taxation, compulsory military service, imprisonment without fair trial, and censorship.

que no tienen; ellos no serán alistados ni movilizados; ellos no son
presos ni denunciados; ellos, en fin, no gimen bajo la jurisdicción
del celador del cuartel; ellos son los únicos que gozan de la libertad
de imprenta, porque ellos hablan al mundo. Hablan en voz bien
5   alta, y que ningún jurado se atrevería a encausar y a condenar.
Ellos, en fin, no reconocen más que una ley, la imperiosa ley de la
naturaleza que allí los puso, y ésa la obedecen."

¿Qué monumento es éste?, exclamé al comenzar mi paseo por el
vasto cementerio.
10 ¿Es el mismo un esqueleto inmenso de los siglos pasados o la
tumba de otros esqueletos? ¡Palacio!³⁵ Por un lado mira a Madrid,
es decir, a las demás tumbas; por otro, mira a Extremadura, esa
provincia virgen..., como se ha llamado hasta ahora.³⁶ Al llegar aquí
me acordé del verso de Quevedo.³⁷

15   Y ni los v... ni los diablos veo.³⁸

En el frontispicio³⁹ decía: *Aquí yace el trono; nació en el reinado
de Isabel la Católica,*⁴⁰ *murió en La Granja, de un aire colado.*⁴¹ En
el basamento se veían cetro y corona y demás ornamentos de la
dignidad real. *La Legitimidad,*⁴² figura colosal, de mármol negro,
20 lloraba encima. Los muchachos se habían divertido en tirarle piedras, y la figura maltratada llevaba sobre sí las muestras de la ingratitud.

¿Y este mausoleo, a la izquierda? *La Armería.*⁴³ Leamos:
*Aquí yace el valor castellano, con todos sus pertrechos. R. I. P.*⁴⁴

35. *Palacio*   the Royal Palace
36. *esa... ahora*   Extremadura was virgin—that is, had been spared invasions—until
General Gómez's bold attack.
37. *Quevedo*   Reference to Quevedo's satirical poems which bitterly ridiculed the
follies of his time. Larra quotes inaccurately from Quevedo's *Riesgos del matrimonio
en los ruines casados.*
38. *Y... veo*   And I see neither virgins nor devils; that is, the Throne sees no
prospects anywhere. (v. stands for *virgos*.)
39. *frontispicio*   The façade of the Royal Palace has en epitaph; Larra will read one
on each landmark.
40. *la Granja*   A royal residence where in August 1836, the queen regent's guards
mutinied and forced her to restore the liberal constitution of 1812. Isabel's mother,
María Cristina, was regent until 1840.
41. *aire colado*   cold draft. The implication is that the monarchy was so fragile that
anything unexpected could upset it.
42. *Legitimidad*   the claims to the Spanish monarchy based on "legitimacy," that is,
rights of heredity
43. *La Armería*   The Royal Armory was part of the palace. Today it is a museum.
44. *R.I.P.*   (Latin) *Requiescat in Pace:* May it rest in peace.

Los ministerios.[45] *Aquí yace media España. Murió de la otra media.*[46] *Doña María de Aragón.*[47] *Aquí yacen los tres años.*

Y podía haberse añadido: aquí callan los tres años.[48] Pero el cuerpo no estaba en el sarcófago; una nota, al pie, decía:

El cuerpo del santo se trasladó a Cádiz en el año 23, y allí, por descuido, cayó al mar.[49]

Y otra añadía, más moderna, sin duda: *Y resucitó al tercer día.*[50]

Más allá, ¡santo Dios!: *Aquí yace la inquisición,*[51] *hija de la fe y del fanatismo. Murió de vejez.* Con todo, anduve buscando alguna nota de resurrección; o todavía no la habían puesto, o no se debía de poner nunca.

Alguno de los que se entretienen en poner letreros en las paredes había escrito, sin embargo, con yeso, en una esquina, que no parecía sino que se estaba saliendo, aun antes de borrarse:[52] *Gobernación.*[53] ¡Qué insolentes son los que ponen letreros en las paredes! Ni los sepulcros respetan.

¿Qué es esto? ¡La cárcel! *Aquí reposa la libertad del pensamiento.* ¡Dios mío, en España, en el país ya educado para instituciones libres! Con todo, me acordé de aquel célebre epitafio, y añadí involuntariamente:

> Aquí el pensamiento reposa,
> en su vida hizo otra cosa.[54]

45. *Los ministerios*   government buildings in the Plaza de los Ministerios
46. *otra media*   Allusion to the war between conservative and liberal forces.
47. *Doña María de Aragón*   The ancient convent founded in 1590 by the Queen of Castile, later used as the parliament building.
48. *los tres años*   Reference to the period of constitutional government from 1820 to 1823.
49. *El cuerpo... mar*   In 1820 King Fernando VII abolished the constitution, thus touching off a revolution which was put down by the French in 1823 in the name of the Holy Alliance. Larra's remark refers to the escape of the Spanish liberals who, pursued by the French, arrived at Cádiz in 1823, having forced the king to go with them. They surrendered when the French blockaded the city, and the king, referred to here ironically as the *santo*, joined the French camp by sea (*cayó al mar*).
50. *Y... día*   Just as Christ rose from the dead on the third day after the Crucifixion, Fernando was "resurrected" and, ironically, acting as an absolute monarch, within only three days broke all his promises and began a merciless persecution of liberals.
51. *inquisición*   The general tribunal of the Inquisition had been losing ground since the eighteenth century, being alternately abolished and restored until it was rendered inactive definitively by the liberals in 1834.
52. *que... borrarse*   which actually seemed to be fading out even before it was erased
53. *Gobernación*   Ministry of the Interior
54. *Aquí... cosa*   i.e., "Thought" has never done anything but rest in peace

Dos redactores de *El Mundo* eran las figuras lacrimatorias de esta grande urna. Se veían en el relieve una cadena, una mordaza y una pluma. Esta pluma, dije para mí, ¿es la de los escritores, o la de los escribanos?[55] En la cárcel todo puede ser.

5   *La calle de Postas, la calle de la Montera.*[56] Estos no son sepulcros. Son osarios,[57] donde, mezclados y revueltos, duermen el comercio, la industria, la buena fe, el negocio.

Sombras venerables, ¡hasta el valle de Josafat![58]

Correos.[59] *¡Aquí yace la subordinación militar!*

10   Una figura de yeso, sobre el vasto sepulcro, ponía el dedo en la boca;[60] en la otra mano, una especie de jeroglífico hablaba por ella: una disciplina rota.[61]

Puerta del Sol. La puerta del Sol;[62] ésta no es sepulcro sino de mentiras.

15   *La Bolsa.*[63] *Aquí yace el crédito español.* Semejante a las pirámides de Egipto, me pregunté, ¿es posible que se haya erigido este edificio sólo para enterrar en él una cosa tan pequeña?[64]

La imprenta Nacional.[65] Al revés que[66] la Puerta del Sol, éste es el sepulcro de la verdad. Unica tumba de nuestro país donde, a uso

20   de Francia, vienen los concurrentes a echar flores.[67]

La Victoria.[68] *Esa yace para nosotros en toda España.* Allí no había epitafio, no había monumento. Un pequeño letrero que el más ciego

---

55. *escribanos*   court clerks whose accounts might send a man to prison
56. *Postas, Montera*   two busy downtown streets
57. *osarios*   charnel houses; huge graves where corpses or bones are piled up
58. *¡hasta... Josafat!*   Till Judgment Day! The valley of Jehosaphat is where the Last Judgment was to take place.
59. *Correos*   The main post office, or Casa de Correos, is situated in the central square of Madrid. In 1834–35 it was the scene of a mutiny, but the insurrectionists, though defeated, were not punished.
60. *el dedo... boca*   its fingers to its lips (sign to keep silent)
61. *una disciplina rota*   Play on the two meanings of *disciplina:* "discipline" and "whip"; the sense is, the whip was not used, so discipline broke down.
62. *Puerta del Sol*   busy center in Madrid, place for meeting and gossiping
63. *La Bolsa*   Stock Exchange
64. *cosa tan pequeña*   Refers to the diminishing Spanish credit.
65. *La Imprenta Nacional*   the Government Press, whose official publications were censored and therefore known for their unreliability
66. *Al revés que*   the opposite of
67. *a echar flores*   Pun on *echar flores*, to throw flowers and to pay compliments; the compliments result from the rigid censorship, which prevents criticism.
68. *La Victoria*   Reference to both an old monastery expropriated in 1835 and torn down in 1836 and to the elusive victory over the Carlists.

podía leer decía sólo: *¡Este terreno lo ha comprado a perpetuidad, para su sepultura, la Junta de Enajenación de Conventos!*[69]

¡Mis carnes se estremecieron! Lo que va[70] de ayer a hoy. ¿Irá otro tanto de hoy a mañana?

Los Teatros. Aquí reposan los ingenios españoles. Ni una flor, ni un recuerdo, ni una inscripción. 5

El Salón de Cortes.[71] Fué casa del Espíritu Santo; pero ya el Espíritu Santo no baja al mundo en lenguas de fuego.[72]

Aquí yace el Estatuto;
vivió y murió en un minuto. 10

Sea por muchos años, añadí; que así será. Este debió de ser raquítico, según lo poco que vivió.

El Estamento de Próceres.[73] Allá, en el Retiro.[74] Cosa singular ¡Y no hay[75] un Ministerio que dirija las cosas del mundo, no hay una inteligencia provisora, inexplicable! Los próceres y su sepulcro en el 15 Retiro.

El sabio, en su retiro, y villano, en su rincón.[76]

Pero ya anochecía, y también era hora de retiro para mí. Tendí una última ojeada sobre el vasto cementerio. Olía a muerte próxima. Los perros ladraban, con aquel aullido prolongado, intérprete de su 20 instinto agorero:[77] el gran coloso, la inmensa capital, toda ella, se removía como un moribundo que tantea la ropa; entonces no vi más que un gran sepulcro; una inmensa lápida se disponía a cubrirlo como una ancha tumba.

---

69. *la Junta... Conventos* the commission for the confiscation of monastery property. Larra sees expropriation as a hollow victory for the liberals.
70. *Lo que va* what a difference
71. *Salón de Cortes* The lower house of parliament was formerly the Church of the Holy Spirit.
72. *lenguas de fuego* Refers to the section of the Acts of the Apostles (2:3–4) in which the Holy Ghost inspires the apostles to speak eloquently, that is, gives them "tongues of fire." The point of Larra's ironic allusion is that parliament had not been granted the gift of inspired utterance.
73. *El Estamento de Próceres* the House of Lords or Upper House, an antiquated and inefficient body
74. *Retiro* Play on the double meaning of *Retiro*: Retiro Park, where the *Estamento de Próceres* was located and retirement, inactivity.
75. *Y no hay* and there are those who claim that there is no
76. *El sabio... rincón* "The wise man in his retreat and the peasant in his corner"; i.e., each should keep his proper place. Note the pun on *retiro*.
77. *agorero* Reference to the superstition that the howling of dogs is a death omen.

No había *aquí yace* todavía; el escultor no quería mentir; pero los nombres del difunto saltaban a la vista, ya distintamente delineados.

¡Fuera, exclamé, la horrible pesadilla, fuera! ¡Libertad! ¡Constitu-
5 ción! ¡Tres veces![78] ¡Opinión nacional! ¡Emigración! ¡Vergüenza! ¡Discordia! Todas estas palabras parecían repetirme a un tiempo los últimos ecos del clamor general de las campanas del día de difuntos de 1836.

Una nube sombría lo envolvió todo. Era la noche. El frío de la
10 noche helaba mis venas. Quise salir violentamente del horrible cementerio. Quise refugiarme en mi propio corazón, lleno no ha mucho de vida, de ilusiones, de deseos.

¡Santo cielo! También otro cementerio. Mi corazón no es más que otro sepulcro. ¿Qué dice? Leamos. ¿Quién ha muerto en el? ¡Es-
15 pantoso letrero! *¡Aquí yace la esperanza!*

¡Silencio, silencio!

---

78. *Tres veces* Allusion to the three times that the liberal constitution was in force (1812, 1820, 1836) only to be abolished soon afterwards each time.

▣ *Commentary* ▣

LIFE AND WORKS

Mariano José de Larra (1809–37) was born in Madrid into an accomplished professional family. His grandfather was a civil servant of certain distinction and his father was one of the best doctors in the Spanish capital. As many of the children of the Enlightenment, Dr. Larra partook in a wide range of intellectual activities and was known in the circles of cultural and social life in the Madrid of his time. During the Napoleonic wars, Dr. Larra joined the French armies as a surgeon and, consequently, with the defeat of Napoleon, he went into exile, following the Emperor's armies in Europe and practicing medicine in Paris. It is against this background that we must place the education and inclinations of the precocious and brilliant writer who was Mariano José de Larra. As a child of a restless exile, he lived in France for most of his childhood. In 1818 his father was allowed to return to Spain, as private doctor to the King's brother. From 1818 to 1824 Larra attended the best institutions of his time, the Reales Estudios de San Isidro and the Sociedad Económica de Amigos del País. From 1824–26 he was a student of law at the University of Valladolid. In his last year he decided to give up his studies and go to Madrid to start an independent career as a writer.

His astonishing progress in Madrid can only be understood in the light of the protection of his once socially prominent father. Although he seems to have briefly occupied a modest bureaucratic position, he soon abandoned it to devote himself to literature. No doubt through his father's connections, aided by his innate wit and charm, we find him, as a youth of eighteen, already introduced into such exclusive and influential circles as the ones of the Duque de Frías, the Comisario de la Cruzada don Manuel Fernández de Valera (a very cultivated and influential ecclesiastic), and the *afrancesado* lawyer and politician don Manuel María Cambronero, whose daughter-in-law, Dolores Armijo, was destined to be the great and tragic love of Larra's life. Under the protection of these prominent personalities Larra was launched in a dazzling career. Beginning as a poet, he soon became an important journalist with the publication of the *Duende satírico del día* (1828–29) and *El pobrecito hablador* (1832–33); soon he was contributing to the best periodicals (*Revista Española, El Correo de las damas, El Observador*), becoming, under the pseudonym of "Fígaro," the most famous, wittiest, deepest, and also the best paid of the journalists of his time. He also wrote several plays, among them the tragedy *Macías* (1834), one of the more significant of Spanish romanticism, and the equally important historical novel *El doncel de don Enrique el Doliente*. (1834).

In 1829 Larra married Josefa Wetoret y Velasco, but soon he fell madly in love with Dolores Armijo, with whom a truly romantic and tumultuous passion developed, which, lasting until 1837, produced the breaking-up of their two marriages and the final suicide of Larra. Since Dolores lived in Avila, Larra, who had kept aloof from active politics for reasons of moral principle, could not resist the invitation of joining her there by accepting to campaign for the post of *Diputado* for Avila. Having won the seat, the revolution of La Granja in August 1836 deprived him simultaneously of his prestigious new post, of the love of Dolores, and even of his self-respect, since he felt that he had deviated from a lifelong political attitude for the sake of his passion. From August 1836 to February 1837 Larra struggled against an overpowering feeling of depression and despair, in which he linked his disappointment in love with his political pessimism and a sense of national catastrophe with the impossibility of overcoming the deeply rooted reactionary forces of the Spanish spirit. For months he tried to find strength in a reawakening of his long abandoned religious beliefs; a disappointing interview with Dolores prompted the suicide that he had been meditating for some time. He killed himself on February 13, 1837. His death was one of the greatest tragedies of Spanish romanticism.

LARRA'S COSTUMBRISMO

Larra is especially known for his contribution to the movement in Spanish literature in the first half of the 19th century called *costumbrismo*. Although many factors contributed to the prominent place that *costumbrismo* occupied in the literature of Spain at that time, perhaps we can best understand it from the point of view of the changing social and political conditions. Spain had been one of the great bulwarks of political absolutism, a creed that maintained that political authority descends from God to the King and establishes hereditary power as the only legitimate one. But Europe, in the early nineteenth century, was struggling to create the representative forms of government that would develop into our modern democracies. To be a partisan of absolute monarchy, or of representative government, the romantics suggested, was not just a question of sudden decision, it was really a question of tradition. They saw each society as a prisoner of its customs; a reactionary society would have deeply rooted authoritarian habits, emotions, and customs, that would have to be altered before a truly democratic one could be established. In this sense Larra considered that a meditation and a criticism of Spanish customs was an essential part of the political changes of its society. He saw history as marching from equality in slavery (under the Romans) to equality in freedom, through the sovereignty of the people in modern democracies. In this march toward freedom, art, through its influence on customs, had to play an important part. He considered that he played, with his *costumbrista* sketches, a major role in the fight against a world of backward customs and tyrannical power.

EL CASTELLANO VIEJO

It is in this sense that we must understand the criticism directed against Braulio, *El castellano viejo;* Larra's article might seem unpatriotic, since in it he attacks what he suggests are the manners of a traditional Spain, but we must not forget that his aim is change. Braulio represents a domineering attitude that, by not respecting the freedom of the others, imposing its tastes and prejudices, thereby prevents the development of free and harmonious social intercourse. In his ignorance, Braulio "would give all foreign graces for one finger of his own country"; but this insolence is, precisely, what prevents him from learning and absorbing the new manners and ideas necessary to introduce the needed changes in his society. The term *caste-llano viejo* does not mean that he is old in terms of age, but that he represents the "old Spain," the customs of the past, which Larra feels must be changed to create a freer society. Precisely, the characteristic of this "old" courtesy consists in an oppressive imposition on his guests' freedom: Fígaro is forced to accept an invitation to lunch which seriously inconveniences him; he must improvise poetry, although he in no way desires to do it. Larra sums up these impositions as lack of *respetos mutuos,* of *esa delicadeza de trato que establece entre los hombres una preciosa armonía;* it is, he suggests, only when we are used to this *armonía* in our private lives and customs, that we shall be able to translate it to our public life.

EL DÍA DE DIFUNTOS DE 1836

Published on November 2, 1836, soon after the tragedy of the revolution of La Granja, this article reflects the desolation consuming Larra's energies and, indeed, his life. Larra links the *Día de difuntos* with the death of freedom in Spain, which he sees as besieged and dominated by the obscure and reactionary forces that the light of art and intelligence is, in his opinion, incapable of overcoming. To the death of freedom he links the death, too, of hope in his own soul. We can feel in this dramatic, heartfelt article, that death is actually taking possession of Larra's spirit. Because of this terrible pessimism, this short essay gives us deep insight into these last months of Larra's life, and, at the same time, teaches us much about the art by which Fígaro transforms his personal experience into beautiful and significant literature. Through this article we see Larra visiting the seats of the great political institutions of Spain: the Royal Palace, the *ministerios,* Parliament, and in each case he sees the presence of death (*olía a muerte próxima*). But he is not just projecting his mood on reality: the newborn democratic regime was in fact on the brink of destruction. As with all great men, his personal suffering is integrated into a higher one, the suffering of Spain. The keys of his art and the foundations of his immortality are based on his unity with and understanding of Spain.

Javier Saura Herrero

◙ Gustavo Adolfo Bécquer ◙

El monte de las ánimas[1]

LEYENDA SORIANA[2]

La noche de Difuntos, me despertó a no sé qué hora el doble de las campanas. Su tañido monótono y eterno me trajo a las mientes esta tradición que oí hace poco en Soria.

Intenté dormir de nuevo. ¡Imposible! Una vez aguijoneada la imaginación, es un caballo que se desboca y al que no sirve tirarlo de la rienda.[3] Por pasar el rato, me decidí a escribirla,[4] como en efecto lo hice.

A las doce de la mañana, después de almorzar bien, y con un cigarro en la boca, no le hará mucho efecto a los lectores de *El Contemporáneo.* Yo la oí en el mismo lugar en que acaeció, y la he escrito

5

10

---

1. *El monte... ánimas*   The Haunted Mount (literally: the mount of souls)
2. *soriana*   from Soria, a province in Castile, situated on a mountain pass on the right bank of the river Duero, some 145 miles north of Madrid. Soria is rich in folklore and fantastic legends which have been handed down orally from one generation to the next.
3. *Una vez... rienda*   Once imagination has been spurred on, it is a runaway horse impossible to rein. (The constant clash between unbridled imagination and reason is a key motif of Bécquer's works.)
4. *me... escribirla*   Writing for Bécquer was accepting wild imagination but giving form to projections.

volviendo algunas veces la cabeza con miedo cuando sentía crujir
los cristales de mi balcón,[5] estremecidos por el aire frío de la noche.

Sea de ello lo que quiera, *allá va*, como el caballo de copas.[6]

I

—Atad los perros, haced la señal con las trompas[7] para que se
5 reúnan los cazadores y demos la vuelta a la ciudad. La noche se
acerca, es día de Todos los Santos y estamos en el Monte de las
Animas.

—¡Tan pronto!

—A ser otro día, no dejara yo de concluir con ese rebaño de lobos
10 que las nieves del Moncayo han arrojado de sus madrigueras;[8] pero
hoy es imposible. Dentro de poco sonará la oración en los Templarios,[9] y las ánimas de los difuntos comenzarán a tañer su campana
en la capilla del monte.

—¡En esa capilla ruinosa![10] ¡Bah! ¿Quieres asustarme?

15 —No, hermosa prima. Tú ignoras cuanto sucede en este país,
porque aún no hace un año que has venido a él desde muy lejos.
Refrena tu yegua, yo también pondré la mía al paso,[11] y mientras
dure el camino te contaré esa historia.

Los pajes se reunieron en alegres y bulliciosos grupos. Los condes
20 de Borges y de Alcudiel montaron en sus magníficos caballos, y todos
juntos siguieron a sus hijos Beatriz y Alonso, que precedían a la
comitiva a bastante distancia.[12]

5. *cuando... balcón* whenever I felt the long windows of my balcony doors creak.
(The narrator enhances the atmosphere of mystery by taking the reader abruptly out
of the realm of the banal and everyday [at twelve, after a good lunch, with a cigar
in his mouth and a newspaper in his hand] and into the world of the supernatural.)
6. *Sea... copas* So make of this what you will, here it is, an open hand like the
Queen of Hearts. *Caballo* is a Spanish playing card with a figure on horseback
equivalent to a "queen," while *copas* corresponds to "hearts."
7. *haced... trompas* blow the horns
8. *A... madrigueras* On any other day, I'd do away with that pack of wolves, con-
veniently forced out of their lairs by the heavy snows on Moncayo Mountain. (The
Moncayo is a craggy mountain, difficult to climb, about 30 miles from Soria. It is
about 2,400 meters high.)
9. *los Templarios* the monastery of the Knights Templar, members of a military and
religious order established among the Crusaders early in the twelfth century
10. *en... ruinosa* The ruins of the convent at the sloping foothill of the Moncayo
mountain are still preserved.
11. *al paso* at the same pace
12. *que... distancia* who were riding quite a distance ahead of the rest of the retinue

Mientras duraba el camino, Alonso narró en estos términos la prometida historia:

—Ese monte que hoy llaman de las Animas pertencía a los Templarios, cuyo convento ves allí, a la margen del río. Los Templarios eran guerreros y religiosos a la vez. Conquistada Soria a los árabes,[13] el rey los hizo venir de lejanas tierras para defender la ciudad por la parte del puente,[14] haciendo en ello notable agravio a sus nobles de Castilla, que así hubieran solos sabido defenderla como solos la conquistaron.[15] Entre los caballeros de la nueva y poderosa Orden y los hidalgos de la ciudad fermentó por algunos años, y estalló al fin, un odio profundo. Los primeros tenían acotado ese monte,[16] donde reservaban caza abundante para satisfacer sus necesidades y contribuir a sus placeres. Los segundos determinaron organizar una gran batida en el coto,[17] a pesar de las severas prohibiciones de los *clérigos con espuelas*,[18] como llamaban a sus enemigos. Cundió la voz del reto, y nada fué parte a detener[19] a los unos en su manía de cazar y a los otros en su empeño de estorbarlo. La proyectada expedición se llevó a cabo. No se acordaron de ella las fieras. Antes la tendrían presente tantas madres como arrastraron sendos lutos por sus hijos.[20] Aquello no fué una cacería. Fué una batalla espantosa: el monte quedó sembrado de cadáveres. Los lobos, a quienes se quiso exterminar, tuvieron un sangriento festín. Por último, intervino la autoridad del rey: el monte, maldita ocasión de tantas desgracias, se declaró abandonado, y la capilla de los religiosos, situada

5

10

15

20

---

13. *Conquistada... árabes* Reference to the nearly 800 years of struggle (711–1491) during which the Christians recovered little by little the Peninsula invaded by the Arabs. Many Romantic writers set their plots in the Middle Ages, stressing the unfamiliar, strange, and mysterious aspects of the period.

14. *por... puente* on the side next to the bridge

15. *haciendo... conquistaron* it was an insult to the local Castilian nobles who thought they could defend Soria on their own, without the help of outsiders, just as they had conquered it from the Moors. Honor, stubbornness, sensitiveness, and violence are essential motifs of the story.

16. *tenían... monte* the former (the Knights Templar) had surveyed the mountain territory and set fixed bounds on it; i.e., they would not allow others (including the local nobles) to trespass on the grounds they occupied

17. *batida... coto* a hunting party inside the restricted territory of the Templars

18. *clérigos con espuelas* clergy with spurs. A derogatory remark about the pretentions of the half-priestly, half-military habits of the new order of knights.

19. *Cundió... detener* the news about the challenge spread fast and nothing availed to stop

20. *Antes... hijos* Rather, it was the numerous mothers who were to mourn for slain sons who would not get over it.

en el mismo monte, y en cuyo atrio se enterraron juntos amigos y
enemigos, comenzó a arruinarse. Desde entonces dicen que cuando
llega la noche de difuntos se oye doblar sola la campana de la capilla,
y que las ánimas de los muertos, envueltas en jirones de sus su-
5   darios,[21] corren como en una cacería fantástica por entre las breñas
y los zarzales. Los ciervos braman espantados, los lobos aúllan, las
culebras dan horrorosos silbidos, y al otro día se han visto impresas
en la nieve las huellas de los descarnados pies de los esqueletos.
Por eso en Soria lo llamamos el Monte de las Animas, y por eso he
10   querido salir de él antes que cierre la noche.[22]

La relación de Alonso concluyó justamente cuando los dos jóvenes
llegaban al extremo del puente que da paso a la ciudad por aquel
lado. Allí esperaron al resto de la comitiva, la cual, después de
incorporársele los dos jinetes,[23] se perdió por entre las estrechas y
15   oscuras calles de Soria.

II

Los servidores acababan de levantar los manteles; la alta chimenea
gótica del palacio de los condes de Alcudiel despedía un vivo resplandor, iluminando algunos grupos de damas y caballeros que
alrededor de la lumbre conversaban familiarmente, y el viento azo-
20   taba los emplomados vidrios de las ojivas del salón.[24]

Solas dos personas parecían ajenas a la conversación general:
Beatriz y Alonso. Beatriz seguía con los ojos, y absorta en un vago
pensamiento, los caprichos de la llama. Alonso miraba el reflejo de
la hoguera chispear en las azules pupilas de Beatriz.
25   Ambos guardaban hacía rato un profundo silencio.

Las dueñas referían, a propósito de la noche de Difuntos, cuentos

21. *envueltas... sudarios*   wrapped in the tatters of their shrouds
22. *antes... noche*   before nightfall. Superstition, the supernatural and a sense of
vague omens or dreadful premonitions are characteristic of many legends of the
Romantic period. Bécquer's manner of evoking the mysterious is similar to Edgar
Allan Poe's and E. A. Hoffmann's.
23. *después... jinetes*   after the two young riders joined the rest of the retinue
24. *los emplomados... salón*   The leaded glass of the pointed arches in the living
room make this setting typical of the Gothic style of architecture developed between
the twelfth and fifteenth centuries. All of Bécquer's legends are written in a rich
cadenced style, with a great wealth of descriptive detail. Bécquer enhances the atmosphere of medieval mystery and exoticism by combining natural elements such as
wind, darkness, silence, and rain with architectural description of ribbed vaulting,
flying buttresses, pointed arches, steep, high roofs and balconies.

temerosos,[25] en que los espectros y los aparecidos representaban el principal papel; y las campanas de las iglesias de Soria doblaban a lo lejos con un tañido monótono y triste.

—Hermosa prima—exclamó, al fin, Alonso, rompiendo el largo silencio en que se encontraban—, pronto vamos a separarnos, tal   5 vez para siempre; las áridas llanuras de Castilla,[26] sus costumbres toscas y guerreras, sus hábitos sencillos y patriarcales, sé que no te gustan; te he oído suspirar varias veces, acaso por algún galán de tu lejano señorío.

Beatriz hizo un gesto de fría indiferencia: todo un carácter de   10 mujer se reveló en aquella desdeñosa[27] contracción de sus delgados labios.

—Tal vez por la pompa de la Corte francesa,[28] donde hasta aquí has vivido—se apresuró a añadir el joven—. De un modo o de otro, presiento que no tardaré en perderte... Al separarnos, quisiera que   15 llevases una memoria mía... ¿Te acuerdas cuando fuimos al templo a dar gracias a Dios por haberte devuelto la salud que viniste a buscar a esta tierra?[29] El joyel que sujetaba la pluma de mi gorra cautivó tu atención. ¡Qué hermoso estaría sujetando un velo sobre tu oscura cabellera! Ya ha prendido el de una desposada;[30] mi padre se lo re-   20 galó a la que me dió el ser,[31] y ella lo llevó al altar... ¿Lo quieres?

—No sé en el tuyo—contestó la hermosa—, pero en mi país una

25. *cuentos temerosos* The supernatural abounds in this legend, not through the intervention of conventional ghosts, but through the persistent suggestion of other-worldly activity evoked by continuous frightful hearsay about past events and by the mysterious atmosphere of All Souls' Night.

26. *Castilla* The contrast between the rude, warriorlike manner of the Castilians and the more gentle, courtlylike ways of coastal peoples, such as Galicians, Catalans, and Provençals is a commonplace in Spanish literature.

27. *aquella desdeñosa* Medieval courtly love poets, imitated by a number of Romantic writers, portrayed the authentically beautiful woman as haughty, scornful, cruel, in-different, and ultimately inaccessible. All of Bécquer's heroes pursue beautiful women impossible to conquer. Authentic love is, paradoxically, impossible love. See poems "Yo soy ardiente, yo soy morena" and "Despierta, tiemblo al mirarte."

28. *la Corte francesa* During the twelfth and thirteenth centuries an aristocratic so-ciety that patronized the arts developed in Provence, a province in southeast France, on the Mediterranean and bordering Cataluña. The aristocrats led a refined, courtly life, which was often recreated in song by the troubadors, medieval poets who com-posed in Provençal.

29. *por... esta tierra* The dry climate of Castile has long been regarded salutary for respiratory diseases.

30. *Ya... desposada* it has already adorned one bride

31. *a... ser* i.e., to my mother

prenda recibida compromete una voluntad.[32] Sólo en un día de ceremonia debe aceptarse un presente de manos de un deudo..., que
aún puede ir a Roma sin volver con las manos vacías.[33]

El acento helado con que Beatriz pronunció estas palabras turbó un
5   momento al joven, que, después de serenarse, dijo con tristeza:

—Lo sé, prima; pero hoy se celebran Todos los Santos, y el tuyo
entre todos; hoy es día de ceremonias y presentes. ¿Quieres aceptar
el mío?

Beatriz se mordió ligeramente los labios y extendió la mano para
10   tomar la joya, sin añadir una palabra.

Los dos jóvenes volvieron a quedarse en silencio, y volvióse a oír
la cascada voz de las viejas que hablaban de brujas y de trasgos,
y el zumbido del aire que hacía crujir los vidrios de las ojivas, y
el triste y monótono doblar de[34] las campanas.

15   Al cabo de algunos minutos, el interrumpido diálogo tornó a
reanudarse de este modo:

—Y antes que concluya el día de Todos los Santos, en que así como
el tuyo se celebra el mío,[35] y puedes, sin atar tu voluntad, dejarme
un recuerdo, ¿no lo harás?—dijo él, clavando una mirada en la de
20   su prima, que brilló como un relámpago, iluminada por un pensamiento diabólico.

—¿Por qué no?—exclamó ésta, llevándose la mano al hombro
derecho como para buscar alguna cosa entre los pliegues de su ancha
manga de terciopelo bordado de oro, y después, con una infantil
25   expresión de sentimiento, añadió—: ¿Te acuerdas de la banda azul
que llevé hoy a la cacería, y que por no sé qué emblema de su color
me dijiste que era la divisa de tu alma?[36]

—Sí.

—¡Pues... se ha perdido! Se ha perdido, y pensaba dejártela como
30   un recuerdo.

32. *compromete una voluntad*   binds one's will; i.e., imposes on Beatriz the obligation
to reciprocate
33. *que... vacías*   are you capable of giving a gift without expecting one in return?
34. *de campanas*   The combination of stories about witches and goblins, the hostile
manifestations of nature such as violent wind in a pitch black night, the eerie sensa-
tions inside a gothic building, and the monotony of bell tolls are elements of the
"gothic" tradition within the Romantic movement. Bécquer uses elements that seem
unreal or fantastic yet make their presence felt in order to create an atmosphere of
fear and suspense.
35. *en... mío*   in which both your name day and mine are celebrated (*tuyo* and *mío*
refer to *santo*).
36. *y... alma*   and which, because of something about the meaning of its color, you
told me was your soul's motto

—¡Se ha perdido! ¿Y dónde?—preguntó Alonso, incorporándose
de su asiento y con una indescriptible expresión de temor y esperanza.

—No sé... En el monte, acaso.

—¡En el Monte de las Animas!—murmuró, palideciendo y deján- 5
dose[37] caer sobre el sitial—. ¡En el Monte de las Animas!—luego
prosiguió, con voz entrecortada y sorda:—[38] Tú lo sabes, porque lo
habrás oído mil veces. En la ciudad, en toda Castilla, me llaman el
rey de los cazadores. No habiendo aún podido probar mis fuerzas
en los combates, como mis ascendientes,[39] he llevado a esta di- 10
versión, imagen de la guerra, todos los bríos de mi juventud, todo
el ardor hereditario de mi raza. La alfombra que pisan tus pies son
despojos de fieras que he muerto[40] por mi mano. Yo conozco sus
guaridas y sus costumbres, y he combatido con ellas de día y de
noche, a pie y a caballo, solo y en batida,[41] y nadie dirá que me 15
ha visto huir el peligro en ninguna ocasión. Otra noche volaría por
esa banda, y volaría gozoso como a una fiesta; y, sin embargo,
esta noche..., esta noche, ¿a qué ocultártelo?, tengo miedo. ¿Oyes?
Las campanas doblan, la oración ha sonado[42] en San Juan del
Duero,[43] las ánimas[44] del monte comenzarán ahora a levantar sus 20
amarillentos cráneos de entre las malezas que cubren sus fosas...
¡Las ánimas!, cuya sola vista puede helar de horror la sangre del
más valiente, tornar sus cabellos blancos o arrebatarlo en el torbellino de su fantástica carrera como una hoja que arrastra el viento
sin que se sepa adónde.[45]   25
   Mientras el joven hablaba, una sonrisa imperceptible se dibujó
en los labios de Beatriz, que, cuando hubo concluido, exclamó en
un tono indiferente y mientras atizaba el fuego del hogar, donde
saltaba y crujía la leña, arrojando chispas de mil colores:
   —¡Oh! Eso, de ningún modo. ¡Qué locura! ¡Ir ahora al monte por 30

37. *dejándose... sitial*   sinking back into his elegant armchair
38. *voz... sorda*   stuttering and muted voice
39. *ascendientes*   Alonso's ancestors reconquered Soria from the Arabs.
40. *he muerto*   Archaic for *he matado*.
41. *solo... batida*   both alone and with a hunting party
42. *la oración ha sonado*   the bell to announce the evening prayer has rung
43. *San Juan del Duero*   the old monastery of the Order of Knights Templar in Soria,
now a national monument and an excellent example of early Romantic art
44. *ánimas*   Superstition has it that the souls in Purgatory respond to the church
bells that call the faithful to pray for them. Bécquer, like most Romantic writers,
exploits to their best advantage age-old superstitions such as this one.
45. *como... adónde*   like a leaf blown by the wind heaven knows where

semejante friolera!⁴⁶ ¡Una noche tan oscura, noche de Difuntos y cuajado⁴⁷ el camino de lobos!

Al decir esta última frase la recargó de un modo tan especial, que Alonso no pudo menos de comprender toda su amarga ironía; movido como por un resorte se puso en pie,⁴⁸ se pasó la mano por la frente, como para arrancarse el miedo que estaba en su cabeza y no en su corazón, y con voz firme exclamó, dirigiéndose a la hermosa, que estaba aún inclinada sobre el hogar, entreteniéndose en revolver el fuego:

— Adiós, Beatriz, adiós. Hasta pronto.

— ¡Alonso, Alonso!—dijo ésta, volviéndose con rapidez; pero cuando quiso o aparentó querer detenerlo, el joven había desaparecido.

A los pocos minutos se oyó el rumor de un caballo que se alejaba al galope. La hermosa, con una radiante expresión de orgullo satisfecho que coloreó sus mejillas, prestó atento oído a aquel rumor que se debilitaba, que se perdía, que se desvaneció por último.

Las viejas, en tanto, continuaban en sus cuentos de ánimas aparecidas; el aire zumbaba en los vidrios del balcón, y las campanas de la ciudad doblaban a lo lejos.

III

Había pasado una hora, dos, tres; la medianoche estaba a punto de sonar, cuando Beatriz se retiró a su oratorio.⁴⁹ Alonso no volvía, no volvía, y, a querer,⁵⁰ en menos de una hora pudiera haberlo hecho.

— ¡Habrá tenido miedo!—exclamó la joven, cerrando su libro de oraciones y encaminándose a su lecho, después de haber intentado inútilmente murmurar algunos de los rezos que la Iglesia consagra en el día de Difuntos a los que ya no existen.

Después de haber apagado la lámpara y cruzado las dobles cor-

---

46. *por semejante friolera* for such a trifle. A Romantic motif is the capriciousness and cruelty of the beautiful woman toward her suitor.
47. *cuajado... lobos* the road beset by wolves. Beatriz is sarcastic because of Alonso's earlier boast that he was the king of the hunters.
48. *movido... de pie* stirred as if by a spring
49. *oratorio* a small chapel customarily used for individual prayer
50. *a querer* had he really wanted

tinas de seda, se durmió; se durmió con un sueño[51] inquieto, ligero, nervioso.

Las doce sonaron en el reloj del Postigo.[52] Beatriz oyó entre sueños[53] las vibraciones de las campanas, lentas, sordas, tristísimas, y entreabrió los ojos. Creía haber oído, a par de ellas,[54] pronunciar su nombre; pero lejos, muy lejos, y por una voz ahogada y doliente. El viento gemía en los vidrios de la ventana.

—Será el viento—dijo, y poniéndose la mano sobre su corazón procuró tranquilizarse.

Pero su corazón latía cada vez con más violencia,[55] las puertas de alerce[56] del oratorio habían crujido sobre sus goznes con un chirrido agudo, prolongado y estridente.

Primero unas y luego las otras más cercanas, todas las puertas que daban paso a su habitación iban sonando por su orden;[57] éstas con un ruido sordo y grave, y aquéllas con un lamento largo y crispador. Después, silencio; un silencio lleno de rumores extraños, el silencio de la medianoche; lejanos ladridos de perros, voces confusas, palabras ininteligibles; ecos de pasos que van y vienen, crujir de ropas que se arrastran, suspiros que se ahogan, respiraciones fatigosas que casi se sienten, estremecimientos involuntarios que anuncian la presencia de algo que no se ve y cuya aproximación se nota, no obstante, en la oscuridad.

Beatriz, inmóvil, temblorosa, adelantó la cabeza fuera de las cortinas y escuchó un momento. Oía mil ruidos diversos; se pasaba la mano por la frente, tornaba a escuchar; nada, silencio.

Veía, con esa fosforescencia de la pupila en las crisis nerviosas, como bultos que se movían en todas las direcciones, y cuando dilatándolas las fijaba en un punto, nada;[58] oscuridad, las sombras impenetrables.

51. *sueño* Here Beatriz experiences subconsciously the potential aftermath of her selfish attitude toward Alonso.
52. *el... Postigo* wall clock, gate clock. Old Spanish homes had fake doors or gates which enclosed a clock.
53. *entre sueños* while dreaming. Most of what follows takes place in Beatriz's mind while she struggles in the bothersome semiconscious state between dreaming and wakefulness. Neither she nor the reader is sure of what is really happening.
54. *a... ellas* together with them (the bells)
55. *latía... violencia* was beating more and more violently
56. *las puertas de alerce* larchtree doors. The point is that the doors were heavy.
57. *por su orden* in turn. What follows is an accumulation of noises and movements as they are experienced by Beatriz in her frightened state of mind.
58. *y... nada* and when she fixed her gaze on any one point there was nothing

—¡Bah!—exclamó, volviendo a recostar su hermosa cabeza sobre la almohada de raso azul[59] del lecho—. ¿Soy yo tan miedosa como esas pobres gentes cuyo corazón palpita de terror bajo una armadura al oír una conseja de aparecidos?[60]

5   Y cerrando los ojos, intentó dormir...; pero en vano había hecho un esfuerzo sobre sí misma.[61] Pronto volvió a incorporarse, más pálida, más inquieta, más aterrada. Ya no era una ilusión: las colgaduras[62] de brocado de la puerta habían rozado al separarse, y unas pisadas lentas sonaban sobre la alfombra; el rumor de aquellas

10   pisadas era sordo, casi imperceptible, pero continuado, y a su compás se oía crujir una cosa como madera o hueso.[63] Y se acercaban, se acercaban, y se movió el reclinatorio[64] que estaba a la orilla de su lecho. Beatriz lanzó un grito agudo, y rebujándose en la ropa que la cubría escondió la cabeza y contuvo el aliento.[65]

15   El aire azotaba los vidrios del balcón; el agua de la fuente lejana caía y caía con un rumor eterno y monótono; los ladridos de los perros se dilataban en las ráfagas de aire, y las campanas de la ciudad de Soria, unas cerca, otras distantes, doblaban tristemente por las ánimas de los difuntos.

20   Así pasó una hora, dos, la noche, un siglo, porque la noche aquella pareció eterna a Beatriz. Al fin, despuntó la aurora. Vuelta de su temor[66] entreabrió los ojos a los primeros rayos de la luz. Después de una noche de insomnio y de terrores, ¡es tan hermosa la luz clara y blanca del día! Separó las cortinas de seda del lecho, tendió una

25   mirada serena a su alrededor, y ya se disponía a reírse de sus temores pasados, cuando de repente un sudor frío cubrió su cuerpo, sus ojos se desencajaron[67] y una palidez mortal descoloró sus mejillas: sobre el reclinatorio había visto, sangrienta y desgarrada, la banda azul que perdiera[68] en el monte, la banda azul que fué a buscar Alonso.

59. *raso azul*   clear blue
60. *al... aparecidos*   where they hear ghost stories
61. *un esfuerzo... misma*   an effort to remain composed
62. *colgaduras*   drapery
63. *y... hueso*   the muffled sound of those steps was muted, almost imperceptible, but steady, and in rhythm with them you could hear the creaking of something like wood or bones
64. *reclinatorio*   a narrow, upright frame—usually placed by the bedside—with a lower ledge for kneeling at prayer and an upper ledge for a prayer book
65. *el aliento*   Beatriz holds her breath in terror as she feels more and more surrounded by those same eerie noises and apparitions she had earlier laughed away.
66. *Vuelta... temor*   recovered from her fright
67. *sus... desencajaron*   her eyes bulged
68. *que perdiera*   that she had supposedly lost

Cuando sus servidores llegaron, despavoridos, a notificarle la muerte del primogénito de Alcudiel,[69] que a la mañana había aparecido devorado por los lobos entre las malezas del Monte de las Animas, la encontraron inmóvil, crispada, asida con ambas manos a una de las columnas de ébano del lecho, desencajados los ojos,   5 entreabierta la boca, blancos los labios, rígidos los miembros, muerta,[70] ¡muerta de horror!

IV

Dicen que después de acaecido este suceso, un cazador extraviado que pasó la noche de Difuntos sin poder salir del Monte de las Animas, y que al otro día, antes de morir, pudo contar lo que viera,[71]   10 refirió cosas horribles. Entre otras, se asegura que vió a los esqueletos de los antiguos Templarios y de los nobles de Soria enterrados en el atrio de la capilla levantarse al punto de la oración con un estrépito horrible y, caballeros sobre osamentas de corceles, perseguir como a una fiera a una mujer hermosa, pálida y desmelenada   15 que, con los pies desnudos y sangrientos, y arrojando gritos de horror, daba vueltas alrededor de[72] la tumba de Alonso.

69. *primogénito de Alcudiel* Alonso was the first born of the Alcudiel family. The ending of almost all Bécquer's *Leyendas* is tragic, and protagonists like Alonso— attractive, sensitive, proud, noble—are frequently doomed to an early death.
70. *muerta de horror* terrified to death
71. *lo que viera* what he might have seen
72. *daba... de* was circling

ESPÍRITU SIN NOMBRE

Espíritu sin nombre,
indefinible esencia,
yo[1] vivo con la vida
sin formas de la idea.

1. *yo* The identity of *yo* is enigmatic until the last stanza. In each of the other stanzas the author describes the activities of this mysterious *yo*.

Yo nado en el vacío,
del sol tiemblo en la hoguera,[2]
palpito entre las sombras
y floto con las nieblas.

5   Yo soy el fleco de oro
de la lejana estrella;[3]
yo soy de la alta luna
la luz tibia y serena.

    Yo soy la ardiente nube
10   que en el ocaso ondea;[4]
yo soy del astro errante
la luminosa estela.[5]

    Yo soy nieve en las cumbres,
soy fuego[6] en las arenas,
15   azul onda en los mares
y espuma en las riberas.

    En el laúd soy nota,
perfume en la violeta,
fugaz llama[7] en las tumbas
20   y en las ruinas hiedra.

    Yo atrueno en el torrente,
y silbo en la centella,[8]
y ciego en el relámpago,
y rujo en la tormenta.

25   Yo río en los alcores,
susurro en la alta yerba,
suspiro en la onda pura,
y lloro en la hoja seca.

---

2. *del sol... hoguera*   I quiver in the sun's heat. Each description contains a reference
to material, especially cosmic or atmospheric. These are not treated scientifically,
however, but poetically; i.e., the author is concerned with the mysterious, uncom-
prehended aspect of natural phenomena, not with their scientific, analyzable aspect.
3. *el fleco... estrella*   the bands of light barely preceived in the darkness diffracted
from a star
4. *yo... ondea*   image of fleeting clouds, hued by the setting sun
5. *estela*   trail, the faint light that flows behind a star, especially a shooting star
6. *fuego*   sensation of heat
7. *llama*   torch
8. *silbo... centella*   I hiss and crack when lightning strikes

Yo ondulo con los átomos
del humo que se eleva
y al cielo lento sube
en espiral inmensa.

Yo, en los dorados hilos[9]   5
que los insectos cuelgan,
me mezco entre los árboles
en la ardorosa siesta.

Yo corro tras las ninfas[10]
que en la corriente fresca   10
del cristalino arroyo
desnudas juguetean.

Yo, en bosques de corales[11]
que alfombran[12] blancas perlas,
persigo en el Océano[13]   15
las náyades[14] ligeras.

Yo, en las cavernas cóncavas,
do[15] el sol nunca penetra,
mezclándome a los gnomos,[16]
contemplo sus riquezas.   20

Yo busco de los siglos
las ya borradas huellas,
y sé de esos imperios
de que ni el nombre queda.

Yo sigo en raudo vértigo[17]   25
los mundos que voltean,
y mi pupila abarca
la creación entera.

9. *dorados hilos*   golden web
10. *ninfas*   minor nature goddesses, symbolic of the fertility of nature, traditionally
represented as beautiful playful maidens living in rivers
11. *bosques de corales*   coral groves
12. *alfombran*   they cover
13. *Océano*   in mythology, the great river flowing around the earth
14. *náyades*   naiades, beautiful, seminude nymphs, who lived in and gave life to
rivers
15. *do*   Poetic for *donde.*
16. *gnomos*   misshapen dwarfs, supposed to dwell in the bowels of the earth and
guard the earth's hidden treasures
17. *raudo vértigo*   in a state of mad dizziness

Yo sé de esas regiones
a do un rumor no llega,
y donde informes astros
de vida un soplo esperan.

5   Yo soy sobre el abismo
el puente que atraviesa;
yo soy la ignota[18] escala
que el cielo une a la tierra.

Yo soy el invisible
10   anillo que sujeta
el mundo de la forma
al mundo de la idea.

Yo, en fin, soy ese espíritu,
15   desconocida esencia,
perfume misterioso,
de que es vaso el poeta.[19]

18. *ignota*   nonexisting, undiscovered
19. *de... poeta*   *Yo* is poetry, a mysterious essence, which exists outside the poet
and to which the poet gives form. That is, the poet is the vessel but not the
creator of the mysterious perfume. *Vaso* in the Bible refers to a person considered
the receiver of some spirit.

YO SOY ARDIENTE, YO SOY MORENA

"Yo soy ardiente,[1] yo soy morena,
yo soy el símbolo de la pasión;
de ansia de goces mi alma está llena.
¿A mí me buscas?" "No es a ti, no."

5   "Mi frente es pálida; mis trenzas, de oro;
puedo brindarte dichas sin fin;[2]
yo de ternura guardo un tesoro.
¿A mí me llamas?" "No; no es a ti."

"Yo soy un sueño, un imposible,
10   vano fantasma de niebla y luz;
soy incorpórea, soy intangible;
no puedo amarte." "¡Oh, ven; ven tú!"

1. *ardiente*   full of passion
2. *brindarte... fin*   offer you endless joy

DESPIERTA, TIEMBLO AL MIRARTE

Despierta, tiemblo al mirarte;
dormida, me atrevo a verte;
por eso, alma de mi alma,
yo velo[1] mientras tú duermes.

Despierta, ríes, y al reír, tus labios   5
    inquietos me parecen
relámpagos de grana que serpean
    sobre un cielo de nieve.[2]

Dormida, los extremos de tu boca
    pliega sonrisa leve,[3]   10
suave como el rastro luminoso
    que deja un sol que muere.
        —¡Duerme!

Despierta, miras, y al mirar, tus ojos   15
    húmedos resplandeces
como la onda azul, en cuya cresta
    chispeando el sol hiere.[4]

Al través de tus párpados, dormida,
    tranquilo fulgor viertes,[5]   20
cual derrama de luz templado rayo,
    lámpara transparente...
        —¡Duerme!

Despierta, hablas, y al hablar, vibrantes   25
    tus palabras parecen
lluvia de perlas que en dorada copa
    se derrama a torrentes.

Dormida, en el murmullo de tu aliento
    acompasado y tenue,   30
escucho yo un poema que mi alma
    enamorada entiende...
        —¡Duerme!

1. *velo*   I keep watch over you
2. *relámpagos... nieve*   i.e., her lips, moving constantly, look like red flashes that gleam on and off upon the snowy white horizon of her teeth
3. *los extremos... leve*   the corners of your mouth turn up in a slight smile
4. *tus ojos... hiere*   image of blue, moist, sparkling eyes
5. *tranquilo... viertes*   you emit a steady, quiet radiance

Sobre el corazón la mano
me he puesto por que no suene
su latido[6] y de la noche
turbe la calma solemne.

5   De tu balcón las persianas
cerré ya por que no entre
el resplandor enojoso[7]
de la aurora y te despierte...
—¡Duerme!

6. *por que... latido*   so that my heartbeat does not make a sound
7. *enojoso*   irritating, annoying

▣ *Commentary* ▣

Gustavo Adolfo Bécquer (1836–70, poeta lírico, autor de leyendas en prosa y ensayos), nació en Sevilla de familia de antiguo abolengo. Su padre y su tío fueron pintores. Bécquer pasó su adolescencia en Sevilla, dedicado como su hermano Valeriano al estudio de la pintura, pero pronto se decidió por la literatura. En 1854 se trasladó a Madrid, en donde vivió—casado, con hijos, y acompañado de uno de sus hermanos, Valeriano—hasta su muerte. Su formación de pintor, su lectura constante de los autores antiguos, españoles y extranjeros, junto a sus viajes a Toledo y a la región del Moncayo, son los datos más importantes para su vida espiritual. Inspiró y dirigió varias obras de cultura, colaboró en revistas y periódicos. A su muerte, sus amigos recogieron sus escritos, en parte inéditos: *Obras de Gustavo A. Bécquer* (2 vols., 1871; 3 vols., 1904). Más tarde, se continuó la recopilación de sus escritos: *Páginas desconocidas de Gustavo Adolfo Bécquer* (3 vols., 1923). En la Biblioteca Nacional de Madrid se conserva un cuaderno titulado *El libro de los gorriones*, autógrafo de parte de su obra.

Su muerte temprana no le impidió crear una obra tan breve como significativa. Las *Rimas* le hicieron pronto famoso en España e Hispanoamérica. Su poesía tiene un fondo anecdótico y de época. Breves poesías en las que se expresan los raros momentos de felicidad, el dolor continuo, la angustia y el sufrimiento de un amor triste, en un medio muy de los años 1850–70: un balcón con golondrinas y madreselvas, un paseo arbolado, un salón con un arpa en un ángulo oscuro; y la actitud de los amantes en su lento pasear, o el encuentro airado en un baile, o la alcoba del poeta. Tanta anécdota sentimental saturó el corazón de sus contemporáneos, los cuales, encontraron en esa poesía, que se alejaba de la trágica desesperación romántica, la expresión más pura de la concepción del amor de su época: melancólico, triste, resignado. La anécdota es el elemento decorativo y de época que le sirve a Bécquer para presentar una nueva vida del corazón. El otro tema de las *Rimas* es el de la creación poética, sentida como conflicto entre la idea y la forma, el cual no puede resolverse nada más que por medio de la palabra, instrumento insuficiente. El realismo idealista de Bécquer está anunciando y preparando el mundo simbolista e impresionista. Su poesía todavía no capta la fugacidad del presente, ni tiene como base la sensación, ni se eleva a símbolo, pero quiere ser fugaz como el presente, y leve como la sensación, y secreta como el símbolo. Es la poesía del querer ser, querer ser uno con la amada, querer dar forma al ideal, que se siente, significativamente, como sueño.

Bécquer da a su poesía un ritmo musical, a veces casi cantábile. El material sonoro—acentos, pausas, acento, y estructura fonética de la palabra—del verso en realidad no es una forma para la voz, sino que alcanza forma gracias a la voz, cuando el sentimiento del hombre o la mujer lo organiza con su propio sentir. Como el músico indica el tempo de su melodía, Bécquer señala que su verso sea tan sólo murmurado cerca del oído de quien debe escucharlo, para que con el menor soporte físico logre el alma penetrar el corazón. Es la poesía de lo inefable, de lo impalpable, que todavía no es una alusión a la realidad, pero que de ésta conserva únicamente el más ligero recuerdo, como la mariposa que huye deja tan sólo en las manos que quieren detenerla "el polvo de oro con que sus alas se embellecen." Bécquer ya exige de su lector una atención activa y colaboradora.

Las *Rimas* han servido de guía y estímulo a la poesía española del siglo XX, y su valor se acendra más a medida que el tiempo pasa. La prosa de Bécquer, en cambio, no ha sido mirada con tanto interés, sin embargo lo tiene y, dentro del siglo XIX, muy grande. Junto a su importante y significativa colaboración en periódicos y revistas, sus breves ensayos, sueltos unos, agrupados otros por el tema, *Cartas literarias a una mujer*, o por el lugar en que fueron escritos, *Cartas desde mi celda*, nos encontramos sus *Leyendas*, que aunque sean narrativas o descriptivas, surgen siempre de un mismo sentimiento, el misterio, el cual impone el mismo desarrollo a todas ellas. A veces

el misterio expresa la imposibilidad de captar el sentido ordenador
de la creación de la vida o de la creación espiritual o del destino;
otras, la purgación del pecado; por último, el anhelo de belleza y
amor. Por entre las densas sombras del misterio, el poeta se lanza a
una busca, incluso física, sin fin. El misterio rodea el mundo, oculta
los sentimientos y las cosas a la mirada profanadora del vulgo; al
mismo tiempo el misterio es creado por la imaginación del hombre
sensiblemente selecto. Gracias a la imaginación el hombre se trans-
forma en poeta, en vidente. Por la imaginación llega Bécquer a
penetrar las capas de la vida vulgar y cotidiana de sus contemporáneos, que ocultan la virginidad de los sentimientos y de las cosas.
La historia es el receptáculo de la leyenda. El tiempo al alejarse del
presente devuelve a la realidad y a la vida su prístina pureza, que
es en lo que consiste su poesía. Junto a la imaginación, está el sentimiento, supeditada aquélla a éste. La imaginación crea toda la
decoración de su obra: deslumbrante o sombría, melancólica o
amarga, forma el laberinto en que se pierde la realidad; el sentimiento es el hilo de ese laberinto, el elemento constructivo. Bécquer
—pre-rafaelismo en Inglaterra, Baudelaire en Francia—enriquece el
mundo del corazón, y por el sentimiento llega a los valores morales.
La muerte la siente como una forma de la soledad, del abandono,
del olvido. A esta soledad se llega tras un largo adiós. La vida es
una melancólica despedida al tiempo que pasa, de aquí el sentido
de sus estudios de tipos o de costumbres, que no se proponen fijar
el presente, sino "recoger la última palabra de una época que se va...
de las provincias que apenas restará mañana un recuerdo confuso."
El poeta debe conservar los restos de una época que desaparece, pero
su don sobrenatural reside en poder construir con su evocación lo
que el tiempo y la barbarie de los hombres destruyen.

El párrafo de Bécquer es amplio, rico en armonías. La enumeración, la disposición simétrica de iguales grupos sintácticos, la pareja
de vocablos, de frases reiterantes o antitéticas, el empezar la frase
con la palabra o palabras con que termina la frase precedente, son
los recursos de que dispone para dar movimiento y variación a su
párrafo, los cuales producen una cierta monotonía por su repetición
constante. Algún rasgo estilístico, uso de un grupo trimembre—
sujetos, verbos, complementos—lo veremos luego en Valle-Inclán
(Cf. A. Alonso, *Estructura de las "Sonatas" de Valle-Inclán, Verbum*,
XXI, 6–42). Su vocabulario es muy variado, y se enorgullecía de su
conocimiento de voces técnicas.

Véase D. Alonso, *Aquella arpa de Bécquer, Cruz y Raya*, junio, 1935,

59–104; J. Guillén, *La poética de Bécquer*, Rev. Hispánica Moderna, VIII, 1–42.

EL MONTE DE LAS ÁNIMAS

Esta leyenda se publicó en *El Contemporáneo*, el 7 de noviembre de 1861. Bécquer la sitúa en Soria. Maneja cuatro tiempos: 1) Bécquer reviviendo la leyenda que le contaron y sintiendo la necesidad de narrarla (urgencia vital del impulso creador. Cuatro primeros párrafos). 2) Alonso le cuenta a Beatriz lo que sucede en esa noche de difuntos: cacería fatal. Los Templarios salen de sus tumbas y persiguen a los que se encuentran en el Monte, por eso llamado de las Ánimas. 3) De ese tiempo remoto—conquista de Soria por los cristianos—pasamos al tiempo de Beatriz y Alonso, quienes viven esa noche en su castillo rodeados de amigos y vasallos, pero abismados en el terror de la Leyenda. 4) Alonso y Beatriz mueren esa noche. "Después de acaecido este suceso," un cazador contó haber visto cómo los Templarios "sobre osamentas de corceles" perseguían a una mujer que gritando con horror daba vueltas alrededor de la tumba de Alonso.

Ese terror sobrenatural acompañado de sonidos que infunden temor—crujir de los vidrios, doblar de campanas, rumor del viento —sirve de fondo ambiental a la relación psíquico-amorosa de los dos jóvenes—también con una base folklórica: la joven que para cerciorarse del poder de su belleza expone al caballero que le sirve a un grave peligro. El motivo tradicional nos presenta a una bella que voluntariamente deja caer un guante a un foso de fieras; el caballero baja a recogerlo, vuelve y le afea su conducta. En Bécquer se trata de una banda azul que la dama pensaba ofrecer a Alonso, pero que cree la ha perdido en el Monte. Alonso va a buscarla y no vuelve. El tiempo de Beatriz y Alonso no es tan antiguo como el de la Leyenda, pero hemos de suponerlo en los siglos XIV o XV. La relación sentimental entre los dos jóvenes es una constante historia y muy típica de la época de Bécquer. El poeta siente así su conflicto amoroso: una tensión entre dos orgullos que impide toda conciliación, aun más, toda comprensión. El misterio y el horror nos están dando el ambiente psíquico y espiritual del trágico entrecruzamiento. También en la lucha entre los Templarios y la nobleza de la ciudad podemos ver el conflicto del siglo XIX entre dos poderes: las Instituciones que representan las fuerzas tradicionales y el nuevo espíritu económico-social de la época.

Tres Rimas

"Espíritu sin nombre" es un romancillo heptasílabo de asonancia en e-a y de estructura estrófica. Dentro de la enumeración se consigue una gran variedad por el juego del pronombre (yo), del verbo, de la preposición; de la composición bimembre, tetramembre, o de un sólo elemento de la estrofa; sobre todo, se va acumulando el ritmo sin acelerarlo ni aumentar su volumen sonoro, dirigiéndolo a la estrofa final, la diecinueve, como un verdadero cierre. Bécquer ha captado la complejidad de su mundo—sensaciones, sentimientos, ideas, movimiento, instantaneidad, sonido, tiempo, vaguedad, historia, ensueño, leyenda—al cual el poeta debe dar forma, "De que es vaso el poeta."

En la Rima XI a una declaración (muy precisa, pero somera: física) y una presentación rápida, esquemática, pero también precisa del temperamento (pasión, ternura, ensueño) le sigue un diálogo tan breve como explícito. Son tres estrofas de cuatro decasílabos, los impares consonantes y los pares agudos y asonantes. Las rimas cambian en cada estrofa. Menos en el segundo verso de todas las estrofas la cesura está siempre muy marcada. La figura del imposible con que termina el poema, ese "vano fantasma de niebla y luz" es el símbolo del ideal inalcanzable.

La Rima 27 está formada por una estrofa de cuatro octosílabos, los pares asonantados en e-e; tres estrofas de nueve versos endecasílabos y heptasílabos, con el noveno de dos sílabas; la estrofa final de ocho octosílabos con el verso final de dos. En las cuatro estrofas se mantiene la asonancia en e-e y el estribillo exhortativo. La composición es de una lógica formal extremadamente rigurosa como corresponde a su época, el Realismo-idealista. La estrofa introductoria ofrece la melodía antitética: Despierta-Dormida, Tiemblo-me atrevo, y la consecuencia "Por eso... yo velo mientras tú duermes." De aquí el estribillo: "¡Duerme!" La poesía desarrolla de una manera muy imaginativa la oposición entre el tumulto de las pasiones y el silencio purificador que conduce a la contemplación de las esencias.

Después de la convulsión romántica con su desgarradora antítesis, el hombre quiere reducir todas las contradicciones de la realidad con un idealismo abarcador, pero el poeta y ensayista que es Bécquer sueña con el pasado y se deja arrastrar lleno de admiración por el presente.

Joaquín Casalduero

◪ Leopoldo Alas (Clarín) ◪

Protesto[1]

I

Este don Fermín Zaldúa, en cuanto tuvo uso de razón, y fué muy
pronto, por no perder el tiempo, no pensó en otra cosa más que en
hacer dinero. Como para los negocios no sirven los muchachos, porque la ley no lo consiente, don Fermín sobornó al tiempo y se las
5 compuso[2] de modo que pasó atropelladamente por la infancia, por la
adolescencia y por la primera juventud, para ser cuanto antes un
hombre en el pleno uso de sus derechos civiles; y en cuanto se
vió mayor de edad, se puso a pensar si tendría él algo que reclamar
por el beneficio de la restitución *in integrum*.[3] Pero ¡ca![4] Ni un cen-
10 tavo tenía que restituirle alma nacida,[5] porque, menor y todo, nadie
le ponía el pie delante[6] en lo de negociar con astucia, en la estrecha
esfera en que la ley hasta entonces se lo permitía. Tan poca importancia daba él a todos los años de su vida en que no había podido
contratar, ni hacer grandes negocios, por consiguiente, que había
15 olvidado casi por completo la inocente edad infantil y la que sigue,
con sus dulces ilusiones, que él no había tenido, para evitarse el

1. *protesto*   written receipt; proof that something specified has been received
2. *sobornó... compuso*   bought time and worked things out
3. *in integrum*   (Latin) in its entirety
4. *¡ca!*   No, indeed!; Oh, no!
5. *alma nacida*   a single person
6. *nadie... delante*   no one could outdo him

disgusto de perderlas. Nunca perdió nada don Fermín, y así, aunque
devoto y aun supersticioso, como luego veremos, siempre se opuso
terminantemente a aprender de memoria la oración de San Antonio.[7]
«¿Para qué?— decía él—. ¡Si yo estoy seguro de que no he de perder
nunca nada!»   5

—Sí tal[8]— le dijo en una osación el cura de su parroquia, cuando
Fermín ya era muy hombre—, sí tal; puede usted perder una cosa...:
el alma.

—De que eso no suceda —replicó Zaldúa— ya cuidaré yo a su
tiempo. Por ahora a lo que estamos. Ya verá usted, señor cura, cómo   10
no pierdo nada. Procedamos con orden. El que mucho abarca poco
aprieta.[9] Yo me entiendo.

Lo único de su niñez que Zaldúa recordaba con gusto y con provecho era la gracia que desde muy temprano tuvo de hacer parir
dinero al dinero[10] y a otras muchas cosas. «Pocos objetos hay en el   15
mundo —pensaba él— que no tengan dentro algunos reales por lo
menos; el caso está en saber retorcer y estrujar las cosas para que
suden cuartos.»[11]

Y lo que hacía el muchacho era juntarse con los chicos viciosos,
que fumaban, jugaban y robaban en casa dinero o prendas de algún   20
valor. No los seguía por imitarlos, sino por sacarlos de apuros
cuando carecían de pecunia,[12] cuando perdían al juego, cuando
tenían que restituir el dinero cogido a la familia o las prendas em-
peñadas. Fermín adelantaba la plata necesaria...;[13] pero era con
interés. Y nunca prestaba sino con garantías, que solían consistir   25
en la superioridad de sus puños, porque procuraba siempre que
fueran más débiles que él sus deudores, y el miedo le guardaba la
viña.[14]

Llegó a ser hombre y se dedicó al único encanto que le encontraba
a la vida, que era la virtud del dinero de parir dinero. Era una especie   30
de Sócrates crematístico;[15] Sócrates, como su madre, Fenaretes,

7. *oración de San Antonio*   prayer for the return of lost articles
8. *Sí tal*   oh yes, you can
9. *El... aprieta*   Let's not bite off more than we can chew.
10. *de hacer... dinero*   of making money beget money
11. *el caso... cuartos*   it's a question of knowing how to squeeze blood out of a turnip
12. *carecían de pecunia*   they were out of dough
13. *adelantaba... necesaria*   would advance the money they needed
14. *el... viña*   i.e., because his debtors were afraid of him, he was sure they would
come through with the payments
15. *Sócrates crematístico*   An economic version of the Greek philosopher and teacher
who goes around not preaching virtue but lending money.

matrona partera,[16] se dedicaba a ayudar a parir..., pero ideas.
Zaldúa era comadrón del treinta por ciento.[17]

Todo es según se mira: su avaricia era cosa de su genio; era él un
genio de la ganancia. De una casa de banca ajena pronto pasó a otra
5 propia; llegó en pocos años a ser el banquero más atrevido, sin dejar
de ser prudente, más lince, más afortunado de la plaza, que era
importante; y no tardó su crédito en ser cosa muy superior a la
esfera de los negocios locales, y aun provinciales, y aun nacionales;
emprendió grandes negocios en el extranjero, fué su fama universal,
10 y a todo esto él, que tenía el ojo en todas las plazas y en todos los
grandes negocios del mundo, no se movía de su pueblo, donde iba
haciendo los necesarios gastos de ostentación como quien pone
mercancías en un escaparate. Hizo un palacio, gran palacio, rodeado
de jardines; trajo lujosos trenes de París y Londres, cuando lo creyó
15 oportuno, y lo creyó oportuno cuando cumplió cincuenta años, y
pensó que era ya hora de ir preparando lo que él llamaba para sus
adentros el *otro negocio*.[18]

II

Aunque el cura aquel de su parroquia ya había muerto, otros
quedaban, pues curas nunca faltan: y don Fermín Zaldúa, siempre
20 que veía unos manteos[19] se acordaba de lo que le había dicho el
párroco y de lo que él le había replicado.

Ése era el *otro negocio*. Jamás había perdido ninguno, y las canas
le decían que estaba en el orden empezar a preparar el terreno
para que, por no perder, ni siquiera el alma se le perdiese.

25 No se tenía por más ni menos pecador que otros cien banqueros
y prestamistas. Engañar, había engañado al lucero del alba.[20] Como
que sin engaño, según Zaldúa, no habría comercio, no habría cambio. Para que el mundo marche, en todo contrato ha de salir perdiendo uno para que haya quien gane. Si en los negocios se hicieran
30 tablas como el juego de damas, se acababa el mundo.[21] Pero en fin,

16. *matrona partera*   matronly midwife
17. *comadrón... ciento*   a male midwife of 30%; i.e., he helped his money "deliver"
30% interest rates
18. *otro negocio*   i.e., the other matter of his spiritual salvation
19. *siempre... manteos*   whenever he would see priestly cloaks
20. *Engañar... alba*   As for cheating, he had cheated even the morning star.
21. *Si... mundo*   If in transactions there were ties like in a game of checkers the world
would come to an end.

no se trataba de hacerse el inocente; así como jamás se había forjado ilusiones en sus cálculos para negociar, tampoco ahora quería forjárselas en el *otro negocio:* «A Dios —se decía—no he de engañarle y el caso no es buscar disculpas, sino remedios. Yo no puedo restituir a todos los que pueden haber dejado un poco de lana en mis zarzales.[22] ¡La de letras que yo habré descontado![23] ¡La de préstamos hechos! No puede ser. No puedo ir buscando uno por uno a todos los perjudicados; en gastos de correos y en indagatorias se me iría más de lo que les debo.[24] Por fortuna, hay un Dios en los cielos que es acreedor de todos; todos le deben todo lo que son, todo lo que tienen; y pagando a Dios lo que debo a sus deudores unifica mi deuda, y para mayor comodidad me valgo del banquero de Dios en la tierra, que es la Iglesia. ¡Magnífico! Valor recibido, y andando.[25] Negocio hecho.»

Comprendió Zaldúa que para festejar al clero, para gastar parte de sus rentas en beneficio de la Iglesia, atrayéndose a sus sacerdotes, el mejor reclamo era la opulencia, no porque los curas fuesen generalmente amigos del poderoso y cortesanos de la abundancia y del lujo, sino porque es claro que, siendo misión de una parte del clero pedir para los pobres, para las causas pías, no han de postular donde no hay de qué ni han de andar oliendo dónde se guisa.[26] Es preciso que se vea de lejos la riqueza y que se conozca de lejos la buena voluntad de dar. Ello fué que,[27] en cuanto quiso, Zaldúa vió un palacio lleno de levitas y tuvo oratorio en casa;[28] y, en fin, la piedad se le entró por las puertas tan de rondón,[29] que toda aquella riqueza y todo aquel lujo empezó a oler así como a incienso; y los tapices y la plata y el oro labrados de aquel palacio, con todos sus jaspes y estatuas y grandezas de mil géneros, llegaron a parecer magnificencias de una catedral, de ésas que enseñan con tanto orgullo los sacristanes de Toledo, de Sevilla, de Córdoba, etc., etc.

Limosnas abundantísimas, y aun más fecundas por la sabiduría con que se distribuyen siempre; fundaciones piadosas de enseñanza, de asilo para el vicio arrepentido, de pura devoción y aun de otras

22. *los... zarzales* who might have left a bit of their money in my coffers
23. *¡La... descontado!* The amount from IOU's that I must have collected as interest!
24. *en... debo* in investigation alone I'd lose more than what I owe them
25. *Valor... andando* Paid in full, and that's it.
26. *no... guisa* they shouldn't imagine things that aren't there or poke their noses into other people's business
27. *Ello fué que* it turned out that
28. *lleno... casa* full of frock coats and had a chapel in his house
29. *tan de rondón* so brashly; so uncompromisingly

clases, todas santas; todo eso y mucho más por el estilo[30] brotó del caudal fabuloso de Zaldúa como de un manantial inagotable.

Mas como no bastaba pagar con los bienes, sino que se había de contribuir con prestaciones personales, don Fermín, que cada día fué tomando más en serio el negocio de la salvación, se entregó a la práctica devota, y en manos de su director espiritual y *administrador místico*,[31] don Mamerto, maestrescuela de la Santa Iglesia Catedral, fué convirtiéndose en paulino,[32] en siervo de María,[33] en cofrade del Corazón de Jesús[34] y, lo que importaba más que todo, ayunó, frecuentó los Sacramentos,[35] huyó de lo que le mandaron huir, creyó cuando le mandaron creer, aborreció lo aborrecible y, en fin, llegó a ser el borrego más humilde y dócil de la diócesis, tanto, que don Mamerto, el maestrescuela, hombre listo, al ver la oveja tan sumisa y de tantos posibles,[36] le llamaba para sus adentros «*el Toisón de Oro.*».[37]

III

Todos los comerciantes saben que sin buena fe, sin honradez general en los del oficio, no hay comercio posible; sin buena conducta, no hay confianza, a la larga; sin confianza, no hay crédito; sin crédito, no hay negocio. Por propio interés ha de ser el negociante limpio en sus tratos; una cosa es la ganancia, con su engaño necesario, y la trampa es otra. Así pensaba Zaldúa, que debía gran parte de su buen éxito a esta honradez formal, a esta seriedad y buena fe en los negocios, una vez emprendidos los de ventaja. Pues bien: el mismo criterio llevó a su *otro negocio*. Sería no conocerle pensar que él había de ser hipócrita, escéptico: no; se aplicó de buena fe a las prácticas religiosas, y si, modestamente, al sentir el dolor de sus pecados, se contentó con el de atrición,[38] fué porque compendió, con su gran golpe de vista,[39] que no estaba la Magdalena

30. *mucho... estilo*   and a lot more like that
31. *administrador místico*   mystical business manager; i.e., the one who was taking care of his spiritual estate
32. *paulino*   a disciple of the Apostle Paul
33. *siervo de María*   vassal of Virgin Mary
34. *cofrade del Corazón de Jesús*   brother of the order of the Heart of Jesus
35. *frecuentó los Sacramentos*   he went often to confession and communion
36. *y... posibles*   and with so much income
37. *el Toisón de Oro*   Golden Fleece; i.e., Zaldúa was his gold mine
38. *se... atrición*   he was satisfied with the pain of repentance
39. *gran... vista*   quick glance

para tafetanes[40] y que a don Fermín Zaldúa no había que pedirle la contrición, porque no la entendía. Por temor al castigo, a *perder* el alma, fué, pues, devoto; pero este temor no fué fingido, y la creencia ciega, absoluta, que se pidió para salvarse la tuvo sin empacho[41] y sin el menor esfuerzo. No comprendía cómo había quien se empeñaba en condenarse por el capricho de no querer creer cuanto fuera necesario. Él lo creía todo, y aun llegó, por una propensión común a los de su laya,[42] a creer más de lo conveniente, inclinándose al fetichismo disfrazado[43] y a las más claras supersticiones.

En tanto que Zaldúa edificaba el alma como podía, su palacio era emporio de la devoción ostensible y aun ostentosa, eterno jubileo, basílica de los negocios píos de toda la provincia, y a no ser profanación excusable, llamáralo lonja de los contratos ultratelúricos.[44]

Mas sucedió a lo mejor, y cuando el caudal de don Fermín estaba recibiendo los más fervientes y abundantes bocados de la piedad solícita,[45] que el diablo, o quien fuese, inspiró un sueño, endemoniado, si fué del diablo, en efecto, al insigne banquero.

Soñó de esta manera. Había llegado la de vámonos;[46] él se moría, se moría sin remedio, y don Mamerto, a la cabecera de su lecho, le consolaba diciendo:

—Ánimo, don Fermín, ánimo, que ahora viene la época de cosechar el fruto de lo sembrado.[47] Usted se muere, es verdad, pero ¿qué? ¿Ve usted este papelito? ¿Sabe usted lo que es?

Y don Mamerto sacudía ante los ojos del moribundo una papeleta[48] larga y estrecha.

---

40. *no... tafetanes* he was not up to it. This refers to the prostitute Magdalene, who, in the throes of repentance (and contrition) was not in the mood to bother about frilly undergarments; that is, she was concerned with her inner reformation, not her outer appearance. The expression means, roughly, that sometimes even a prostitute isn't up to frivolity.
41. *sin empacho* without "putting on"; for real
42. *a... laya* those of his kind
43. *inclinándose... disfrazado* leaning toward a disguised sort of obsessed reverence
44. *llamáralo... ultratelúricos* one would call it the marketplace of otherworldly contracts
45. *cuando... solícita* when don Fermín's fortune ·was bitten into ardently and abundantly by his eager piety
46. *Había... vámonos* the time of the last roundup had come; i.e., it was time to die
47. *la época... sembrado* the time to gain profits from what you have invested
48. *papeleta* slip of paper; pawn ticket

—Eso... parece una letra de cambio.[49]

—Y eso es efectivamente. Yo soy el librador y usted es el tomador;[50] usted me ha entregado a mí, es decir, ha entregado a la Iglesia, a los pobres, a los hospitales, a las ánimas, la cantidad... equis.[51]

5   —Un buen pico.[52]

—¡Bueno! Pues bueno; ese pico mando yo, que tengo fondos colocados en el cielo,[53] porque ya sabe usted que ato y desato,[54] que se lo paguen a su espíritu de usted en el otro mundo, en buena moneda de la que corre allí, que es la gracia de Dios, la felicidad 10 eterna. A usted le enterramos con este papelito sobre la barriga, y por el correo de la sepultura[55] esta letra llega a poder de su alma de usted, que se presenta a cobrar ante San Pedro, es decir, a recibir el cacho de gloria, a la vista, que le corresponda, sin necesidad de antesalas ni plazos ni *fechas* de purgatorio...[56]

15   Y en efecto; siguió don Fermín soñando que se había muerto, y que sobre la barriga le habían puesto, como una recomendación o como uno de aquellos viáticos en moneda y comestibles que usaban los paganos para enterrar sus muertos,[57] le habían puesto la letra a la vista que su alma había de cobrar en el cielo.

20   Y después él ya no era él, sino su alma, que con gran frescura se presentaba en la portería[58] de San Pedro, que además de portería era un Banco, a cobrar la letra de don Mamerto.

Pero fué el caso que el Apóstol, arrugado el entrecejo, leyó y releyó el documento, le dió mil vueltas[59] y, por fin, sin mirar al 25 portador, dijo malhumorado:

—¡Ni pago ni acepto![60]

49. *letra de cambio*   draft. The rest of Fermín's dream is full of money and banking expressions. Clarín focuses on the personality of the moneylender and, through the commerce lexicon, depicts him at a critical transaction between earth and heaven.
50. *librador... tomador*   drawer (he draws an order for the payment of money); drawee (he pays money over to a third party)
51. *la cantidad... equis*   undetermined amount
52. *Un buen pico*   a fat sum
53. *ese pico... cielo*   that's the sum I demand since I have funds deposited in heaven
54. *ato y desato*   I wheel and deal
55. *por... sepultura*   through the mailbox of the grave
56. *esta... purgatorio*   this note comes made out to your soul, which comes to collect before St. Peter; i.e., to receive its "cut" of eternal glory, that it has coming to it on the spot, with no need to bother with waiting rooms, dates of payments, or delays in Purgatory.
57. *aquellos... muertos*   those provisions in money and food with which pagans used to bury their dead
58. *la portería*   main door; main entrance
59. *le dió mil vueltas*   examined the document carefully
60. *¡Ni pago ni acepto!*   Unacceptable!

El alma de Zaldúa hizo ni más ni menos lo que su propietario, don Fermín, hubiera hecho en la tierra en situación semejante. No gastó el tiempo en palabras vanas, sino que inmediatamente se fué a buscar un notario, y antes de la puesta del sol del día siguiente se extendió el correspondiente protesto, con todos los requisitos de la 5 sección octava, del título décimo del libro segundo del Código de Comercio vigente; y don Fermín, su alma, dejó copia de tal protesto, en papel común, al príncipe de los apóstoles.[61]

Y el cuerpo miserable del avaro, del capitalista devoto, ya encentado[62] por los gusanos, se encontró en su sepultura con un papel 10 sobre la barriga; pero un papel de más bulto y de otra forma que la letra de cambio que él había mandado al cielo.

Era el protesto.

Todo lo que había sacado en limpio[63] de sus afanes por el *otro negocio.*   15

Ni siquiera le quedaba el consuelo de presentarse en juicio a exigir del librador,[64] del pícaro don Mamerto, los gastos del protesto ni las demás responsabilidades, porque la sepultura estaba cerrada a cal y canto[65] y además los pies los tenía ya hechos polvo.

IV

Cuando despertó don Fermín vió a la cabecera de su cama al 20 maestrescuela, que le sonreía complaciente y aguardaba su despertar para recordarle la promesa de pagar toda la obra de fábrica de una nueva y costosísima institución piadosa.

—Dígame usted, amigo don Mamerto —preguntó Zaldúa, cabizbajo y cejijunto[66] como el San Pedro que no había aceptado la letra—, 25 ¿debe creerse en aquellos sueños que parecen providenciales, que están compuestos con imágenes que pertenecen a las cosas de nuestra sacrosanta religión y nos dan una gran lección moral y sano aviso para la conducta futura?

—¡Y cómo si debe creerse! —se apresuró a contestar el canónigo, 30

---

61. *se... apóstoles*   the corresponding receipt was deposited, according to Section 8, Chapter 10 of the Second Volume of the prevailing commercial Code; and don Fermín, or rather his soul, left a copy of the receipt written on plain paper for the Prince of the Apostles
62. *ya encentado*   already sliced up
63. *Todo... limpio*   that's all he was able to net
64. *presentarse... librador*   appearing in court to demand from the dealer
65. *cerrada a cal y canto*   sealed in stone and mortar
66. *cabizbajo y cejijunto*   thoughtful and frowning

que en un instante hizo su composición de lugar,[67] pero trocando
los frenos y equivocándose de medio a medio,[68] a pesar de que era
tan listo—. Hasta el pagano Homero, el gran poeta, ha dicho que
los sueños vienen de Júpiter.[69] Para el cristiano vienen del único
5   Dios verdadero. En la Biblia tiene usted ejemplos respetables del
gran valor de los sueños. Ve usted primero a Josef interpretando los
sueños de Faraón,[70] y más adelante a Daniel explicándole a Nabucodonosor...[71]
—Pues este Nabucodonosor que tiene usted delante, mi señor
10 don Mamerto, no necesita que nadie le explique lo que ha soñado,
que harto lo entiende. Y como yo me entiendo, a usted sólo le
importa saber que en adelante pueden usted y todo el cabildo,[72] y
cuantos hombres se visten por la cabeza,[73] contar con mi amistad...,
pero no con mi bolsa. Hoy no se fía aquí;[74] mañana, tampoco.
15 Pidió don Mamerto explicaciones, y a fuerza de mucho rogar logró
que don Fermín le contase el sueño del protesto.
Quiso el maestrescuela tomarlo a risa;[75] pero al ver la seriedad
del otro, que ponía toda la fuerza de su fe supersticiosa en atenerse
a[76] la lección del protesto, quemó el canónigo el último cartucho[77]
20 diciendo:
—El sueño de usted es falso, es satánico, y lo pruebo probando
que es inverosímil.[78] Primeramente, niego que haya podido hacerse
en el cielo un protesto..., porque es evidente que en el cielo no hay

67. *hizo... lugar*   sized up the situation
68. *de medio a medio*   completely
69. *sueños... Júpiter*   In classic mythology dreams were the sons of Night and were
sent to sleeping people by the gods to forewarn them about something. Agamemnon,
leader of the Greeks in Troy, had such a dream sent by Jupiter in Homer's *Iliad*.
70. *Josef... Faraón*   Jacob's eleventh son was carried off to Egypt and later interpreted
the Pharaoh's dream of "fat and lean cows." Because of his sagacious interpretation
Joseph was made Prime Minister.
71. *Daniel... Nabucodonosor*   The story of Daniel's interpretation of a dream which
had preocupied Nebuchadnezar, the king of Babylon, is part of oral folk tradition,
not part of biblical mythology. Its significance here is that it provides another
example of dreams foretelling the future.
72. *todo el cabildo*   the entire group of your clergy
73. *y cuantos... cabeza*   and all those who cover their heads; i.e., clerics
74. *no... aquí*   there's no credit here
75. *tomarlo a risa*   take it as a joke
76. *en atenerse a*   in abiding by
77. *quemó... cartucho*   he played out his last trump card
78. *inverosímil*   unlikely

escribanos.[79] Además, en el cielo no puede cumplirse con el requisito de extender el protesto[80] antes de la puesta del sol del día
siguiente..., porque en el cielo no hay noche ni día, ni el sol se
pone, porque todo es sol, y luz, y gloria, en aquellas regiones.

Y como don Fermín insistiera en su superchería,[81] moviendo a un   5
lado y a otro la cabeza, don Mamerto, irritado y echándolo a rodar
todo,[82] exclamó:

—Y por último..., niego... el portador. No es posible que su alma
de usted se presentara a cobrar la letra... ¡porque los usureros no
tienen alma!   10

—Tal creo —dijo don Fermín, sonriendo muy contento y algo
socarrón—; y como no la tenemos, mal podemos perderla. Por eso,
si viviera el cura aquel de mi parroquia, le demostraría que yo no
puedo perder nada. Ni siquiera he perdido el dinero que he empleado en cosas devotas, porque la fama de santo ayuda al crédito.[83]   15
Pero como ya he gastado bastante en anuncios, ni pago esa obra de
fábrica... ni aprendo la oración de San Antonio.

79. *en... escribanos*   there are no public notaries in heaven. See note 95 in Quevedo.
80. *extender el protesto*   depositing the receipt
81. *insistiera... superchería*   kept on accusing him of fraud
82. *echándolo... todo*   upsetting everything
83. *la... crédito*   my reputation as a saint helps promote my credit rating

Un jornalero[1]

Salía Fernando Vidal de la Biblioteca de N**, donde había estado trabajando, según costumbre, desde las cuatro de la tarde.

Eran las nueve de la noche; acababa de oscurecer.

La Biblioteca no estaba abierta al público sino por la mañana.

5   Los porteros y demás dependientes vivían en la planta baja[2] del edificio, y Fernando, por un privilegio, disfrutaba a solas de la Biblioteca todas las tardes y todas las noches, sin más condiciones que éstas: ir siempre sin compañía; correr por su cuenta con el gasto de las luces[3] que empleaba, y encargarse de abrir y cerrar, dejando
10 al marcharse las llaves en casa del conserje.[4]

En toda N**, ciudad de muchos miles de habitantes, industriosa, rica, llena de fábricas, no había un solo ciudadano que disputase ni envidiase a Vidal su privilegio de la Biblioteca.

Cerró Fernando como siempre la puerta de la calle con enorme
15 llave, y empuñando el manojo que ésta y otras varias formaban, anduvo algunos pasos por la acera, ensimismado, buscando, sin pensar en ello, el llamador de la puerta en la casa del conserje, que estaba a los pocos metros, en el mismo edificio.

Pero llamó en vano. No abrían, no contestaban.

1. *jornalero*   day laborer
2. *planta baja*   ground floor
3. *correr... luces*   to pay for the consumption of lights he used
4. *conserje*   Custodians of libraries and other large buildings usually live in small apartments on the premises.

Vidal tardó en fijarse en tal silencio. Iba lleno de las ideas que
con él habían bajado a la calle, dejando las frías páginas de los libros
de arriba, la eterna prisión.

«No está nadie», pensó, por fin, sin fijarse en que debía extrañar
que no estuviese nadie en casa del conserje.   5

—¡Y qué hago yo con esto! —se dijo, sacudiendo el manojo de
llaves, que le daba aspecto de carcelero.

En aquel momento se fijó en otra cosa. En que la noche era oscura,
en que había faroles, tres, bien lo recordaba, a lo largo de la calle,
y no estaba ninguno encendido.   10

Después notó que a nadie podía parecerle ridícula su situación
porque por la calle de la Biblioteca no pasaba un alma. Silencio
absoluto.

Una detonación lejana le hizo exclamar:

—¡Un tiro!   15

Y el tiro, más bien su nombre, le trajo a la actualidad, a la vida real
de su pueblo.

«Cuando salí de casa, después de comer, en el café oí decir que
esta noche se armaba,[5] que los socialistas o los anarquistas, o no sé
quién, preparaban un golpe de mano[6] para sacar de la cárcel a no   20
sé qué presos de su comunión[7] y proclamar todo lo proclamable.

»Debe de ser eso. Debe de estar armada.[8]

»¡Dios mío! —siguió reflexionando—, si está armada, si aquí pasa
algo grave, mañana acaso esté cerrada la Biblioteca, acaso no me
permitan o no pueda yo venir de tarde a terminar mi examen del   25
códice en que he descubierto tan preciosos datos para la historia de
los disturbios de los gremios[9] de R*** en el siglo...; ¡por vida del
chápiro![10] Y si mañana no concluyo mi trabajo, el número próximo
de la *Revista Sociológica Histórica* sale sin mi artículo... y quién sabe
si míster Flinder, en la *Revista de Ciencias Morales e Históricas*, de   30
Zurich, se adelantará, si es verdad, como me escriben de allá, que
ha visto este precioso documento el año pasado, cuando estuvo aquí
mientras yo fui a Vichy.[11]

»No, mil veces no; eso no puedo consentirlo; no es por vanidad

5. *se armaba*   the trouble would start. The complete expression is *armarse la gorda*.
6. *golpe de mano*   surprise attack
7. *no... comunión*   certain prisoners from the same political party
8. *Debe... armada*   It must have broken out.
9. *gremios*   guilds, trade unions. Vidal is a historian involved in research.
10. *¡por... chápiro!*   Good grief!; for the love of Mike!
11. *Vichy*   city in central France

pueril: es que esos socialistas de cátedra me son antipáticos;[12] Flinder de fijo[13] arrima el ascua a su sardina;[14] de fijo lo convierte todo en sustancia, y de los datos favorables para sus teorías que este códice contiene quiere hacer una catedral,[15] toda una prueba plena

5 ..., y eso, ¡vive Dios que es profanar[16] la historia, el arte, la ciencia!... No, no; yo diré primero la verdad desnuda, imparcialmente, reconociendo todo lo que este manuscrito arroja de luz[17] en la tan debatida cuestión..., pero sin que sirva de arma para tirios ni troyanos.[18] Me cargan los utopistas,[19] los dogmáticos...»

10 Sonó otro tiro.

«Pues debe de ser eso. Debe de haberse armado.»

Vidal se aventuró por la calle arriba. Al dar vuelta a la esquina, que estaba lejos de la Biblioteca, en la calle inmediata, como a treinta pasos, vió al resplandor de una hoguera un montón in-

15 forme,[20] tenebroso, que obstruía la calle, que cerraba la perspectiva.[21] «Debe de ser una barricada.»

Alrededor de la hoguera distinguió sombras. «Hombres con fusiles —pensó—; no son soldados; deben de ser obreros. Estoy en poder de los enemigos... del orden.»[22]

20 Una descarga nutrida[23] le hizo afirmarse en sus conjeturas; oyó gritos confusos, ayes,[24] juramentos...

No cabía duda, se había armado. «Aquello era una barricada, y por aquel lado no había salida.»

Deshizo el camino andado,[25] y al llegar a la puerta de la Biblioteca

25 se detuvo, se rascó detrás de una oreja y meditó:

«Mañana, por fas o por nefas,[26] estará cerrado; mi artículo no

---

12. *es... antipáticos*   the fact is I just don't like those egghead socialists
13. *de fijo*   certainly
14. *arrima... sardina*   is taking advantage of his opportunity, is hot on the trail (literally, already has his sardine on the coals)
15. *hacer una catedral*   make a mountain out of a mole hill
16. *vive... profanar*   by God, this is debasing to
17. *arroja de luz*   sheds light
18. *sin... troyanos*   without turning my findings into a weapon for one side or the other. Allusion to the ancient commercial competition between Tyrians (Phoenicians) and Trojans.
19. *Me... utopistas*   I'm disgusted with utopians; utopians get on my nerves
20. *montón informe*   shapeless heap
21. *cerraba la perspectiva*   was blocking the view
22. *enemigos... del orden*   i.e., anarchists
23. *descarga nutrida*   heavy volley
24. *ayes*   moans, groans
25. *Deshizo... andado*   he retraced his steps
26. *por fas o por nefas*   for sure, in any case

podrá salir a tiempo...; puede adelantarse Flinder... No dejemos
para mañana lo que podemos hacer hoy.»

Sonó a lo lejos otra descarga, mientras Vidal metía la gran llave
en su cerradura y abría la puerta de la Biblioteca. Al cerrar por
dentro oyó más disparos, mucho más cercanos, y voces y lamentos.   5
Subió la escalera a tientas,[27] reparó al llegar a otra puerta cerrada
en que iba a oscuras; encendió un fósforo, abrió la puerta que tenía
delante, entró en la portería, contigua al salón principal; encendió
un quinqué de petróleo[28] que aún tenía el tubo caliente,[29] pues era
el mismo con que momentos antes se había alumbrado; entró con   10
su luz en el salón de la Biblioteca, buscó sus libros y manuscritos,
que tenía separados en un rincón, y a los cinco minutos trabajaba
con ardor febril, olvidado del mundo entero, sin oír los disparos que
sonaban cerca. Así estuvo no sabía él cuánto tiempo. Tuvo que
detenerse en su labor porque el quinqué empezó a apagarse; la   15
llama chisporroteaba,[30] se ahogaba la luz con una especie de bostezo
de muy mal olor y de resplandores fugaces. Fernando maldijo su
suerte, su mala memoria, que no le había hecho recordar que tenía
poco petróleo el quinqué...; en fin, recogió los papeles de prisa, y
salió de la Biblioteca a oscuras, a tientas. Llegó a la puerta de la   20
calle abrió, salió..., al dar la vuelta para cerrar sintió que por ambos
hombros le sujetaban sendas manos de hierro[31] y oyó voces roncas
y feroces que gritaban:

—¡Alto!

—¡Date preso![32]   25

—¡Un burgués![33]

—¡Matarle!

«¡Son ellos —pensó Vidal—, los correligionarios[34] activos, prác-
ticos, de míster Flinder!»

En efecto, eran los socialistas, anarquistas o Dios sabía qué,   30
triunfantes, en aquel barrio a lo menos. Con otros burgueses que
habían encontrado por aquellos contornos habían hecho lo que
habían querido; quedaban algunos malheridos; los que menos

27. *a tientas*   gropingly
28. *quinqué de petróleo*   antique oil lamp with a wick which is enclosed in a glass tube
29. *aún... caliente*   whose glass tube was still warm
30. *chisporroteaba*   was sputtering
31. *por... hierro*   two steel hands held him tight, one on each shoulder
32. *¡Date preso!*   You're under arrest!
33. *burgués*   The anarchists considered the bourgeoisie to be enemies of the proletariat.
34. *correligionarios*   partners, fellow anarchists

apaleados.³⁵ El aspecto de Fernando, que no revelaba gran holgura ni mucho capital robado al sudor del pobre,³⁶ los irritó en vez de ablandarlos. Se inclinaban a pasarle por las armas,³⁷ y así se lo hicieron saber.³⁸

5   Uno que parecía cabecilla³⁹ se fijó en el edificio de donde salía Vidal y exclamó:

—Ésta es la Biblioteca; ¡es un sabio, un burgués sabio!

—¡Que muera! ¡Que muera!

—Matarlo a librazos...⁴⁰ Eso es, arriba, a la Biblioteca, que muera
10 a pedradas... de libros, de libros infames que han publicado el clero, la nobleza, los burgueses, para explotar al pobre, engañarle, reducirle a la esclavitud moral y material.

—¡Bravo, bravo!...

—Mejor es quemarle en una hoguera de papel...
15 —¡Eso, eso!

—Abrasarle en su Biblioteca...

Y a empellones,⁴¹ Fernando se vió arrastrado por aquella corriente de brutalidad apasionada, que le llevó hasta el mismo salón donde él trabajaba poco antes, en aquel códice en que se podía estudiar
20 algún relámpago antiquísimo precursor de la gran tempestad que ahora bramaba sobre su cabeza.

Los sublevados llevaban antorchas y faroles; el salón se iluminó con una luz roja con franjas de sombras temblorosas, formidables.⁴² El grupo que subió hasta el salón no era muy numeroso, pero sí muy
25 fiero.

—Señores —gritó Vidal con gran energía—. En nombre del progreso les suplico que no quemen la Biblioteca... La ciencia es imparcial, la historia es neutral. Esos libros... son inocentes..., no dicen que sí ni que no; aquí hay de todo. Ahí están, en esos tomos
30 grandes, las obras de los Santos Padres,⁴³ algunos de cuyos pasajes

---

35. *los... apaleados*   the ones who came off best got beaten; i.e., some had been killed
36. *que... pobre*   whose appearance did not show any evidence of luxury or wealth earned at the expense of the poor
37. *a... armas*   to execute him by firing squad
38. *se... saber*   they let him know about it
39. *cabecilla*   ringleader, faction leader
40. *Matarlo a librazos*   kill him by pelting him with books. A play on *matar a pedradas;* "to stone to death" becomes "to book to death."
41. *a empellones*   violently, roughly
42. *con... formidables*   surrounded by strips of quivering, awe-inspiring shadows
43. *Santos Padres*   Fathers of the Christian Church, who between the first and seventh centuries wrote the first Christian doctrines

les dan a ustedes la razón contra los ricos...[44] En ese estante pueden ustedes ver a los socialistas y comunistas del 48...[45] En ese otro está Lassalle...[46] Ahí tienen ustedes *El Capital*[47] de Carlos Marx. Y en todas esas biblias,[48] colección preciosa, hay multitud de argumentos socialistas: El año sabático,[49] el jubileo...[50] La misma vida de Job.[51] No; ¡la vida de Job no es argumento socialista! ¡Oh, no, ésa es la filosofía seria, la que sabrán las clases pobres e ilustradas de siglos futuros muy remotos!...

Fernando se quedó pensativo e interrumpió su discurso, olvidado de su peligro y el de la Biblioteca. Pero el discurso, apenas comprendido, había producido su efecto. El cabecilla, que era un ergotista a la moderna,[52] de café y de club,[53] uno de esos demagogos retóricos y presuntuosos que tanto abundan, extendió una mano para apaciguar las olas de la ira popular...

—Quietos —dijo—; procedamos con orden. Oigamos a este burgués... Antes que el fuego de la venganza, la luz de la discusión. Discutamos... Pruébanos que esos libros no son nuestros enemigos, y los salvas de las llamas; pruébanos que tú no eres un miserable burgués, un holgazán que vive, como un vampiro, de la sangre del obrero..., y te perdonamos la vida, que tienes ahora pendiente de un cabello...[54]

44. *les... ricos* side with your views against the rich
45. *los... 48* In 1848 several popular revolutions were put down in Europe; the ideology of the revolutionaries is set forth in the works of Marx.
46. *Lassalle* Ferdinand Lassalle (1825–64); German Socialist and early disciple of Karl Marx
47. *El Capital* the major work of Karl Marx, the German social philosopher and political economist. In this work, published in 1867, Marx analyzes the capitalist mode of production and explains the basis of socialism.
48. *biblias* authoritative books, large volumes
49. *El año sabático* It was a Hebrew custom to work the land for six years and to let it rest during the seventh; hence, a year or any period of absence from work at full or partial salary.
50. *jubileo* Every fifty years the Hebrews held a celebration in which lands were returned to their original and rightful owners and slaves were set free; in modern Spanish *jubileo* has come to mean "retirement."
51. *Job* biblical character who endured prolonged suffering without losing his faith
52. *ergotista... moderna* one who debates twisting logic in his favor. From the Latin *ergo*, "therefore", "hence," "since," adverbs used in argument.
53. *de café y de club* Pejorative stereotype of certain Spaniards who spend hours in cafés, arguing over so-called important controversial issues.
54. *pendiente... cabello* dangling by a thread

—No, no, que muera..., que muera ese... sofista[55] —gritó un zapatero, que era terrible por la posesión de este vocablo que no entendía, pero que pronunciaba correctamente y con énfasis.

—¡Es un sofista! —repitió el coro. Y una docena de bocas de fusil
5 se acercaron al rostro y al pecho de Fernando.

—¡Paz!... ¡Paz!... ¡Tregua!... —gritó el cabecilla, que no quería matar sin triunfar antes del *sofista*—. Oigámosle, discutamos...

Vidal, distraído, sin pensar en el peligro inmenso que corría, haciendo psicología popular, *teratología*[56] *sociológica*, como él pensa-
10 ba, estudiaba aquella locura poderosa que le tenía entre sus garras; y su imaginación le representaba a la vez el coro de locos del tercer acto de *Jugar con fuego*,[57] y a míster Flinder y tantos otros, que eran, en *último análisis*, los culpables de toda aquella confusión de ideas y pasiones. «¡La lógica hecha una madeja enredada y untada de pól-
15 vora para servir de mecha a una explosión social!...»[58] Así meditaba.

—¡Que muera! —volvieron a gritar.

—No; que se disculpe...,[59] que diga qué es, cómo gana el pan que come...

—¡Oh! Tan bien como tú, tan honradamente como tú —gritó Vidal
20 volviéndose al que tal decía, enérgico, arrogante, apasionado, mientras separaba con las manos los fusiles que le impedían, apuntándole, ver a su contrario.

Le habían herido en lo vivo.[60]

Después de haber tenido en su ya larga vida de erudito y escritor
25 mil clases de vanidades, ya sólo le quedaba el orgullo de su trabajo... No se reconocía, a fuerza de mucho *análisis de introspección*, virtud alguna digna de ser llamada tal más que ésta, la del trabajo; ¡oh, pero ésta sí!

—Tan bien como tú. Has de saber, que, sea lo que sea de la cues-
30 tión del capital y el salario, que está por resolver, como es natural, porque sabe poco el mundo todavía para decidir cosa tan compleja; sea lo que quiera de la lucha de capitalistas y obreros, yo soy hombre

---

55. *sofista*   Pejorative for a learned person who argues cleverly but who juggles petty details and subtle fallacies in order to avoid the main issue.

56. *teratología*   the study of monstrosities

57. *Jugar con fuego*   Allusion to a popular play written by Ventura de la Vega (1807–65); the title infers risk or danger.

58. *"¡La lógica... social!"*   "When logic is wound up into a tangled wad of yarn and rubbed with gunpowder to make it serve as a fuse for a social explosion!"

59. *que se disculpe*   let him defend his position

60. *Le... vivo*   They had hit him where it hurt.

para no meter en la boca un pedazo de pan, aunque reviente de hambre, sin estar seguro de que lo he ganado honradamente...

»He trabajado toda mi vida, desde que tuve uso de razón. Yo no pido ocho horas de trabajo, porque no me bastan para la tarea inmensa que tengo delante de mí. Yo soy un albañil que trabaja en una pared que sabe que no ha de ver concluida,[61] y tengo la seguridad de que cuando más alto esté me caeré de cabeza del andamio.[62] Yo trabajo en la filosofía y en la historia y sé que cuanto más trabajo, me acerco más al desengaño.[63] Huyo, ascendiendo, de la tierra, seguro de no llegar al cielo y de precipitarme en un abismo..., pero subo, trabajo. He tenido en el mundo ilusiones, amores, ideales, grandes entusiasmos, hasta grandes ambiciones; todo lo he ido perdiendo; ya no creo en las mujeres, en los héroes, en los *credos*, en los sistemas; pero de lo único que no reniego es del trabajo; es la historia de mi corazón, el espejo de mi existencia; en el caos universal yo no me reconocería a mí propio si no me reconociera en la estela de mis esfuerzos;[64] me reconozco en el sudor de mi frente y en el cansancio de mi alma; soy un jornalero del espíritu, a quien en vez de disminuirle las horas de fatiga, los nervios le van disminuyendo las horas de sueño. Trabajo a la hora de dormir, a oscuras, en mi lecho, sin querer; trabajo en el aire, sin jornal, sin provecho..., y de día sigo trabajando para ganar el sustento y para adelantar en mi obra... Yo no pido emancipación, yo no pido transacciones, yo no pido venganzas... Desde los diez años, no ha oscurecido una vez sin que yo tuviera tela cortada[65] para la noche que venía: siempre mi velón se ha encendido[66] para una labor preparada; hasta las pocas noches que no he trabajado en mi vida fueron para mí de fatiga por el remordimiento de no haber cumplido con la tarea de aquella velada.[67] De niño, de adolescente, trabajaba junto a la lámpara de mi madre; mi trabajo era escuela de mi alma, com-

61. *no... concluida*   he'll never see finished
62. *me... andamio*   I shall fall headlong from a scaffold; i.e., the greater the intellectual heights he achieves, the greater the risks he takes
63. *cuanto... desengaño*   the harder I work the more disillusioned I become
64. *en... esfuerzos*   in the steady steerage of my own efforts. A nautical metaphor: in the midst of stormy confusions, Vidal keeps on going, always steady, with enough speed to produce effects.
65. *sin... cortada*   without having my work cut out for me. Through metaphor Vidal compares himself first with a mason, then with a sailor, and finally with a tailor (*tela:* cloth).
66. *mi... encendido*   my night lamp has always burned
67. *velada*   night session (of work)

pañía de la vejez de mi madre, oración de mi espíritu y pan de
mi cuerpo y el de una anciana.⁶⁸

»Éramos tres, mi madre, el trabajo y yo. Hoy ya velamos solos
yo y mi trabajo. No tengo más familia. Pasará mi nombre, morirá
5 pronto el recuerdo de mi humilde individuo, pero mi trabajo quedará en los rincones de los archivos, entre el polvo, como un carbón
fósil que acaso prenda y dé fuego⁶⁹ algún día, al contacto de la
chispa de un trabajador futuro…, de otro pobre diablo erudito como
yo que me saque de la oscuridad y del desprecio…

10   —Pero a ti no te han explotado, tu sudor no ha servido de sustancia para que otros engordaran… —interrumpió el cabecilla.

    —Con mi trabajo —prosiguió Vidal— se han hecho ricos otros:
empresarios, capitalistas, editores de bibliotecas y periódicos; pero
no estoy seguro de que no tuvieran derecho a ello. No me queda
15 el consuelo de protestar indignado con entera buena fe. Ése es un
problema muy complejo; está por ver si es una injusticia que yo
siga siendo pobre y los que en mis publicaciones sólo ponían cosa
material, papel, imprenta, comercio, se hayan enriquecido.

»No tengo tiempo para trabajar indagando ese problema, porque
20 lo necesito para trabajar directamente en mi labor propia. Lo que
sé, que este trabajo constante, con el cuerpo doblado, las piernas
quietas, el cerebro bullendo sin cesar, quemando los combustibles
de mi sustancia,⁷⁰ me ha aniquilado el estómago; el pan que gano
apenas lo puedo digerir… y, lo que es peor, las ideas que produzco
25 me envenenan el corazón y me descomponen el pensamiento… Pero
no me queda ni el consuelo de quejarme, porque esa queja tal vez
fuera, en *último análisis*, una puerilidad… Compadecedme, sin embargo, compañeros míos, porque no padezco menos que vosotros
y yo no puedo ni quiero buscar remedio ni represalias, porque no
30 sé si hay algo que remediar ni si es justo remediarlo… No duermo,
no digiero, soy pobre, no creo, no espero…, no odio…, no me
vengo…⁷¹ Soy un jornalero de una terrible mina que vosotros no
conocéis, que tomaríais por el infierno si la vierais, y que, sin embargo, es acaso el único cielo que existe… Matadme si queréis, pero
35 respetad la Biblioteca, que es un depósito de carbón para el espíritu
del porvenir…»

68. *anciana*   i.e., his aging mother
69. *acaso… fuego*   perhaps might catch fire and give light
70. *quemando… sustancia*   burning up the flammable substances inside me; i.e.,
spiritually and mentally exhausting me
71. *no me vengo*   I take no vengeance

La plebe, como siempre que oye hablar largo y tendido en forma oratoria,[72] callaba, respetando el misterio religioso del pensamiento oscuro; deidad idolátrica de las masas modernas y tal vez de las de siempre...

La retórica había calmado las pasiones; los obreros no estaban convencidos, sino confusos, apaciguados a su despecho.[73]

Algo quería decir aquel hombre.

Como un contagio, se les pegaba[74] la enfermedad de Vidal; olvidaban la acción y se detenían a discurrir, a meditar, quietos.

Hasta el lugar, aquellas paredes de libros, los enervaba.[75] Iban teniendo algo de león enamorado, que se dejó cortar las garras.[76]

De pronto oyeron ruido lejano. Tropel de soldados subía por la escalera. Estaban perdidos. Hubo una resistencia inútil. Algunos disparos; dos o tres heridos. A poco, aquel grupo extraviado de la insurrección vencida estaba en la cárcel. Vidal fué entre ellos, codo a codo. En opinión terrible, y poderosa opinión del jefe de la tropa vencedora, aquel señorito tronado[77] era el capitán del grupo de anarquistas sorprendidos en la Biblioteca. A todos se les formó Consejo de guerra,[78] como era regular. La justicia sumarísima de la Temis marcial[79] fué ayudada en su ceguera[80] por el egoísmo y el miedo del verdadero cabecilla y por el rencor de sus compañeros. Estaban furiosos todos contra aquel *traidor*, aquel *policía secreto*, o lo que fuera, que los había embaucado con sus sofismas,[81] con sus retóricas, y les había hecho olvidarse de su misión redentora, de su situación, del peligro... Todos declararon contra él. Sí, Vidal era el jefe. El cabecilla salvaba con esto la vida, porque la misericordia en estado de sitio decretó que la última pena[82] sólo se aplicara a los cabecillas de motín; a esta categoría pertenecía, sin duda, Vidal; y

72. *que... oratoria*   whenever it hears a prolonged and eloquent speech
73. *apaciguados... despecho*   unwillingly appeased, pacified in spite of their violent mood
74. *Como... pegaba*   like an infection, they contracted
75. *los enervaba*   weakened their resolve
76. *que... garras*   who let his claws be clipped
77. *señorito tronado*   spoiled young gentleman. *Señorito* is a pejorative term which refers to a presumptuous middle-class young man.
78. *A... guerra*   they were all court-martialed
79. *La justicia... marcial*   swift punishment by martial justice. Themis, in Greek mythology, is goddess of law and justice.
80. *ceguera*   Ironic allusion to the representation of justice as a blindfolded woman.
81. *embaucado... sofismas*   mesmerized them with his clever arguments
82. *última pena*   death sentence

mientras el que quería discutir con él las bases de la sociedad, el
cabecilla verdadero, quedaba en el mundo para predicar, e incendiar[83] en su caso, el pobre jornalero del espíritu, el distraído y
erudito Fernando Vidal, pasaba a mejor vida[84] por la vía sumaria[85]
5 de los clásicos y muy conservadores *cuatro tiritos.*[86]

83. *incendiar... caso*   add fuel to his own case
84. *pasaba... vida*   i.e., died
85. *vía sumaria*   expeditious route
86. *los clásicos... tiritos*   the old-fashioned yet very effective four little gunshots.
Note the ironic reference to the conservatives, with whom Vidal sympathizes and
by whom his execution is implemented.

▣ *Commentary* ▣

Leopoldo Alas, que hizo popular el seudónimo "Clarín," nació en Zamora en 1852 y murió en 1901 en Oviedo, ciudad donde, dedicado a la enseñanza universitaria del Derecho y a la libre profesión de las Letras, residió la mayor parte de su vida. Como otros escritores de parecida edad (Galdós o Pardo Bazán, por ejemplo) vivió Clarín la revolución liberal de 1868, la restauración monárquica, y el hundimiento del poderío colonial en 1898. El primero de estos acontecimientos decidió su adhesión al libre examen, el progreso, la modernidad y el espíritu crítico y reformador, sin perjuicio del amor a las esencias de la tradición española. Durante algún tiempo se inclinó hacia el positivismo filosófico y el naturalismo literario: escrupuloso respeto a los hechos; explicación de la conducta humana por el temperamento heredado, el medio, y el momento histórico; prevalecía de la observación sobre la invención; acercamiento del arte a la verdad de la ciencia. Sin embargo, aunque reconociendo siempre la oportunidad del naturalismo, Clarín superó pronto esta concepción, aproximándose a esa idealidad moderna que, inspirada en gran parte en el cristianismo primitivo, él mismo definió como una actitud de busca más que de posesión: una actitud que no pretende haber descubierto lo que el positivismo se abstenía de indagar (la trascendencia, el misterio), sino haber aprendido que no se puede vivir bien sin pensar en eso.

La personalidad de Clarín es la de un moralista que observa las costumbres y que defiende un ideal de justicia y verdad. Romántico en el fondo de su sensibilidad, encontraba insatisfactoria la realidad circundante; realista en la dirección de su inteligencia, juzgaba improcedente la continuación del romanticismo. Alma de inaquietable religiosidad, mente necesitada siempre de nutrición filosófica, excelente educador, ávido lector y espectador del desenvolvimiento literario mundial desde su retiro provinciano, Clarín sobresalió en la crítica, la novela y el cuento, y en estos tres géneros ejercitó su vocación de moralista.

Como crítico literario de actualidad, Clarín no fué aventajado por nadie en su siglo. Aunque soñaba escribir un libro sobre Cervantes, nunca pudo dedicar todo un volumen a un tema de crítica, pues hubo de encauzar su labor en la prensa periódica. Pero afortunadamente recogió gran parte de sus artículos en tomos que llevan estos títulos: *Solos de "Clarín"* (1881), *La literatura en 1881* (1882), *...Sermón perdido* (1885), *Nueva campaña* (1887), *Mezclilla* (1889), *Ensayos y revistas* (1892), *Palique* (1893). Y entre 1886 y 1891 publicó ocho opúsculos con el título general de *Folletos literarios* en los que coleccionó ensayos, comentarios, fantasías y discursos no dados previamente a los periódicos. Dos aspectos principales ofrece esta producción: la crítica satírica ("solos," "paliques") y la expositiva ("ensayos," "revistas"). La sátira de Clarín, que enriquece la tradición de Quevedo y Larra, emplea la comicidad, la ironía, la burla y el sarcasmo para combatir el mal gusto, la ignorancia y la inercia mental. Complementaria de esta labor de saneamiento del ambiente literario es la labor de estudio y exaltación de los mejores escritores, llevada a cabo en ensayos tan penetrantes como los que consagró a Galdós, Pereda, Campoamor, Ibsen o Baudelaire. Aquí atiende Clarín a la concepción del mundo del autor estudiado y a la composición y estilo de sus obras, y manifiesta por igual la hondura de sus percepciones, el amplio radio de su cultura, y un impulso imaginativo que da a su prosa un tono ágil, nervioso y anhelante.

Leopoldo Alas fué también autor de dos novelas. En *La Regenta* (1884–85) la minuciosa evocación de la vida contemporánea en una capital de provincia le sirve de fondo sobre el cual destacar la tragedia de un alma que, buscando vital y religiosa salvación en el amor, sucumbe a las degradaciones de éste: el convencionalismo conyugal, la deformación mística, y el envilecimiento en la trivial aventura. *Su único hijo* (1890) es la tragicomedia del hombre pusilánime que aspira a redimirse en la creación y perfecta educación de un hijo que no es suyo. Estas dos novelas mayores, las nueve novelitas recogidas el volumen *Doña Berta, Cuervo, Superchería* (1892) aseguran a Clarín uno de los más altos puestos en la narrativa de su siglo.

Tanto o más que las novelas son dignos de admiración los cuentos de Clarín reunidos en *El Señor y lo demás son cuentos* (1892), *Cuentos morales* (1896) y en los volúmenes póstumos *El gallo de Sócrates* (1901) y *El Doctor Sutilis* (1916). Cuentos realistas o fantásticos, humorísticos a menudo y melancólicos otras veces, cuentos ligeros que recuerdan el tono de los "paliques" o graves y complicados como si entrañasen la problemática de una vasta novela que no pudo escribirse, cuentos en los que aparece con frecuencia el latido de una confesión personal y una intención moral de parábola. Clarín, que escribió muy pocos versos y comprendía el prosaísmo del mundo en que le había tocado vivir y la supremacía de la prosa como molde artístico más adecuado a su época, revela en esos cuentos, más aún que en algunas páginas de novela o de crítica, su capacidad de condensar en breve espacio la riqueza de imaginación y sentimiento de que era tan generoso su espíritu.

Los dos cuentos que preceden pertenecen a *El Señor y lo demás son cuentos,* colección publicada cuando más urgido empezaba a sentirse Leopoldo Alas hacia el nuevo espiritualismo.

Protesto es un cuento de desarrollo muy claro. Todo hombre, aun el más habituado a ganar, puede perder el alma (I); don Fermín Zaldúa, que siempre ha ganado, se dedica ya viejo a hacer obras de caridad con el fin de no perder su alma cuando muera (II); sueña que, no obstante, la perderá (III); pero al decirle el clérigo en quien él había hecho recaer los beneficios de su riqueza, que los usureros no tienen alma, don Fermín deja de hacer obras pías, convencido de que nada perdió en las que ya hizo, pues la fama de santo ayuda al crédito, y convencido de que no perderá el alma, por no tenerla. Se enfrentan así dos materialismos: el absoluto del usurero y el relativo del clérigo, y triunfa aquél sobre éste. En 1889 había publicado Galdós su novela *Torquemada en la hoguera,* donde el usurero Torquemada, mediante donaciones y obras de caridad, intentaba comprar a Dios la curación de su hijo moribundo. Don Fermín Zaldúa no está ante una situación tan angustiosa, pero piensa como Torquemada que con dinero se puede alcanzar la salvación. El tono del cuento es ligero, burlón, sin patetismo. Expone el "chasco" del usurero a las puertas de la gloria y el del cura ante la bolsa cerrada del rico. Dentro de un marco de cuento infantil católico (el alma que va a pasar ante el portero del cielo, asunto tratado ya por Clarín en su fantasía burlesca *El Doctor Pértinax* y más tarde por Unamuno en *Juan Manso*) el narrador esboza una parábola del interés. El vínculo entre los dos intereses malogrados (del usurero y del cura) es el protesto. Al fallarle al usurero lo que esperaba a cambio de sus obras pías, hace un protesto en regla para poner a salvo sus bienes terrenos, los cuales ya no podrán ser recabados por el librador de la letra de cambio. La fábula deja entrever la realidad de la época: sacerdotes que, desamparados desde la desamortización de los bienes eclesiásticos, se afanan por obtener socorros pecuniarios; burgueses enriquecidos de resultas de aquella desamortización o por medios vergonzosos como la usura; y un ambiente en que la materia ahoga al espíritu mientras se prolongan rutinariamente las tradiciones católicas. Es notable la mezcla de prosa jurídica (letra, protesto, requisitos, etc.) y fantasía trascendental (muerte, salvación, eternidad). El humor de Clarín va desde la observación jocosa (don Fermín, oveja recuperada por la Iglesia, era llamado "el Toisón de Oro") hasta el detalle macabro (el cuerpo del difunto mordido por los gusanos, con el protesto en la barriga y los pies "hechos polvo").

Un jornalero no se presenta tráficamente dividido en partes, pero en su breve proceso dramático pueden señalarse tres momentos: El erudito Fernando Vidal sale de la biblioteca, sorprendido por un motín popular regresa a ella y, acabándosele la luz, vuelve a salir (I); los amotinados acometen a Vidal, le amenazan de muerte y sostienen con él, en la biblioteca, un debate sobre la utilidad de los libros y de la labor espiritual (II); vienen las tropas, prenden a todos y aplican la última pena a Vidal, creyéndole el instigador de la revuelta, creencia traidoramente apoyada por el verdadero cabecilla (III). Se trata de un cuento de problemática muy actual: si el trabajo del intelectual vale algo cuando éste se inhibe de la acción directa. El intelectual dibujado por Clarín lee, medita, investiga, y escribe sin darse descanso, pero no coopera activamente a la emancipación del proletariado, es más, duda que esta causa sea razonable. Se identifica con los obreros explotados, pues también él es un obrero, pero parece no creer que haya derecho a la revolución ni a la violencia. En este personaje se dan rasgos muy humanos: su rivalidad con otro erudito, su ensimismamiento en la lectura, el "vicio" de trabajar noche y día; rasgos que no reducen la calidad simbólica de la figura: Vidal es Clarín y es cualquier intelectual de mentalidad liberal. Explotado por los capitalistas y despreciado como burgués por los proletarios; partidario de la justicia colectiva, pero incapaz de promoverla por la fuerza; creyente en la trascendencia de las labores espirituales, pero consciente de que éstas son inacabables como los esfuerzos de Sísifo; débil en apariencia, pero valeroso a la hora de proclamar las razones de la razón; desvalido, solitario, incomprendido por los de arriba y por los de abajo, el pobre Vidal es víctima de todos y de todo. La soledad que necesita para explorar las verdades de la historia y la ciencia es invadida por la multitud y desemboca en una muerte injusta. Si al principio se advierten algunas notas ridículas en el diseño del intelectual absorto, su figura cobra majestad tan pronto como le oímos defender la perseverancia de sus vigilias estudiosas y el callado heroísmo de las tareas de la inteligencia. Cierta abstracción de parábola—ciudad anónima, tiempo indefinido, manifestación de "socialistas, anarquistas o Dios sabía qué"—concuerda perfectamente con la intención sustancial del cuento: mostrar que en la lucha de clases los jornaleros del espíritu llevan siempre la peor parte por no actuar en ninguno de los frentes, sino por encima de ellos, en un ámbito de soledad imprescindible para la busca de la verdad. De aquí no debe inferirse que Clarín fuese reaccionario. No lo era, ni tampoco revolucionario. Como Galdós y otros muchos intelectuales de su época, Clarín era liberal, creía en las reformas pacíficas y en la evolución progresiva.

Gonzalo Sobejano

▣ Miguel de Unamuno ▣

El otro

Misterio en tres actos*

PERSONAJES

EL OTRO	DAMIANA, MUJER DE DAMIÁN
ERNESTO, HERMANO DE LAURA	DON JUAN, MÉDICO DE LA CASA
LAURA, MUJER DE COSME	EL AMA

ACTO PRIMERO

Escena primera (ERNESTO y DON JUAN)

ERNESTO.—Pues bien, Don Juan: a usted, el médico de esta casa y algo alienista encima,[1] le ruego que me aclare el misterio de ella y de mi pobre hermana Laura. Porque aquí hay un misterio..., se le respira con el pecho oprimido. Esto parece parte cárcel, parte cemen-
5 terio, parte...
JUAN.—¡Manicomio!
ERNESTO.—¡Justo! Y este misterio...

---

* *Misterio*   The term has several meanings, all of them pertinent: a condition or event that remains secret or obscure; a play involving a crime and the gradual discovery of the felon; a medieval dramatic representation of a Bible story, such as Cain's murder of Abel; Lord Byron's mystery in three acts, *Cain*; the inner truth known to man only through revelation and accepted by him on faith; the unfathomable reality of death; above all, the chaotic, contradictory depths of the human personality.

1. *algo... encima*   something of a psychiatrist besides

JUAN.—¡Un espanto, Don Ernesto, un espanto!

ERNESTO.—Como yo no le conocía a él... Se conocieron y casaron estando yo en América, y al volver me he encontrado con este... loco.   10

JUAN.—¡Cabal! Su cuñado de usted, el marido de la pobre Laura, se ha vuelto loco de remate.

ERNESTO.—Eso ya lo había yo sentido; pero ¿ella?

JUAN.—¿Ella? Loca por contagio. Les une y a la vez les separa un espanto común...   15

ERNESTO.—¿Les separa?

JUAN.—Sí; porque desde el día del misterio, en que él enloqueció, ya no duermen juntos.[2] El duerme solo, y encerrándose en el cuarto de tal modo que no se le pueda oír lo que diga en sueños. Y se dice "el otro." Cuando ella, su mujer, le llama por su nombre, Cosme,   20 él replica: "¡No, sino el otro!" Y lo más grave es que ella, Laura, no parece darle importancia a tan extraña manía y como si eso del otro tuviese para ella algún sentido oculto a los demás. Yo no les conozco, sino desde que, recién casados, vinieron a vivir acá. Al principio se llevaban bien y vivían ordenadamente y como marido y   25 mujer; mas desde un día fatal, a la vuelta de un viaje que hizo ella, Laura, la locura entró en esta casa. ¡Y la locura, que me trae loco, se llama... el otro!

ERNESTO.—¿Y ella?

JUAN.—¿Ella? O finge ignorar lo que pasa, o lo ignora.   30

ERNESTO.—¿Y hace mucho?...

JUAN.—Poco más de un mes. Debía de venir incubándose; mas estalló hace poco. Pero va a llegar, y usted, su hermano, la sondeará mejor que yo. (*Al ir a salir llega* LAURA.) Ahí la dejo con su hermano, a que se expliquen.   35

Escena II (ERNESTO y LAURA)

ERNESTO.—Mira, Laurita, he hablado con vuestro médico, porque aquí se respira un misterio, un espanto dice él. ¿Qué es lo que pasa?

LAURA.—(*Temblorosa y mirando hacia atrás.*) No lo sé...

ERNESTO.—(*Cogiéndole de un brazo.*) ¿Qué pasa? ¿Por qué se encierra para dormir solo tu marido? ¿Por qué no quiere que le sorprendan dormido y soñando? ¿Por qué? ¿Y qué es eso del otro?   40 ¿Quién o qué es "el otro"?

---

2. *Sí... juntos* As in Greek tragedies, the decisive events have already taken place before the beginning of the action of the play.

LAURA.—¡Ay, Ernesto, Ernesto! Sin duda mi pobre marido se volvió loco y le persigue ése que él llama "el otro". Es una obsesión
45 fatídica;[3] parece un poseído, un endemoniado, y como si ese otro
fuese su demonio de la guarda...[4] Le he sorprendido alguna vez—y
no es fácil—como queriendo arrancar de sí al otro. Ha hecho tapar
todos los espejos de casa, y una vez que me sorprendió mirándome
en mi espejillo de tocador, el que necesito...

50 ERNESTO.—¡Claro! El espejo es enser[5] de primera necesidad para
una mujer.

LAURA.—¡Pues no faltaba más![6] Pero me gritó: "¡No te mires en
él! ¡No busques a la otra!"

ERNESTO.—Y... ¿por qué no sale de casa, a distraerse? Siempre
55 encerrado...

LAURA.—Dice que todos los hombres le parecen espejos y que no
quisiera estar ni consigo mismo...

ERNESTO.—Y ¿qué lee?

LAURA.—No, no es cosa de lecturas...

60 ERNESTO.—¿Que no?

LAURA.—¡No! La suya no es manía quijotesca;[7] no es de lecturas,
no es de libro...

ERNESTO.—Y ¿qué más sabes?

LAURA.—No quiero saber más...

65 ERNESTO.—Pues así no se puede vivir, y es preciso saber la verdad.[8] No estoy dispuesto a dejarte en poder de un loco. Sería capaz
de...

LAURA.—Eso no, Ernesto, eso no...

ERNESTO.—¿Quién sabe? Mas dime la verdad, que la sabes... Y te
70 pregunto y repregunto por la verdad, porque presumo que aquí hay
algo más que locura. Es decir, que él, tu marido, Cosme, está loco
evidentemente, y de remate, a pesar de que razona, o más bien

---

3. *obsesión fatídica*   prophetic obsession; i.e., he predicts terrible things will happen
to him
4. *demonio... guarda*   guardian demon. A deliberate play on *ángel de la guarda,*
guardian angel.
5. *enser*   household item
6. *¡Pues... más!*   Why, that's the last straw!
7. *no... quijotesca*   i.e., his mental disorder is not like the obsession of Cervantes's
hero Don Quijote, who set out like a medieval knight errant to right wrongs, inspired
by fantastical romances of chivalry he was certain were true
8. *es... verdad*   Ernesto and the doctor represent man's "rationalist" aspect; they
seek reasonable explanations for the mysteries of life.

porque razona demasiado; pero su locura tiene una causa, un origen, y tú, su mujer, debes conocerla...

LAURA.—Esas enfermedades...   75

ERNESTO.—No, no; tú sabes por qué ha estallado y qué pasó en aquel día que Don Juan llama fatal...

LAURA.—¿Qué día?

ERNESTO.—El día en que, ausente tú y de viaje, y él aquí, solo consigo mismo, estalló la locura...   80

LAURA.—Pero si yo estaba fuera...

ERNESTO.—Mas al volver y encontrarle otro, debiste conocer lo que pasó. Una locura así no viene tan de repente sin un motivo, sea cual fuere la causa. ¿Qué pudo pasar en el día fatal?

LAURA.—No me acongojes más y pregúntaselo a él, que ahí llega.   85

Escena III (DICHOS y EL OTRO)

OTRO.—(*Entrando.*) ¿Qué es lo que hay que preguntarme a mí, Laura?

ERNESTO.—A ti, Cosme...

OTRO.—¡No, sino el otro!⁹

LAURA.—Quiere preguntarte mi hermano, que no te conocía...   90

ERNESTO.—Ni puedo decir que le conozco...

OTRO.—Ni yo a mí mismo.

LAURA.—Quiere preguntarte por el misterio de esta casa...

OTRO.—¿Por el mío?

ERNESTO.—Sí, por su misterio y el del día fatal en que, ausente   95
tu mujer y tú encerrado aquí solo, con...

OTRO.—¡Con el otro!

ERNESTO.—Diste en¹⁰ esta extraña manía. Y te ruego, Cosme, que le dejes al otro y no nos marees¹¹ más con él...

OTRO.—¿Que le deje? Fácil es decirlo...   100

ERNESTO.—¡Bueno, pues revienta de una vez¹² y descárgate de ese peso!

OTRO.—(*Se pasea silencioso, siguiédole los otros con la mirada, como a quien discute a solas.*¹³) Pues bien: si, como si persisto, esto que me roe dentro estallará afuera y gritaré despierto lo que sin duda de-   105

9. *¡No... otro!* No, I'm not Cosme but the other one!
10. *Diste en* You started up with
11. *no nos marees* don't drive us crazy
12. *pues... vez* so spill it out once and for all
13. *a solas* alone; with himself

claro en sueños cuando me encierro a dormir, voy a echarlo fuera.
Y vas a ser tú, Ernesto, quien lo sepas. ¡Laura, vete!

LAURA.—Pero...

OTRO.—¡Que te vayas he dicho!, ¡que te vayas! Eres tú quien no
110 debe saberlo. Aunque... ¿lo sabes?

LAURA.—¿Yo? Tu Laura...

OTRO.—Mi Laura vive ya como si viviera con un muerto. Vete,
que voy a ver si confesándome con tu hermano me doy nueva vida,[14]
resucito. ¡Vete! ¡Que te vayas he dicho! ¡Vete, vete! (*Se va* LAURA.)

Escena IV (EL OTRO *y* ERNESTO)

(EL OTRO *se va a la puerta, que cierra por dentro con llave, y se guarda
ésta después de haberlo mordido. Vase a* ERNESTO *y le invita a sentarse
frente a él, en otro sillón frailero,[15] separado por una mesita. Siéntase,
apoya los codos en la mesita, y en las palmas de las manos la cabeza, y
dice:*)

115 OTRO.—Pues vas a oír mi confesión... No, no, que estás seguro...

ERNESTO.—Estoy tranquilo...

OTRO.—Las gentes temen tanto quedarse a solas con uno a quien
tienen por loco,[16] siempre peligroso, como temen entrar de noche y
a solas en un camposanto. Un loco, creen, es como un muerto. Y
120 tienen razón, porque un loco lleva dentro de sí a un muerto...

ERNESTO.—¡Acaba!

OTRO.—¡Pero si no he empezado!

ERNESTO.—¡Pues empieza!

OTRO.—¡Empiezo! Hará de esto... no me acuerdo... Tu hermana,
125 mi mujer, se fué a arreglar unos asuntos de familia, y yo la dejé ir
sola porque deseaba quedarme solo, revisar papeles, quemar recuerdos, hacer abono de ceniza en la memoria...[17] Necesitaba hacer
cuentas,[18] ponerme en paz conmigo mismo. Y un atardecer, estando
aquí donde estoy... ¿pero estoy aquí?

130 ERNESTO.—Cálmate, Cosme.

OTRO.—¡El otro, el otro!

ERNESTO.—Cálmate, que estás conmigo...

14. *me... vida*   I could start a new life
15. *sillón frailero*   friar's chair; a type of large armchair
16. *a... loco*   whom they consider crazy
17. *hacer... memoria*   to make sure all was erased from my memory. A play on *quemar
recuerdos*, i.e., burn my recollections and leave in my memory only the ashes.
18. *hacer cuentas*   to settle accounts; to straighten things out

OTRO.—¿Contigo? ¿Conmigo? Estaba, pues, como te digo, aquí conmigo, cuando me anunciaron al otro, y me vi entrar a mí mismo por ahí, por esa puerta... No, no te alteres[19] ni temas. Y en todo caso, toma la llave. (*Se la da.*) ¡Ah! pero dime si guardas alguno de esos espejitos para atusarse pelo y bigote...[20]

ERNESTO.—Sí, aquí le tengo. (*Lo saca y se lo da.*)

OTRO.—Un espejo y una llave no pueden estar juntos... (*Rompiéndolo y tirándolo.*)

ERNESTO.—Vamos, sigue, que me...

OTRO.—No temas. Me vi entrar como si me hubiese desprendido de un espejo, y me vi sentarme ahí, donde tú estás... No te palpes, no; no estás soñando..., eres tú, tú mismo... Me vi entrar, y el otro... yo... se puso como estoy,[21] como estás... (ERNESTO[22] *cambia de postura.*) Y se me quedó mirando a los ojos y mirándose en mis ojos. (ERNESTO, *inquieto, baja la vista.*) Y entonces sentí que se me derretía la conciencia, el alma; que empezaba a vivir, o mejor a desvivir,[23] hacia atrás, redro-tiempo,[24] como en una película que se haga correr al revés... Empecé a vivir hacia atrás, hacia el pasado, a reculones,[25] arredrándome... Y desfiló mi vida y volví a tener veinte años, y diez, y cinco, y me hice niño, ¡niño!, y cuando sentía en mis santos labios infantiles el gusto de la santa leche materna..., desnací...[26] Me morí... Me morí al llegar a cuando nací, a cuando nacimos...

ERNESTO.—(*Intentando levantarse.*) ¡Descansa!

OTRO.—¿Descansar? ¿Descansar yo ya? ¿Pero no me decías que me descargase? ¿Y cómo quieres que descanse sin descargo? No, no te

135

140

145

150

155

---

19. *No te alteres*   don't get excited
20. *atusarse... bigote*   to comb your hair and smooth your mustache
21. *se... estoy*   he made himself at home like me
22. *Ernesto*   Cosme's narration affects the rational Ernesto to the point that he becomes so involved he participates unconsciously in the action. Unamuno illustrates through this scene that no man is either completely rational or completely emotional.
23. *desvivir*   Here, a verb coined by Unamuno meaning "to unlive."
24. *redro-tiempo*   backwards in time, a term coined by Unamuno
25. *a reculones*   backing up
26. *desnací*   I was unborn. *Desnacer* is a verb coined by Unamuno, a hallmark of whose style is the invention of terms of philosophical significance. Here he suggests that man would rather be unborn than die. To die, for Unamuno, is to lose one's awareness of one's actuality. Instead of going into the void of nothingness forward in time to the point of death, the individual might reach the same void by going backward in time, to the point before birth when, as an embryo, he has no awareness of his own existence. It is a question of "undoing" rather than of "doing" time.

levantes..., vuelve a sentarte y... guarda la llave. Estoy inerme. ¿O
160 es que te duele lo del espejito?

ERNESTO.—Es que...

OTRO.—Sí, es que es peligroso hallarse encerrado como un loco,
con un muerto, ¿no es eso? Pero oye...

ERNESTO.—Acaba, pues.

165   OTRO.—Al rato me fué retornando la conciencia, resucité; pero
sentado ahí, donde tú estás, y aquí, donde estoy, estaba mi cadáver... ¡Aquí, en este mismo sillón, aquí estaba mi cadáver...,
aquí..., aquí está! ¡Yo soy el cadáver, yo soy el muerto! Aquí estaba..., lívido... (*Se tapa los ojos.*) ¡Aún me veo! ¡Todo es para mí
170 espejo! ¡Aún me veo! Aquí estaba, lívido, mirándome con sus ojos
muertos, con sus ojos de eternidad, con sus ojos en que se quedó,
como en trágica placa,[27] la escena de mi muerte... Y para siempre...,
para siempre...

ERNESTO.—¡Pero descansa, hombre, descansa!

175   OTRO.—¡Ah!, no, ya no podré descansar nunca... , nunca... , ni
muerto... Lo cogí y—¡Cómo pesaba!, ¡cómo pesa!—lo bajé ahí, a
una bodega, y allí lo encerré y allí lo tengo encerrado...

ERNESTO.—Bueno...

OTRO.—¡No hay bueno que valga![28] ¡Porque ahora mismo te vas a
180 venir conmigo, a la bodega, a que te enseñe el cadáver del otro, del
que se me murió aquí!... Ahí abajo está, a oscuras, muriéndose a
oscuras...

ERNESTO.—¡Pero, Cosme!...

OTRO.—Ven, hombre, ven y no tengas miedo al muerto; ven...
185 Yo iré por delante y tú detrás, y si tienes arma, apuntándome...[29]

ERNESTO.—No digas esas cosas...

OTRO.—¿Decir? ¡Bah, decir!... Lo terrible es hacer... , hacer... Ven
a ver al otro muerto... Yo por delante...

(*Vanse y queda la escena desierta. Al rato llaman a la puerta. La voz de*
LAURA *desde fuera.*)

LAURA.—¡Cosme! ¡Cosme! ¡Cosme! Abre. (*Silencio.*) ¡Cosme!
190 ¡Cosme! ¡Cosme! ¡Abre!

AMA.—¿Por qué se habrán encerrado? ¡Cosme, hijo!

LAURA.—No se oye a nadie... ¿Dónde estarán?...

---

27. *como... placa* Reference to the traditional mask of tragedy, usually made of
plaster.
28. *¡No... valga!* Don't try to get out of it!
29. *y... apuntándome* and if you have a gun you can aim it at me

AMA.—No temas, pues Ernesto está con él...

LAURA.—¡Ernesto! ¡Ernesto! ¡Ernesto! Habrá que echar abajo la puerta...[30]   195

AMA.—Espera. ¡Cosme, hijo!...

LAURA.—¡Cosme! ¡Ernesto!

AMA.—¿Pero qué temías?

LAURA.—No lo sé; pero ahora le tengo más miedo que nunca... ¡Cosme! ¡Cosme!   200

AMA.—Cosme, hijo mío, abre.

LAURA.—¡Cosme, ábrenos, no nos encierres así; ábrenos!

OTRO.—(*Entrando seguido de* ERNESTO, *que llega horrorizado.*) ¡Allá voy![31] ¡Allá voy! ¡Abre, Ernesto!

ERNESTO.—¡Allá vamos! (ERNESTO, *sin perder de vista al otro, abre*   205 *la puerta.*)

LAURA.—(*Entrando.*) ¡Ah! ¡Gracias a Dios! ¡Tú!

OTRO.—¿Qué quieres, Laura? ¿Qué queréis de mí?

LAURA.—¿Tú?

OTRO.—Sí, yo... yo, el mismo.   210

ERNESTO.—(*A* LAURA, *señalando al otro con la llave.*) Ahí te dejo con él, con tu marido, que yo tengo que hablar con el ama. (*Tomando a ésta aparte.*) ¿Qué misterio hay en esta casa?

AMA.—En todas...

ERNESTO.—Pero ¿y un cadáver que se amojama[32] ahí en la bodega   215 a oscuras y que, en cuanto se puede rastrear,[33] se diría que es del propio Cosme?

AMA.—¡Pobre hijo mío!

ERNESTO.—¿De quién es?

AMA.—Vaya, que le ha contagiado, como a su mujer, de su lo-   220 cura...

ERNESTO.—Pero si lo he visto, si lo he visto con estos ojos que se comerá la tierra...[34] Me lo enseñó a la luz de una cerilla, y volviendo la cara... Aquí hay un misterio.

AMA.—Deje a los misterios que se amojamen también.   225

ERNESTO.—Acaso un crimen...

AMA.—Deje podrirse a los crímenes. ¡Pobres hijos míos! Y de eso

---

30. *Habrá... puerta*   We'll have to break the door down
31. *¡Allá voy!*   I'm coming!
32. *que se amojama*   that's drying up
33. *en... rastrear*   as far as one can tell
34. *que... tierra*   these very eyes; these eyes the earth will swallow

del muerto a oscuras no le diga nada a la pobrecita Laura. No debe
saber nada de eso...

230   ERNESTO.—Pero hay que aclararlo...

AMA.—Sin que ella lo sepa... Y vaya a calmarla, que no sé bien
por qué se le ha exacerbado el espanto... No sé qué quiere, qué
teme de su marido... Vaya a calmarla... (Al OTRO.) Oye, hijo, ven...
(EL OTRO *deja a* LAURA *con* ERNESTO *y se va al* AMA.)[35]

235   AMA.—Pero hijo, ¿qué hiciste?

OTRO.—¡Ama!

AMA.—¿Qué hiciste de ti?[36]

OTRO.—Qué hizo de mí, dirás...

ERNESTO.—(A LAURA.) No insistas, porque no me lo has dicho
240   todo... todo lo que hay en esta casa.

LAURA.—¿Y qué hay?

ERNESTO.—Nada me has dicho del otro, Laura.

LAURA.—¿Tú también? ¿Tú con él?

ERNESTO.—No sé quién es tu marido.

245   LAURA.—Ni yo...

ERNESTO.—¿Cómo le conociste? ¿Cómo te casaste con él?

LAURA.—Ya te lo contaré; pero ahora déjame. Me da Cosme más
miedo que nunca. Cuando al ir a encerrarse contigo me dijo ¡vete!,
le vi el fondo del alma. Mírale, parece atravesar el suelo con su
250   mirada mientras oye al ama.

ERNESTO.—Sí, mira debajo del suelo...

AMA.—Lo recelaba... , lo había adivinado... Adiviné, sí, lo del día
del Destino,[37] lo leía en tus ojos...

OTRO.—Ojos de muerto...

255   AMA.—Adiviné lo que hiciste con...

OTRO.—¡No le nombres! ¡Yo soy el otro! Y tú, ama, tú no sabes
ya quién soy... lo olvidaste, ¿no es así?

AMA.—¡Sí, lo he olvidado! ¡Y te he perdonado!

OTRO.—¿Y al otro?

260   AMA.—He perdonado también al otro. Os he perdonado a los
dos...

OTRO.—¡Madre! Pero, y éstos, ¿lo sabrán?

ERNESTO.—(Al OTRO.) Ahora empieza aquí otra vida.

OTRO.—Otra muerte, querrás decir...

35. *El Otro... ama*   The conversation will oscillate from one group to the other.
36. *¿Qué... ti?*   What have you done with yourself?
37. *lo... Destino*   that business about the fateful day

ERNESTO.—Hay que iluminar, limpiar esta casa... ¡Luz! ¡Luz!   265
OTRO.—¿Luz? ¿Para qué luz?
ERNESTO.—Para que os veáis, para que nos veamos todos.
AMA.—Mejor no verse...
OTRO.—Verse es morirse, ama. O matarse. Y hay que vivir, aunque
sea a oscuras. Mejor a oscuras.   270
AMA.—Y ahora a ser tú mismo, a salvarte.

TELÓN

ACTO SEGUNDO

Escena primera (ERNESTO, LAURA y EL AMA)

ERNESTO.—¡Ahora, ama, la verdad, toda la verdad!
AMA.—¿Toda la verdad? No hay quien la resista.[38] Yo no quiero
saber nada; yo lo he olvidado todo; yo no conozco ya a nadie. Los
dos eran como mis hijos... Al uno le crié yo, al otro su madre; pero 275
a los dos les quería como madre yo, el ama. Los dos...
ERNESTO.—¿Pero qué dos?
AMA.—Los dos mellizos. Cosme y Damián...[39]
ERNESTO.—¿Qué es eso, Laura?
AMA.—Sí, que se lo cuente su hermana. No quiero volver a   280
saberlo. Yo me voy. (Aparte a ERNESTO.) ¡Y de lo otro... ni palabra!
(Vase.)

Escena II (ERNESTO y LAURA)

ERNESTO.—¿Qué es ello?[40]
LAURA.—Te lo voy a decir... Cuando llegué yo a Renada,[41] con
nuestro padre—¡Dios le tenga en gloria![42]—, me encontré con dos 285

---

38. *No... resista* No one could stand it (the whole truth).
39. *Cosme y Damián* The twins are named after two saints of the Catholic Church,
also twins. These were third-century martyrs who shared equally the same life and
the same death. Born in Arabia of Christian parents, they were physicians who accepted no fees. Thus, they represent both man's scientific or rational aspect and his
emotional, passionate, and religious one.
40. *¿Qué es ello?* What's this all about?
41. *Renada* A fictional place whose name combines the Spanish prefix *re*, used in
familiar speech to mean "very" or "really" and *nada*, "nothing"; i.e., in the middle
of nowhere.
42. *¡Dios... gloria!* God keep him in heaven!

mellizos, Cosme y Damián Redondo,[43] tan parecidos, que no había
modo de distinguirlos. ¡Dos arrebatados ambos![44] Enamoráronse de
mí, frenéticamente, de donde nació un íntimo odio, por celo, entre
ellos, un odio fraternal y entrañable.[45] Como yo no los distinguía—
290 ni una señal visible que los diferenciara—, no tenía por qué preferir[46] el uno al otro, y, además, era un peligro que casándome con
el uno se quedase el otro cerca...

ERNESTO.—¡Haber rechazado a los dos!...[47]

LAURA.—¡Imposible! ¡Me conquistaron! Me hacían la corte como
295 dos torbellinos.[48] La rivalidad era feroz. Empezaron a odiarse como
no es decidero.[49] Llegué a temer, llegaron a temer que se mataran
el uno al otro, algo así como un suicidio mutuo. Y yo, que me des-
pedazaran moralmente. No había manera de resistirlos. Y así, con
su furor, me ganaron...

300 ERNESTO.—¿Cuál de ellos?

LAURA.—Los dos... , uno... , el otro. Y decidieron que el que no
se casara conmigo se ausentase. Yo no asistí a la decisión. Me ate-
rraba verlos juntos. La escena me figuro que debió de ser espantosa...

305 ERNESTO.—No, sino de un frío y de una quietud infernales...[50]

LAURA.—No sé, no supe, no quise saber cómo lo decidieron.
Habían de separarse para siempre... Me casé con el que se quedó,
con éste, con Cosme...

ERNESTO.—¿Pero éste... es Cosme?

310 LAURA.—¿Pues quién si no?

ERNESTO.—El otro, como él dice...

LAURA.—¿Quién? ¿Damián? ¡Qué ocurrencia![51]

ERNESTO.—¡Sosiégate!

LAURA.—Es que hay para volverse loca...[52] Cualquiera diría que tú
315 te has vuelto ya... Suponer que éste, el mío, es el otro...

ERNESTO.—¡Sigue!

43. *Redondo*   a typical Spanish surname, also colloquial for "straightforward"
44. *¡Dos arrebatados ambos!*   Both of them impetuous!
45. *odio... entrañable*   For Unamuno, hatred and envy are both manifestations of the same feeling.
46. *no... preferir*   I had no reason to prefer
47. *¡Haber... dos!*   You should have rejected both of them!
48. *Me... torbellinos*   They were courting me like two whirlwinds. *Torbellino* is also colloquial for a lively, restless person.
49. *como... decidero*   in a most unspeakable way
50. *frío... infernales*   detestable coldness and calm
51. *¡Qué ocurrencia!*   What an idea!
52. *Es... loca*   It's enough to drive you crazy.

LAURA.—Me casé con Cosme, y Damián se fué. Mi padre murió en seguida, y no debieron de ser ajenos a su muerte los quebraderos de corazón que le dieron mis dos furiosos pretendientes...[53] Y algo después nos escribió Damián que él se casaba. Me alegré, porque me resolvía un temor, el de que un día volviese... Cosme se fué a la boda de su hermano... 320

ERNESTO.—¿Y tú?

LAURA.—Yo no, no quise, no debí, y no he vuelto a verle...

ERNESTO.—¿A cuál de ellos? 325

LAURA.—¡Hombre, a Damián! Y después ocurrió lo de haberse trastornado mi marido, estando yo fuera. Cuando volví le encontré... ¡otro!

ERNESTO.—Como él se dice... Es que había vuelto...

LAURA.—¡El otro... , sí! 330

ERNESTO.—¿Damián?

LAURA.—¡Damián no... , el otro!

AMA.—(Entrando.) Aquí hay, Laura, una señora que necesita verte. Viene muy alterada... ¿Le digo que entre?

LAURA.—¡Que entre! Y quédate, Ernesto. 335

(EL AMA se va.)

Escena III (ERNESTO, LAURA y DAMIANA)

DAMIANA.—(Entrando.) ¿Laura, la mujer de Cosme Redondo?

LAURA.—Soy yo. Y éste, mi hermano Ernesto.

DAMIANA.—Pues yo soy Damiana, la mujer de Damián, tu cuñado, y vengo a saber qué habéis hecho del mío...

LAURA.—¿Yo, qué he hecho del tuyo? ¿Yo? 340

DAMIANA.—Hace poco más de un mes me dijo que venía a ver a su hermano, a tu Cosme; que venía a veros, y como no me escribiera,[54] escribí a Cosme preguntándole por él, y sin respuesta... ¡Y otra vez, y otra, y... nada! Y he venido a que me diga qué es lo que ha hecho de su hermano...[55] 345

LAURA.—¿Qué ha hecho de su hermano... quién?

---

53. y... pretendientes   and the heartaches that my two furious suitors gave him certainly had something to do with his death
54. y... escribiera   and since he wouldn't write to me
55. qué... hermano   Deliberate paraphrase of God's question to Cain: "What have you done with your brother Abel?" The story of Cain and Abel was a favorite theme of several of the writers of the group known as the Generation of '98.

DAMIANA.—Tu marido... O qué has hecho del mío...

LAURA.—¿Yo?

DAMIANA.—Sí, tú. Y en todo caso, qué habéis hecho de él tú y tu
350 marido, del mío.

LAURA.—¿Del tuyo?

DAMIANA.—¡Sí, del mío! Qué habéis hecho del mío...

LAURA.—Pero yo...

DAMIANA.—¿Dónde le tenéis?

355 LAURA.—¿Que dónde le tenemos? ¿Yo?...

DAMIANA.—¡Yo... , yo... , yo... , dale!⁵⁶ ¿Dónde le tenéis?

LAURA.—Pero...

DAMIANA.—Llama a tu marido, o quien sea... , llámale, y que me
diga qué ha hecho del mío... ¡Llámale!

360 LAURA.—Pero no dé voces así...⁵⁷

DAMIANA.—Sí, daré voces... Llámale, he dicho, llámale. ¡Y dame
lo mío!

Escena IV (*Dichos y* EL OTRO)

(*Entra* EL OTRO, *pausadamente.* DAMIANA *va a abrazarle, pero él se
arredra, se mira las manos y luego se tapa los ojos con ellas y sacude
la cabeza en signos negativos.*)

DAMIANA.—¡Damián!

LAURA.—¡No, es Cosme!

365 OTRO.—¿Yo? ¡El otro! Ya lo tengo dicho: ¡el otro!

LAURA.—(*Que acude a él como en defensa.*) Pero tú eres Cosme, mi
Cosme...

OTRO.—¡El otro, he dicho! ¡El otro del otro!⁵⁸ ¿Ya estáis aquí las
dos furias?⁵⁹ ¿Venís a perseguirme? ¿A atormentarme? ¿A vengaros?
370 ¿A vengar al otro? ¿Ya estáis aquí las furias? Tú, Laura... , tú,
Damiana...

DAMIANA.—Pero ¿dónde está mi Damián?

ERNESTO.—Su Damián, señora, o el otro, tu Cosme, Laura, está

56. *dale* oh, come on now; there you go again
57. *no... así* don't shout like that
58. *¡El... otro!* The other self of the other man!
59. *furias* In mythology, the terrible female spirits who tirelessly sought to punish
wrongdoers and to prevent crimes from going unavenged. They were the Eumenides
of Greek tragedies. In Aeschylus' trilogy *The Oresteia* they pursued Orestes for murdering his mother.

muerto y encerrado a oscuras en la bodega. (*Al* OTRO.) ¡Asesino!
¡Fratricida!⁶⁰   375

OTRO.—(*Cruzándose de brazos.*) ¿Yo? ¿Asesino yo? ¿Pero quién soy
yo? ¿Quién es el asesino? ¿Quién el asesinado? ¿Quién el verdugo?
¿Quién la víctima?⁶¹ ¿Quién Caín? ¿Quién Abel?⁶² ¿Quién soy yo,
Cosme o Damián? Sí, estalló el misterio, se ha puesto a razón la
locura se ha dado a luz la sombra.⁶³ Los dos mellizos, los que como   380
Esaú y Jacob⁶⁴ se peleaban ya desde el vientre de su madre, con
odio fraternal, con odio que era amor demoníaco, los dos hermanos
se encontraron... Era al caer de la tarde, recién muerto el sol, cuando
se funden las sombras y el verde del campo se hace negro... ¡Odia a
tu hermano como te odias a ti mismo!⁶⁵ Y llenos de odio a sí mismos,   385
dispuestos a suicidarse mutuamente, por una mujer... , por otra
mujer... , pelearon... Y el uno sintió que en sus manos, heladas por
el terror, se le helaba el cuello del otro...⁶⁶ Y miró a los ojos muertos
del hermano por si se veía muerto en ellos... Las sombras de la
noche que llegaba envolvieron el dolor del otro... Y Dios se ca-   390
llaba...⁶⁷ ¡Y sigue callándose todavía! ¡Quién es el muerto? ¿Quién
es el más muerto? ¿Quién es el asesino?⁶⁸

60. *Fratricida*   Brother killing brother is a frequent theme in Bible stories, mythology,
and Greek tragedies.
61. *verdugo... víctima*   For Unamuno several biblical stories portray man as both victim and executioner of himself. That is, each man carries within him both Cain and
Abel.
62. *Caín... Abel*   According to the Bible, Cain and Abel were sons of Adam and Eve.
Abel was a shepherd and Cain, a tiller of the soil. Each brought offerings to Jehovah
from his produce. Jehovah favored Abel and his gift; therefore, Cain became angry
and killed his brother.
63. *se... sombra*   madness has been dispelled through reason and the mystery has
been elucidated
64. *Esaú y Jacob*   in the Bible, twin brothers who fought each other within the very
womb of their mother, Rebekah. Their father, Isaac, preferred Esau but Rebekah
helped Jacob trick his father into thinking he was his twin and giving him the last
blessing. Esau discovered the trick and threatened to kill Jacob for cheating him out
of his birthright. Jacob symbolizes the egotistical twin who supplants the "other"
brother. (Genesis, 25:21–25.)
65. *¡Odia... mismo!*   Play on "Love thy neighbor as thyself."
66. *se... otro*   he felt the other's neck turning cold on him; i.e., he was choking him
to death
67. *Y... callaba*   i.e., God either could not or did not intervene in the murder. God
allows man to be his own tormentor and victim.
68. *¿Quién... asesino?*   The situation is deliberately perplexing: we do not know if
Cosme or Damian married Laura; we do not know which of the twins came back
after the second wedding; finally, we are not sure whether Cosme killed Damian

ERNESTO.—¡Tú eres el asesino, el verdugo, tú! En aquel atardecer
tu hermano vino a verte, peleasteis, seguramente que por celos, y
395 tú mataste a tu hermano...

OTRO.—¡Cabal! Pero en defensa. Y ¿quién soy yo?

ERNESTO.—¿Tú? ¡Caín!

OTRO.—¡Caín! ¡Caín! ¡Caín![69] Me lo digo yo a mí mismo todas las
noches, en sueños, y por eso duermo solo, encerrado y lejos de
400 todos. ¡Para que no me oigan... , para que no me oiga yo a mí
mismo!... ¡Pobre Caín! ¡Pobre Caín![70] Pero también me digo que
si Caín no hubiera dado muerte a Abel, Abel habría matado a
Caín...[71] ¡Era fatal! Ya de chicos, en la escuela, era broma preguntarle a otro de sopetón:[72] "¿Quién mató a Caín?" Y el pregun-
405 tado solía caer y replicaba: "Su hermano Abel." Y así fué. Y en
todo caso, ¿se es Caín por haber matado al hermano, o se le mata
por ser Caín?[73]

ERNESTO.—Es decir, que si...

OTRO.—Es decir, que si el que quieras de los dos, el uno...

410 ERNESTO.—¡Sí!

OTRO.—Si el uno no mata al otro, el otro habría matado al uno.

ERNESTO.—¿Y tú?

OTRO.—¿Yo? Uno y otro, Caín y Abel, ¡verdugo y víctima![74]

---

or vice-versa. The theatrical uncertainties parallel the complex philosophical problem
of what man really is and what is the dialectic of life's contradictions.

69. *¡Caín!* The legend of Cain and Abel obsessed Unamuno. In the novel *Abel Sánchez* (1917) he incarnated the Cain-like hatred-envy in the protagonist Joaquín Monte-
negro, whose day-to-day existence is embittered by his jealousy of his best friend,
Abel Sánchez. *El otro* is in a sense a sequel to *Abel Sánchez* and a more probing
psychological study of Cain's passion.

70. *¡Pobre Caín!* Since all men are potentially both Cain and Abel, the line between
guilt and innocence is so fine as to be imperceptible. We are all both victims and
victimizers, and the victimizer, torn by guilt, suffers as much as the victim. Thus
Cain, as well as Abel, is worthy of pity.

71. *si Caín... Caín* Unamuno's point is that Abel would have killed Cain if God had
accepted Cain's offering and rejected Abel's. The roles of hater and hated are reversi-
ble. Each man carries within him the potential to be either Cain or Abel or both.

72. *era... sopetón* it was a standard joke to ask someone suddenly

73. *¿Se... Caín?* Is a man Cain because he has killed his brother or does he kill his
brother because he is Cain? For Unamuno, there is no absolute answer.

74. *¡verdugo y víctima!* Since the victim tortures the murderer's consciousness, the
murderer becomes, ironically, a victim of his victim. For Unamuno, the contradiction
is valid because each man is both one thing and the other. (*Yo soy yo y el otro.*)

Escena V (*Dichos*, EL AMA y DON JUAN)

AMA.—(*Entrando con* DON JUAN.) Como nos hemos percatado de lo
que pasa...[75]   415

DAMIANA.—¡Ama!

AMA.—¡Aguarda, Damiana! Como me he percatado de lo que pasa
y veo que se descubre el misterio—no que se aclare—,[76] he traído a
Don Juan, porque esto hay que encubrirlo, hay que enterrarlo aquí...

ERNESTO.—El enterrado es el otro.   420

OTRO.—¡No, soy yo!

AMA.—Mire, Don Juan, uno de mis dos hijos—pues tan mío es
el que crié como el otro, aunque no hubiese parido a ninguno de
ellos—, uno de mis hijos ha matado al otro, que parece que está ahí
abajo, enterrado o cosa así, y hay que arreglar esto, Don Juan.   425
Entre todos, entre los seis, tenemos que enterrar en esta casa el
misterio, y que no trascienda, que no se sepa nada fuera, que el
mundo no se entere. Y que usted, Don Juan, no tenga que certificar
nada. Como si nada se supiese del... desaparecido. ¡Pobre hijo mío!

DAMIANA.—¡Aun falta lo del hijo... , del mío!...   430

JUAN.—¿Qué hijo, señora?

AMA.—¡El que sea!

JUAN.—Pero usted los distinguía, los distingue...

AMA.—Ahora no, que son uno...

JUAN.—Pero el muerto...   435

AMA.—Muertos ya los dos...

OTRO.—¡Así es y así será!

JUAN.—Mejor, sí, ocultarlo. Es decir, si la viuda...

ERNESTO.—Y ¿quién es?

EL OTRO.—¿Qué, calláis? ¿Quién de vosotras reclama como viuda?   440
¿Queréis ser viudas las dos? ¿O las dos mis mujeres? ¿A quién
queréis? ¿Al muerto o al otro, al más muerto? Pero, ¡ah! Vosotras
queréis al matador, a Caín, siquiera por compasión, ¡pobrecito Caín!
Pero yo os digo que también merece compasión Abel, ¡pobrecito
Abel!   445

ERNESTO.—Dejémosle con su conciencia. Y ahora (*A* DAMIANA.)
quédese, señora, en esta nuestra casa... o suya... , y espere a que

---

75. *Como... pasa* Since we've suspected what's going on
76. *no... aclare* not that it could be solved

todo se aclare. Mas antes vengan conmigo a la bodega a que les enseñe... el otro.

(*Vanse* ERNESTO, LAURA, DAMIANA *y* DON JUAN.)

Escena VI (EL OTRO *y* EL AMA)

450   AMA.—Pero, hijo mío, hijo mío, ¿qué has hecho de tu hermano?
OTRO.—(*Sollozando.*) Le llevo dentro, muerto,[77] ama. Me está matando... , me está matando... Acabará conmigo... Abel es implacable, ama, Abel no perdona. ¡Abel es malo! Sí, sí; si no le mata Caín, le habría matado a Caín. Y le está matando... , me está ma-
455   tando Abel. Abel, ¿qué haces de tu hermano? El que se hace víctima es tan malo como el que se hace verdugo. Hacerse víctima es diabólica venganza. ¡Ay, ama!
AMA.—Mira...
OTRO.—(*Tapándole la boca.*) Ya te tengo dicho que no le nombres...
460   AMA.—Pero dime aquí, al oído del corazón... ¡Si lo he olvidado, lo he olvidado!... Tú eres, tú serás para mí los dos. Porque los dos sois uno. Víctima o verdugo, ¿qué más da?[78] ¡El uno es el otro!
OTRO.—Esa, ama, esa es la santa verdad. Todos somos uno...
AMA.—Ven acá. (*Arrimándole a su pecho.*) ¿Te acuerdas cuando no
465   estaban secos? ¿Cuándo en ellos bebías vida? Alguna vez os cambié con vuestra madre, los dos os amamantasteis a mis pechos, los dos a los de ella... Os cambiábamos y yo cambiaba de pechos. Una vez de éste, el del lado del corazón; otra vez del otro...
OTRO.—¡El del lado del hígado![79]
470   AMA.—Y hoy... están secos.
OTRO.—¡Más los de la madre que nos parió!...
AMA.—Son ya tierra...
OTRO.—Y tierra el otro... y tierra yo...
AMA.—¿Por qué le odiabas, hijo mío?
475   OTRO.—Desde pequeñitos sufrí al verme fuera de mí mismo... ,[80] no podía soportar aquel espejo... , no podía verme fuera de mí... El camino para odiarse es verse fuera de sí, verse otro... ¡Aquella

77. *Le... muerto*   Since the other brother, though dead, torments the consciousness of the one alive, the latter is the one who suffers and who dies a little every day until he at last dies for good.
78. *¿qué más da?*   what difference does it make?
79. *¡El... hígado!*   The liver was thought to be the seat of desire; the Other argues that since he suckled from the nurse's right breast, which is on the side of the liver, he was born envious.
80. *fuera... mismo*   outside myself; i.e., seeing myself in the appearance and acts of my twin brother

terrible rivalidad a quién aprendía mejor la lección! Y si yo la sabía
y él no, que se la atribuyeran a él... ¡Distinguirnos por el nombre,
por una cinta, una prenda!... ¡Ser un nombre! El, él me enseñó a   480
odiarme...[81]

AMA.—Pero era bueno...

OTRO.—Nos hicimos malos los dos... Cuando uno no es siempre
uno se hace malo... Para volverse malo no hay como tener de continuo un espejo delante, y más un espejo vivo, que respira...   485

AMA.—Y luego... ¡la mujer!...

OTRO.—Las mujeres, ama, las mujeres... una y otra, la seducida
y la seductora...

AMA.—Vivimos en la tierra...[82]

OTRO.—En el misterio, ama, en el misterio... Y tú con mi madre   490
nos enseñasteis a rezar... Todo doble... , todo doble... ¡Dios también
doble!...

AMA.—¿Doble? ¿Dios?

OTRO.—¡Su otro nombre es el Destino![83]

AMA.—¡La Fatalidad![84]   495

OTRO.—Esa es otra... , la mujer del Destino... ¡Dios es también
otro!...

AMA.—¡Cómo te has puesto esa pobre cabeza, hijo mío!

OTRO.—No, sino cómo me la ha puesto Él, Dios, el Destino, el
Otro del cielo. Y no la cabeza, ¡no!... ¡el corazón![85] ¡Se me quiere   500
estallar![86] ¡Y el corazón es tierra!

81. *él... odiarme*   Unamuno here stresses the psychological situation of the murderer:
passion, embodied with horrifying intensity in a man of tragic nature, is traced merci-
lessly step by step to its original, anthropological roots—the period of "innocent"
childhood.

82. *Vivimos... tierra*   That's just the way it is. The maternal figure of the nurse
emerges as the spokeswoman for Unamuno. While other characters try to solve the
mystery of the murder by fitting all the pieces together, she accepts the mystery as
part of life and, resigned, attempts to stop the rest from probing into the secret of
the Other.

83. *Destino*   the belief that each man's fate is tied to the will of his creator. But for
Unamuno, God is both creator and creation of man. Thus, God and man depend
on each other for their mutual survival.

84. *Fatalidad*   The nurse believes that all the events leading up to the murder were
inevitable. Hence, no one is to blame and all are to be pitied and forgiven.

85. *Y... corazón!*   A key distinction in Unamuno's thought as developed in his fundamental work *Del sentimiento trágico de la vida* (1913): reason tells us there are no
grounds for supposing that man is immortal, yet feeling—or sentiment—cannot accept
this conclusion and rebels. Thus the irreconcilable conflict between intellect (*cabeza*)
and emotion (*corazón*).

86. *¡Se... estallar!*   It's ready to burst within me!

AMA.—¡Resígnate!

OTRO.—Recuerdo, ama, cuando él y yo, los dos juntos, vimos la
tragedia de Edipo,[87] el grandísimo pesquisa, el "detective" divino...
505 Parece cosa de Gran Guiñol,[88] absurda, y es lo más íntimo de la
verdad y de la vida. El también tuvo que resignarse...

AMA.—¡Pues resígnate!

OTRO.—¿Pero y ellas? ¿Las furias? ¿Esas furias con que me persigue
y atormenta el Destino, el mío, mi Destino y el del otro. ¿Esas furias
510 de la Fatalidad, esas dos viudas... , esas furias desencadenadas?

AMA.—¡Hay que aplacarlas![89]

DAMIANA.—(Desde dentro.) ¡Que me den el mío!

OTRO.—¿El suyo?

DAMIANA.—(Idem.) ¡Que me den el mío!

515 OTRO.—¿Quién es el suyo, ama?

AMA.—¿Lo sabes tú?

OTRO.—¿Yo?, yo no sé quién soy...[90]

DAMIANA.—(Idem.) Que me den el padre...

OTRO.—¿Padre? No sé quién soy...

520 AMA.—Yo menos...[91]

TELÓN

ACTO TERCERO

Escena primera (EL OTRO)

*En el fondo de la escena un espejo de luna y de cuerpo entero,[92] tapado
por un biombo; el Otro se pasea cabizbajo y gesticulando como quien*

---

87. *la tragedia de Edipo* In Sophocles' *Oedipus Rex*, the hero searches relentlessly
for the murderer of Laius, the previous king of Thebes, only to find out that he,
Oedipus, had himself killed him, his own father, and married his wife, his own
mother. Unamuno has fused the ancient tragedy with a modern murder mystery.
88. *Gran Guiñol* Reference to Grand Guignol, a French theater specializing in shocking mysteries. The point is that the tragedy of Oedipus horrifies the audience with
its gruesome tale of patricide, incest, and self-destruction.
89. *¡Hay que aplacarlas!* The anger of the Furies was not abated until Orestes had
been tried for murdering his mother.
90. *yo... soy* The culminating idea of the play is that the individual is in reality
uncertain of his own identity, which is ambiguous. *Yo sé quien soy* is a social formula
of self-identity and reputation used frequently in seventeenth-century honor plays.
91. *Yo menos* And I know even less than you.
92. *un espejo... entero* a full-length mirror rounded so as to reflect from several
angles. For Unamuno the mirror is symbolic of man's projection into another; that

*habla para sí, hasta que al fin se decide, separa el biombo y se detiene
ante el espejo, crúzase de brazos y se queda un momento contemplándose.
Se cubre la cara con las manos, se las mira, luego se las tiende a la imagen
espejada como para cogerla de la garganta,*[93] *mas al ver otras manos que
se vienen a él, se las vuelve a sí, a su propio cuello, como para ahogarse.
Luego, presa de grandísima congoja,*[94] *cae de rodillas al pie del espejo, y
apoyando la cabeza contra el cristal, mirando al suelo, rompe a sollozar.*

Escena II (EL OTRO y LAURA)

(En este momento aparece LAURA, *que se le queda observando, se le
acerca de puntillas*[95] *por detrás y le pone una mano en el hombro.)*

OTRO.—*(Volviéndose sobresaltado.)* ¿Quién?

LAURA.—Yo, tu Laura...

OTRO.—¿Tú... , mi... , mi qué?... Mi...

LAURA.—¡Sí, tu Laura!

OTRO.—¿Tú, mi mujer?   525

LAURA.—Sí, ¿no eres tú el mío?

OTRO.—¿El mío? ¡El mío... , no! ¡Sí... mi asesino! Y no sé si fuí
homicida o suicida.

LAURA.—No pienses en eso, deja al muerto y...

OTRO.—¿Quién es el muerto? Tu hermano se ha constituido en mi   530
carcelero hasta que aclaren esto. Pero yo...

LAURA.—*(Haciéndole levantarse del suelo.)* Ante todo, deja el espejo
y no te atormentes así... No te mires, no te mires...

OTRO.—*(Levantándose.)* ¡Al muerto!

LAURA.—*(Coge el biombo y vuelve a cubrir el espejo. Se lleva al Otro*   535
a un sofá, donde le hace sentarse.) No vuelvas a mirarte... , no te
mates así... , vive, vive, vive... Tú yo sé bien quién eres...

OTRO.—Ya lo ves, tu hermano, Ernesto, mi cuñado...

LAURA.—¿Tu cuñado? ¿Luego yo soy tu mujer?

OTRO.—Haz cuenta, y sea yo quien fuere...[96]   540

LAURA.—Pero tú eres...

---

is, others are mirrors of ourselves. Here the protagonist himself does not know whom
the mirror is reflecting.
93. *luego... garganta* then he reaches out to the reflected image, as if to grab it by
the throat
94. *presa... congoja* overcome by great anxiety
95. *de puntillas* on tiptoe
96. *Haz... fuere* Figure it out, and whoever I am

OTRO.—El otro, ya te lo he dicho. Tu hermano se ha constituido en mi carcelero, mi loquero,[97] hasta que se aclare esto. Pero yo...

LAURA.—Tú... , yo sé bien quién eres... ¡No lo he de saber![98] Y
545   yo soy la tuya...

OTRO.—Sea yo quien sea...

LAURA.—Sí, seas quien fueres, porque... (*Se le acurruca en el regazo, zalamera,*[99] *y le acaricia, mientras él le besa en la cabeza.*) Mira, desde que recibí tu primer beso después del... hecho...

550   OTRO.—Del asesinato... ¡Di el nombre!

LAURA.—Después de aquello, que sé que lo tuviste que hacer en defensa propia.

OTRO.—Todo asesinato se comete en defensa propia. Todo asesino asesina defendiéndose. Defendiéndose de sí mismo...

555   LAURA.—Deja esas cavilaciones y ven...

OTRO.—Sí, a ti. Tú quieres que olvide...

LAURA.—¡Claro!

OTRO.—Pues no puedo olvidar...

LAURA.—Desde que recibí tu primer beso, Damián...

560   OTRO.—(*Rechazándola.*) ¡Eh! Yo no soy Damián... yo no soy Cosme, ya te lo tengo dicho...

LAURA.—(*Arrimándosele de nuevo.*) No, si no me engañas... si te conozco... Aquel beso sabía a sangre,[100] y sé que le mataste...

OTRO.—¿Por ti, no?

565   LAURA.—¡Sí, por mí!

OTRO.—No te reconozco, ¿quién eres?

LAURA.—Laura, tu Laura...

OTRO.—¡Mi Laura!, pero ¿la de quién?

LAURA.—La de cualquiera de los dos... ¡La tuya!

570   OTRO.—Lo que tú quieres es saber a qué saben los besos del otro, quieres a Caín y no a Abel, al que mató...

LAURA.—¡Por mí!

OTRO.—¿Y si fuese el tuyo, pero que mató al de la otra para gozar de ella?

575   LAURA.—¡Imposible! ¡Imposible! Aunque... no sé...

OTRO.—¡Cuánto sabes! Para saber, una mujer enamorada... ¿Luego estabas enamorada de Damián, no de Cosme, no de tu Cosme? Vamos, ¡contesta! ¿Estabas enamorada del marido ajeno?[101] ¡Contesta, Laura!

97. *mi loquero*   my guard in this insane asylum
98. *¡No... saber!*   I certainly ought to know!
99. *Se... zalamera*   she cuddles up to him on his lap, teasingly
100. *sabía a sangre*   tasted like blood
101. *del marido ajeno*   with the other woman's husband

LAURA.—¡Yo... de ti!   580

OTRO.—Di, cuando, llegada tú a Renada, te requerimos, casi te exigimos los dos de amores, ¿de quién de nosotros te prendaste? ¿De los dos?

LAURA.—¡Como no os distinguía!...

OTRO.—Es que el amor debe distinguir...   585

LAURA.—¡Pero si no os diferenciabais!...

OTRO.—¿Que no? ¡Ah, terrible tortura la de nacer doble! ¡De no ser siempre uno y el mismo!

LAURA.—¿Y por eso empezasteis a odiaros el uno al otro?

OTRO.—Y cada uno a sí mismo. El celoso se odia a sí mismo. Se   590
odia a sí mismo el que no se siente distinguido. Y tú... , tú... , tú... (*Oprimiéndole la cabeza.*) tú deseabas...

LAURA.—¡A ti!

OTRO.—¡No, sino al otro! Siempre al que no tenías delante, al ausente, y cuando nos veías juntos odiabas a los dos. Pero ¿a quién   595
deseabas? Vamos, ¿a quién?

LAURA.—¡A ti! Ya te lo tengo dicho, a ti, a ti, a ti, a ti, ¡al otro!

OTRO.—Siempre se desea al que no se posee... ¿Y ahora?

LAURA.—Ahora...

OTRO.—Ahora, sí...   600

LAURA.—A ti, a ti, a ti, ¡siempre a ti!

OTRO.—No, sino al muerto... , ¡al otro!

LAURA.—Pero el otro...

OTRO.—Cierto, ¡soy yo!

LAURA.—Mío... , mío... , mío...   605

OTRO.—Tuyo... ¿Quién?

LAURA.—Tú.

OTRO.—¿Y yo, quién? ¿En qué me conoces? ¿Dónde la señal? (LAURA *intenta, como jugando, desnudarle el pecho.*) ¡Quietas las manos!   610

LAURA.—¿No me dejas que la busque?

OTRO.—Sí, sí, mujer al cabo, más curiosa que amorosa. ¿Cómo será el otro por dentro? ¿En qué se diferenciarán? ¿Dónde estará el lunar, la mancha oculta que los distingue?[102] Pero ¿sabes, acaso, si el otro no tiene la misma señal?   615

LAURA.—¿La que yo puse?

OTRO.—¡Quietas... , quietas las manos! Por eso no me he dejado

---

102. *el lunar... distingue*   the birthmark, the hidden spot which differentiates them. A commonplace of mystery stories is the identification of an individual, usually lost or suspect, by a birthmark or a scar.

nunca desnudo y dormido a tu alcance. ¡Quietas las manos! ¡Ah!,
sois el disimulo las mujeres...[103]

620   LAURA.—Como desde aquel día...

    OTRO.—Es decir, que no me conoces a mí, al asesino...

    LAURA.—¡Pues sí, te conozco!

    OTRO.—(*Levantándose.*) ¿De veras me conoces? Ven acá. (*Le toma la
cabeza con las manos y le mira a los ojos.*) Mírame bien, ¿qué ves?

625   LAURA.—¡Sangre!

    OTRO.—¿Conoces a Caín?

    LAURA.—¡Damián! ¡Cosme!

    OTRO.—¿Conoces a Abel?

    LAURA.—¡Cosme! ¡Damián!

630   OTRO.—¿Conoces al otro?

    LAURA.—Me matas... , me matas... Y ahí la siento a ella... ¡a la
otra! (*Huye.*)

    OTRO.—¡La otra!

Escena III (EL OTRO y DAMIANA)

    DAMIANA.—Esto tiene que acabar...

635   OTRO.—¡No, que empezar!

    DAMIANA.—Cierto; esto tiene que empezar, Cosme...

    OTRO.—¿Cosme? No, tú sabes bien que soy...

    DAMIANA.—¡El mío!

    OTRO.—El tuyo, sí, el que has conquistado, mujer terrible, mujer

640 de sangre... (*Se sientan.* DAMIANA *le recoge en su regazo como domi-
nándole y le acaricia como a un niño.*)

    DAMIANA.—Ya veo lo que sufres... ¡Y por mí! ¡Por mí le mataste!

    OTRO.—¡Calla, mujer!

    DAMIANA.—¿Por qué no me llamas Damiana?

645   OTRO.—Ese nombre...

    DAMIANA.—Te recuerda... , ya sé lo que te recuerda.

    OTRO.—¡Al otro! ¡A mí!

    DAMIANA.—Desde que te conocí cuando viniste a nuestra boda, no
pude descansar de deseo. En brazos del otro me decía:"¿Cómo será

650 el otro? ¿Cómo sus besos? ¿Será el mismo?"

    OTRO.—¿Es decir, que al entregarte a mí no eras mía?

    DAMIANA.—Luego tú eres...

    OTRO.—¡El otro!

---

103. *sois... mujeres* you women are dissimulation itself

DAMIANA.—Quien seas... ¡El mío!

OTRO.—¿Pero quién soy? ¿Lo sabes?					655

DAMIANA.—¡Y tanto![104]

OTRO.—¡Pues yo no! Dicen que estar loco es hallarse enajenado,[105] en ajeno, en otro...

DAMIANA.—Pero aun no nos hemos visto... , es decir, no nos hemos vuelto a ver... , no nos hemos visto aún a solas, del todo a		660
solas...

OTRO.—Sí, visto y... ¡tocado! ¡A solas y desnudos!

DAMIANA.—Sí, tengo que desnudarte, como a un niño; para acostarte, para cantarte...

OTRO.—¡Para buscar la señal!					665

DAMIANA.—¡Pero si no la necesito! ¡Si la veo a través de tu ropa... mi señal!

OTRO.—¿De veras? ¿Y qué señal? ¿Qué marca?

DAMIANA.—¡La del mío!

OTRO.—Y entre las dos me estáis matando... Las dos matasteis al		670
uno... , las dos mataréis al otro... (*Rompe a sollozar.*)

DAMIANA.—¡Qué débil! Pero sí, te mataré. Estoy dispuesta a matarte, a matarte de dolor, de remordimiento, si no te confiesas el mío, el que yo conquisté, si no dejas esta casa aborrecible, la del muerto, la de Laura, si no le dejas a ella, si no te vienes conmigo y para		675
mí sola, para mí sola, para mí sola... Deja al muerto, deja a su mujer, a la viuda, deja al loquero y vente conmigo, los dos solos... Ella es la viuda... ¡Sea de quien sea! Porque... y ahora, ya que estamos solos, toda la verdad: yo os conquisté a los dos, a los dos os hice míos. Y tú no te confiesas, no confiesas quién eres por cobarde.		680
¡Cobarde! ¡Cobarde!

OTRO.—¡Tú nos llevaste a odiarnos, tú nos llevaste a matarnos!

DAMIANA.—¿Yo, o... la otra?

OTRO.—¿Celos?

DAMIANA.—¡Sí, horribles! Tú, uno u otro, no puedes ser de ella.		685
¡Yo os arranqué de ella! La conquistasteis para dividiros, para odiaros, y yo os conquisté para uniros en mi querer...

OTRO.—Tú acabaste de separarnos, tú... Tú nos envenenaste la vida...

DAMIANA.—¡No yo, sino la otra!					690

OTRO.—¡Las dos sois la otra! Y no os distinguís en nada; mujeres

104. *¡Y tanto!*   Only too well!
105. *es hallarse enajenado*   is to be alienated

las dos, al cabo. Todas las mujeres son una. Lo mismo de la de Caín
que la de Abel. No os distinguís en nada... La misma furia...

DAMIANA.—Es que nos odias ya...

695   OTRO.—Tanto como me odio...

DAMIANA.—(*Arrimándosele al oído*.) Pero tú me has tenido... me
has poseído. No: te he tenido... te he poseído.

OTRO.—¿Qué, no lo conoces? ¿No me conoces?

DAMIANA.—¡Sí, te he poseído!

700   OTRO.—Entonces no desearías ahora tanto volver a poseerme.

DAMIANA.—¡Por eso!

OTRO.—¡No, Damiana, no! ¡No te delates!...[106]

DAMIANA.—Es que la otra...

OTRO.—¡Ah, ya! Sea yo quien fuere, Cosme o Damián, el que
705   poseíste o no, quieres quitarme a la otra...

DAMIANA.—Pero es que yo, en aquellos días que siguieron a la
boda, ¿te acuerdas?... Porque ahora, en esta hora de la suprema
confidencia, tenemos que confesárnoslo todo: en aquellos primeros
días de la luna de miel...

710   OTRO.—¡De hiel![107]

DAMIANA.—Os tuve a los dos, gocé de los dos, de ti y del otro, os
engañé a los dos...

OTRO.—Eso creíste tú; pero entre los dos nos pusimos de acuerdo
para engañarte y fingimos creer en tu engaño. Y sólo gozaste de uno.
715   Porque así como los dos quisimos conquistar a la otra, y de allí
nació nuestro común odio, así los dos queríamos defendernos de tu
furor... El que te cedía en aquellos días era el tuyo, ¡pobrecito!, y
el que te rechazaba fingiéndose cansado y harto,[108] era el otro,
¡pobrecito también! Y los dos temíamos a tu furor...

720   DAMIANA.—¡Mi amor!

OTRO.—¡Tu amor... propio![109] y fué una lucha trágica. Y cuando
creías gozar de los dos, sólo gozabas del uno.

DAMIANA.—¡Y del otro!

OTRO.—Como quieras...

725   DAMIANA.—¡De ti!

OTRO.—¿Pues no dices que lo sabes?...

DAMIANA.—¡Ay, ay, es para volverse loca![110]

---

106. *¡No te delates!* Don't betray yourself!
107. *¡De hiel!* Play on *luna de miel,* honeymoon. *Hiel* means bile or gall; thus, *luna de
hiel,* bittermoon.
108. *fingiéndose... harto* pretending to be tired and sexually satisfied
109. *amor... propio* selflove, egoism
110. *es... loca* it's enough to drive a woman crazy

OTRO.—Y no de amor... Es decir, sí, de amor propio... de orgullo de hembra...

DAMIANA.—Mira, tú... Y ahora voy a darte la prueba de que tú,			730
quienquiera que seas, tienes que ser el mío...

OTRO.—¿Prueba?

DAMIANA.—Sí, prueba.

OTRO.—Dámela.

DAMIANA.—Voy a ser madre.										735

OTRO.—(*Horrorizado.*) ¿Qué? ¿Qué dices?

DAMIANA.—Que voy a ser madre, que llevo un hijo de...

OTRO.—¿De quién?

DAMIANA.—De ti.

OTRO.—¿De mí o del otro?										740

DAMIANA.—De los dos, del uno que sois. Y quién sabe si llevo dos..., pues les siento luchar.

OTRO.—¿Dos? ¿Dos más? ¡Bah!, estamos locos...

DAMIANA.—Sólo los locos engendran.

OTRO.—Y matan. Y Dios no puede, no debe condenarme a tener		745
hijos,[111] a volver a ser otra vez... otro.

DAMIANA.—Pues lo serás. Que te voy a dar... otro, otro tú.

OTRO.—¿Otra vez? ¿Otra vez a nacer? ¿Otra vez a morir? ¡Oh, no, no, no!

DAMIANA.—¿De quién el hijo, di?									750

OTRO.—Yo no puedo tener hijos. Dios no puede condenarme a tener hijos..., a volver a ser otra vez otro.

DAMIANA.—¿Y Laura?

OTRO.—¡Ah, la otra!... ¡Las dos son otra! ¡Cállate ya!

DAMIANA.—¿Le dices eso a la otra?									755

OTRO.—A la otra... ¡Las dos sois otra!

DAMIANA.—Pues que venga y acabemos. Delante de las dos... ¡escoge! Entre las dos te desnudaremos. ¡Voy por ella!

OTRO.—(*Tratando de detenerla.*) No, no, no la traigas, ¡no! ¡No quiero veros juntas!											760

DAMIANA.—¡Déjame, Caín, mi Caín!

Escena IV (EL OTRO, *solo*)

OTRO.—¡Caín! ¡Caín! ¡Caín! Y ahora, entregado a las furias, a las dos furias, a esta furia sobre todo. Y entre las dos, la seducida y la seductora, la conquistada y la conquistadora, me matarán...

---

111. *no... hijos* The fear of evil being perpetrated through procreation is also a theme in *Abel Sánchez*.

Escena V (EL OTRO, DAMIANA y LAURA)

765   DAMIANA.—Esto se tiene que acabar, Laura, se tiene que acabar. (*Dirigiéndose al* OTRO.) Tú...

OTRO.—¿Quién?

DAMIANA.—¡Caín! ¡Quienquiera que seas! Caín, mi Caín, porque tú eres mi Caín, ya que por mí mataste...

770   LAURA.—No, sino que mató por mí y defendiéndose...

DAMIANA.—Defendiéndose o atacando, ¿qué más da? Y es él quien tiene que decidirlo. Tú, Caín, quédate con una, conmigo, con la madre, y a la otra échala o... ¡mátala! Tú, con la madre de tu hijo.

OTRO.—Yo... , el otro, ¡me quedaré con la otra!

775   DAMIANA.—Y ¿quién es ella?

OTRO.—¡La mía!

DAMIANA y LAURA.—(*A la vez.*) Yo... yo... yo...

OTRO.—La que se odie como yo me odio, la que sienta sobre sí el crimen...[112]

780   DAMIANA.—¡Yo le siento, yo! Y en prueba de que le siento, mátala. Porque si tú no la matas, yo...

OTRO.—¿Más muerte?

DAMIANA.—¡Sí, más muerte! La sangre sólo se borra con sangre.[113] Mátala y entiérrala allí abajo, donde está el muerto; con el otro, con

785   el suyo... Porque ella es la del muerto, la del vencido, sea quien fuere...

OTRO.—¿El vencido? Y ¿quién es el vencido? ¿Él o yo?

DAMIANA.—¡Tú eres el viviente, tú eres el padre!

LAURA.—Y ¿quién es el padre?

790   DAMIANA.—No el tuyo.

OTRO.—¡No, yo soy el más muerto!

DAMIANA.—Pues bien, si eres el más muerto, mátala.

LAURA.—¡Ah no, no, no! ¡No más! Con tal de que viva y no se descubra el crimen, sea quien fuere el matador—que yo sé bien

795   quién es—, yo me iré... Te lo dejo... No podemos repartírnoslo... Te lo dejo...

DAMIANA.—Como en el juicio de Salomón,[114] ¿eh? ¡Vaya la lista,

112. *la... crimen*   the one who feels the murder hanging over her
113. *la sangre... sangre*   Commonplace of the Old Testament that a crime must be avenged in kind; it is expressed by the adage "an eye for an eye, a tooth for a tooth." Thus, a murder can be erased only by another murder.
114. *Salomón*   Allusion to the wisdom of King Solomon who, when confronted by two mothers claiming the same infant, offered to cut the child in two, whereupon the real mother gave up her claim to it rather than see it slain.

la aguda, la generosa! Como todas las cobardes, como todas las conquistadas, como todas las seducidas, como todas las queridas...

LAURA.—¿Yo?... ¿Yo... querida?

DAMIANA.—¡Sí, tú, la querida!

LAURA.—¿Y tú?

DAMIANA.—¿Yo? Yo, la conquistadora; yo, la seductora; yo, la queredora;[115] yo... ¡la mujer! La mujer del uno y del otro, ¡de los dos! ¡Y tú sólo la querida! ¡Caín no tuvo querida, tuvo mujer, mujer queredora que le conquistó! La querida era la de Abel... Abel era el conquistador; Caín, el pobrecito, el pobrecito Caín el conquistado, el seducido, el... ¡querido! ¡Abel no supo sufrir! Tú no has tenido más que al uno, y es él quien te tuvo,[116] y yo tuve a los dos, a los dos, al que te hizo suya y al otro... ¡a los dos!

LAURA.—¡Mientes... , mientes... , mientes!...

DAMIANA.—Los dos fueron míos... , por mí se mataron... Y es más mío éste, el que vive, porque tuvo más fuerza o más suerte, porque logró matar al otro. Y logró matarle por ser más mío. Yo le di fuerza o suerte. Llevo aquí en mi seno... Y ahora hay que vengar esa muerte... Y una muerte sólo se expía...

OTRO.—¡Con otra... , lo sé!

DAMIANA.—¿Entonces?

LAURA.—Me estáis matando... , me estáis matando... Estás matando a tu Laura...

DAMIANA.—¿Su Laura?... Es mío, mío, mío... , el mío... , mi Caín... , el crimen le hizo mío...

OTRO.—No deis voces, que nos va a oír el carcelero, el loquero... Y nos va a oír el Destino, el Otro de allí arriba (*Señalando al cielo.*) y de aquí abajo. (*Señalando a la tierra.*)

DAMIANA.—Que oiga y que venga, y que se acabe esto de una vez... Porque todos hemos enloquecido ya...

Escena VI (*Dichos y* ERNESTO)

ERNESTO.—(*Entrando.*) ¡Ya está aquí el loquero!

OTRO.—¡Y carcelero y juez instructor del crimen![117]

ERNESTO.—¿Se llegará a saber la verdad?

DAMIANA.—Esta, tu hermana Laura, la conquistada, la seducida,

---

115. *queredora* A word coined by Unamuno to signify the one who does the loving as opposed to the loved one.

116. *te tuvo* possessed you

117. *juez... crimen* the examining magistrate of the murder case

la querida, la gatita muerta,[118] le incitó a mi Damián a que matara
a su Cosme. Quería saber a qué sabía el otro...[119]

LAURA.—No, sino que fué ella, la conquistadora, la tigresa rabiosa,
835   la que, enamorada de mi Cosme, mandó a su marido a que fuese
muerto por el mío y hacer de él su querido. Ella era la que quería
saber a qué sabía el otro...

DAMIANA.—¡Lo sabía!

ERNESTO.—(*Al* OTRO.) ¿Y tú?

840   OTRO.—¿Yo? Yo no puedo ya conmigo y me voy. La una tira del
uno, la otra del otro, y entre las dos me desgarran. Es terrible tener
que arrastrar consigo estas furias de la Fatalidad, del Destino,
desencadenadas... Es terrible tener que llevar a cuestas[120] dos
mujeres sobre un muerto... Y es castigo del hombre que conquista
845   una mujer ser conquistado por otra. El seductor acaba en seducido.
Y cosa tremenda no poder ser uno, uno, siempre uno y el mismo,
uno... ¡Nacer solo para morir solo! ¡Morir solo, solo, solo!... Tener
que morir con otro, con el otro, con los otros... Me mata el otro, me
mata... Pero, en fin, ¡hágase su voluntad así abajo la tierra como
850   sobre el cielo![121] ¡Y allá me voy! (*Vase.*)

Escena VII (ERNESTO, LAURA y DAMIANA)

ERNESTO.—Pero oiga, Damiana, esto no puede ni debe seguir así.
Esta, ahora ya mi casa, no puede seguir siendo una casa de locos y
un cementerio... Y un infierno... Echaremos tierra[122] al crimen y al
muerto, pero...

855   DAMIANA.—¿Y me he de ir sin mi... Caín? ¡No, no, eso no puede
ser, no debe ser! Me llevaré al mío, a mi... querido, lejos, muy lejos,
y ella se quedará aquí viuda, con el muerto, con su marido...

LAURA.—¡Llévatelo, te lo he dicho!

ERNESTO.—¡Eso no! No se lo llevará... , no se lo puede llevar...

860   LAURA.—Perderé al mío.

DAMIANA.—¿Tuyo? El crimen, sea quien fuere el matador, le hizo

118. *la gatita muerta*   meek little kitten. (The term implies hypocrisy.)
119. *Quería... otro*   She wanted to find out what the other one tasted like.
120. *llevar a cuestas*   to carry on my back
121. *¡hágase... cielo!*   Ironic play on the line from the Lord's Prayer, "Thy will be
done on earth as it is in Heaven."
122. *Echaremos tierra*   The term has a double meaning: "we'll hush up" or "we'll
bury."

mío, mío, mío... Ven acá. (*Cogiéndola de los brazos y mirándole a los ojos.*) ¿No le ves? ¿No le ves?

LAURA.—¡Suéltame, demonio!

DAMIANA.—¿No le ves? ¿No ves la escena? ¿No ves al que te con-   865
quistó, uno u otro, conquistado por mí, quedando solo y entero para mí? Porque cuando yo vine, fué llamada por... Caín.

LAURA.—¡Mientes, mientes, mientes!

DAMIANA.—¿Que miento? ¡No, es la verdad! ¡Aquello de que no contestaba a mis cartas sí que era mentira! Me llamó...   870

LAURA.—¡Mientes, mientes, mientes!

ERNESTO.—Aquí mentís todos, ni hay modo de saber la verdad verdadera. Sólo hay una cosa cierta y evidente y es que, quienquiera que sea... , ése es un fratricida que ha traído el más tenebroso infierno a esta casa, y en justicia de Dios merece...   875

OTRO.—(*Desde dentro.*) ¡La muerte! ¡Muera Caín! Caín, Caín, Caín, ¿qué hiciste de tu hermano? (ERNESTO *contiene a las dos mujeres que quieren acudir a él, cerrándoles el paso.*[123])

OTRO.—(*Desde dentro.*) ¡Laura!

LAURA.—¡Su voz!   880

OTRO.—(*Desde dentro.*) ¡Damiana!

DAMIANA.—Esta sí que es su voz.

OTRO.—(*Desde dentro.*) ¡Damiana! Ahí te dejamos nuestra maldita simiente, ahí se quedan otros nosotros... Las furias... , ¡las furias! ¡Muera Caín! ¡Muera Abel! ¡Por llave o por espejo, mueran![124] (*Se*   885
oye un cuerpo que cae, mientras las mujeres quedan aterradas. ERNESTO *acude a ver lo que ha sido.*)

Escena VIII (LAURA y DAMIANA)

LAURA.—Tú le has matado... ¡al mío!

DAMIANA.—¡Míos eran los dos! (*Deteniendo a* LAURA, *que quiere salir.*) ¿A qué? ¿A ver al otro muerto? Ahora sí que son los dos   890
uno: los dos muertos... ¡Deja a los muertos en paz!

LAURA.—Tú le has matado...

DAMIANA.—¡Bah! Ellos se mataron, ellos... ¡pobrecitos! Yo soy la madre.

---

123. *cerrándoles el paso*   blocking their way
124. *Por... espejo*   either because he's the key (the murderer and *clavis* to the mystery) or because he is the mirror (the reflexion, the Other and hence the victim and tormentor)

895   LAURA.—Y el padre ¿quién? Estás segura de que ese hijo que
esperas...

DAMIANA.—Que tengo ya...

LAURA.—¿Es de tu... marido?

DAMIANA.—Del mío o del tuyo, es igual.

900   LAURA.—¡Horror, horror!

DAMIANA.—Con horrores se teje la dicha,[125] que es el triunfo. ¡Es
la vida, pobrecita Abela machorra,[126] es la vida! Dar vida es dar
muerte.[127] Un seno materno es cuna.

LAURA.—El tuyo, tumba.

905   DAMIANA.—La tumba es cuna y la cuna tumba.[128] La que da vida
a un hombre para que sueñe la vida —sólo el sueño es vida—[129]da
muerte a un ángel que dormía la terrible felicidad eterna... , eterna
por vacía.[130] La cuna es tumba, el seno materno es sepulcro.

Escena IX (*Dichas*, EL AMA *y luego* ERNESTO)

AMA.—¿Qué? ¿Se resolvió? (*Asomándose a la estancia en que yace*
910   *el* OTRO.) ¡Hijo mío ¡Hijo mío! Me lo temía...

ERNESTO.—(*Volviendo*.) ¿Quién es?

AMA.—¿Ahora? ¡El otro! ¡Los dos! Y a enterrarlos juntos.

LAURA.—(*A* DAMIANA.) ¡Asesina! ¡Asesina! ¡Asesina! ¡Caína! ¡Tú
les has matado a los dos, tú, Caína!

915   DAMIANA.—¡Pobrecita... víctima! ¡Pobrecita... querida! ¡Pobrecita
... viuda de los dos! ¡Pobrecita Abela machorra! Abela ¡la inocente,
la pastorcita seducida, la pastorcita enamorada! Lo mismo le daba
uno que otro... , era del primero que la tomara... ; presa del primer
prendedor...[131] ¡Pobre ovejita mansa! ¡Pobrecita Abela! ¡Pobre pas-
920   torcita enamorada! ¡Anda, anda, ofrece a tu Dios tus corderitos,

125. *Con... dicha*   good fortune is woven with horrors
126. *pobrecita Abela machorra*   poor barren little Miss Abel
127. *Dar... muerte*   The idea that to give birth is "to give death"—for man is born
only to die—is fundamental to Unamuno's view of the human condition.
128. *La tumba... tumba*   The concept of life as an interim between cradle and grave is a
Christian commonplace elaborated by many authors, among them Quevedo and
Calderón.
129. *el sueño... vida*   Play on the title of Calderón's masterpiece, *La vida es sueño*.
Unamuno's idea is that only what we dream—that is, what we project or create
through our will—is real.
130. *eterna por vacía*   Eternity is a terrible happiness because it excludes the consciousness of self in time. Only in time is man aware of his own death and hence,
of his own existence.
131. *presa... prendedor*   prey to the first taker

pobrecita Abela!... Yo me voy con el mío, con mi hijo... o hijos... ,
y me llevo a su padre...

AMA.—¿Queréis callaros, furias? ¡Dejad en paz a los muertos!

ERNESTO.—Son los muertos los que no nos dejan en paz a los
vivos, son nuestros muertos... ¡los otros!   925

LAURA.—Yo me quiero morir... ¿Para qué vivir ya?...

DAMIANA.—¡Yo, no! Yo tengo que vivir para dar vida a otro: al
hijo... o hijos... ¡Qué sé yo[132] si llevo dos!...

LAURA.—¡Horror!

DAMIANA.—¿Horror? Dos, como Esaú y Jacob. Y diga, ama, ¿es   930
que no se peleaban también ellos en el seno de su madre, a ver
quién salía antes al mundo?

LAURA.—¿Y cómo lo sabes?

DAMIANA.—Es que siento lucha en mi seno. A ver quién saldrá
antes al mundo para sacar después antes al otro del mundo... Tú,   935
arrulla a tus muertos, que yo arrullaré a mis vivos. Tú, como no
hubo tuyo, no darás vida a otro. La vida mata, pero da vida, da
vida en la misma muerte. (*Mirándose al seno y cruzando sobre él las
manos.*) ¡Qué paz ahora, hijo mío, qué dulce y triste paz sin contenido! Mi... muerto, y tú ¡mi vivo!, ¡vida mía!, ¡hijo mío! (*A*   940
LAURA.) Ve en paz con tu hermano. Logré la maternidad con guerra,
y no espero ya paz. Aquí, en esta mentirosa paz de mi seno, cuna
y tumba, renace la eterna guerra fraternal.[134] Aquí esperan acabar
de dormir y empezar a soñar... otros.

TELÓN

EPILOGO[135]

ERNESTO, DON JUAN y EL AMA, sentados en derredor de una mesita

ERNESTO.—Desde el punto de vista legal, ya no tiene el caso interés   945
alguno. Sea quien fuere el que fué muerto por el otro y luego el

---

132. *¡Qué sé yo!*   How do I know!

133. *da... muerte*   A favorite of Unamuno's psychological ideas: man feels alive when
he observes the death of another; one becomes more alive by becoming aware of
death.

134. *guerra fraternal*   A key Unamunian idea developed in the author's first novel
Paz en la guerra, as well as in his philosophical essays: life is an eternal struggle or
war between the various aspects of man, and only through constant internal conflict
can the individual find his own personal philosophy and thereby some degree of inner
peace—a peace always on the verge of being upset anew by the warring factors.

135. *Epílogo*   the traditional concluding comments to the detective story in which the
case is resolved is used by Unamuno not to explain the murder but rather to set forth
the riddle of the human personality

que se suicidó,[136] la situación de las dos viudas queda asegurada y no hay por qué ahondar en el crimen de un loco.

JUAN.—Pero queda el misterio, y los misterios deben ser aclarados 950 ... deshechos...

AMA.—¿Para qué? Dejen que se pudra el misterio[137] como se están pudriendo los dos muertos, ¡pobres hijos míos!

ERNESTO.—Pero diga, ama, usted que lo sabe: ¿quién era el muerto? Y ¿por qué se pelearon?

955   AMA.—¿Qué muerto? ¿El primero o el segundo? ¿El que mató al otro o el que se mató? O, mejor, el que fué muerto por el... uno.

ERNESTO.—¡Es igual! ¿Quién era el único que yo conocí, el que se suicidó?

AMA.—¡Pregúnteselo a él!

960   JUAN.—¡Estaba loco!

AMA.—¡Cabal! Todos lo estamos, mucho o poco. No estando loco no se puede convivir con locos.[138] Y ni él sabría quién era...

JUAN.—¿Y ellas?

AMA.—¿Ellas? Locas también... , ¡locas las dos! Locas de deseo de 965 Caín. Cada una de ellas deseaba al otro, al que no conoció a solas, y el deseo les cegó y creyeron que era el otro, el de la otra... Además, las dos acabaron por prendarse locamente del matador, de Caín, creyendo cada una, queriendo creer cada una que mató por ella... Una mujer que sea mujer, es decir, madre, se enamora de Caín y 970 no de Abel, porque es Caín el que sufre, el que padece... Nadie ha inspirado más grandes amores que los grandes criminales...

ERNESTO.—Pero Damiana, cuando llegó acá, a casa, en busca de su marido, ¿le creía desaparecido, o es que vino llamada por el otro, por el marido de Laura, para hacerse suya? ¿O la llamó Damián?

975   AMA.—Y quién lo sabe...

ERNESTO.—Ella, Damiana, dió primero, al llegar, una versión, y después, poco antes de matarse el segundo, dió otra... ¿Cuándo mintió?

AMA.—Qué sé yo... Acaso las dos veces...

136. *se suicidó* Suicide is for Unamuno both an act of desperation and an act of liberation.
137. *Dejan... misterio* let the mystery rot; i.e., the secrets of this case—and hence, of the human personality—should be hushed up for good
138. *loco... locos* Here *loco* is used not simply to refer to one who is mentally unbalanced but rather to one who goes beyond reason. One of Unamuno's key ideas is that man cannot be reduced to a simple creature of reason; rather, he is infinitely more complex than the explanations reason can provide.

ERNESTO.—¡No es posible!   980

AMA.—Se miente cuando se dice la verdad en que no se cree... Y ¿para qué escarbar en el misterio?

JUAN.—¿Y él? ¿El mismo, ama? Diga, ama, él, en su locura, ¿se creía realmente el otro?

AMA.—¡Pobrecito hijo mío! ¡A él, al matador, el remordimiento le   985
hacía creer que era la víctima, que era el muerto!... El verdugo se cree la víctima; lleva dentro de sí el cadáver de la víctima, y aquí está su dolor. El castigo de Caín es sentirse Abel, y el de Abel sentirse Caín...

ERNESTO.—Desde que entró, por la caída de nuestros primeros   990
padres, los de Caín y Abel, la muerte en el mundo,[139] vivimos muriendo...

AMA.—Es que la vida es un crimen...

JUAN.—¿Y usted, señora, usted? Usted los distinguía... Si ellas, cegadas por el deseo, no le conocieron, usted, ama, iluminada por   995
el amor maternal, le conocía, le distinguía... ¿Quién era?

AMA.—¡Lo he olvidado! La compasión, la caridad, el amor, olvidan. Yo quiero tanto a Caín como a Abel, al uno tanto como al otro. Y quiero a Abel como a un posible Caín, como a un Caín en deseo... Quiero al inocente por lo que sufre conteniendo dentro de   1000
sí al culpable. ¡Cómo les pesa su honradez a los honrados! Tanto como su vicio a los viciosos...

ERNESTO.—La caridad encubre todos los pecados, decía San Pedro...[140]

AMA.—La caridad olvida, el perdón es olvido. ¡Ay del que perdona   1005
sin olvidar! Es la más diabólica venganza... Hay que perdonarle al criminal su crimen, al virtuoso su virtud, al soberbio su soberbia, al humilde su humildad. Hay que perdonarles a todos el haber nacido...

JUAN.—Pero queda siempre el misterio...   1010

AMA.—¿El misterio? El misterio es la fatalidad... , el destino... ¿Para qué aclararlo? ¿Es que si conociéramos nuestro destino, nuestro porvenir, el día seguro de nuestra muerte, podríamos vivir? ¿Puede vivir un emplazado?[141] ¡Cierre los ojos al misterio! La incerti-

---

139. *Desde... mundo* Cain's murder of Abel is the first recorded death in the story of man as told in the Bible.
140. *La caridad... San Pedro* The idea that charity covers up all sins is fundamental to Christian thought.
141. *¿Puede... emplazado?* Can a man live with a death sentence hanging over his head?

1015 dumbre de nuestra hora suprema nos deja vivir, el secreto de nuestro destino, de nuestra personalidad verdadera, nos deja soñar... Soñemos, pues, mas sin buscarle solución al sueño... La vida es sueño... , soñemos la fuerza del sino...

JUAN.—¡Pero el secreto! Vivir sin conocer el secreto del pasado... ,
1020 no saber quién fué, qué fué lo que fué... , resignarse así a ignorar... No tener la solución...

AMA.—Hombre de ciencia, al cabo...

JUAN.—No, hombre, hombre... hombre que quiere conocer se-creto... , el enigma...¹⁴²

1025 AMA.—Pues bien, Don Juan, usted que es sagaz, recoja todos los recuerdos que ⌐ muerto guarde, recoja los recuerdos que los otros guarden de él, estúdielos, repáselos, cotéjelos, y llegará a... su solu-ción.¹⁴³

JUAN.—¡Mi solución! Pero no es la mía la que busco, sino la de
1030 todos...

ERNESTO.—¡Y yo lo mismo!

JUAN.—Figurémonos que el caso llegase a hacerse público... ¡Busco la solución pública!

ERNESTO.—¡Esa, la solución pública!

1035 AMA.—¿La solución pública? Es la que menos debe importarnos. ¡Quédese cada cual con la suya y... en paz!

JUAN y ERNESTO.—¿Pero el misterio?

AMA.—¿Quieren saber, señores, el misterio?

JUAN.—¡La verdad cura!

1040 ERNESTO.—¡La verdad resuelve!

AMA.—(Poniéndose en pie y con solemnidad.) ¡El misterio!¹⁴⁴ Yo no sé quién soy, vosotros no sabéis quiénes sois, el historiador no sabe quién es (Donde dice: "el historiador no sabe quién es," puede decirse: "Unamuno no sabe quién es"),¹⁴⁵ no sabe quién es ninguno de los que

---

142. *enigma* For Unamuno, man has dual aspects, each equally real and valid; the scientific aspect, represented by Juan and Ernesto, longs to explain rationally the mysteries of life; the emotional or sentimental aspect longs to disregard reason and accept the irrational and unexplainable.

143. *su solución* A fundamental Unamunian idea is that when all the facts of life are explained and all the mysteries of human existence clarified the solutions are only apparent. The murder case may be solved legally but never existentially.

144. *¡El misterio!* What follows is Unamuno's view of the riddle of the human personality.

145. *Unamuno... es* A trick of Unamuno's, used in several other works, is to become one of the characters in a novel or story. He argues in his novel *Niebla* that fictional characters such as Hamlet or Don Quijote live longer and more intensely than their authors Shakespeare and Cervantes, for the former are reflected upon and recreated by generations of readers.

nos oyen. Todo hombre se muere, cuando el Destino le traza la   1045
muerte, sin haberse conocido, y toda muerte es un suicidio, el de
Caín. ¡Perdonémonos los unos a los otros para que Dios nos perdone
a todos!

ERNESTO.—Y usted, ama, seguirá viviendo en esta casa de muerte,
en la suya, ama.   1050

AMA.—¿Mía?

ERNESTO.—Sí, suya y de los muertos. (*Vase.*)

AMA.—(*A* DON JUAN.) Nos dejan solos, con ellos...

JUAN.—Con los locos y los muertos.

AMA.—Y los dos mayores misterios, Don Juan, son la locura y la   1055
muerte.[146]

JUAN.—Y más para un médico.

TELÓN

---

146. *la locura... muerte* Because we cannot understand what goes on in a person's
mind and because we cannot explain what happens during and after death.

▣ *Commentary* ▣

Unamuno nació en Bilbao en 1864; estudió filosofía y letras en Madrid, y en 1891 se instaló en Salamanca, como catedrático de lengua y literatura griegas. En 1900 fué nombrado rector de la Universidad; por esos años pensaba Unamuno que la educación es una función del estado; de ahí que se distinguiera por sus campañas contra la autonomía universitaria; al ser destituido del cargo en 1914, cuestiona sus antiguas ideas e intensifica una política de oposición antimonárquica, culminando en ataques personales al rey Alfonso XIII. Al llegar la dictadura, en 1923, fué desterrado a la isla de Fuerteventura; de allí pasó a París, y en 1928, a Hendaya en la frontera vasca franco-española. En 1930 vuelve a España colmado de honores; durante la República mantiene su clásica postura de adhesión y crítica; murió en Salamanca el 31 de diciembre, de 1936, unos meses después de estallarse la Guerra Civil.

Su obra comprende muchos miles de páginas en todos los géneros literarios: ensayo, novela, poesía, teatro, cuento, artículo periodístico, y carta familiar; toda ella, sin embargo, se organiza en torno a tres temas fundamentales: España, religión, personalidad. Los tres están presentes desde el principio; pero en un primer período— 1885–97—predomina el tema de España; de 1897 a 1913, el segundo; a partir de 1913 hasta *Cómo se hace una novela* (1927), el "misterio" de la personalidad. En los últimos años recoge simultáneamente lo que había pensado en sucesión durante toda su vida, y nos da en *San Manuel Bueno, mártir* (1933) la síntesis maestra de toda su obra.

Decir que a la generación del 98 le preocupó el tema de España, no es decir nada. Lo característico de Unamuno y sus colegas es tratar el tema en relación con una rama de la psicología surgida en pleno romanticismo: la psicología de los pueblos: recuérdense títulos como *Psicología del pueblo español* (1896) de Rafael Altamira o *El alma castellana* (1901) de Azorín.

Para Unamuno el estudio de la lengua y las costumbres populares es el medio de conocer el "alma" nacional; ésta no se revela en las decisiones políticas o bélicas—historia—sino en la vida diaria del pueblo que trabaja y juega—intrahistoria—; ahora bien, Unamuno ve pronto que esa vida intrahistórica, inconsciente, del pueblo—natura—no es lo humano del hombre; lo humano es la obra de la inteligencia y la libertad—cultura—; por eso relegará a segundo plano la idea de intrahistoria; pero, como no se silencia nunca la voz de la naturaleza, la intrahistoria reaparece de vez en cuando como nostalgia de la tierra nativa, de sencillez y primitivismo. Unamuno presenta siempre la tensión entre naturaleza y cultura, pero no nos da un estudio sistemático de sus relaciones.

En 1912 publicó *Del sentimiento trágico de la vida en los hombres y en los pueblos;* en él estudia la oposición entre la razón y la fe, que le había obsesionado desde la crisis religiosa que sufrió en 1897. El sentimiento trágico puede entenderse en dos sentidos: religioso y personal; en esta obra se estudia el primero y consiste en la lucha que todos llevamos dentro, sabiendo por la experiencia y la razón que la muerte nos aniquila y al mismo tiempo, el hambre de ser inmortales, que ha hecho surgir en el hombre la fe en la existencia de otra vida.

He aquí un ejemplo de su postura y de su estilo:

Yo tengo mi lucha y cada uno de vosotros tiene la suya. Mi lucha no puede asegurar que sea por el mejoramiento de la humanidad. ¿La humanidad? ¿Y si luego resulta que de aquí a diez, a cien, a mil, a un millón, a un millón de siglos la humanidad ha desaparecido sin dejar rastro alguno de sus ciencias, sus artes, sus industrias, qué más importa eso? Yo no soy filántropo. Siento demasiado al hombre y la sed de Dios para amar a los hombres al modo filantrópico. Hay que sembrar en los hombres gérmenes de duda, de desconfianza, de inquietud y hasta de desesperación... . Yo, lo confieso, tengo un sentimiento trágico de la vida... soy la espada y la muela y aguzo la espada en mí mismo.

A partir del año siguiente, Unamuno cultiva preferentemente la novela, género más apropiado para presentar vivamente íntimos conflictos personales. Desde *Niebla* (1913), el sentimiento trágico no tendrá ya sentido religioso, sino que es la presentación de las ínti-mas contradicciones que nos constituyen en esta vida: cuando queremos ser serios nos encontramos llenos de ironía; cuando quere-mos entregarnos plenamente, sentimos íntimamente el egoísmo; cuando nos comprometemos hasta sufrir el destierro, nos gusta el papel de desterrados. A esta íntima escisión de nuestro yo, llama Unamuno "misterio" de la personalidad; no "problema," porque el problema sólo afecta nuestro entendimiento, sino misterio, porque éste nos afecta en cuerpo y alma.

En 1926, deprimido en París por su íntimo problema entre el compromiso y el exhibicionismo y por el problema nacional de un país que se deshace sin poder recoger sus fuerzas en un proyecto común, escribe *El otro*. Este drama lleva por subtítulo, significativa-mente, la palabra "misterio", y en una autocrítica que apareció más tarde con motivo del estreno, Unamuno explicó el tema: "[El otro] ha brotado de la obsesión, mejor que preocupación, del misterio—no problema—, de la personalidad, del sentimiento congojoso de nues-tra identidad y continuidad individual y personal." Aludiendo a los pares bíblicos Caín-Abel, Esaú-Jacob, y mediante una pieza "po-licíaca" en que se intenta descrubrir la verdad de un asesinato, Unamuno nos presenta un hombre desdoblado y que en ese desdo-blamiento se odia; rompe todos los espejos que le reflejan, porque quiere encontrarse en su intimidad, y termina suicidándose; los héroes unamunianos terminan siempre suicidándose o muriendo, porque la muerte es el único momento absoluto de la vida. El mismo Unamuno describió el argumento, interpretándolo:

> Un hermano ha matado a su hermano gemelo, idéntico, exacto, tan exacto que él afirma que se ha matado a sí mismo. Pero ¿cuál de los dos es el muerto? ¿Caín o Abel? Caín mató a Abel porque de no hacerlo, Abel hubiera matado a Caín. Mi personaje, el asesino, plantea esta cuestión a un cuñado suyo: "Nos odiábamos desde chicos. Tú no sabes lo que es estarse viendo a sí mismo todo el día. Verse dupli-cado, ver materializados tus defectos. Llega uno a dudar de si es el otro. Por eso lo maté. Pero él está dentro de mí. Me está haciendo sufrir horriblemente." Y, en efecto, el que asesinó acaba por matarse, dejando en pie la terrible duda que se condensa en el epílogo: "¿Quién era cada uno? Nadie lo sabe, y además ¿qué más da? Cada cual que resuelva el misterio a su gusto y se conforme con la verdad suya e incompleta. Ninguno sabemos quiénes somos nosotros mismos, y, sin embargo, vamos afirmando nuestra personalidad por el mundo".

Paralelo al misterio de Cosme y Damián—problema del hombre—está el de la mujer—Damiana-Laura. Este dilema no es de identidad,

sino de maternidad. La que concibe es la mujer del vivo; la otra es
la querida; al no tener hijos, no tiene futuro; es la mujer del muerto.
Unamuno ha fundido en *El otro* dos temas distintos de por sí, pero
que a él le habían preocupado en los años anteriores: el del hombre
en *Abel Sánchez* (1917) y el de la mujer en *Dos madres* (1920) y *La tía
Tula* (1921).

Como obra teatral no tiene intriga ni caracteres; es una obra de
pasión, pero no pasión encarnada en acciones, sino descarnada en
diálogo. En este estilo de teatro el actor tiene mucho mayor papel y
responsabilidad que en otros; tiene que realizar un grado de patetismo equidistante de la friald y el melodrama. En palabras de
Francisco Ramón Ruiz:

> Los seis personajes pertenecen al mismo mundo, el del misterio dramá-
> tico, que nunca pierde la coherencia que le es propia. Unamuno con-
> centra la acción, sin episodios dialógicos que la interrumpan ni
> quiebren su unidad, como sucedía en las otras piezas, desarrollando en
> intensidad, y no extensivamente, la situación básica del drama. Los
> personajes y su mundo, así como la totalidad de la acción, tienen
> valor de símbolo, pero sin que esta vez se produzca divorcio e inadecua-
> ción entre lo simbólico y lo dramático de personajes, mundo y acción.
> Como en los mejores Autos sacramentales de Calderón—permítaseme
> esta comparación—, símbolo y acción aparecen fundidos, de manera
> tal que lo simbólico es plenamente dramático y lo dramático esencial-
> mente simbólico. De *El otro* puede predicarse esto que Micheline
> Sauvage escribía del *Auto sacramental* calderoniano: "La dialéctica se ha
> hecho teatro. La articulación de las ideas se ha hecho juego escé-
> nico."

En la perspectiva del pensamiento español de nuestro siglo, *El
otro* de Unamuno hay que estudiarlo junto a la preocupación de
Antonio Machado por el mismo tema, y junto a *Teoría y realidad del
otro*, de Laín Entralgo.

En Unamuno el otro es un dilema insoluble: me encuentro escin-
dido y no puedo armonizar mi espontaneidad y mi yo ideal, que
puede ser una falsificación. Para Machado esa dualidad es el ser
del hombre; hay que resignarse a ella y contar con que un día la
íntima rotura se restañe, recogiendo plenamente mi yo en Dios, no
en la muerte:

> Converso con el hombre que siempre va conmigo
> —quien habla solo espera hablar a Dios un día—
> mi soliloquio es plática con este buen amigo
> que me enseñó el secreto de la filantropía.

Estos versos son de 1912; posteriormente—obra en prosa—Machado supera esa preocupación interior y ve en el otro sencillamente
al prójimo de la calle, cuya existencia hay que afirmar y favorecer.
En esta última etapa satiriza las teorías idealistas del conocimiento
que conducen sólo a la afirmación de mi yo; frente a ellas, invita a
abrir los ojos y mirar: el otro está ahí: "el ojo que ves no es/ojo
porque tú le veas (idealismo)/; es ojo porque te ve." Así da Machado
un paso decisivo del psicologismo enervante de Unamuno al realismo existencial.

Ciriaco Arroyo

◙ Antonio Machado ◙

La tierra de Alvargonzález[1]

I

Siendo mozo Alvargonzález,
dueño de mediana hacienda,
que en otras tierras se dice
bienestar y aquí opulencia,[2]
en la feria de Berlanga[3]   5
prendóse de una doncella,
y la tomó por mujer
al año de conocerla.
Muy ricas las bodas fueron,
y quien las vió las recuerda;   10
sonadas las tornabodas[4]
que hizo Álvar en su aldea;

1. *"La... Alvargonzález"* The following ballad is a refined version of the *romances de ciegos*, street ballads usually sung by blind minstrels.
2. *que... opulencia* what is elsewhere considered elemental comfort is here considered real luxury. The action of the ballad is set in the parched, rugged plateau of Soria, an area of Spain covered with rocky mountains and pine forests. Soria relies on sheep raising and grains for its livelihood. It is one of the poorer sections of Castile.
3. *Berlanga* a very small hamlet in the area of Soria
4. *sonadas las tornabodas* everyone talked about the noisy celebration which lasted several days after the wedding

hubo gaitas, tamboriles,
flautas, bandurria y vihuela,[5]
fuegos a la valenciana[6]
y danza a la aragonesa.[7]

II

5
Feliz vivió Alvargonzález
en el amor de su tierra.
Naciéronle tres varones,
que en el campo son riqueza,[8]
y, ya crecidos, los puso,
10
uno a cultivar la huerta,
otro a cuidar los merinos,
y dió el menor a la Iglesia.[9]

III

Mucha sangre de Caín[10]
tiene la gente labriega,
15
y en el hogar campesino
armó la envidia pelea.

Casáronse los mayores;
tuvo Alvargonzález nueras
que le trajeron cizaña[11]
20
antes que nietos le dieran.

---

5. *gaitas... vihuela* Typical instruments: the *gaita* is a type of bagpipe; the *tamboril*, a type of small drum; the *bandurria*, a type of lute; the *vihuela*, a stringed instrument resembling the guitar.
6. *fuegos... valenciana* spectacular fireworks like those set off in the streets of Valencia on Saint Joseph's Day, celebrated during the week of March 19
7. *danza a la aragonesa* the *jota*, performed by a man and a woman to the rhythm of castanets, typical of Saragossa
8. *que... riqueza* The Spanish countryside has been plagued by a lack of manpower.
9. *dió... Iglesia* one became a priest. It was a custom in traditional Spanish families to give the youngest son to the Church, leaving the father's inheritance for the eldest sons.
10. *Caín* the biblical character Cain, symbol of envy and rivalry. It is a cliché that Cain's blood runs in the veins of Spaniards. It is a common practice in ballads for the narrator to interject moral aphorisms.
11. *cizaña* discord

La codicia[12] de los campos
ve tras la muerte la herencia;
no goza de lo que tiene
por ansia de lo que espera.

El menor, que a los latines[13]   5
prefería las doncellas
hermosas y no gustaba
de vestir por la cabeza,[14]
colgó la sotana[15] un día
y partió a lejanas tierras.   10
La madre lloró; y el padre
dióle bendición y herencia.[16]

IV

Alvargonzález ya tiene
la adusta frente arrugada;[17]
por la barba le platea   15
la sombra azul de la cara.

Una mañana de otoño
salió solo de su casa;
no llevaba sus lebreles,
agudos canes de caza;   20

iba triste y pensativo
por la alameda dorada;
anduvo largo camino
y llegó a una fuente clara.

12. *codicia*   greed, one of the Seven Capital Sins and, according to some Spanish thinkers, a dominant characteristic among Spanish peasants
13. *a los latines*   Reference to the rigorous training that clerics undergo while learning to read and write Latin.
14. *vestir... cabeza*   Humorous suggestion that clergymen put on their habits as women put on their dresses.
15. *colgó la sotana*   A proverbial expression, like *colgar los hábitos*, meaning to doff the cassock
16. *herencia*   This is all the inheritance the youngest brother is entitled to. Allusion to the departure of the Prodigal Son (Luke 15:11–32).
17. *frente arrugada*   knitted brow, symbolizing foreboding

Echóse en la tierra; puso
sobre una piedra la manta,
y a la vera de la fuente
durmió al arrullo del agua.

EL SUEÑO

I

5 Y Alvargonzález veía,
como Jacob,[18] una escala
que iba de la tierra al cielo,
y oyó una voz[19] que le hablaba.
Mas las hadas hilanderas,
10 entre las vedijas blancas
y vellones de oro, han puesto
un mechón de negra lana.[20]

II

Tres niños[21] están jugando
a la puerta de su casa;
15 entre los mayores brinca
un cuervo[22] de negras alas.
La mujer vigila, cose
y, a ratos, sonríe y canta.
—Hijos, ¿qué hacéis? —les pregunta.

18. *Jacob*   Allusion to the ladder from earth to heaven that the biblical patriarch
Jacob saw in a dream; likewise, the sleep of Alvargonzález is disturbed by dreams in
which he cannot distinguish between appearances and reality.
19. *voz*   God spoke to Jacob and reassured him; likewise, Alvargonzález is reassured
by a kind of inner calm.
20. *hadas... lana*   the fairies have spun in and around the golden ladder big tufts of
black wool; i.e., a dire premonition makes the father uneasy
21. *Tres niños*   What follows is the father's recollection while dreaming of his sons
as young boys; the scene reflects the traditional belief that a man becomes aware of
harsh realities in his dreams.
22. *cuervo*   The raven is a traditional evil omen whose presence usually augurs death
or misfortune.

Ellos se miran y callan.[23]
—Subid al monte, hijos míos,
y antes que la noche caiga,
con un brazado de estepas
hacedme una buena llama.   5

III

Sobre el lar de Alvargonzález
está la leña apilada;
el mayor quiere encenderla,
pero no brota la llama.
—Padre, la hoguera no prende,   10
está la estepa mojada.

Su hermano viene a ayudarle
y arroja astillas y ramas
sobre los troncos de roble;
pero el rescoldo se apaga.   15
Acude el menor, y enciende,
bajo la negra campana
de la cocina, una hoguera
que alumbra toda la casa.

IV

Alvargonzález levanta   20
en brazos al más pequeño
y en sus rodillas lo sienta:
—Tus manos hacen el fuego;
aunque el último naciste
tú eres en mi amor primero.[24]   25

---

23. *Ellos... callan*   The older brothers are portrayed, like the brothers of the biblical characters Abel and Joseph, as sullen, scheming, and evil.
24. *primero*   The father's outright preference for the youngest boy over his two older brothers recalls Jacob's preference for Joseph and Jehovah's for Abel.

Los dos mayores se alejan
por los rincones del sueño[25]
Entre los dos fugitivos
reluce un hacha de hierro.[26]

AQUELLA TARDE...

I

5   Sobre los campos desnudos,
la luna llena,[27] manchada
de un arrebol purpurino,[28]
enorme globo, asomaba.
Los hijos de Alvargonzález
10   silenciosos caminaban,
y han visto al padre dormido
junto de la fuente clara.

II

Tiene el padre entre las cejas
un ceño que le aborrasca
15   el rostro,[29] un tachón sombrío
como la huella de un hacha.
Soñando está con sus hijos,
que sus hijos lo apuñalan;
y cuando despierta mira
20   que es cierto lo que soñaba.

25. *sueño*   that is, the two brothers fade out of the dream and, simultaneously, leave the hearth. The time sequence is carefully constructed: the father dreams now about past events which prefigure the immediate future.
26. *hacha de hierro*   The ax symbolizes death. The two brothers had earlier chopped wood at their mother's request with the same ax.
27. *luna llena*   The full moon symbolizes lunacy, violence, danger, and death.
28. *manchada... purpurino*   The moon is smudged with a purplelike color symbolizing blood, or death.
29. *un ceño... rostro*   a frown that violently disturbs his face

III

A la vera de la fuente
quedó Alvargonzález muerto.
Tiene cuatro puñaladas
entre el costado y el pecho,
por donde la sangre brota,   5
más un hachazo en el cuello.[30]
Cuenta la hazaña del campo
el agua clara corriendo,[31]
mientras los dos asesinos
huyen hacia los hayedos.   10
Hasta la Laguna Negra,
bajo las fuentes del Duero,[32]
llevan el muerto, dejando
detrás un rastro sangriento;
y en la laguna sin fondo,   15
que guarda bien los secretos,
con una piedra amarrada
a los pies, tumba le dieron.

IV

Se encontró junto a la fuente
la manta de Alvargonzález,   20
y, camino del hayedo,
se vió un reguero de sangre.
Nadie de la aldea ha osado
a la laguna acercarse,
y el sondarla inútil fuera,   25
que es la laguna insondable.
Un buhonero, que cruzaba

30. *cuello* Morbid details of violent, bloody murders are typical of the sensational style of modern, popular ballads in Spain.
31. *agua clara corriendo* Running water becomes a constant reminder to the murders of their crime; in much of Machado's poetry water symbolizes the primal life force or truth.
32. *Duero* river flowing from north central Spain across northern Portugal into the Atlantic. The dark pond is connected to the Duero at the point of the Urbión, a craggy mountain range to the north of Soria.

aquellas tierras errante,
fué en Dauria acusado, preso
y muerto en garrote[33] infame.

V

Pasados algunos meses,
5 la madre murió de pena.
Los que muerta la encontraron
dicen que las manos yertas
sobre su rostro tenía,
oculto el rostro con ellas.

VI

10 Los hijos de Alvargonzález
ya tienen majada y huerta,
campos de trigo y centeno
y prados de fina hierba;
en el olmo viejo, hendido
15 por el rayo, la colmena,
dos yuntas para el arado,
un mastín y mil ovejas.

OTROS DÍAS

I

Ya están las zarzas floridas[34]
y los ciruelos blanquean;
20 ya las abejas doradas
liban para sus colmenas,
y en los nidos que coronan

33. *en garrote* The accused victim was put to death by placing an iron collar around his neck and tightening it with a screw, a common method of execution usually reserved for criminals of the lower classes. Here the poet stresses the brutal aspect of human nature.
34. *floridas* It is now springtime. The changes of the seasons—and thus, the passage of time—are marked carefully throughout the ballad.

las torres de las iglesias,
asoman los garabatos
ganchudos de las cigüeñas.[35]
Ya los olmos del camino
y chopos de las riberas   5
de los arroyos, que buscan
al padre Duero, verdean.
El cielo está azul, los montes
sin nieve son de violeta.
La tierra de Alvargonzález   10
se colmará de riqueza;
muerto está quien la ha labrado,
mas no le cubre la tierra.[36]

II

La hermosa tierra de España,
adusta, fina y guerrera   15
Castilla,[37] de largos ríos,
tiene un puñado de sierras
entre Soria y Burgos[38] como
reductos de fortaleza,
como yelmos crestonados,   20
y Urbión es una cimera.

---

35. *asoman... cigüeñas*   the hooklike beaks of the cranes stick out
36. *no... tierra*   i.e., he has not been properly buried. The popular song represents
the anonymous voice of the people clamoring for the truth. Rural people often
compose and sing ballads about recent events.
37. *guerrera / Castilla*   Allusion to Castile's past warrior strength which made it the
leader of the unification of the various Spanish kingdoms during the late Middle
Ages, as well as of the reconquest of the Moorish territory and of imperial expansion
in the New World and elsewhere. Castilian history and landscape were a major theme
of a group of intellectuals during the early part of this century known as the Generation of '98. Here, as in other poems in the collection *Campos de Castilla*, from which
"La tierra de Alvargonzález" was taken, Machado shows how Spain's history is reflected in its present.
38. *Soria y Burgos*   two historic cities in the northern part of Castile. The action
unfolds in the region of Soria on the way to Burgos. A film of the action of the poem
was made in this very locale.

III

Los hijos de Alvargonzález,
por una empinada senda,
para tomar el camino[39]
de Salduero a Covaleda,[40]
5   cabalgan en pardas mulas,
bajo el pinar de Vinuesa.
Van en busca de ganado
con que volver a su aldea,
y por tierra de pinares
10   larga jornada comienzan.
Van Duero arriba, dejando
atrás los arcos de piedra
del puente y el caserío
de la ociosa y opulenta
15   villa de indianos.[41] El río,
al fondo del valle, suena,
y de las cabalgaduras
los cascos baten las piedras.
A la otra orilla del Duero
20   canta una voz lastimera:[42]
"La tierra de Alvargonzález
se colmará de riqueza,
y el que la tierra ha labrado
no duerme bajo la tierra."

IV

25   Llegados son a un paraje
en donde el pinar se espesa,
y el mayor, que abre la marcha,
su parda mula espolea,
diciendo:—Démonos prisa;

39. *el camino*   The assassins travel northward, upstream along the Duero, in search of their cattle; the rough terrain reflects their battered consciences.
40. *Salduero a Covaleda*   small villages along the river Duero, on the way to Urbión
41. *villa de indianos*   settlement of *indianos*, or Spaniards who returned wealthy from the New World
42. *voz lastimera*   The anonymous stanza about the corpse of the victim becomes the voice of conscience; i.e., the superstitious killers imagine they hear the popular song.

porque son más de dos leguas
de pinar y hay que apurarlas
antes que la noche venga.

Dos hijos del campo, hechos
a quebradas y asperezas,   5
porque recuerdan un día
la tarde en el monte tiemblan.
Allá en lo espeso del bosque
otra vez la copla[43] suena:
"La tierra de Alvargonzález   10
se colmará de riqueza,
y el que la tierra ha labrado
no duerme bajo la tierra."

V

Desde Salduero el camino
va al hilo de la ribera;[44]   15
a ambas márgenes del río
el pinar crece y se eleva,
y las rocas se aborrascan,[45]
al par que el valle se estrecha.
Los fuertes pinos del bosque   20
con sus copas gigantescas,
y sus desnudas raíces
amarradas a las piedras;
los de troncos plateados
cuyas frondas azulean,[46]   25
pinos jóvenes; los viejos,
cubiertos de blanca lepra,[47]
musgos y líquenes canos
que el grueso tronco rodean,
colman el valle y se pierden   30
rebasando ambas laderas.

43. *copla*   ballad, popular song
44. *va... de*   skirts
45. *se aborrascan*   Here begins an elaborate personification of the desolate landscape
which the poet describes as having human moods. The atmosphere of brooding and
mysterious terror reflects the disturbed psyche of the guilty brothers.
46. *cuyas... azulean*   whose leafy branches are becoming bluish
47. *lepra*   covered with white scaly scabs. Note the comparison with human disease.

Juan, el mayor, dice:—Hermano,
si Blas Antonio apacienta
cerca de Urbión su vacada,
largo camino nos queda.
5   —Cuanto hacia Urbión alarguemos
se puede acertar de vuelta,
tomando por el atajo,[48]
hacia la Laguna Negra,
y bajando por el puerto
10   de Santa Inés[49] a Vinuesa.
—Mala tierra y peor camino.
Te juro que no quisiera
verlo otra vez. Cerremos
los tratos[50] en Covaleda;
15   hagamos noche[51] y, al alba,
volvámonos a la aldea
por este valle, que a veces
quien piensa atajar rodea.[52]
Cerca del río cabalgan
20   los hermanos y contemplan
cómo el bosque centenario,
al par que avanzan, aumenta,
y la roqueda del monte
el horizonte les cierra.
25   El agua, que va saltando,
parece que canta o cuenta:
"La tierra de Alvargonzález
se colmará de riqueza,
y el que la tierra ha labrado
30   no duerme bajo la tierra."

48. *tomando... atajo*   taking the short cut
49. *puerto de Santa Inés*   mountain pass to the east of the lagoon which could lead
the brothers to the small valley of Revinuesa and from there to the pine grove of
Vinuesa
50. *Cerremos / los tratos*   let's close the deal
51. *hagamos noche*   let's call it a night. The brother wishes to avoid taking the short
cut leading to the lagoon.
52. *quien... rodea*   haste makes waste

CASTIGO

I

Aunque la codicia tiene
redil que encierre la oveja,
trojes que guarden el trigo,
bolsas para la moneda,
y garras, no tiene manos   5
que sepan labrar la tierra.

Así, a un año de abundancia
siguió un año de pobreza.

II

En los sembrados crecieron
las amapolas sangrientas;[53]   10
pudrió el tizón las espigas
de trigales y de avenas;
hielos tardíos mataron
en flor la fruta en la huerta,
y una mala hechicería[54]   15
hizo enfermar las ovejas.
A los dos Alvargonzález
maldijo Dios en sus tierras,
y al año pobre siguieron
largos años de miseria.   20

III

Es una noche de invierno.
Cae la nieve en remolinos.
Los Alvargonzález velan
un fuego casi extinguido.
El pensamiento amarrado   25
tienen a un recuerdo mismo,

---

53. *sangrientas*   blood-red. The color is symbolic.
54. *mala hechicería*   evil spell. Spanish peasants are often superstitious and blame the failure of crops or animal disease on enchantments. In reality, the soil does not produce because the brothers are not competent farmers.

y en las ascuas mortecinas
del hogar los ojos fijos.
No tienen leña ni sueño.
Larga es la noche y el frío
5   arrecia. Un candil humea
en el muro ennegrecido.
El aire agita la llama,
que pone un fulgor rojizo
sobre las dos pensativas
10   testas de los asesinos.
El mayor de Alvargonzález,
lanzando un ronco suspiro,
rompe el silencio, exclamando:
—Hermano, ¡qué mal hicimos!
15   El viento la puerta bate,
hace temblar el postigo,
y suena en la chimenea
con hueco y largo bramido.
Después el silencio vuelve,
20   y a intervalos el pabilo
del candil chisporrotea
en el aire aterecido.
El segundón dijo: —¡Hermano,
demos lo viejo al olvido!

EL VIAJERO[55]

I

25   Es una noche de invierno.
Azota el viento las ramas
de los álamos. La nieve
ha puesto la tierra blanca.
Bajo la nevada, un hombre
30   por el camino cabalga;
va cubierto hasta los ojos,
embozado en negra capa.

---

55. *El viajero*   What follows alludes to the return of the Prodigal Son. See note 16.

Entrando en la aldea, busca
de Alvargonzález la casa,
y ante su puerta llegado,
sin echar pie a tierra,[56] llama.

II

Los dos hermanos oyeron   5
una aldabada a la puerta,
y de una cabalgadura
los cascos sobre las piedras.
Ambos los ojos alzaron
llenos de espanto y sorpresa.   10
—¿Quién es? Responda—gritaron
—Miguel—respondieron fuera.
Era la voz del viajero
que partió a lejanas tierras.

III

Abierto el portón, entróse   15
a caballo el caballero
y echó pie a tierra. Venía
todo de nieve cubierto.
En brazos de sus hermanos
lloró algún rato en silencio.   20
Después dió el caballo al uno,
al otro, capa y sombrero,
y en la estancia campesina
buscó el arrimo del fuego.

IV

El menor de los hermanos,   25
que niño y aventurero
fué más allá de los mares
y hoy torna indiano opulento,
vestía con negro traje
de peludo terciopelo,   30

56. *sin... tierra*   without dismounting

ajustado a la cintura
con ancho cinto de cuero.
Gruesa cadena formaba
un bucle de oro en su pecho.
5   Era un hombre alto y robusto
con ojos grandes y negros
llenos de melancolía;
la tez de color moreno,
y sobre la frente comba
10 enmarañados cabellos;
el hijo que saca porte[57]
señor de padre labriego,
a quien fortuna le debe
amor, poder y dinero.
15 De los tres Alvargonzález
era Miguel el más bello;
porque al mayor afeaba
el muy poblado entrecejo
bajo la frente mezquina,
20 y al segundo, los inquietos
ojos que mirar no saben
de frente, torvos y fieros.[58]

V

Los tres hermanos contemplan
el triste hogar en silencio;
25 y con la noche cerrada
arrecia el frío y el viento.
—Hermanos ¿no tenéis leña?,
dice Miguel.
                —No tenemos,
30 responde el mayor.
                        Un hombre,
milagrosamente, ha abierto
la gruesa puerta cerrada
con doble barra de hierro.

57. *saca porte*   is handsome and upright
58. *inquietos... fieros*   his cruel, grim, shifty eyes don't look anyone in the eye

El hombre[59] que ha entrado tiene
el rostro del padre muerto.
Un halo de luz dorada
orla sus blancos cabellos.
Lleva un haz de leña al hombro   5
y empuña un hacha de hierro.

EL INDIANO

I

De aquellos campos malditos,
Miguel a sus dos hermanos
compró una parte, que mucho
caudal de América trajo,   10
y aun en tierra mala, el oro
luce mejor que enterrado,
y más en mano de pobres
que oculto en orza de barro.[60]

Dióse[61] a trabajar la tierra   15
con fe y tesón el indiano,
y a laborar los mayores
sus pegujales tornaron.[62]

Ya con macizas espigas,
preñadas de rubios granos,   20
a los campos de Miguel
tornó el fecundo verano;
y ya de aldea en aldea
se cuenta como un milagro
que los asesinos tienen   25
la maldición en sus campos.

59. *El hombre* What follows is a visionary recreation of the earlier wood-burning
scene between father and sons. Supernatural elements interspersed among actual
events play an important part in popular ballads.
60. *y... barro* Machado compares those Spaniards who return rich from their emigra-
tions and industriously invest their capital in farming to those Spanish opportunists
who horde their inherited money but do not work.
61. *Dióse a* he devoted himself to
62. *y... tornaron* the older brothers tilled again their small holdings

Ya el pueblo canta una copla
que narra el crimen pasado:
"A la orilla de la fuente
lo asesinaron.
5   ¡Qué mala muerte le dieron
los hijos malos!
En la laguna sin fondo
al padre muerto arrojaron.
No duerme bajo la tierra
10   el que la tierra ha labrado."

II

Miguel, con sus dos lebreles
y armado de su escopeta,
hacia el azul de los montes,
en una tarde serena,
15   caminaba entre los verdes
chopos de la carretera,
y oyó una voz[63] que cantaba:
"No tiene tumba en la tierra.
Entre los pinos del valle
20   del Revinuesa,
al padre muerto llevaron
hasta la Laguna Negra".

LA CASA

I

La casa de Alvargonzález
era una casona vieja,
25   con cuatro estrechas ventanas,
separada de la aldea
cien pasos, y entre dos olmos
que, gigantes centinelas,

---

63. *voz*   Here the voice is a human one: Miguel hears a ballad about the crime sung
by the villagers, who have surmised the truth. See note 36.

sombra le dan en verano,
y en el otoño hojas secas.

Es casa de labradores,
gente, aunque rica, plebeya,[64]
donde el hogar humeante   5
con sus escaños de piedra
se ve sin entrar,[65] si tiene
abierta al campo la puerta.

Al arrimo del rescoldo
del hogar borbollonean   10
dos pucherillos de barro
que a dos familias sustentan.

A diestra mano, la cuadra
y el corral; a la siniestra,
huerto y abejar, y, al fondo,   15
una gastada escalera,
que va a las habitaciones,
partidas en dos viviendas.

Los Alvargonzález moran
con sus mujeres en ellas.   20
A ambas parejas, que hubieron,
sin que lograrse pudieran,
dos hijos, sobrado espacio
les da la casa paterna.[66]

En una estancia que tiene   25
luz al huerto, hay una mesa
con gruesa tabla de roble,
dos sillones de vaqueta,
colgado en el muro, un negro
ábaco de enormes cuentas,[67]   30

---

64. *plebeya* Machado was fascinated by the natural wisdom of the common people and pondered how much men of the land "know [that] we do not, and how little it matters to them what we do know." See Note 36.

65. *se... entrar* i.e., the fireplace can be seen through the open door

66. *A... paterna* Without children the two couples living in the father's house had more than enough room. The sterility of the Alvergonzález wives parallels the barrenness of the land.

67. *ábaco... cuentas* The frame with big, black beads used for arithmetic is a reminder of the times when the sons of Alvargonzález were school children.

y unas espuelas mohosas
sobre un arcón de madera.

Era una estancia olvidada
donde hoy Miguel se aposenta.
5   Y era allí donde los padres
veían en primavera
el huerto en flor, y en el cielo
de mayo, azul, la cigüeña
—cuando las rosas se abren
10 y los zarzales blanquean—
que enseñaba a sus hijuelos
a usar de las alas lentas.⁶⁸

Y en las noches del verano,
cuando la calor desvela,
15 desde la ventana al dulce
ruiseñor cantar oyeran.

Fué allí donde Alvargonzález,
del orgullo de su huerta
y del amor de los suyos,
20 sacó sueños de grandeza.

Cuando en brazos de la madre
vió la figura risueña
del primer hijo, bruñida
de rubio sol la cabeza,
25 del niño que levantaba
las codiciosas, pequeñas
manos a las rojas guindas
y a las moradas ciruelas,
aquella tarde de otoño
30 dorada, plácida y buena,
él pensó que ser podría
feliz el hombre en la tierra.

Hoy canta el pueblo una copla⁶⁹
que va de aldea en aldea:
35 "¡Oh casa de Alvargonzález,
qué malos días te esperan;
casa de los asesinos,
que nadie llame a tu puerta!"

---

68. *a... lentas* how to fly
69. *copla* This time the popular stanza is both a curse and a prophecy.

II

Es una tarde de otoño.
En la alameda dorada
no quedan ya ruiseñores;
enmudeció la cigarra.

Las últimas golondrinas,   5
que no emprendieron la marcha,
morirán, y las cigüeñas
de sus nidos de retamas,
en torres y campanarios,
huyeron.   10
      Sobre la casa
de Alvargonzález, los olmos
sus hojas que el viento arranca
van dejando. Todavía
las tres redondas acacias,   15
en el atrio de la iglesia,
conservan verdes sus ramas,
y las castañas de Indias[70]
a intervalos se desgajan
cubiertas de sus erizos;   20
tiene el rosal rosas grana
otra vez,[71] y en las praderas
brilla la alegre otoñada.

En laderas y en alcores,
en ribazos y cañadas,   25
el verde nuevo y la hierba,
aún del estío quemada,
alternan; los serrijones
pelados, las lomas calvas,
se coronan de plomizas   30
nubes apelotonadas;[72]
y bajo el pinar gigante,
entre las marchitas zarzas
y amarillentos helechos,

70. *castañas de Indias* horse chestnuts
71. *tiene... vez* the rosebush has roses again and it is seeding time
72. *los serrijones... apelotonadas* the barren mountain ranges and the low, unproductive hills were touched by snarly, leaden clouds

corren las crecidas aguas
a engrosar el padre río
por canchales y barrancas.

Abunda en la tierra un gris
5 de plomo y azul de plata,
con manchas de roja herrumbre,
todo envuelto en luz violada.

¡Oh tierras[73] de Alvargonzález,
en el corazón de España,
10 tierras pobres, tierras tristes,
tan tristes que tienen alma!

Páramo que cruza el lobo
aullando a la luna clara
de bosque a bosque, baldíos
15 llenos de peñas rodadas,
donde roída de buitres
brilla una osamenta blanca;[74]
pobres campos solitarios
sin caminos ni posadas,
20 ¡oh pobres campos malditos,
pobres campos de mi patria!

LA TIERRA

I

Una mañana de otoño,
cuando la tierra se labra,
Juan y el indiano aparejan
25 las dos yuntas de la casa.
Martín se quedó en el huerto
arrancando hierbas malas.

---

73. *Oh tierras* A passionate lament for the sad plight of the unproductive Castilian
countryside. The story of the Alvargonzález family reflects the history of Castile.
The latter was a favorite theme of the Generation of '98.
74. *roída... blanca* The description is reminiscent of expressionist paintings: in the
midst of the dark high barren plain the shiny glare of a white skeleton, the remains
of a corpse gnawed by vultures.

II

Una mañana de otoño,
cuando los campos se aran,
sobre un otero, que tiene
el cielo de la mañana
por fondo, la parda yunta   5
de Juan lentamente avanza.

Cardos, lampazos y abrojos,
avena loca y cizaña
llenan la tierra maldita,
tenaz a[75] pico y a escarda.   10

Del corvo arado de roble
la hundida reja trabaja
con vano esfuerzo; parece
que al par que hiende la entraña
del campo y hace camino,   15
se cierra otra vez la zanja.[76]

"Cuando el asesino labre
será su labor pesada;
antes que un surco en la tierra,
tendrá una arruga en su cara."   20

III

Martín, que estaba en la huerta
cavando, sobre su azada
quedó apoyado un momento;
frío sudor le bañaba
el rostro.   25
          Por el oriente,
la luna[77] llena, manchada
de un arrebol purpurino,
lucía tras de la tapia
del huerto.   30

---

75. *tenaz a*   which resists
76. *al... la zanja*   no sooner does the plow make a furrow than it is closed up again
77. *luna*   This same moon shone on the night of the father's murder.

Martín tenía
la sangre de horror helada.
La azada que hundió en la tierra
teñida de sangre estaba.

IV

5   En la tierra en que ha nacido
supo afincar[78] el indiano;
por mujer a una doncella
rica y hermosa ha tomado.

La hacienda de Alvargonzález
10 ya es suya, que sus hermanos
todo le vendieron: casa,
huerto, colmenar y campo.

LOS ASESINOS

I

Juan y Martín, los mayores
de Alvargonzález, un día
15 pesada marcha emprendieron
con el alba, Duero arriba.

La estrella de la mañana
en el alto azul ardía.
Se iba tiñendo de rosa
20 la espesa y blanca neblina
de los valles y barrancos,[79]
y algunas nubes plomizas
a Urbión, donde el Duero nace,
como un turbante ponían.[80]

25 Se acercaban a la fuente.
El agua clara corría,

78. *supo afincar* learned to invest in the land
79. *Se... barrancos* image of a faint, reddish glare as dawn breaks
80. *como... ponían* the clouds wrapped the village as a turban wraps a head

sonando cual[81] si contara
una vieja historia, dicha
mil veces y que tuviera
mil veces que repetirla.[82]

Agua que corre en el campo   5
dice en su monotonía:
Yo sé el crimen: ¿no es un crimen
cerca del agua, la vida?

Al pasar los dos hermanos
relataba el agua limpia: 10
"A la vera de la fuente
Alvargonzález dormía."

II

—Anoche, cuando volvía
a casa—Juan a su hermano
dijo—, a la luz de la luna   15
era la huerta un milagro.

Lejos, entre los rosales,
divisé un hombre[83] inclinado
hacia la tierra; brillaba
una hoz de plata en su mano.   20

Después irguióse y, volviendo
el rostro, dió algunos pasos
por el huerto, sin mirarme,
y a poco lo vi encorvado
otra vez sobre la tierra.   25
Tenía el cabello blanco.
La luna llena brillaba,
y era la huerta un milagro.

81. *cual como*
82. *una vieja... repetirla* A favorite theme of Machado's: the repetition of common
occurrences gives coherence to an individual's life and, on a larger scale, to history;
the violence of the Alvargonzález story is a microcosm of the history of all Castile,
already repeated countless times in the past and to be repeated again an infinite
number of times in the future.
83. *divisé un hombre* Juan's hallucination in which he sees a white-haired man working in the garden stresses the mental disorder of the assassins; together they reach a
silent accord to visit the scene of their crime.

III

Pasado habrían el puerto
de Santa Inés, ya mediada
la tarde, un tarde triste
de noviembre, fría y parda.
Hacia la Laguna Negra
silenciosos caminaban.

IV

Cuando la tarde caía,
entre las vetustas hayas
y los pinos centenarios,
un rojo sol se filtraba.

Era un paraje de bosque
y peñas aborrascadas;[84]
aquí bocas que bostezan
o monstruos de fieras garras;
allí una informe joroba,
allá una grotesca panza,
torvos hocicos de fieras
y dentaduras malladas,
rocas y rocas, y troncos
y troncos, ramas y ramas.
En el hondón del barranco
la noche, el miedo y el agua.

V

Un lobo[85] surgió, sus ojos
lucían como dos ascuas.
Era la noche, una noche
húmeda, oscura y cerrada.

Los dos hermanos quisieron
volver. La selva ululaba.
Cien ojos fieros ardían
en la selva, a sus espaldas.

84. *peñas aborrascadas* The hostile landscape reflects the brothers' tormented consciences; they feel surrounded by horror and danger.
85. *lobo* symbol of cunning, cruelty, and evil

VI

Llegaron los asesinos
hasta la Laguna Negra,
agua transparente y muda
que enorme muro de piedra,
donde los buitres anidan   5
y el eco duerme, rodea;
agua clara donde beben
las águilas de la sierra,
donde el jabalí del monte
y el ciervo y el corzo abrevan;   10
agua pura y silenciosa
que copia[86] cosas eternas;
agua impasible que guarda
en su seno las estrellas.
¡Padre! gritaron; al fondo   15
de la laguna serena
cayeron, y el eco ¡padre!
repitió de peña en peña.

86. *copia* reflects

▣ *Commentary* ▣

Presentamos aquí al lector y estudiante de literatura española uno de los intentos poéticos peor comprendidos y más deficientemente analizados de la muy conocida y estudiada obra de Antonio Machado. La poesía de Antonio Machado, junto a la de Unamuno, es considerada como la más representativa de la Generación de 1898. Este grupo generacional, cuya cohesión ideológica y artística ha sido y sigue siendo objeto de controversias, representa en España, en términos españoles, la crisis del pensamiento y de la estética burgueses del siglo XIX—crisis común, aunque no simultánea, al mundo intelectual y artístico de la Europa del último tercio de siglo. En su día, tanto irritaron a la burguesía de sus respectivos países el dandysmo de Oscar Wilde, las exposiciones de los primeros impresionistas, los decadentismos de los parnasianos y el nihilismo de Nietzsche, como el inconformismo religioso y político de Unamuno, el preciosismo estético de Valle-Inclán y demás compañeros de bohemia madrileña, entre los que tenemos que incluir al joven Antonio Machado. Frente a la vulgaridad e hipocresía burguesas, algunos intelectuales opusieron subversiva belleza y desnuda sinceridad; frente a la asimilación ideológica y estética, la marginación; frente al clisé y al mito histórico, interrogadora introspección nacional y desmitificador afán. Con el tiempo, comenzando ya el siglo, la rebeldía va adoptando formas más moderadas, surgen los resabios escépticos, el cómodo desengaño. Pero hay excepciones: Valle-Inclán substituye la distorsión preciosista por la distorsión grotesca—arma más eficaz y de mayor alcance estético y político; Antonio Machado transciende el romántico *yo* en entusiasmada búsqueda social y filosófica del *tú*, sobrepasa las escuetas galerías del íntimo acontecer para adentrarse en los no menos complejos, pero sí más amplios, corredores de la objetiva historia. De la melancólica nostalgia de *Soledades* (1899–1907) desembocará en la militancia poética de los versos de guerra (1936–39).

En medio de esta trayectoria tenemos que situar *Campos de Castilla* (1907–17), libro al que pertenece el poema que aquí comentamos. El paso de *Soledades* a *Campos de Castilla* representa el salto del paisaje íntimo al paisaje histórico. En 1912 la poesía para Machado ya no es solitario canto sino comunicativo "canto y cuento" a la misma vez. "La tierra de Alvargonzález" es cabal cumplimiento de este principio poético, mucho más que cualquier otra de las composiciones incluidas en el libro del que forma parte.

La rebeldía modernista del joven Machado (cuya biografía y obra nos es aún en parte desconocida) se orienta, como la de sus compañeros de generación, hacia el desplante *épatant* frente a los valores estéticos y morales establecidos a fines del ochocientos. El pensamiento poético del Machado de *Campos de Castilla* indaga posibles caminos para ajustar su voz a una nueva época que el poeta presiente y cuyo mundo social no podrá estar basado en "una economía definitivamente rota" y de imposible restauración (Prólogo a la 2ª ed. de *Soledades*). Entre estas indagaciones poéticas ocupa "Tierra de Alvargonzález" un lugar importante. Es significativo que el breve prólogo a *Campos de Castilla* dedique a este poema gran parte de su atención. A sus líneas remitimos al lector.

"La tierra de Alvargonzález" es un romance. El romance es la forma métrica popular por excelencia de la poesía española. Nace entre la gente de "baja e servil condición"—como decían los poetas cortesanos del siglo XV. Después, en el XVI y XVII, se aristocratiza y cobra la forma sofisticada de la que los poetas cultos lo revisten. El neoclasicismo académico lo restaura en el XVIII, lo adoptan los románticos con sus nostalgias del mundo medieval, Bécquer, en el XIX, elimina su carácter épico-narrativo para convertirlo en exclusivamente lírico, Juan Ramón Jiménez, a principios del XX, lo depura a líricia quintaesenciada. Machado, en "Tierra de Alvargonzález," le devuelve su tono original—canto y cuento—pero sin orientarlo románticamente hacia lo arcaico sino progresistamente hacia el futuro, hacia la nueva sociedad y el hombre nuevo en los que con tanta fe soñaba y a los que creía vislumbrar. Nos dice Machado: "Mis ro-

mances miran a lo elemental humano y al libro primero de Moisés,
llamado Génesis." "Tierra de Alvargonzález" y su forma poética es
logradísima cifra de ese anhelo por captar y expresar esta elementalidad esencial: lo elemental mítico (tema cainita) se nos presenta en su
encarnación elemental (campesinado) y vertido poéticamente en la
forma métrica elemental por excelencia (el romance).

El tema cainita toma en este romance la forma de parricidio. Lo
importante en la narración del Génesis, como en este poema, no es
tanto el tipo de relación consanguínea que media entre asesinado-
asesino como el acto en sí, el crimen motivado por la codicia, manifestación de una pasión elemental.

El hilo narrativo en "Tierra de Alvargonzález" se nos ofrece en-
marcado temporalmente con la cíclica sucesión de las estaciones del
año: gira la rueda de las estaciones, cuyo punto de arranque y final
referencia es el otoño—esto es, muerte del padre, muerte de los hijos
que dieron al padre muerte. El poema combina, pues, la temporalidad (sucesión) con la esencialidad (lo intemporal-cíclico). Es esta
síntesis la que constituye la meta poética de Antonio Machado a
partir de *Campos de Castilla:* lo eterno humano y lo temporal histórico entrelazados en el verso.

Sueña el padre que sus hijos le apuñalan y, simultáneamente,
despierta a la ejecución material de su propio asesinato. Sueño y
realidad coinciden y el acontecer objetivo se nos presenta como
trasunto de las figuraciones oníricas articuladas en símbolos. Muerto
queda el padre a la vera del río—que es vida—porque la muerte
necesita la compañía de la vida para ser muerte. Su cuerpo es arrojado a las profundas aguas de la Laguna Negra; es decir, no es
enterrado sino *escondido* en las insondables honduras de la conciencia.

La primavera sucede al otoño y los campos de Alvargonzález,
labrados por él, germinan y verdean porque es mano bendita la que
por vez última preparó la sementera. Al don de la fertilidad asignado
al padre se opondrá el adverso destino de los parricidas, en cuyas
manos todo se trueca yermo. Siguiendo la tradición bíblica, Dios
les maldice *en* sus tierras. La tierra se convierte en instrumento de
castigo, pero repárese en que peor aún que el castigo material es la
pena moral inflingida: el dolor de conciencia, el ronco suspiro
"—Hermano, qué mal hicimos!" ("Y Caín dijo a Yavé: mi iniquidad
es tan grande que no puedo soportarla," *Génesis*).

Han pasado los años, y la memoria del crimen, el sentimiento de
culpa, se convierte en centro magnético de sus existencias; necesaria-

mente los dos hermanos tienen que regresar a ese centro de conciencia que es la Laguna Negra. El inevitable retorno se lleva a cabo
a través de una senda cuyo paisaje expresionista es trasfiguración del
tortuoso itinerario de conciencia. Muy cerca ya del abismo, inútilmente los hermanos quieren devolverse, desandar el camino. Nótese
que en el momento culminante de la narración, Martín y Juan *no se
arrojan* al agua (voluntario impulso) sino que *caen* en ella (ciega
atracción).

No queremos terminar estas líneas de presentación sin invitar al
estudiante a que considere en este romance otra dimensión diferente
a la mítica, la dimensión social, que también la posee y cuya existencia no está necesariamente reñida con la primera. Recordemos
una vez más que Machado buscaba la esencialidad de sus poemas
sin detrimento de su temporalidad, lo elemental mítico sin merma
de lo elemental histórico. Por eso se desarrolla el romance en la
geografía humana de Castilla, en un mundo social de perfiles pre-
cisados en el texto y con un trasfondo histórico que actúa como
marco de todo el libro en donde el poema está inserto. Hay un
momento del romance en el que la tierra de Alvargonzález (protagonista de la narración) es convertida por boca del poeta (lírico canto)
en amarga metáfora del suelo español: "Oh pobres campos malditos,/
pobres campos de mi patria!" Maldición histórica que no mítica la
de este solar, la de esa España "que pasó y que no ha sido," la que
nos canta y cuenta el poeta en *Campos de Castilla*.

Por último, conviene aclarar que existen tres versiones de "La
tierra de Alvargonzález." Una versión en prosa, en forma de cuento;
un romance largo y el mismo romance en forma definitiva que es la
que presentamos en este volumen. Machado pretende que la fuente
de inspiración para su tema fué un romance de los que cantaban
los ciegos en tierras de Berlanga. Lo diferencial en cada versión viene
determinado por los distintos fines hacia los que se orientan el relato
en verso y el relato en prosa. En éste, los asesinos cometen un nuevo
crimen, matando a su hermano menor. No está demás que el curioso
lector conozca y coteje las diferentes versiones. No para decidir cuál
es "mejor" o "peor"—valorativos juicios que a nada conducen—
sino para disfrutar—interpretando—el sentido poético y narrativo de
cada una.

Antonio Ramos Gascón

▣ Ramón del Valle-Inclán ▣

La rosa de papel[1]

Melodrama para marionetas[2]

ESCENA UNICA

(*Lívidas luces de la mañana. Frío, lluvia, ventisquero. En una encrucijada
de caminos, la fragua de* SIMEÓN JULEPE.[3] SIMEÓN *alterna su oficio del
yunque con los menesteres de orfeonista*[4] *y barbero de difuntos.*[5] *Pálido,
tiznado, con tos de alcohólico y pelambre de anarquista,*[6] *es orador en la
taberna y el más fanático sectario del aguardiente de anís.* SIMEÓN
JULEPE, *aire extreño, melancolía de enterrador o de verdugo, tiene a
bordo*[7] *cuatro copas. Bate el hierro. Una mujer deshecha, incorporándose
en el camastro,*[8] *gime con las manos en los oídos.*)

LA ENCAMADA.[9]—¡Que me matas, renegado! ¡Que la cabeza se me
parte![10] ¡Deja ese martillar del Infierno![11]

1. *rosa de papel*　paper rose; cheap token
2. *para marionetas*　The actors wear masks or paint their faces and move in a jerky
manner, as if they were jointed dolls moved by strings. The stage directions emphasize the melodrama and the puppetlike gestures of the characters.
3. *Simeón Julepe*　*Simeón* is a biblical name and, ironically, connotes piety; *Julepe*, in
Galicia, means drunkenness.
4. *orfeonista*　member of a glee club or chorus, in this case, with political leanings
5. *barbero de difuntos*　mortician
6. *pelambre de anarquista*　with bushy hair typical of anarchists
7. *a bordo*　on his working table
8. *camastro*　wretched bed
9. *Encamada*　very sick, bedridden woman
10. *se me parte*　is splitting
11. *martillar del infierno*　hellish pounding

JULEPE.—¡El trabajo regenera al hombre!

LA ENCAMADA.—¡Borrachón! Hoy te dió la de trabajar porque me
ves morir, que de no,[12] estarías en la taberna.   5

JULEPE.—A mí la calumnia no me mancha.

LA ENCAMADA.—¡Mi Dios, sácame de este mundo!

JULEPE.—¡No caerá esa breva![13]

LA ENCAMADA.—¡Criminal!

JULEPE.—¡Muy criminal, pero bien me has buscado!   10

LE ENCAMADA.—¡Sólo vales para engañar!

JULEPE.—Florianita, atente a las consecuencias.[14]

LA ENCAMADA.—¡Mal cristiano!

JULEPE.—Ni malo ni bueno.

LA ENCAMADA.—¡Mala casta!   15

JULEPE.—Tendré que ausentarme por no zurrarte la pandereta.[15]

LA ENCAMADA.—¡Espera!

JULEPE.—¡No seas pelma![16]

LA ENCAMADA.—¡Oye!

JULEPE.—Me quedé sordo de un aire.[17]   20

(JULEPE, *ladeándose la gorra, se dirige a la puerta. El viento frío arrebuja
la cortina cenicienta de la lluvia, que rebota en el umbral.* LA ENCAMADA
se incorpora con un gemido.)

LA ENCAMADA.—¡Escucha!

JULEPE.—¿Qué pasa en Cádiz?[18]

LA ENCAMADA.—Lleva aviso por los Divinos.[19] Espera. En este
burujo de trapos tengo cosidos siete mil reales.[20]

JULEPE.—No sería malo.   25

LA ENCAMADA.—¡Tantos trabajos para juntarlos! ¡Tantas mojaduras
por esos caminos![21] ¡La vida me cuestan!

12. *que de no*   for otherwise; for if I were not
13. *¡No... breva!*   No such luck!
14. *atente... consecuencias*   resign yourself. Reference to what according to Christian
tradition is considered to be man's proper attitude in the face of death.
15. *por... pandereta*   just so I don't make a drum out of your rump; not to whip your
rear
16. *¡No seas pelma!*   Get it over with!; Get on with it!
17. *Me... aire*   I don't hear or care what you say
18. *¿Qué... Cádiz?*   So how are things in Glacamora? A nineteenth-century historical
situation involving political and military intrigue is the reference for this expression
meaning "what's cooking?," "what's up?"
19. *Divinos*   Last Sacraments, the rites and prayers for a dying person
20. *real*   monetary unit formerly used in Spain; silver coin
21. *¡Tantas... caminos!*   I was drenched so many times going back and forth to work!

JULEPE.—¡No seas Traviata![22]

LA ENCAMADA.—¡Así me lo pagas!

30   JULEPE.—¡Qué esperanza![23]

LA ENCAMADA.—¡Lo que amasaron mis sudores, tú lo derrocharás en la taberna!

JULEPE.—¡A ver ese burujo!

LA ENCAMADA.—¡Déjamelo! ¡Espera! Palparlo,[24] sí... Pero no te lo

35   lleves. Ya lo tendrás. Espera que cierre los ojos. Palparlo, sí.

JULEPE.—¡Pues parece dinero!

LA ENCAMADA.—¡Siete mil reales! ¡Cuántos trabajos![25]

JULEPE.—¡Eres propiamente una heroína!

LA ENCAMADA.—No te lo lleves. Poco tendrás que esperar. Palpa,

40   palpa cuanto quieras.

JULEPE.—¿Lo tienes bien contado?

LA ENCAMADA.—¡Siete mil trabajos!

JULEPE.—¿No te obcecas?[26]

LA ENCAMADA.—¡Contados y recontados los tengo!

45   JULEPE.—¿Es puro billetaje?

LA ENCAMADA.—Billetaje de a ciento.[27]

JULEPE.—¡Una heroína! No hay más. ¡Una heroína de las primeras!

LA ENCAMADA.—Simeón, procura mirar por los hijos, y no dejar mis sudores en la taberna.

50   JULEPE.—Ya estás faltando.[28]

LA ENCAMADA.—¡Te conozco, Simeón Julepe!

JULEPE.—También yo conozco mis deberes.

LA ENCAMADA.—Lo que gastes en copas, a tus hijos se lo robas. ¡Sé hombre de bien![29]

55   JULEPE.—¡En ese respective,[30] ninguno me echa la pata![31]

---

22. *¡No seas Traviata!* Don't overdo the scene!; Don't be a ham! Allusion to Violetta, or "Lady of the Camellias," the sentimental, dying heroine of Verdi's famous opera, *La Traviata.*

23. *¡Qué esperanza!* I wish to God you had all the money! (Argentinianism) Valle-Inclán is a master of combining popular expressions from different Hispanic dialects.

24. *Palparlo* Touch it. The infinitive is often used as a command form.

25. *trabajos* tribulations; afflictions

26. *¿No te obcecas?* You're sure you're not confused?

27. *Billetaje... ciento* in one-hundred-peseta bills (The peseta is the monetary unit of Spain.)

28. *Ya estás faltando* you're offending me now

29. *¡Sé hombre de bien!* Be reliable!; Be decent!

30. *respective* matter (Madrilenian slang)

31. *me... pata* outdoes me

LA ENCAMADA.—¡No me dejes sin los Divinos!

JULEPE.—Tendrás cuanto desees. Eso y mucho más te mereces. ¡Qué duda tiene! Yo respeto todos los fanatismos.

LA ENCAMADA.—Estarás con la gorra quitada cuando entre el Rey del Cielo.[32]

JULEPE.—¡Me sobra educación,[33] Floriana!

LA ENCAMADA.—¡Pasa por la puerta de tía Pepa! Dile que venga para les lavar[34] la cara a los críos y vestirles la ropa nueva. ¡Angeles de Dios, que tan solos en el mundo se quedan!

JULEPE.—Floriana, ¡con ese patetismo[35] me la estás dando![36] ¡Hablas como si ya fueses propiamente un cadáver! ¡No hay derecho![37]

LA ENCAMADA.—¡Avísame los Divinos!

JULEPE.—Entodavía[38] no estás[39] para eso. ¿Dónde has puesto el burujo de los cuartos?

LA ENCAMADA.—Bajo la rabadilla lo tengo.[40] Date priesa, Simeón. ¡Quiero estar despachada![41]

JULEPE.—¡Una heroína propiamente!

LA ENCAMADA.—Toma soleta.[42]

(JULEPE *se afirma la gorra y sale contoneándose.*[43] *Cuando se desvanece el rumor de los pasos, la adolecida se incorpora abrazada al burujo de los dineros. En camisa y trenqueando,*[44] *sube la escalerilla del fayado. Se la oye dolerse, entre un pisar deshecho y con pausas, por la tarima del sobrado. Helada y prudente,*[45] *reaparece en la escalera. Casi a rastras,*[46] *llega al cocho y se sume en las mantas remendadas. Atenta y cadavérica, el rostro perfilándose sobre un montón de trapos, cuenta*

---

32. *Estarás... Cielo*   i.e., I hope you'll show respect and remove your cap when God takes me away
33. *Me... educación*   I have good manners to boot
34. *les lavar*   for *lavarles*. Archaic construction used in this play.
35. *patetismo*   pitiful performance
36. *me... dando*   you actually convince me that you're dying
37. *¡No hay derecho!*   It's not right.
38. *Entodavía*   *todavía* (Galicianism)
39. *no estás*   you're not ready
40. *Bajo... tengo*   I tucked it here under my rump.
41. *estar despachada*   to settle my accounts with God
42. *Toma soleta*   Go quickly. Hurry.
43. *contoneándose*   strutting in an affected manner
44. *trenqueando*   staggering (Galicianism)
45. *prudente*   careful
46. *a rastras*   dragging herself

las tablas del piso. En su mente señala el escondite que acaba de dar al
tesoro. Dos vecinas cotillonas,[47] *figuras grises con vaho de llovizna,*[48]
se meten de un pulo[49] *por la puerta, ponderando el arrecido de la helada,*
con canijo estremecimiento de las sayas, húmedas y pingonas.[50] *Llega de*
fuera una ferranchada[51] *de chicos que arrastran un caldero y olor de*
sardinas asadas. LA MUSA *y* LA DISA[52]—PEPIÑA MUS *y* JUANA DIS—*son*
las comadres[53] *que ahora entraron.*)

75   LA MUSA.—Bien la aciertas quedándote en las pajas, Floriana. ¿Con
qué ánimos estás?
          LA ENCAMADA.—¡Acabando!
          LA MUSA.—¡Sí que no tienes muy buena cara!
          LA DISA.—¿Y el médico no te receta?
80   LA ENCAMADA.—Su receta fué que me dispusiesen.[54]
          LA MUSA.—No llames al médico, Floriana. Si quieres gastarte un
duro, mándale decir una misa a San Blas.[55] ¡Te aprovechará mejor
que si lo tiras en médico y botica!
          LA DISA.—Al médico siempre es bueno tenerlo avisado. ¡Y si no,
85   acuerda cuando se despachó tía Cruces! El médico negó el certificado,
y trajo mayores gastos, porque se metió la curia.[56]
          LA ENCAMADA.—Al Juzgado, para comerse una casa, con poco mo-
tivo le basta. .
          LA MUSA.—Y tú, pues tan sin pulsos[57] te hallas, ¿no piensas
90   arreglar las cuentas del alma?
          LA ENCAMADA.—Simeón salió por los Divinos.
          LA DISA.—¿Estás confesada?

47. *cotillonas*   gossipers (slang)
48. *figuras... llovizna*   Note the graphic description of the old busybodies dressed
in black and seen frozen as if through a light fog.
49. *de un pulo*   suddenly (Galicianism)
50. *el arrecido... pingonas*   the eerie-looking figures watch as the cadaveric woman
slowly grows stiff with the cold of approaching death, shivering weakly in her ragged
petticoat for she can no longer control her bladder
51. *ferranchada*   group (Galicianism)
52. *La Musa, La Disa*   nicknames
53. *comadres*   busybodies, meddlers
54. *que me dispusiesen*   they should get me ready for death
55. *San Blas*   Ironic reference to Saint Blaise, a fourth-century Armenian martyr. He
is said to have saved the life of a boy who swallowed a fishbone and is therefore
invoked against sore throats. La Musa's mention of him to the dying Floriana is ironic.
56. *la curia*   tangling with a small claims court. Satirical reference to legal squabbles
over inheritance and executors.
57. *sin pulsos*   weakened; without strength

LA ENCAMADA.—Desde ayer tarde. Mi cuenta tengo rendida en este mundo y en el otro.

LA MUSA.—¡Muy dispuesta te encuentras!   95

LA ENCAMADA.—Acato la divina sentencia.

LA MUSA.—¡Alabada sea tanta conformidad! Aun cuando no salga ser esta tu hora,[58] bien haces en estar preparada, Floriana.

LA ENCAMADA.—¡Acabo!

LA DISA.—¿No tomas aguas templadas?[59]   100

LA MUSA.—Una gota de anisado te daría calor.

LA ENCAMADA.—¡Espantaime[60] el gato de sobre la cama!

LA DISA.—¿Dónde ves tú el gato?

LA MUSA.—Es propio delirio, Disa. Mírale que vira los ojos como para el tránsito.[61]   105

LA ENCAMADA.—¡Espantaime ese gato!

(*A estas,*[62] SIMEÓN JULEPE *entra de la calle, la gorra cargada sobre una ceja y el paso claudicante de borracho. Da una* zapateta[63] *viendo a las cotillonas y se arranca los pelos.*)

JULEPE.—¡Rediós![64] ¡A se apartar[65] prontamente! Manos en alto.

LA MUSA.—¡No escandalices, borrachón!

JULEPE.—¡A ponerse treinta pasos de esa cama!

(SIMEÓN *saca del pecho un papelote de rosquillas, y con doble traspiés*[66] *se lo entrega a las manos cadavéricas que salen de las mantas remendadas.*)

JULEPE.—Floriana, ¡hazme el favor de decir qué hacen aquí estas maulas![67]   110

LA ENCAMADA.—¡Espantaime ese gato!

LA MUSA.—¡Te repudia con ese texto![68]

---

58. *Aun... hora*   even if it turned out that your time had not come
59. *aguas templadas*   strong-smelling medicinal drinks made with ingredients such as barley and camomile
60. *Espantaime*   Rustic variant of *espantadme*. Such archaisms occur throughout this play.
61. *el tránsito*   death
62. *A estas*   during all this
63. *Da una zapateta*   he jumps up and slams the door
64. *¡Redios!*   Oh my God!; Goddamn!
65. *A se apartar*   Galician for *a apartarse,* get away from here.
66. *con doble traspiés*   stumbling all over
67. *maulas*   hussies; intriguers; gossips
68. *¡Te... texto!*   She rejects your accusations with her crazy screams!

(JULEPE, *las manos entre las mantas, cachea*[69] *bajo el desmadejado fantasma, que se duele con estertores.*[70] JULEPE *se yergue tirándose de la greña.*)

JULEPE.—¡Puñela![71] ¡Mala rabia![72] ¡A cerrar prontamente esas
115 puertas! ¡A soltar[73] lo robado! ¡Los sudores de esta heroína, el pan
de mis vástagos![74]

LA MUSA.—¡Buena la traes![75]

JULEPE.—¡Solemnísimas ladras![76]

LA DISA.—¡El ladrón lo eres tú, que así nos quitas la fama!

120 JULEPE.—¡Siete mil reales cosidos en un burujo!, ¿quién los ha
robado?

LA MUSA.—¡Un burujo! ¿Y de cuánto has dicho?

JULEPE.—¡Siete mil reales!

LA MUSA.—¡Quimerista![77]

125 LA DISA.—¡Borrachón!

JULEPE.—¡Siete mil reales en billetaje de a ciento!

LA MUSA.—¿Cuándo te tocó la lotería,[78] Simeón?

LA DISA.—¿Dónde has visto tú siete mil reales? ¿Pintados?[79]

JULEPE.—¡Rediós! ¡Ahorros y privaciones de esta mártir modelo!
130 Florianita, contesta a estas maulas con un corte de mangas.[80]

LA DISA.—¡Sácanos de este entredicho, Floriana! ¡Di tú si al jergón
hemos tocado!

LA MUSA.—Déjala en el sopor.[81] A mi ver, tiene perdida el habla.

JULEPE.—¡A volver prontamente lo robado!

69. *cachea*   pokes around
70. *se... estertores*   agonizes with a death rattle
71. *¡Puñela!*   Damn it!
72. *¡Mala rabia!*   Damn it!
73. *A soltar*   fork out; hand over
74. *vástagos*   offspring; young children
75. *¡Buena la traes!*   You're really drunk! *La* refers to *borrachera*.
76. *ladras*   *ladronas* (slang)
77. *¡Quimerista!*   Daydreamer!
78. *te... lotería*   did your lottery number win
79. *¿Pintados?*   In your imagination?
80. *con... mangas*   with an obscene gesture; give them the finger
81. *el sopor*   The rantings and ravings of the three have led to a state of absurd confusion precisely at the time when Floriana, unnoticed, is expiring, thus producing a grotesque death scene, both hilarious and hideous.

(*Declamatoria,* PEPIÑA DE MUS *se encorvaba sobre el camastro, tocaba las manos yertas, enclavijadas en el papelote de rosquillas, accionaba, movía un brazo en el aire, como alón desplumado.*[82])

LA MUSA.—¡Descúbrete la cabeza y arrodíllate, Simeón Julepe!   135
JULEPE.—¿Pues?
LA MUSA.—¡Acabó!
JULEPE.—¡Un ángel pierdo!
LA DISA.—¡Ya está fría! Para mí acabó cuando este veneno entraba. ¡Aquel gran suspiro que dió ha sido para entregar el alma!   140

(SIMEÓN *se arranca la gorra. El aire melodramático. Marcando con la cara torcida, sin perder ojo de las cotillonas, cierra la puerta. Recostándose en el muro con un traspiés, se mete la llave en la faja.*)

JULEPE.—Voy a cachear por el burujo. ¡Si no parece, os paso de un balazo y me como vuestras entrañas!
LA DISA.—¡Deja ese tema, grandísimo borrachón! ¡Respeta la muerte!
LA MUSA.—¡No me quites la devoción de rezarle por el alma a la   145
difunta, Julepe!
JULEPE.—¡Si el burujo no parece, os coso a puñaladas!

(SIMEÓN *catea entre las mantas, hunde en el jergón la ansiosa lividez de sus manos tiznadas, remueve el cuerpo de la difunta.*)

JULEPE.—¡Rediós! ¡Aquí no hay nada! ¡Disponeros a morir por ladras, grandísimas maulas!
LA DISA.—¡Mala centella te abrase la lengua,[83] borrachón!   150
JULEPE.—¡A rezar el Señor Mío![84]
LA MUSA.—¡Mira bien, relajado!
JULEPE.—¡Ladras!
LA DISA.—¡Esa es la dolor[85] que te pasa, Lutero![86]
LA MUSA.—¡Lo que tuvieras, ahí lo tendrás! Vamos a sacar del   155
cocho a la difunta.

---

82. *alón desplumado*   A striking grotesque image of an old woman's arm moving up and down like a skinny, featherless wing.
83. *Mala... lengua*   may lightning burn out your tongue
84. *el Señor Mío*   common prayer repeated when someone is dying
85. *la dolor*   Rustic archaism for *el dolor*.
86. *Lutero*   here, heretic. Reference to Martin Luther (1483–1546), the leader of the Protestant Reformation in Germany.

(*Toman el cuerpo en vilo*[87] *y se deshace el flaco nudo de las manos,
derramando el papelote de rosquillas. En la lividez de los dedos se aguzan
las uñas violadas. Salen de la camisa rabicorta las canillas, doblándose
como rotas velas.*[88])

LA DISA.—¿Dónde la posamos? En el suelo parece escarnio.
LA MUSA.—Pongámosla sobre el banco.

(*Dejan el cuerpo de la difunta arrimado a la pared, en un banco rojo y
angosto.* JULEPE *levanta el camastro, aventa el jergón, sacude los guiñapos
remendados.*)

JULEPE.—¡Nada! ¡Nada! ¡Nada! ¡Robado! ¡Inicuamente robado!
160   ¡A morir se ha dicho, so maulas![89]
LA DISA.—¡Ah de Dios! ¡Acudide,[90] vecinos! ¡En casa de Julepe!
¡Nos degüella vivas este sanguinario!
LA MUSA.—¡Ay, Julepe, si cojo una tranca!

(*En la batalla de las cotillonas y el borracho, la difunta rueda de la tarima
y queda de bruces, con el faldón sobre la rabadilla. Por la escalera del
desván, en las alturas del fayo, aparecen tres críos desnudos, encadillados*[91] *bajo el cobertor. Sucia pelambre, bocas lloronas, ojos apretados.*)

CORO DE CRÍOS.—¡Ay mi madre! ¡Mi madre! ¡Mi madre![92]
165   JULEPE.—¡Ante vuestros ojos inocentes voy a picarles la garganta
a estas malas mujeres!

(*Las cotillonas, cada una en su rincón esperan, prevenidas.* PEPIÑA DE
MUS *esgrime un picachón.*[93] JUANA DE DIS *levanta el martillo del yunque.*)

LA DISA.—¡Ven ahora, borrachón! ¡Ven, que te desmeollo![94]
LA MUSA.—¡Como soy Pepa Mus, el pecho te paso![95]
JULEPE.—¡Robado! ¡Robado! ¡Robado![96]

87. *Toman... vilo*   they lift the corpse up in the air
88. *doblándose... velas*   Description of the corpse's puppetlike folding legs.
89. *so maulas*   you hussies. *So* is slang for "you" before derogatory epithets.
90. *acudide*   Archaic for *acudid:* come to our rescue.
91. *encadillados*   each one squeezing next to the other (Galicianism). The three children are protrayed as wailing brats, symbolic of low-class rural Spain.
92. *¡Ay mi madre... madre!*   Chants in which each part is recited three times are
ceremonial features of primitive people.
93. *picachón*   a double-edged pickax with the handle in the middle used in Galicia
and Asturias
94. *que te desmeollo*   so I can bash your brains out
95. *¡Como... paso!*   I swear by my very name I'll spill your guts!
96. *¡Robado!*   See note 92.

CORO DE CRÍOS.—¡Mi madre! ¡Mi madre! ¡Mi madre!   170

JULEPE.—¿No os conduele la orfandad de estos niños? ¡Puñela! ¡Con la vida vais a pagarlo!

(*Abre una arquilla que está pareja con el camastro, y la vuelca. Entre el baratijo de lilailos*[97] *sale un revólver antiguo, tomado de orín.*[98] *El revólver romántico que de soltero llevaba* JULEPE. *Ahora lo empuña con gozo y rabia de peliculero melodramático.*[99])

JULEPE.—¡Tiene siete balas!

CORO DE CRÍOS.—¡Mi padre! ¡Mi padre! ¡Mi padre!

LA DISA.—¡Borrachón! ¡Mira qué ejemplo para esos huérfanos!   175

JULEPE.—¡A morir se ha dicho! ¡A morir, sin remedio! ¡A morir, por encima de la corona del Papa![100]

LA MUSA.—No te ofusques y cachea bien. El burujo de los cuartos, si es verdad que los había, tiene de parecer.

LA DISA.—¡Inocentes estamos, borrachón! ¡Si pudiese hablar la   180 difunta, lo hablaría igual!

LA MUSA.—Cachea entre las pajas. Bájale primero la camisa a la difunta, que parece un escarnio.

LA DISA.—¡Y un mal ejemplo para las criaturas!

LA MUSA.—Ponla en el banco.   185

JULEPE.—Cadáver frío, ¡tú solamente puedes aclarar esta causa célebre![101]

(JULEPE *se tira de los pelos. Del cadillo*[102] *de críos, que hipan y lloran, sale una voz arratada.*[103])

LA VOZ DE RATA.[104]—¡El burujo de los cuartos lo escondió, después, mi madre en la bufarda!

JULEPE.—¿Qué dices, ángel celeste?   190

LA DISA.—Inocente, ¡tú nos salvas!

---

97. *baratijo de lilailos*   trinkets and trifles (Galicianism)
98. *tomado de orín*   rusty
99. *lo... melodramático*   grips it with the simulated violence and sinister extravagance of actors in silent detective films
100. *por... Papa*   even the intervention of the pope himself couldn't help you. Allusion to the hierarchical authority of the pope symbolized by his crown.
101. *causa célebre*   A literal translation of the French expression *cause célèbre* parodying the pretentious language of the lower classes.
102. *cadillo*   litter of puppies (Galicianism). Note the animalization.
103. *voz arratada*   squeaky voice; mousy voice. Note the animalization.
104. *La... rata*   the squeak of one of the three children

(JULEPE *se lanza a la escalera y sube en dos trancos, desbaratando el retablo de monigotes*[105] *que hipa y lloriquea bajo la claraboya. Los calcaños azules y las alpargatas desaparecen por la escotilla del fayado. En torno de*[106] *la casa rueda un vocerío de comadres. Hay aporreos en la puerta y el ventano.*)

VOCES DE LA CALLE.—¿Qué se pasa? ¿Sois vivos o muertos? ¿Quién pide auxilio?

LA MUSA.—¡Dos tristes mujeres!

195   LA DISA.—¡Con quitarnos la vida nos amenaza el borrachón de Julepe!

VOCES DE LA CALLE.—Julepe, ¡no te ciegues!... ¡Abre la puerta!

LA MUSA.—¡Entregó el alma la Floriana!

LA DISA.—¡Deja un gato[107] de muchos miles!

200   VOCES EN LA CALLE.—¡Abre la puerta! ¡No te arrebates, Julepe!

LA DISA.—¡Echó la llave para nos degollar!

LA MUSA.—¡Este verdugo quería morcillas[108] para el velorio!

LA DISA.—¡Viva me veo de milagro!

VOCES DE LA CALLE.—¡Julepe, abre! ¡Abre, Julepe!

205   JULEPE.—¡Ahí va la llave!

(*La llave cae de lo alto.* JULEPE, *en la boca del escotillón, corta con la navaja el cosido de trapos. Avista el dinero y se guarda el burujo en la faja.*)

CORO DE CRÍOS.—¡Mamá Floriana! ¡Mamá Floriana!

JULEPE.—¡Bien hacéis en llorarla, tiernos vástagos! ¡Esposa y madre modelo en los cuatro puntos cardinales![109] ¡Una heroína de las aventajadas!

(JULEPE *se tira por la escalera con los brazos en aspa*[110] *y cae a los pies de la difunta. Se levanta abrazado con ella. El retablo de vecinos asoma mudo, sin traspasar la puerta, y en aquel silencio la voz del borracho se remonta con tremo afectado y patético.*[111])

105. *retablo de monigotes*   miniature stage of small puppets
106. *En torno de*   around; all over
107. *un gato*   moneybag (Madrilenian)
108. *morcillas... velorio*   A morbid allusion to blood sausages made from pork served at wakes. Julepe had earlier threatened to slit their throats; i.e., he treated us like pigs and meant to make sausage out of us to serve at the wake.
109. *en... cardinales*   in all conceivable ways and places
110. *en aspa*   crosswise. Note the puppetlike, melodramatic gestures.
111. *con... patético*   Julepe's artificial speech is meant to impress the neighbors; his farewell is a compendium of banalities delivered with absurdly pretentious solemnity.

JULEPE.—Floriana, ángel ejemplar, ¡no tengo lágrimas para llorar   210
tu irreparable pérdida! ¡No las tengo! ¡Me falta ese consuelo! ¡Soy
propia fiera! ¡Soy un corazón de piedra dura! Floriana, ¡contigo se
derrumba esta familia! ¡Vuelve a la vida, Floriana!

(*A uno y otro lado le asisten las dos cotillonas.* JUANA DIS *y* PEPIÑA DE
MUS. *Aquella sostiene la exangüe cabeza de la difunta, y esta, los amarillos calcañares. Posan en el jergón la yerta figura de cera y la cubren
con una sábana.* JULEPE, *el aire fatalista*[112] *y menestral, estruja la gorra
entre las manos, mira al cielo y sale.*)

LA DISA.—¡Acompañailo alguno, que es un hombre desesperado!
LA MUSA.—Encarga la caja,[113] Julepe.   215

(*Entran de refilón*[114] *algunos chicuelos descalzos y pelones, la expresión
unánime, curiosa de susto y malicia. Se deshace el cadillo de los tres que
lloran bajo la claraboya. Salen coritos de la manta, bajan a la vera del
cadáver.*)

CORO DE CRÍOS.—¡Mamá Floriana! ¡Mamá Floriana!
LA DISA.—A estas criaturas hay que ver de cubrirles las carnes.
LA VOZ DE RATA.—Ya mamá sacó, después de la hucha, la ropa
nueva.

(LA MUSA, *que ha ido a cubrirse con la mantilla y ha vuelto, comienza
un planto.*[115] *Otra comadre sacude sobre el rígido bulto ensabanado un
aspergis*[116] *de agua bendita. Otra levanta una punta del lienzo y contempla el rostro de la muerta.*)

LA COMADRE.—¡Qué blanca! ¡No tenía los treinta años! ¡Fué pre- 220
tendida de caballeros y cayó con ese mala casta![117]
LA DISA.—¡Cegueras![118]
LA COMADRE.—¿No disponéis amortajarla antes que encalle?[119]
¡Mirai que después es mucha faena!

112. *el aire fatalista*   i.e., he assumes the tragic attitude of a man overcome by the
inevitability of things
113. *la caja*   coffin
114. *de refilón*   suspiciously (Spanish Americanism)
115. *planto*   Archaism for *llanto:* plaint, lament. Galicia, like Ireland, has preserved
to this day many ancient chants of lamentation, dirges, and elegies.
116. *aspergis*   for *asperges*, sprinkling of holy water performed by priests
117. *mala casta*   low-born
118. *¡Cegueras!*   She was nuts!
119. *encalle*   she becomes stiffer. Physiological details concerning the realities involved in preparing a corpse for burial emphasize the grotesque.

225   LA DISA.—No sabemos cuál sea la voluntad de Julepe.

LA COMADRE.—Cualesquiera[120] aguarda lo que resuelva ese borrachón. Yo, por mi cuenta, voy a disponerla.

LA MUSA.—¡Ahora te ayudo, curmana![121]

LA COMADRE.—Pondrémosle la ropa de guarda.[122] ¡Si había de
230   llevarla una intrusa, va mejor empleada![123]

CORO DE CRÍOS.—¡Mamá Floriana! ¡Mamá Floriana!

(LA MUSA *prolonga los alones de su mantilla sobre las cabezas de los tres coritos, y comienza una prosa dramática, ritual de tales fúnebres pasos.*)

LA MUSA.—Tiernos ángeles, ¡recordai siempre este momento de la última despedida a la cabecera de vuestra madre! ¡Perdéis el mayor bien de este mundo, cuyo es el amor de madre! ¡No más os digo!
235   ¡El último beso depositai en la frente de esa rosa mártir!

(*El retablo de los tres coritos se encoge, lloroso, bajo los negros alones de la mantilla.* PEPIÑA DE MUS *los empuja sobre la difunta, abiertos los brazos y la cara vuelta a las otras comadres.*)

LA MUSA.—¡Son duros de corazón estos rapaces!

LA COMADRE.—Criaturas, ¡salen al tenor del ejemplo que reciben![124]

LA DISA.—¡Dióles ahora el aquel de quedarse aboyados![125]

240   LA MUSA.—Rebeldes, ¡el último beso depositai en el rostro de vuestra madre! Decí conmigo: Madre inolvidable, ¡mira por nosotros desde el Cielo! ¡Sé nuestro ángel en tantas ocasiones de pecar como ofrece a la juventud este valle de lágrimas![126] ¡Considerai que de aquí va para la cueva![127]

245   CORO DE CRÍOS.—¡Mamá Floriana! ¡Mamá Floriana! ¡Qué tan fría! ¡Mamá Floriana!

LA MUSA.—¡Al fin rompieron estos rebeldes!

LA DISA.—¡Están asustados!

LA COMADRE.—Hay que vestirlos.

---

120. *Cualesquiera*   Vulgarism for *cualquiera*.
121. *curmana   cuñada*, sister-in-law, or, in familiar speech, "friend" (Galicianism)
122. *la ropa de guarda*   Sunday dress; best clothes
123. ¡*Si... empleada!*   If Julepe's next wife is to wear these clothes we might as well put them on Floriana!
124. ¡*salen... reciben!*   they're just imitating their father!
125. *aboyados*   insensitive; without budging. From *boya*, ox. Note the animalization.
126. *valle de lágrimas*   Traditional Christian description of the world.
127. *la cueva*   grave, tomb (slang)

LA VOZ DE RATA.—¡Ya, después, sacó mamá la ropa nueva!   250
LA COMADRE.—¡Mujer de su casa![128]

(LA MUSA *azota a barullo el corito nalgario*[129] *de los tres rapaces y los encamina por la escalera del fayado.*)

LA COMADRE.—Criaturas, ¡no saben el bien que pierden!

LA DISA.—¡Veinte mil reales deja ahorrados! ¡Julepe quería picarnos la garganta porque no daba con ellos!

LUDOVINA LA MESONERA.—¡Nadie le hacía un gato tan grande a la   255
Floriana![130]

LA COMADRE.—¡Mujer de su casa!

PEPE EL TENDERO.—¡Se me hace mucha plata!

LA DISA.—¡Veinte mil reales que irán derechos a la taberna!

PEPE EL TENDERO.—¡Tienen muchas tripas![131] Si se le pone en la   260
idea, puede encargar un panteón para esos restos.

LA COMADRE.—¿Adónde vas tú?

LA DISA.—¡No es tan negra la pena de Julepe!

PEPE EL TENDERO.—Ustedes, mujeres, ¡ciertas cosas no las comprenden!   265

LA COMADRE.—¡Lo cierto es que sobrecogía verlo abrazado a la difunta! ¡Talmente el sermón del desenclavo![132]

LA DISA.—Su mérito no se le niega.

UNA VIEJA.—¡Mucho trabajaste en este mundo, Floriana!

(*Durante el palique,*[133] *las cotillonas engalanan a la difunta. Con el pico de un paño mojado le lavan la cara. La incorporan para meterla el justillo y la saya nueva. Una vecina trae dos cabos de vela bajo la mantilla y, compungiéndose, los entrega a las comadres gobernadoras. Otra sale corriendo y vuelve con una rosa de papel para adornar el lívido nudo de las manos yertas. A uno y otro lado chisporrotean los dos cabos de vela.*)

128. ¡*Mujer... casa!*   A prudent family woman! This idea is a key motif in the rest of the play.
129. *azota... nalgario*   shoos away abruptly the three small buttocks
130. ¡*Nadie... Floriana!*   No one thought Floriana had it in her to stash away such a wad!
131. *tripas*   many possibilities (slang)
132. *desenclavo*   Sacrilegious allusion to Good Friday, when the body of Christ was taken down from the cross, and to the emotional appeal of the Good Friday sermon.
133. *Durante el palique*   Note that the chattering goes on at the same time that the corpse is being spruced up.

270   LA COMADRE.—Disa, cachea por unas medias. No sé si le entrarán
estas botinas. ¡Mirailas sin estrenar! ¡Por eso la vida mucho enseña!
¡Bien ajena estaba de que las estrenaría al ir para la cueva!

LA DISA.—Las estrena para comparecer en presencia de Dios. ¡Qué
mejor empleo!

*(Entra una vieja pingona con el féretro terciado sobre la cabeza, seguida
de un rapaz cirineo que porta la tapa. El retablo de huérfanos, ahora
vestidos de domingo, con gorros de estambre y zuecos gaiteros, llora
bajo la claraboya.)*

275   CORO DE CRÍOS.—¡Mamá Floriana! ¡Mamá Floriana!

LA PINGONA.—¡Criaturas parten el alma! ¿Dónde descargo Disa?

LA DISA.—Donde halles lugar.

LA PINGONA.—¿Y el viudo?

LA DISA.—Tramitando el entierro.

280   LA PINGONA.—El caso es que no demore. Encargó lujo, y veremos
cómo habla al soltar los cuartos. ¡Catorce pesetas, sin caídas,[134] que
con ellas son diecinueve!

LA DISA.—¡Más hereda![135]

LA PINGONA.—¿Luego es verdad que la difunta deja un gato de
285   dos mil pesos?

LA DISA.—No se sabe el cuánto. Será más o menos.

LA PINGONA.—¡Era muy ahorrativa la Floriana!

LA COMADRE.—¡Mujer de su casa!

LA PINGONA.—Con muy buenas amistades. ¡Y a todo esto aún no
290   le recé un gloria[136] por el alma!

*(Se arrodilla a los pies del cadáver. Las luces de cera, con versátiles
fulgores, acentúan el perfil inmóvil, depurado, casi translúcido. En el
crispado enclavamiento de las manos, la rosa de papel se enciende como
una llama. Rematado el rezo, se santigua LA PINGONA.)*

LA PINGONA.—¡Tiene manos de señorita!

LA COMADRE.—¡Cuando soltera fué muy madama,[137] ahora que
estos tiempos no era conocida!

LA PINGONA.—¡Hasta le dejó una sonrisa la muerte! Así, lavada y

---

134. *sin caídas*   without interior decoration for the casket
135. *¡Más hereda!*   He's inheriting much more (than 19 pesetas)!
136. *un gloria*   the traditional prayer, "Glory to God on high" (Gloria in excelsis
Deo)
137. *muy madama*   very ladylike; quite refined

compuesta, parece una propia Hija de María.[138] ¡Y qué prendas!   295
Pañoleta de galería,[139] su buena falda, enagua de piquillos,[140]
botinas nuevas, medias listadas. ¡Talmente una novia!

LA COMADRE.—¡Mujer de su casa!

LA PINGONA.—Sabiendo buscarse las amistades. ¡Dejámele rezar[141]
otro gloria por el alma!   300

(*Entra, con un traspiés,* SIMEÓN JULEPE. *Metida por la cabeza, hasta los
hombros, trae una corona de pensamientos*[142] *y follaje de latón*[143] *con
brillos de luto, la corona menestral y petulante, de un sentimentalismo
alemán.*[144] JULEPE *tiene la mona elocuente.*[145])

JULEPE.—¡Esposa ejemplar, te rendiré el último tributo en el
cementerio! El Orfeón Los Amigos te cantará *La Marsellesa.*[146] Yo,
con el alma traspasada, no desertaré de mi puesto.[147] Tu espíritu,
libre de este mundo donde tanto sufre el proletario, merece que tu
esposo inolvidable sacrifique en el acto fúnebre una mísera parte   305
de tus sudores. ¡En los cuatro puntos cardinales, modelo de esposas,
con patente![148] Tendrás los honores debidos, sin que te falte cosa
ninguna. Tu inconsolable viudo te lo garanta.[149] El Orfeón Los
Amigos te ofrece la corona reservada a los socios de mérito.[150]

(SIMEÓN *deposita la corona a los pies de la difunta y se retira para juzgar
el efecto, con la gorra estrujada entre las manos. El retablo de vecinos
guarda silencio. La difunta, en el féretro de esterillas doradas, tiene una
desolación de figura de cera, un acento popular y dramático. La paño-*

---

138. *Hija de María*   member of a parochial organization of proper, young unmarried
women
139. *de galería*   i.e., worthy of showing off in public; showy and dressy
140. *de piquillos*   with an ornamental edging of small, threadlike loops
141. *Dejámele rezar*   Archaism for *Déjame rezarle.*
142. *corona de pensamientos*   funeral wreath
143. *follaje de latón*   cheap, gaudy ornament made of brass
144. *sentimentalismo alemán*   Reference to the pompous decorations and exaggerated
sentimentality traditionally associated with Germans.
145. *Julepe... elocuente*   Julepe is royally drunk (*la mona:* colloquial for drunkenness)
146. *"La Marsellesa"*   "The Marseillaise," the national anthem of France associated
with the French Revolution, was a favorite of anarchists and other anti-Monarchist
factions.
147. *no... puesto*   military terminology. Evidence of Julepe's puppetlike reactions;
i.e., he confuses patriotism with loyalty to his wife.
148. *con patente*   i.e., she was such a model of excellence he took out a patent on her
149. *garanta*   for *garantiza* (Mexicanism)
150. *socios de mérito*   distinguished members

leta floreada ceñida al busto, las tejas atirantadas por el peinado,[151] *las manos con la rosa de papel saliendo de los vuelillos blancos, el terrible charol de las botas, promueven un desacorde cruel y patético,*[152] *acaso una inaccesible categoría estética.*[153])

310   JULEPE.—¡Floriana, que tan angélica te contemplo con esa rosa en las manos! ¡Floriana, astro resplandeciente, estas caritativas mujeres muy maja te pusieron! Todos nuestros vecinos se conduelen de mi viudez. El Orfeón los Amigos te ofrece esa corona de mérito. ¿Nada respondes? Inerte en la caja desoyes[154] las rutinas de este mundo

315   político. Me sobrepongo a mi dolor, y digo: ¡Solamente existe la nada![155] No asustarse, vecinos, es el credo moderno.

    LA MUSA.—¡Calla, borrachón, que hasta la propia finada parece escandalizarse!

    JULEPE.—Yo no falto.[156] ¡Floriana, que tan angélica te contemplo

320   con esa rosa y las medias listadas! ¡Dispuesta pareces para salir a un espectáculo, visión celeste! ¡Se van a ver cosas chocantes[157] en la puerta del Cielo! ¡Rediós, cuando tú comparezcas con aquel buen pisar que tenías los atontas![158]

    LA PINGONA.—¡Eso sería si fuesen profanos![159]

325   LA COMADRE.—Date un nudo a la lengua, Julepe.

    JULEPE.—¡Rediós, era mi esposa esta visión celeste, y no sabía que tan blanca era de sus carnes! ¡Una cupletista[160] de mérito, con esa rosa[161] y las medias listadas!

    LA MUSA.—¡Tú apuraste alguna torpe bebida[162] de los Infiernos!

151. *La pañoleta... peinado* A large scarf is fastened around her bust and the ends are stretched up to her headdress.
152. *un desacorde... patético* an incongruity that is both cruel and pathetic. The possibilities of tragic experience are explored by both horror and triviality.
153. *acaso... estética* i.e., art cannot grasp or fully represent such an estranged, grotesque kind of funeral
154. *desoyes* you're deaf to
155. *la nada* Julepe's declaration resembles later existentialist thought regarding the futility of life; after death there is only nothingness.
156. *Yo no falto* I'm not offending anyone
157. *cosas chocantes* shocking things; i.e., those in heaven will be scandalized by his wife's sexy looks and provocative dress. The husband is little by little aroused erotically by his wife's corpse, ironically more attractive in death than in life.
158. *los atontas* you'll knock them dead
159. *profanos* i.e., if we were talking about a profane heaven where gods go about like people on earth
160. *cupletista* cabaret singer and performer with flimsy clothing. A mockery of the decadent, macabre erotic element in death.
161. *rosa* Nightclub performers wore a red rose at their bosom; Floriana is dolled up like a showgirl.
162. *bebida... Infiernos* Satanic potion; i.e., you're more than drunk, you're possessed

JULEPE.—¡Fuera de aquí, beatas[163] y alcahuetas!   330
LA DISA.—¡Calla, escandaloso!
JULEPE.—¡Estoy en mi derecho![164]

(*Da un traspiés, abriendo los brazos sobre la difunta, y se entremeten, con escandalizado revuelo, las mujerucas.*)

LA COMADRE.—¡Serénate, Simeón!
LA DISA.—¡Hay que ser hombre fuerte!
JULEPE.—¡Lo soy!   335
LA MUSA.—¡Es un mal ejemplo!
JULEPE.—¡Apartarse, puñela! Estoy en mi casa y me pertenece esa visión celeste. ¡Con esa rosa y esas medias listadas, no es menos que una estrella de la Perla![165]
LA DISA.—¡Estragado!   340
JULEPE.—Estoy en mi derecho. ¡Angel embalsamado!, ¿qué vale a tu comparación el cupletismo de la Perla? ¡Rediós, médicos y farmacéuticos, vengan a puja[166] para embalsamar este cuerpo de ilusión! No se mira la plata. Cinco mil pesos para el que lo deja más aparente para una cristalera.[167] ¡No me rajo![168] ¡Tendrás una cristalera,   345
Floriana! Estoy en mi derecho al pedirte amor. ¡Fuera de aquí!

(*Otro traspiés para llegar a la difunta. Cae una velilla, y en las manos de marfil arde la rosa de papel como una rosa de fuego. Arden las ropas, arde el ataúd.* SIMEÓN JULEPE, *entre las llamas, abrazado al* cadáver, *grita frenético. Las mujerucas retroceden, aspando los brazos.[169] Toda la fragua tiene un reflejo de incendio.[170]*)

163. *beatas*   blessed or devout persons. Here, used ironically and pejoratively.
164. *Estoy... derecho*   I'm within my rights. Legal formula used in court disputes.
165. *estrella... Perla*   Reference to café La Perla, which had nightclub shows and cabaret girls, in the small Galician town of Villa García de Arosa. From this it is possible to situate the action somewhere around Puebla de Caramiñal, the most important town on the coast of Coruña, where Valle-Inclán was born and where, supposedly, he heard of a situation similar to the one of the play.
166. *vengan a puja*   place your bids; fight it out among you
167. *más... cristalera*   i.e., the money goes to the expert embalmer who can preserve Floriana so she can be placed in a glass case. A morbid parody of the romantic theme of necrophilia.
168. *¡No me rajo!*   I'm not just bragging! (Mexicanism)
169. *aspando los brazos*   i.e., in a puppetlike pose parodying the crucifixion
170. *reflejo de incendio*   The trance-state of Julepe and the flaring up of the forge symbolize the heat of passion; such symbols are typical of expressionist drama, which mingles realism and fantasy. The relation between love and death in the husband's frenzy converts the end into a tangible nightmare. The *fragua*, or forge, is a traditional symbol of erotic passion.

▣ *Commentary* ▣

En el terreno literario (y no sólo en él) etiquetas y fórmulas suelen
tener la vida larga. Consciente o inconscientemente, todos nos servi-
mos de ellas, como de un comodín, para establecer nuestros esque-
mas y clasificaciones, sin tomarnos la molestia de verificar su rigor y
exactitud o si se aplican con un mínimo de tacto y discernimiento.
Entre dichas etiquetas, la de "generación" se ha convertido en el *deus
ex machina* de nuestros entomólogos oficiales, como si la cronología
fuese por sí sola el elemento aglutinador de los distintos autores que
la componen—en vez de un común denominador de actitudes artís-
ticas e ideológicas, por encima de sus naturales diferencias de sensibilidad y de temperamento. ¿Hasta qué punto, en efecto, unifica lo
de "Generación del 98"[1] a hombres tan dispares como Unamuno
y Valle-Inclán,[2] Valle-Inclán y Azorín, Valle-Inclán y Machado?

1. Se conoce con la denominación "Generación del 98" a un grupo de intelectuales
españoles cuya conciencia personal y española despierta y madura entre 1890 y 1900.
"98" alude a la fecha del desastre de Cuba, 1898, durante la guerra entre España y los
Estados Unidos—e.g., pérdida de las últimas colonias, fin del Imperio, miseria
política e intelectual. Una preocupación por la historia de su país les lleva a la
censura de la España oficial, a un análisis feroz de todo, y a la esperanza en una
nueva España, que no puede venir de lo exterior sino de una profundización, de
una vuelta a lo interior y esencial del país: el paisaje, el pueblo, la lengua. Entre los
escritores se destacan Miguel de Unamuno, Angel Ganivet, "Azorín," Pío Baroja y,
quizás, Valle-Inclán.
2. Don Ramón María del Valle-Inclán—nombre apócrifo—nació en Villanueva de
Arosa, provincia de Pontevedra (Galicia) en 1866; con el mero nombre de Ramón
Valle-Peña terminó sus estudios en Pontevedra e inició los de las leyes en Santiago

Cuando, con su insólita y saludable franqueza, Cernuda enjuició a los hombres del 98, su opinión negativa respecto a ellos (con la excepción, más humana que artística, de Antonio Machado) contrastaba de modo abrupto con su entusiasta admiración del gran escritor gallego. Disipados el estupor y la cólera que suscitaron sus pareceres, resulta evidente sin embargo que el poeta tenía razón: pues si la evolución político-ideológica de Valle se sitúa en los antípodas de la de Unamuno, Azorín, y Baroja, su praxis literaria—cuando menos la de sus últimos veinte años—tiene muy poco o nada que ver con la de sus demás compañeros de generación, incluido Machado.

Con la perspectiva literaria de hoy, podemos considerar a la mayoría de los hombres del 98 como unos herederos tardíos de la espiritualidad cristiano-vieja de los autores del Siglo de Oro, en la medida en que aceptaron los mismos mitos que éstos y adoptaron idéntica actitud negativa respecto a las razones de nuestro atraso: el odio de Unamuno al progreso y la ciencia era un eco lejano del de Quevedo a los oficios intelectuales y comerciales "judaicos"—como quevedesca es su mitificación del alma de Castilla, su concepto castizo del honor, su invencible aversión al sexo. Crítica del inmovilismo social, burla del honor, referencia al amor carnal son precisamente ingredientes esenciales del arte valleinclanesco. La cronología no justifica por tanto la inclusión de Valle en la etiqueta generacional: como Cernuda advirtió muy bien, su desvío humano y artístico de los valores acatados por los demás no puede ser más estridente.

Valle-Inclán fué en verdad el mirlo blanco del 98 y es lógico que quienes nos enfrentamos críticamente al culto indiscriminado que se tributa a éste, encontremos en él y su obra un arsenal de razones que justifican y abonan nuestra actitud. El creador del esperpento[3]

---

de Compostela. Se radicó desde joven en Madrid. Allí participó en todas las aventuras y luchas literarias de fines y principios de siglo. Su afición a las letras data de 1888, fecha en que empezó a publicar cuentos y artículos en periódicos gallegos. Viajó tres veces a Méjico y a Sudamérica. Toda su vida estrenó dramas, publicó cuentos, novelas y poemas, colaboró en periódicos, se metió en una intensa actividad teatral y siguió experimentando con formas dramáticas. Es conocido como el escritor moderno que mejor ha manejado el castellano—le llamó A. Machado "el santo de nuestras letras". Murió en Galicia el 5 de enero de 1936 unos meses antes de estallarse la Guerra Civil.
3. En 1920–1921 Valle usó los varios significados de la palabra "esperpento"—feo, ridículo, horrible, desaliñado, risible, grotesco—para definir unas nuevas obras de teatro, *Luces de Bohemia* y *Los cuernos de Don Friolera*. En el conjunto de la obra de Valle-Inclán los esperpentos están considerados como lo más brillante y más profundo

no incurre jamás en la idolatría vacua de los valores hispanos que practican aun hoy los tristísimos "nietos del 98"—antes bien, embiste contra ellos con las armas del ridículo y de la sátira, repitiendo en la escena el brinco genial de Goya respecto a la pintura de su tiempo. En el dramaturgo y el pintor, la crítica de la sociedad española no se lleva a cabo—como en Jovellanos, Larra, o Machado—en nombre exclusivo de la moral, desde un nivel puramente racionalista, sino en virtud de una estrecha simbiosis de imaginación y razón, a través de un prisma burlón, grotesco y deformante. El teatro de Valle-Inclán arremete contra una tradición secular que se prolonga hasta Echegaray con la misma virulencia destructora con que *La Celestina*[4] arremetía a los valores literarios del Medioevo. Dámaso Alonso ha examinado con gran fineza ese "desgarrón" antijerárquico, profanador e iconoclasta que se propone la aniquilación del plano literario ideal, el escarnio deliberado de los valores consagrados y oficiales, la elevación de lo paródico a una dignidad artística —y la reciente concepción de la evolución literaria como una sucesión dialéctica de formas en la que la forma nueva no aparece para expresar un contenido nuevo sino para reemplazar a la forma antigua que ha perdido su carácter estético aclara estos frecuentes disloques y cambios de rumbo, desde el soneto de *Apolo y Dafne* de Quevedo hasta los *pastiches* y sátiras del *Quijote*. Pero lo que nos interesa señalar ahí es la presencia, en el cuerpo de la parodia deformante y grotesca de Valle, de una dimensión imaginativa que había desertado de nuestra escena desde hace siglos, exactamente desde la muerte de Calderón. Sus esperpentos, tragedias, melodramas y autos escapan felizmente en verdad al sometimiento servil de nuestras obras neoclásicas, románticas o naturalistas a las leyes de la verosimilitud—una sujeción que ha restringido brutalmente el campo de los posibles escénicos y la imaginación creadora de los autores con la eficacia solapada e hipócrita de una verdadera censura. Comparemos simplemente el ciclo esperpéntico de Valle con

---

de su creación. El nuevo género literario consiste en una teoría de lo absurdo, una ténica de la deformación caricaturesca del hombre, una visión enajenación de la condición humana, una sátira de los valores tradicionales y una manera del estilo de lo grotesco.

4. Título de una novela dialogada que trata de los amores de dos jóvenes nobles, Calisto y Melibea, cuyo amor ilícito fué logrado mediante la intervención de la vieja alcahueta Celestina. Apareció con 16 actos primero en 1499 y después en 1502 con 21 actos. *La Celestina* y *Don Quijote* están considerados como las obras de más importancia de la literatura española.

los máximos logros de Benavente, García Lorca, Casona, o Buero, y advertiremos hasta qué punto la estética restrictiva de los últimos ha frustrado o refrenado las posibilidades latentes de su teatro.

Las obrillas compiladas con el título de *Retablo de la avaricia, la lujuria y la muerte*—entre las que figura "La rosa de papel"—aparecieron en volumen en 1927, cuando Valle-Inclán había elaborado su teoría del esperpento en *Luces de bohemia* y *Los cuernos de don Friolera,* y podemos considerarlas por tanto exponentes de su nueva visión artística. Como Calderón, Valle ha derribado los tabiques del verosímil escénico, y sus marionetas y siluetas grotescas nos sobrecogen con una brusca impresión de verdad. Sencillamente, escribe Anthony Zahareas, "el dios del teatro calderoniano es sustituido por Maese Pedro y el gran teatro del mundo por una farsa de muñecos." Una mera ojeada al volumen nos revela en seguida que estamos a mil leguas del "realismo" pedestre y ramplón que domina entonces, como hoy, la escena española—de una doctrina estética fundada en la restricción cultural y arbitraria de los posibles reales, en los viejos y tercos criterios de reducción y censura. Valle nos ofrece, al contrario, una gavilla de melodramas y autos en los que lo previsible falla y un nuevo posible irrumpe. La violencia de su transgresión corresponde a la violencia de la censura: la ironía grotesca del autor aniquila la visión trágica del hombre y el mundo, convirtiendo al primero en un pelele gesticulante, tan ridículo como absurdo.[5] Los temas tradicionales de la literatura moral son objeto, a su vez, de una transposición corrosiva e importa precisar que, a diferencia de otras obras valleinclanescas, el escritor no condena a la sociedad, en la persona de sus criaturas, por referencia a un ideal. Acá, el ideal no aparece o no existe, y la agresión actúa con un propósito estrictamente destructivo.

El argumento de "Rosa de papel" es muy simple. El protagonista, Simón Julepe, acecha la muerte de su esposa para adueñarse del burujo donde oculta sus ahorros. La mujer muere. Simón se apodera

5. Valle-Inclán expuso en una ocasión por qué aniquila con su estilo el sentimiento trágico del hombre: "La vida—sus hechos, sus tristezas, sus amores—es siempre la misma, fatalmente. Lo que cambia son los personajes, los protagonistas de esa vida. Antes esos papeles los desempeñaban dioses y héroes. Hoy... bueno, ¿para qué vamos a hablar? Antes, el destino cargaba sobre los hombros—altivez y dolor—de Edipo o de Medea. Hoy, ese destino es el mismo, la misma su fatalidad, la misma su grandeza, el mismo su dolor.... Pero los hombres que lo sostienen han cambiado. Las acciones, las inquietudes, las coronas, son las de ayer y las de siempre. Los hombres son distintos, minúsculos para sostener ese gran peso. De ahí nace el contraste, la desproporción, lo ridículo...."

del dinero, va a emborrarcharse a la taberna: durante su ausencia unas vecinas, entre llantos rituales y chismes vulgares, disponen al cadáver de la muerta con buen gusto, como si fuera una novia. Al regresar el marido dando traspiés, se prenda de ella (no sabía, dice, que tan blanca era de sus carnes, como una cupletista de cabaret), escandaliza a los vecinos con sus comentarios eróticos, grita que está en su derecho al pedirle amor a su mujer, tropieza con el féretro, lo vuelca e, involuntariamente, le prende fuego. Al exaltarse de necrófilo erotismo ante el cadáver lavado y bien vestido de su mujer, es como si la impotencia de Julepe—del hombre—necesitara la salsa fuerte de las postrimerías para por fin excitarse. La violenta y cruel unión de erotismo y muerte configura dramáticamente esa conjunción de lo absurdo y de lo trágico que es la predicación constante de todas las piezas del *Retablo*. Perturbante visión. Porque la risa ante un velatorio grotesco de Galicia no es igual que la risa ante algo cómico; y el horror desconcertado ante lo grotesco de la necrofilia—tema tan predilecto de los románticos—no es igual que el horror purgativo ante la tragedia.

El tema, tratado por Echegaray o Tamayo y Baus, hubiera sido altamente trágico. Pero Valle se las agencia para desdramatizar el hecho y trocarlo en un episodio grotesco: la virtuosa y desdichada esposa es pintada de un modo convencional y ridículo; las vecinas y lloronas se agitan como convulsos personajes de guiñol; el inocente coro de los hijos repite el nombre de la difunta como un lamentable y risible exorcismo. Por encima de todo, Simeón Julepe, el albañil, no se limita a burlarse de los valores inanes que encarna la esposa ya que, con su conducta, desvaloriza también aquéllos que dice representar y que, como sabemos, eran caros a un hombre de espíritu progresista como Valle-Inclán:

> ¡Esposa ejemplar, te rendiré el último tributo en el cementerio! El Orfeón Los Amigos, te cantará la Marsellesa. Yo, con el alma traspasada, no desertaré de mi puesto. Tu espíritu, libre de este mundo donde tanto sufre el proletario, merece que tu esposo inolvidable sacrifique en el acto fúnebre una mísera parte de tus sudores [...] El Orfeón Los Amigos te ofrece una corona reservada a los socios de ·mérito.

De ahí la importancia de la nueva teatralería de Valle-Inclán para este "melodrama para marionetas": Julepe, Floriana, y los vecinos deben ser representados por actores que actúan al modo de peleles, es decir, los actores o llevan máscaras o se mueven de modo dislocado como muñecos o hablan con voz mecanizada, etc. Se trata de una deformación grotesca de máscara trágica.

Es decir: deliberadamente, Valle no salva a nadie de la quema. Su visión es negadora, no satírica, y podemos deducir que su designio, al escribir este bellísimo melodrama para marionetas, no fué otro que el de crear, conforme a sus propias palabras—cuando describe el ataúd con la corona depositada por el marido borracho—"un desacorde cruel y patético, acaso una inaccesible categoría estética."

Juan Goytisolo

◨ Francisco Ayala ◩

El inquisidor

¡Qué regocijo! ¡qué alborozo! ¡Qué músicas y cohetes! El Gran
Rabino de la judería,[1] varón de virtudes y ciencia sumas, habiendo
conocido al fin la luz de la verdad,[2] prestaba su cabeza al agua del
bautismo; y la ciudad entera hacía fiesta.

Aquel día inolvidable, al dar gracias a Dios Nuestro Señor, dentro
ya de su iglesia, sólo una cosa hubo de lamentar el antiguo rabino;
pero ésta ¡ay! desde el fondo de su corazón: que a su mujer, la
difunta Rebeca, no hubiera podido extenderse el bien de que par-
ticipaban con él, en cambio, felizmente, Marta, su hija única, y los
demás familiares de su casa, bautizados todos en el mismo acto con
mucha solemnidad. Esa era su espina,[3] su oculto dolor en día tan
glorioso; ésa, y—¡sí, también!—la dudosa suerte (o más que dudosa,
temible) de sus mayores, línea ilustre que él había reverenciado en
su abuelo, en su padre, generaciones de hombres religiosos, doctos
y buenos, pero que, tras la venida del Mesías,[4] no habían sabido
reconocerlo y, durante siglos, se obstinaron en la vieja, derogada
Ley.[5]

1. *El Gran Rabino de la judería* The Great Rabbi of the Jewish quarters was the
ordained leader of the Jewish congregation. Jews were usually restricted to an
assigned section of the city.
2. *habiendo... verdad* having seen the light of truth, i.e., the teachings of Christ
3. *su espina* the thorn in his side
4. *tras... Mesías* the Messiah's arrival. For Jews, the Messiah is the promised and
expected deliverer; for Christians, Jesus Christ is the fulfillment of the Messianic
prophesy.
5. *se... Ley* they were stuck to their old debunked religion

Preguntábase el cristiano nuevo[6] en méritos de qué se le había otorgado a su alma una gracia tan negada a ellos, y por qué designio de la Providencia,[7] ahora, al cabo de casi los mil y quinientos años de un duro, empecinado y mortal orgullo, era él, aquí, en esta pequeña ciudad de la meseta castellana—él sólo, en toda su dilatada estirpe[8]—quien, después de haber regido con ejemplaridad la venerable sinagoga,[9] debía dar este paso escandaloso y bienaventurado por el que ingresaba en la senda de salvación. Desde antes, desde bastante tiempo antes de declararse converso, había dedicado horas y horas, largas horas, horas incontables, a estudiar en términos de Teología el enigma de tal destino. No logró descifrarlo. Tuvo que rechazar muchas veces como pecado de soberbia la única solución plausible que le acudía a las mientes, y sus meditaciones le sirvieron tan sólo para persuadirlo de que tal gracia le imponía cargas y le planteaba exigencias proporcionadas a su singular magnitud; de modo que, por lo menos, debía justificarla *a posteriori,* con sus actos. Claramente comprendía estar obligado para con la Santa Iglesia en mayor medida que cualquier otro cristiano. Dió por averiguado que su salvación tenía que ser fruto de un trabajo muy arduo en pro de la fe; y resolvió—como resultado feliz y repentino de sus cogitaciones—que no habría de considerarse cumplido hasta no merecer y alcanzar la dignidad apostólica[10] allí mismo, en aquella misma ciudad donde había ostentado la[11] de Gran Rabino, siendo así asombro de todos los ojos y ejemplo de todas las almas.

Ordenóse, pues, de sacerdote, fué a la Corte, estuvo en Roma y, antes de pasados ocho años, ya su sabiduría, su prudencia, su esfuerzo incansable, le proporcionaron por fin la mitra de la diócesis[12] desde cuya sede episcopal[13] serviría a Dios hasta la muerte. Lleno estaba de escabrosísimos pasos—más, tal vez, de lo imaginable—el camino elegido; pero no sucumbió; hasta puede afirmarse que ni

---

6. *cristiano nuevo* a Jew who had accepted religious conversion to Christianity. Distinguished from pure, "old" Christians. In Cervantes, see note 30
7. *Providencia* In Christian terms, Divine direction
8. *dilatada estirpe* his sprawled out race
9. *sinagoga* Jews were allowed to meet, worship and receive religious instruction in restricted ghettos.
10. *la dignidad apostólica* the dignity of a real disciple chosen to preach Christ's gospel
11. *la* *la dignidad*
12. *la... diócesis* a bishop's tall, ornamental cap, symbol of his jurisdiction over a district
13. *sede episcopal* bishop's headquarters (or office)

siquiera llegó a vacilar por un instante. El relato actual corresponde
a uno de esos momentos de prueba. Vamos a encontrar al obispo,
quizás, en el día más atroz de su vida. Ahí lo tenemos, trabajando,
casi de madrugada. Ha cenado muy poco: un bocado apenas, sin
levantar la vista de sus papeles. Y empujando luego el cubierto a
la punta[14] de la mesa, lejos del tintero y los legajos,[15] ha vuelto a
enfrascarse[16] en la tarea. A la punta de la mesa, reunidos aparte, se
ven ahora la blanca hogaza de cuyo canto falta un cuscurro,[17] algunas
ciruelas en un plato, restos en otro de carne fiambre, la jarrita del
vino, un tarro de dulce sin abrir...[18] Como era tarde, el señor obispo
había despedido al paje, al secretario, a todos, y se había servido
por sí mismo su colación.[19] Le gustaba hacerlo así; muchas noches
solía quedarse hasta muy tarde, sin molestar a ninguno. Pero hoy,
difícilmente hubiera podido soportar la presencia de nadie; necesitaba concentrarse, sin que nadie lo perturbara, en el estudio del
proceso. Mañana mismo se reunía bajo su presidencia el Santo Tribunal;[20] esos desgraciados, abajo, aguardaban justicia, y no era él
hombre capaz de rehuir o postergar el cumplimiento de sus deberes,
ni de entregar el propio juicio a pareceres ajenos: siempre, siempre,
había examinado al detalle cada pieza, aun mínima, de cada expediente,[21] había compulsado trámites, actuaciones y pruebas,[22] hasta
formarse una firme convicción y decidir, inflexiblemente, con arreglo
a ella.[23] Ahora, en este caso, todo lo tenía reunido ahí, todo estaba
minuciosamente ordenado y relatado ante sus ojos, folio tras folio,
desde el comienzo mismo, con la denuncia sobre el converso Antonio María Lucero,[24] hasta los borradores[25] para la sentencia que
mañana debía dictarse contra el grupo entero de judaizantes[26]

14. *a la punta de*   at the end of
15. *legajos*   the bundle of documents pertaining to a case before the Inquisition
16. *ha... enfrascarse*   he has again involved himself
17. *la blanca... cascurro*   the white loaf of bread with its end crust missing
18. *un tarro... abrir*   an unopened jar of preserves
19. *colación*   light lunch
20. *Santo Tribunal*   High Court of the Inquisition. The severe scrutiny of converts is
in itself a miniature presentation of the methods, procedures, and fastidiousness used
by the Inquisition during an official investigation.
21. *expendiente*   proceedings; case
22. *había... pruebas*   he has compared all records, proceedings, and evidence.
23. *con... ella*   according to his conviction
24. *la denuncia... Lucero*   the formal charges referred against the new Christian Antonio María Lucero
25. *borradores*   the rough drafts of the formal proceedings
26. *judaizantes*   "new" Christians who secretly had not abandoned Judaic practices
and beliefs

complicados en la causa. Ahí estaba el acta levantada[27] con la detención de Lucero, sorprendido en el sueño[28] y hecho preso en medio
del consternado revuelo de su casa; las palabras que había dejado
escapar en el azoramiento de la situación[29]—palabras, por cierto, de
significado bastante ambiguo—ahí constaban.[30] Y luego, las sucesivas declaraciones, a lo largo de varios meses de interrogatorios,
entrecortada alguna de ellas[31] por los ayes y gemidos, gritos y
súplicas del tormento, todo anotado y transcrito con escrupulosa
puntualidad. En el curso del minucioso procedimiento, en las diligencias premiosas e innumerables que se siguieron, Lucero había
negado con obstinación irritante; había negado, incluso, cuando le
estaban retorciendo los miembros en el potro.[32] Negaba entre
imprecaciones; negaba entre imploraciones, entre lamentos; negaba
siempre. Mas—otro, acaso, no lo habría notado; a él ¿cómo podía
escapársele?—se daba buena cuenta el obispo de que esas invocaciones que el procesado había proferido en la confusión del ánimo,
entre tinieblas, dolor y miedo, contenían a veces, sí, el santo nombre
de Dios envuelto en aullidos y amenazas; pero ni una sola apelaban
a Nuestro Señor Jesucristo, la Virgen o los Santos, de quienes, en
cambio, tan devoto se mostraba en circunstancias más tranquilas...[33]

Al repasar ahora las declaraciones obtenidas mediante el tormento
—diligencia ésta que, en su día, por muchas razones, se creyó obligado a presenciar el propio obispo—acudió a su memoria[34] con
desagrado la mirada que Antonio María, colgado por los tobillos,
con la cabeza a ras del suelo, le dirigió desde abajo. Bien sabía él
lo que significaba aquella mirada: contenía una alusión al pasado,
quería remitirse a los tiempos en que ambos, el procesado sometido
a tortura y su juez, obispo y presidente del Santo Tribunal, eran aún
judíos; recordarle aquella ocasión ya lejana en que el orfebre,[35]

---

27. *el acta levantada*   the affidavit drawn up
28. *en el sueño*   in bed
29. *las palabras... situación*   the words which had escaped him in the excitement of
the situation
30. *ahí constaban*   they were all there, part of the record
31. *entrecortada... ellas*   some of the declarations interrupted
32. *retorciendo... potro*   twisting his limbs on the torture rack
33. *a Nuestro... tranquilas*   the fact that the accused did not appeal to Christian
figures of Christ, the Virgin, and the Saints was proof that in his subconscious
Lucero was not purely, unquestionably Christian
34. *acudió a su memoria*   he remembered. What follows is a series of flashbacks which
lead up to the Inquisitor's present predicament.
35. *el orfebre*   The accused was a goldsmith. Many of the skillful trademen were
converts or New Christians.

entonces un mozo delgado, sonriente, se había acercado respetuosa-
mente a su rabino pretendiendo la mano de Sara, la hermana menor
de Rebeca, todavía en vida,[36] y el rabino, después de pensarlo, no
había hallado nada en contra de ese matrimonio, y había celebrado
él mismo las bodas de Lucero con su cuñada Sara. Sí, eso pretendían
recordarle aquellos ojos que brillaban a ras del suelo, en la oscuridad
del sótano, obligándole a hurtar los suyos; esperaban ayuda de una
vieja amistad y un parentesco en nada relacionados con el asunto
de autos.[37] Equivalía, pues, esa mirada a un guiño indecente, de
complicidad, a un intento de soborno; y lo único que conseguía era
proporcionar una nueva evidencia en su contra, pues ¿no se proponía acaso hablar y conmover en el prelado que tan penosamente
se desvelaba por la pureza de la fe al judío pretérito de que tanto
uno como otro habían ambos abjurado?

Bien sabía esa gente, o lo suponían—pensó ahora el obispo—cuál
podía ser su lado flaco,[38] y no dejaban de tantear, con sinuosa
pertinacia, para acercársele. ¿No había intentado, ya al comienzo—y
¡qué mejor prueba de su mala conciencia! ¡qué confesión más explícita de que no confiaban en la piadosa justicia de la Iglesia!—, no
habían intentado blandearlo por la mediación de Marta su hijita,
una criatura inocente, puesta así en juego?...[39] Al cabo de tantos
meses, de nuevo suscitaba en él un movimiento de despecho el que
así[40] se hubieran atrevido a echar mano de[41] lo más respetable: el
candor de los pocos años. Disculpada por ellos, Marta había com-
parecido a interceder ante su padre en favor del Antonio María
Lucero, recién preso entonces por sospechas. Ningún trabajo costó
establecer que lo había hecho a requerimientos de su amiga de
infancia y—torció su señoría el gesto—prima carnal, es cierto, por
parte de madre, Juanita Lucero, aleccionada a su vez, sin duda, por
los parientes judíos del padre, el converso Lucero, ahora sospechoso
de judaizar. De rodillas, y con palabras quizás aprendidas, había
suplicado la niña al obispo. Una tentación diabólica; pues, ¿no son,
acaso, palabras del Cristo: *El que ama hijo o hija más que a mí, no es
digno de mí?*[42]

36. *todavía en vida*   who was still alive
37. *con... autos*   with the business of the auto-da-fé, i.e., the public ceremony in
which the Inquisition pronounced judgment and passed sentence
38. *su lado flaco*   his Achilles' heel; weak spot
39. *puesta así en juego*   involved in this way
40. *el que así*   the fact that in such a crude manner
41. *echar mano de*   to resort to; to take advantage of
42. *El que ama... de mí*   "He that loveth son or daughter more than me is not worthy
of me" (Matthew 10:37)

En alto la pluma, y perdidos los ojos miopes en la penumbrosa pared de la sala, el prelado dejó escapar un suspiro de la caja de su pecho:[43] no conseguía ceñirse a la tarea;[44] no podía evitar que la imaginación se le huyera hacia aquella su hija única, su orgullo y su esperanza, esa muchachita frágil, callada, impetuosa, que ahora, en su alcoba, olvidada del mundo, hundida en el feliz abandono del sueño, descansaba, mientras velaba él arañando con la pluma el silencio de la noche. Era—se decía el obispo—el vástago postrero de aquella vieja estirpe a cuyo dignísimo nombre debió él hacer renuncia para entrar en el cuerpo místico de Cristo,[45] y cuyos últimos rastros se borrarían definitivamente cuando, llegada la hora, y casada —si es que alguna vez había de casarse— con un cristiano viejo, quizás ¿por qué no? de sangre noble, criara ella, fiel y reservada, laboriosa y alegre, una prole nueva[46] en el fondo de su casa... Con el anticipo de esta anhelada perspectiva en la imaginación, volvió el obispo a sentirse urgido por el afán de preservar a su hija de todo contacto que pudiera contaminarla, libre de acechanzas, aparte; y, recordando cómo habían querido valerse de su pureza de alma en provecho del procesado Lucero, la ira le subía a la garganta, no menos que si la penosa escena hubiera ocurrido ayer mismo. Arrodillada a sus plantas, veía a la niña decirle: "Padre: el pobre Antonio María no es culpable de nada; yo, padre—¡ella! ¡la inocente!—, yo, padre, sé muy bien que él es bueno. ¡Sálvalo!". Sí, que lo salvara. Como si no fuera eso, eso precisamente, salvar a los descarriados, lo que se proponía la Inquisición... Aferrándola por la muñeca, averiguó en seguida el obispo cómo había sido maquinada toda la intriga, urdida toda la trama: señuelo fué, es claro, la afligida Juanica Lucero; y todos los parientes, sin duda, se habían juntado para fraguar la escena que, como un golpe de teatro, debería, tal era su propósito, torcer la conciencia del dignatario con el sutil soborno de las lágrimas infantiles. Pero está dicho que *si tu mano derecha te fuere ocasión de caer, córtala y échala de ti.*[47] El obispo mandó a la niña, como primera providencia, y no para castigo sino más bien por cautela, que se recluyera en su cuarto hasta nueva orden, retirándose él mismo a cavilar sobre el significado y alcance de este hecho: su

43. *de la caja de su pecho*   from deep inside his chest
44. *ceñirse a la tarea*   stick to the task at hand
45. *el cuerpo místico de Cristo*   the Church
46. *prole nueva*   new offspring
47. *si tu mano... de ti*   "If thy right hand offends, cut it off and cast it away" (St. Mark 10:43)

hija que comparece a presencia suya y, tras haberle besado el anillo y la mano, le implora a favor de un judaizante; y concluyó, con asombro, de allí a poco,[48] que, pese a toda su diligencia, alguna falla debía tener que reprocharse en cuanto a la educación de Marta, pues que pudo haber llegado a tal extremo de imprudencia.

Resolvió entonces despedir al preceptor y maestro de doctrina, a ese doctor Bartolomé Pérez que con tanto cuidado había elegido siete años antes y del que, cuando menos, podía decirse ahora que había incurrido en lenidad,[49] consintiendo a su pupila el tiempo libre para vanas conversaciones y una disposición de ánimo proclive a entretenerse en ellas con más intervención de los sentimientos que del buen juicio.

El obispo necesitó muchos días para aquilatar y no descartar por completo sus escrúpulos. Tal vez—temía—, distraído en los cuidados de su diócesis, había dejado que se le metiera el mal en su propia casa, y se clavara en su carne una espina de ponzoña. Con todo rigor, examinó de nuevo su conducta. ¿Había cumplido a fondo sus deberes de padre? Lo primero que hizo cuando Nuestro Señor le quiso abrir los ojos a la verdad, y las puertas de su Iglesia, fué buscar para aquella triste criatura, huérfana por obra del propio nacimiento, no sólo amas y criadas de religión irreprochable, sino también un preceptor que garantizara su cristiana educación. Apartarla en lo posible de una parentela demasiado nueva en la fe, encomendarla a algún varón exento de toda sospecha en punto a doctrina y conducta, tal había sido su designio. El antiguo rabino buscó, eligió y requirió para misión tan delicada a un hombre sabio y sencillo, este Dr. Bartolomé Pérez, hijo, nieto y biznieto de labradores,[50] campesino que sólo por fuerza de su propio mérito se había erguido en el pegujal sobre el que sus ascendientes vivieron doblados,[51] había salido de la aldea y, por entonces, se desempeñaba, discreto y humilde—tras haber adquirido eminencia en letras sagradas—, como coadjutor de una parroquia que proporcionaba a sus regentes más trabajo que frutos. Conviene decir que nada satisfacía tanto en él al ilustre converso como aquella su simplicidad, el buen

48. *de allí a poco*   shortly afterwards
49. *había... lenidad*   had been guilty of softness
50. *hijo... labradores*   The only pure blooded Christians and therefore unsuspected were old, rural Castilians. In Cervantes, see notes 43 and 44.
51. *que sólo... doblados*   who only by his own effort had been able to overcome the harsh working conditions to which all his ancestors had been yoked

sentido y el llano aplomo labriego,[52] conservados bajo la ropa talar[53] como un núcleo indestructible de alegre firmeza. Sostuvo con él, antes de confiarle su intención, tres largas pláticas en materia de doctrina, y le halló instruido sin alarde,[54] razonador sin sutilezas, sabio sin vértigo,[55] ansiedad ni angustia. En labios del Dr. Bartolomé Pérez lo más intrincado se hacía obvio, simple... Y luego, sus cariñosos ojos claros prometían para la párvula[56] el trato bondadoso y la ternura de corazón que tan familiar era ya entre los niños de su pobre feligresía.[57] Aceptó, en fin, el Dr. Pérez la propuesta del ilustre converso después que ambos de consuno[58] hubieron provisto al viejo párroco de otro coadjutor idóneo,[59] y fué a instalarse en aquella casa donde con razón esperaba medrar en ciencia sin mengua de la caridad;[60] y, en efecto, cuando su patrono recibió la investidura episcopal, a él, por influencia suya, le fué concedido el beneficio de una canonjía.[61] Entre tanto, sólo plácemes suscitaba[62] la educación religiosa de la niña, dócil a la dirección del maestro. Mas, ahora... ¿cómo podía explicarse esto?, se preguntaba el obispo; ¿qué falla, qué fisura venía a revelar ahora lo ocurrido en tan cuidada, acabada y perfecta obra? ¿Acaso no habría estado lo malo, precisamente, en aquello—se preguntaba—que él, quizás con error, con precipitación, estimara como la principal ventaja: en la seguridad confiada y satisfecha del cristiano viejo, dormido en la costumbre de la fe? Y aun pareció confirmarlo en esta sospecha el aire tranquilo, apacible, casi diríase aprobatorio con que el Dr. Pérez tomó noticia del hecho cuando él le llamó a su presencia para echárselo en cara. Revestido de su autoridad impenetrable, le había llamado; le había dicho: "Oigame, doctor Pérez; vea lo que acaba de ocurrir: Hace un momento, Marta, mi hija...". Y le contó la escena sumariamente. El Dr. Bartolomé Pérez había escuchado, con preocupado ceño; luego, con semblante calmo y hasta con un esbozo de sonrisa.

52. *el... labriego*   plain, peasantlike self-confidence
53. *ropa talar*   long clothes
54. *instruido sin alarde*   humble in his learning
55. *sabio sin vértigo*   prudent in his wisdom
56. *la párvula*   his ward
57. *feligresía*   parishioners
58. *ambos de consuno*   both together
59. *otro coadjutor idóneo*   another qualified bishop's assistant
60. *medrar... caridad*   to thrive on knowledge without diminishing his Christian faith
61. *canonjía*   official position of a canon
62. *plácemes suscitaba*   congratulations were in order for

Comentó: "Cosas, señor, de un alma generosa"; ese fué su solo comentario. Los ojos miopes del obispo lo habían escrutado a través de los gruesos vidrios con estupefacción y, en seguida, con rabiosa severidad. Pero él no se había inmutado; él—para colmo de escándalo—le había dicho, se había atrevido a preguntarle: "Y su señoría ... ¿no piensa escuchar la voz de la inocencia?" El obispo—tal fué su conmoción—prefirió no darle respuesta de momento. Estaba indignado, pero, más que indignado, el asombro lo anonadaba. ¿Qué podía significar todo aquello? ¿Cómo era posible tanta obcecación?[63] O acaso hasta su propia cámara—¡sería demasiada audacia! —, hasta el pie de su estrado, alcanzaban... aunque, si se habían atrevido a valerse de su propia hija, ¿por qué no podían utilizar también a un sacerdote, a un cristiano viejo?... Consideró con extrañeza, como si por primera vez lo viese, a aquel campesino rubio que estaba allí, impertérrito, indiferente, parado ante él, firme como una peña (y, sin poderlo remediar, pensó: ¡bruto!), a aquel doctor y sacerdote que no era sino un patán, adormilado en la costumbre de la fe y, en el fondo último de todo su saber, tan inconsciente como un asno. En seguida quiso obligarse a la compasión: había que compadecer más bien esa flojedad, despreocupación tanta en medio de los peligros. Si por esta gente fuera—pensó—ya podía perderse la religión: veían crecer el peligro por todas partes, y ni siquiera se apercibían... El obispo impartió al Dr. Pérez algunas instrucciones ajenas al caso, y lo despidió; se quedó otra vez solo con sus reflexiones. Y la cólera había cedido a una lúcida meditación. Algo que, antes de ahora, había querido sospechar varias veces, se le hacía ahora evidentísimo: que los cristianos viejos, con todo su orgulloso descuido, eran malos guardianes de la ciudadela de Cristo, y arriesgaban perderse por exceso de confianza. Era la eterna historia, la parábola, que siempre vuelve a renovar su sentido. No, ellos no veían, no podían ver siquiera los peligros, las acechanzas sinuosas, las reptantes maniobras del enemigo, sumidos como estaban en una culpable confianza. Eran labriegos bestiales, paganos casi, ignorantes, con una pobre idea de la divinidad, mahometanos bajo Mahoma y cristianos bajo Cristo, según el aire que moviera las banderas;[64] o si no, esos señores distraídos en sus querellas mortales, o corrompidos en su pacto con el mundo,[65]

63. *obcecación* confusion; blindness
64. *según... banderas* depending on who might be winning. Reference to the seesaw battles between Christians and Moors from 711–1492.
65. *en su pacto con el mundo* is being wordly

y no menos olvidados de Dios. Por algo su Providencia le había llevado a él—y ojalá que otros como él rigieran cada diócesis—al puesto de vigía y capitán de la fe; pues, quien no está prevenido, ¿cómo podrá contrarrestar el ataque encubierto y artero, la celada, la conjuración sorda dentro de la misma fortaleza? Como un aviso, se presentaba siempre de nuevo a la imaginación del buen obispo el recuerdo de una vieja anécdota doméstica oída mil veces de niño entre infalibles carcajadas de los mayores: la aventura de su tío-abuelo, un joven díscolo, un tarambana, que, en el reino moro de Almería,[66] habría abrazado sin convicción el mahometismo, alcanzando por sus letras y artes a ser, entre aquellos bárbaros, muecín de una mezquita.[67] Y cada vez que, desde su eminente puesto, veía pasar por la plaza a alguno de aquellos parientes o conocidos que execraban su defección, esforzaba la voz y, dentro de la ritual invocación coránica,[68] *La ílaha illá llah,*[69] injería entre las palabras árabes una ristra de improperios en hebreo[70] contra el falso profeta Mahoma, dándoles así a entender a los judíos cuál, aunque indigno, era su creencia verdadera, con escarnio de los descuidados y piadosos moros perdidos en zalemas...[71] Así también, muchos conversos falsos se burlaban ahora en Castilla, en toda España, de los cristianos incautos, cuya incomprensible confianza sólo podía explicarse por la tibieza de una religión heredada de padres a hijos, en la que siempre habían vivido y triunfado, descansando, frente a las ofensas de sus enemigos, en la justicia última de Dios. Pero ¡ah! era Dios, Dios mismo, quien lo había hecho a él instrumento de su justicia en la tierra, a él que conocía el campamento enemigo y era hábil para descubrir sus espías, y no se dejaba engañar con tretas, como se engañaba a esos laxos creyentes que, en su flojedad, hasta cruzaban (a eso habían llegado, sí, a veces: él los había sorprendido, los había interpretado, los había descubierto), hasta llegaban a cruzar miradas de espanto—un espanto lleno, sin duda, de respeto, de admiración y reconocimiento, pero espanto al fin— por el rigor implacable que su prelado desplegaba en defensa de la

---

66. *el reino... Almería*   small Moorish kingdom of Andalusia
67. *muecín... mezquita*   a Moslem crier who called the faithful to prayer from the tower of a mosque
68. *invocación coránica*   special appeal to Allah by Mohammedans
69. *La... llah*   Transcription from Arabic, first part of "There is no deity but God."
70. *ristra... hebreo*   a string of insults in Hebrew
71. *con escarnio... zalemas*   mocking the careless and pious Moors lost in reverent "salaams".

Iglesia. El propio Dr. Pérez ¿no se había expresado en más de una
ocasión con reticencia acerca de la actividad depuradora de su
Pastor? —Y, sin embargo, si el Mesías había venido y se había
hecho hombre y había fundado la Iglesia con el sacrificio de su
sangre divina ¿cómo podía consentirse que perdurara y creciera en
tal modo la corrupción, como si ese sacrificio hubiera sido inútil?

Por lo pronto, resolvió el obispo separar al Dr. Bartolomé Pérez
de su servicio. No era con maestros así como podía dársele a una
criatura tierna el temple requerido para una fe militante, asediada
y despierta; y, tal cual lo resolvió, lo hizo, sin esperar al otro día.
Aun en el de hoy, se sentía molesto, recordando la mirada límpida
que en la ocasión le dirigiera el Dr. Pérez. El Dr. Bartolomé Pérez
no había pedido explicaciones, no había mostrado ni desconcierto
ni enojo: la escena de la destitución había resultado increíblemente
fácil; ¡tanto más embarazosa por ello! El preceptor había mirado al
señor obispo con sus ojos azules, entre curioso y, quizás, irónico,
acatando sin discutir la decisión que así lo apartaba de las tareas
cumplidas durante tantos años y lo privaba al parecer de la confianza
del Prelado. La misma conformidad asombrosa con que había
recibido la notificación, confirmó a éste en la justicia de su decreto,
que quién sabe si no le hubiera gustado poder revocar, pues, al no
ser capaz de defenderse, hacer invocaciones, discutir, alegar y bregar
en defensa propia, probaba desde luego que carecía del ardor indispensable para estimular a nadie en la firmeza. Y luego, las propias
lágrimas que derramó la niña al saberlo fueron testimonio de suaves
afectos humanos en su alma, pero no de esa sólida formación religiosa que implica mayor desprendimiento del mundo cotidiano y
perecedero.

Este episodio había sido para el obispo una advertencia inesti-
mable. Reorganizó el régimen de su casa en modo tal que la hija
entrara en la adolescencia, cuyos umbrales ya pisaba,[72] con paso
propio;[73] y siguió adelante el proceso contra su concuñado[74] Lucero
sin dejarse convencer de ninguna consideración humana. Las
sucesivas indagaciones descubrieron a otros complicados, se extendió a ellos el procedimiento,[75] y cada nuevo paso mostraba
cuánta y cuán honda era la corrupción cuyo hedor se declaró primero en la persona del Antonio María. El proceso había ido cre-

72. *cuyos... pisaba*   which she was already approaching
73. *con paso propio*   on her own
74. *concuñado*   brother-in-law. (Lucero had married the Inquisitioner's sister.)
75. *se extendió... procedimiento*   they were indicated as well

ciendo hasta adquirir proporciones descomunales; ahí se veían
ahora, amontonados sobre la mesa, los legajos que lo integraban;
el señor obispo tenía ante sí, desglosadas,[76] las piezas principales:
las repasaba, recapitulaba los trámites más importantes, y una vez y
otra cavilaba sobre las decisiones a que debía abocarse mañana el
tribunal. Eran decisiones graves. Por lo pronto, la sentencia contra
los procesados; pero esta sentencia, no obstante su tremenda severidad,[77] no era lo más penoso; el delito de los judaizantes había quedado establecido, discriminado y probado desde hacía meses, y en
el ánimo de todos, procesados y jueces, estaba descontada esta
sentencia extrema que ahora sólo faltaba perfilar y formalizar debida-
mente. Más penoso resultaba el auto de procesamiento a decretar
contra el Dr. Bartolomé Pérez, quien, a resultas de un cierto testimonio, había sido prendido la víspera e internado en la cárcel de
la Inquisición. Uno de aquellos desdichados, en efecto, con ocasión
de declaraciones postreras, extemporáneas y ya inconducentes, había atribuido al Dr. Pérez opiniones bastante dudosas que, cuando
menos, descubrían este hecho alarmante: que el cristiano viejo y
sacerdote de Cristo había mantenido contactos, conversaciones,
quizás tratos con el grupo de judaizantes, y ello no sólo después de
abandonar el servicio del prelado, sino ya desde antes. El prelado
mismo, por su parte, no podía dejar de recordar el modo extraño
con que, al referirle él, en su día, la intervención de la pequeña
Marta a favor de su tío, Lucero, había concurrido casi el Dr. Pérez
a apoyar sinuosamente el ruego de la niña. Tal actitud, iluminada
por lo que ahora surgía de estas averiguaciones, adquiría un nuevo
significado. Y, en vista de eso, no podía el buen obispo, no hubiera
podido, sin violentar su conciencia, abstenerse de promover una
investigación a fondo, tal como sólo el procesamiento la consentía.
Dios era testigo de cuánto le repugnaba decretarlo: la endiablada
materia de este asunto parecía tener una especie de adherencia
gelatinosa,[78] se pegaba a las manos, se extendía y amenazaba ensu-
ciarlo todo: ya hasta le daba asco. De buena gana lo hubiera pasado
por alto.[79] Mas ¿podía, en conciencia, desentenderse de los indicios
que tan inequívocamente señalaban al Dr. Bartolomé Pérez? No
podía, que este golpe iba a herir de rechazo a su propia hija...
Desde aquel día de enojosa memoria—y habían pasado tres años,

76. *desglosadas* all sorted out
77. *severidad* Reference to burning at the stake.
78. *adherencia gelatinosa* stickiness
79. *De... alto* He would gladly have overlooked it.

durante los cuales creció la niña a mujer—, nunca más había vuelto
Marta a hablar con su padre sino cohibida y medrosa, resentida
quizás o, como él creía, abrumada por el respeto. Se había tragado
sus lágrimas; no había preguntado, no había pedido—que él supiera
—ninguna explicación. Y, por eso mismo, tampoco el obispo se había atrevido, aunque procurase estorbarlo, a prohibirle que siguiera
teniendo por confesor al Dr. Pérez. Prefirió más bien—para lamentar
ahora su debilidad de entonces—seguir una táctica de entorpecimiento,[80] pues que no disponía de razones válidas con que oponerse
abiertamente... En fin, el mal estaba hecho. ¿Qué efecto le pro-
duciría a la desventurada, inocente y generosa criatura el enterarse,
como se enteraría sin falta, y saber que su confesor, su maestro,
estaba preso por sospechas relativas a cuestión de doctrina?—lo que,
de otro lado, acaso echara sombras, descrédito, sobre la que había
sido su educanda,[81] sobre él mismo, el propio obispo, que lo había
nombrado preceptor de su hija... *Los pecados de los padres...*[82]—
pensó, enjugándose la frente.

Una oleada de ternura compasiva hacia la niña que había crecido
sin madre, sola en la casa silenciosa, aislada de la vulgar chiquillería, y bajo una autoridad demasiado imponente, inundó el pecho
del dignatario. Echó a un lado los papeles, puso la pluma en la
escribanía, se levantó rechazando el sillón hacia atrás, rodeó la mesa
y, con andar callado, salió del despacho, atravesó, una tras otra,
dos piezas más, casi a tientas, y, en fin, entreabrió con suave
ademán la puerta de la alcoba donde Marta dormía. Allí, en el fondo,
acompasada, lenta, se oía su respiración. Dormida, a la luz de la
mariposa de aceite,[83] parecía, no una adolescente, sino mujer muy
hecha; su mano, sobre la garganta, subía y bajaba con la respiración. Todo estaba quieto, en silencio; y ella, ahí, en la penumbra,
dormía. La contempló el obispo un buen rato; luego, con andares
suaves, se retiró de nuevo hacia el despacho y se acomodó ante
la mesa de trabajo para cumplir, muy a pesar suyo, lo que su conciencia le mandaba. Trabajó toda la noche. Y cuando, casi al rayar
el alba, se quedó, sin poderlo evitar, un poco traspuesto,[84] sus
perplejidades, su lucha interna, la violencia que hubo de hacerse,
infundió en su sueño sombras turbadoras. Al entrar Marta al des-

---

80. *táctica de entorpecimiento*   delaying tactic
81. *educanda*   student
82. *Los... padres*   Reference to biblical idea that children cannot always escape their
father's sins.
83. *mariposa de aceite*   oil lamp
84. *transpuesto*   sleepy

pacho, como solía, por la mañana temprano, la cabeza amarillenta, de pelo entrecano, que descansaba pesadamente sobre los tendidos brazos, se irguió con precipitación; espantados tras de las gafas, se abrieron los ojos miopes. Y ya la muchacha, que había querido retroceder, quedó clavada en su sitio.

Pero también el prelado se sentía confuso; quitóse las gafas y frotó los vidrios con su manga, mientras entornaba los párpados. Tenía muy presente, vívido en el recuerdo, lo que acababa de soñar: había soñado—y, precisamente, con Marta—extravagancias que lo desconcertaban y le producían un oscuro malestar. En sueños, se había visto encaramado al alminar de una mezquita,[85] desde donde recitaba una letanía repetida,[86] profusa, entonada y sutilmente burlesca, cuyo sentido a él mismo se le escapaba. (¿En qué relación podría hallarse este sueño—pensaba—con la celebrada historieta de su pariente, el falso muecín? ¿Era él, acaso, también, algún falso muecín?). Gritaba y gritaba y seguía gritando las frases de su absurda letanía. Pero, de pronto, desde el pie de la torre, le llegaba la voz de Marta, muy lejana, tenue, mas perfectamente inteligible, que le decía—y eran palabras bien distintas, aunque remotas—: "Tus méritos, padre—le decía—, han salvado a nuestro pueblo. Tú sólo, padre mío, has redimido a todo nuestra estirpe." En este punto había abierto los ojos el durmiente, y ahí estaba Marta, enfrente de la mesa, parada, observándolo con su limpia mirada, mientras que él, sorprendido, rebullía y se incorporaba en el sillón... Terminó de frotarse los vidrios, recobró su dominio, arregló ante sí los legajos deparramados sobre la mesa, y, pasándose todavía una mano por la frente, interpeló a su hija:—Ven acá, Marta—le dijo con voz neutra—, ven, dime: si te dijeran que el mérito de un cristiano virtuoso puede revertir sobre sus antepasados y salvarlos, ¿qué dirías tú?

La muchacha lo miró atónita. No era raro, por cierto, que su padre le propusiera cuestiones de doctrina: siempre había vigilado el obispo a su hija en este punto con atención suma. Pero ¿qué ocurrencia repentina era ésta, ahora, al despertarse? Lo miró con recelo; meditó un momento; respondió:—La oración y las buenas obras pueden, creo, ayudar a las ánimas del purgatorio,[87] señor.

—Sí, sí—arguyó el obispo—, sí, pero... ¿a los condenados?

85. *encarmando... mezquita* standing on top of the minaret of a mosque
86. *letanía repetida* alternation between the priest's phrases from a prayer and the responses of his congregation
87. *purgatorio* Purgatory. A state between Hell and Paradise in which, according to Christian dogma, the souls of those who have died in grace must expiate their sins.

Ella movió la cabeza:—¿Cómo saber quién está condenado, padre?

El teólogo había prestado sus cinco sentidos a la respuesta. Quedó satisfecho; asintió. Le dió licencia, con un signo de la mano, para retirarse. Ella titubeó y, en fin, salió de la pieza.

Pero el obispo no se quedó tranquilo; a solas ya, no conseguía librarse todavía, mientras repasaba los folios, de un residuo de malestar. Y, al tropezarse de nuveo con la declaración rendida en el tormento por Antonio María Lucero, se le vino de pronto a la memoria otro de los sueños que había tenido poco rato antes, ahí, vencido del cansancio, con la cabeza retrepada tal vez contra el duro respaldo del sillón. A hurtadillas, en el silencio de la noche, había querido—soñó—bajar hasta la mazmorra[88] donde Lucero esperaba justicia, para convencerlo de su culpa y persuadirlo a que se reconciliara con la Iglesia implorando el perdón. Cautelosamente, pues, se aplicaba a abrir la puerta del sótano, cuando—soñó—le cayeron encima de improviso sayones[89] que, sin decir nada, sin hacer ningún ruido, querían llevarlo en vilo hacia el potro del tormento.[90] Nadie pronunciaba una palabra; pero, sin que nadie se lo hubiera dicho, tenía él la plena evidencia de que lo habían tomado por el procesado Lucero, y que se proponían someterlo a nuevo interrogatorio. ¡Qué turbios, qué insensatos son a veces los sueños! Él se debatía, luchaba, quería soltarse, pero sus esfuerzos ¡ay! resultaban irrisoriamente vanos, como los de un niño, entre los brazos fornidos de los sayones. Al comienzo había creído que el enojoso error se desharía sin dificultad alguna, con sólo que él hablase; pero cuando quiso hablar notó que no le hacían caso, ni le escuchaban siquiera, y aquel trato tan sin miramientos le quitó de pronto la confianza en sí mismo; se sintió ridículo entonces, reducido a la ridiculez extrema, y—lo que es más extraño—culpable. ¿Culpable de qué? No lo sabía. Pero ya consideraba inevitable sufrir el tormento; y casi estaba resignado. Lo que más insoportable se le hacía era, con todo, que el Antonio María pudiera verlo así, colgado por los pies como una gallina. Pues, de pronto, estaba ya suspendido con la cabeza para abajo, y Antonio María Lucero lo miraba; pero lo miraba como a un desconocido; se hacía el distraído y, entre tanto, nadie prestaba oído a sus protestas. Él, sí; él, el verdadero culpable, perdido y disimulado entre los indistintos

---

88. *mazmorra*   underground dungeon
89. *la cayeron... sayones*   some torturers unexpectedly fell upon him
90. *llevarlo... tormento*   carry him in the air toward the torture rack

oficiales del Santo Tribunal, conocía el engaño; pero fingía, desentendido; miraba con hipócrita indiferencia. Ni amenazas, ni promesas, ni súplicas rompían su indiferencia hipócrita. No había quien acudiera a su remedio. Y sólo Marta, que, inexplicablemente, aparecía también ahí, le enjugaba de vez en cuando con solapada habilidad, el sudor de la cara...

El señor obispo se pasó un pañuelo por la frente. Hizo sonar una campanilla de cobre que había sobre la mesa, y pidió un vaso de agua. Esperó un poco a que se lo trajeran, lo bebió de un largo trago ansioso y, en seguida, se puso de nuevo a trabajar con ahinco[91] sobre los papeles, iluminados ahora, gracias a Dios, por un rayo de sol fresco, hasta que, poco más tarde, llegó el Secretario del Santo Oficio.

Dictándole estaba aún su señoría el texto definitivo de las previstas resoluciones—y ya se acercaba la hora del mediodía—cuando, para sorpresa de ambos funcionarios, se abrió la puerta de golpe y vieron a Marta precipitarse, arrebatada, en la sala. Entró como un torbellino, pero en medio de la habitación se detuvo y, con la mirada reluciente fija en su padre, sin considerar la presencia del subordinado ni más preámbulos, le gritó casi, perentoria:[92]—¿Qué le ha pasado al Dr. Pérez?—, y aguardó en un silencio tenso.

Los ojos del obispo parpadearon tras de los lentes. Calló un momento; no tuvo la reacción que se hubiera podido esperar, que él mismo hubiera esperado de sí; y el Secretario no creía a sus oídos ni salía de su asombro, al verlo aventurarse después en una titubeante respuesta: —¿Qué es eso, hija mía? Cálmate. ¿Qué tienes? El doctor Pérez va a ser... va a rendir una declaración. Todos deseamos que no haya motivo... Pero—se repuso, ensayando un tono de todavía benévola severidad—, ¿qué significa esto, Marta?

—Lo han preso; está preso. ¿Por qué está preso?—insistió ella, excitada, con la voz temblona.—Quiero saber qué pasa.

Entonces, el obispo, vaciló un instante ante lo inaudito; y, tras de dirigir una floja sonrisa de inteligencia al Secretario, como pidiéndole que comprendiera, se puso a esbozar una confusa explicación sobre la necesidad de cumplir ciertas formalidades que, sin duda, imponían molestias a veces injustificadas, pero que eran exigibles en atención a la finalidad más alta de mantener una vigilancia estrecha en defensa de la fe y doctrina de Nuestro Señor Jesu-

91. *con ahinco*   eagerly
92. *perentoria*   in an imperative, urgent tone

cristo... Etc. Un largo, farragoso y a ratos inconexo discurso durante el cual era fácil darse cuenta de que las palabras seguían camino distinto al de los pensamientos. Durante él, la mirada relampagueante de Marta se abismó en las baldosas de la sala, se enredó en las molduras del estrado[93] y por fin, volvió a tenderse, vibrante como una espada, cuando la muchacha, en un tono que desmentía la estudiada moderación dubitativa de las palabras, interrumpió al prelado:

—No me atrevo a pensar—le dijo—que si mi padre hubiera estado en el puesto de Caifás,[94] tampoco él hubiera reconocido al Mesías.

—¿Qué quieres decir con eso? —chilló, alarmado, el obispo.

—*No juzguéis, para que no seáis juzgados.*[95]

—¿Qué quieres decir con eso? —repitió, desconcertado.

—Juzgar, juzgar, juzgar. —Ahora, la voz de Marta era irritada; y, sin embargo, tristísima, abatida, inaudible casi.

—¿Qué quieres decir con eso? —amenazó, colérico.

—Me pregunto—respondió ella lentamente, con los ojos en el suelo —cómo puede estarse seguro de que la segunda venida no se produzca en forma tan secreta como la primera.

Esta vez fué el Secretario quien pronunció unas palabras: —¿La segunda venida?—murmuró, como para sí; y se puso a menear la cabeza. El obispo, que había palidecido al escuchar la frase de su hija, dirigió al Secretario una mirada inquieta, angustiada. El Secretario seguía meneando la cabeza.

—Calla—ordenó el prelado desde su sitial. Y ella, crecida, violenta: —¿Cómo saber—gritó—si entre los que a diario encarceláis, y torturáis, y condenáis, no se encuentra el Hijo de Dios?

—¡El Hijo de Dios! —volvió a admirarse el Secretario. Parecía escandalizado; contemplaba, lleno de expectativa, al obispo.

Y el obispo, aterrado: —¿Sabes, hija mía, lo que estás diciendo?

—Sí, lo sé. Lo sé muy bien. Puedes, si quieres, mandarme presa.

—Estás loca; vete.

—¿A mí, porque soy tu hija, no me procesas? Al Mesías en persona lo harías quemar vivo.

93. *la mirada... estrado* Marta's flashing look sank into the tiles of the room, became tangled up with the molding
94. *Caifás* High priest of the Jews, Caiaphas, who advised letting Jesus die for the people and who put the decisive question to him: "Are you the Christ, King of the Jews?"
95. *No juzguéis... juzgados* "Judge not, and ye shall not be judged" (Luke 6:37)

El señor obispo inclinó la frente, perlada de sudor; sus labios temblaron en una imploración: "¡Asísteme, Padre Abraham!",[96] e hizo un signo al Secretario. El Secretario comprendió; no esperaba otra cosa. Extendió un pliego limpio, mojó la pluma en el tintero y, durante un buen rato, sólo se oyó el rasguear sobre el áspero papel, mientras que el prelado, pálido como un muerto, se miraba las uñas.

96. *"¡Asísteme, Padre Abraham!"* Instead of the common "God help me," he unconsciously slips back to a Jewish invocation. The Inquisitioner's mental activity ranges from complete consciousness to lapses in which his subconscious reveals itself.

▣ Commentary ▣

Este cuento, según testimonio del mismo autor, es el último de un ciclo de narraciones por medio de las cuales él se propuso "abordar e interpretar el presente histórico a través del pasado." Para este ciclo de narraciones el autor escogió argumentos basados en una serie de situaciones históricas bien conocidas que, a pesar de tener un parentesco bastante íntimo con experiencias reales de su propia época, tenían la ventaja, por la separación temporal, de permitirle alejarse del peligro de un subjetivismo demasiado obvio. De esta forma las narraciones, según él, serían "más capaces de rendir las intuiciones escenciales que mediante su nuevo tratamiento artístico" perseguía.

La situación histórica de "El inquisidor" tiene que ver con uno de los aspectos más problemáticos de la situación en que se hallaron los judíos en España después del edicto de 1492 que ordenó la expulsión de todos los que no se convirtieran al cristianismo. Naturalmente, muchos judíos que no habían conocido otra patria que España, optaron por la conversión. Tal situación religiosa basada en tan difícil dilema dió pie a que muy pronto empezaran a levantarse sospechas en cuanto a la sinceridad de dichas conversiones porque, en efecto, muchos de los conversos continuaron sus prácticas judaizantes después de su conversión formal. Para efectos del mantenimiento de la pureza de culto y dogma se instituyó la Inquisición, organización que se ocupaba, entre otras cosas, de buscar esos falsos conversos y procesarlos.

Ayala utiliza para su narración la irónica situación, históricamente verificable como tal, de un Rabino quien, una vez adoptada su nueva fe, decide dedicar su vida a la nueva ley y hacerse sacerdote. Con el tiempo llega a obispo y es nombrado Inquisidor en la misma ciudad donde antes sirviera a la comunidad judía en calidad de Gran Rabino.

Partiendo de esta situación histórica, Ayala dramatiza magistralmente en su cuento la sicología del converso. Sólo que dadas las premisas sobre las que ha escrito estas narraciones, debemos entender que aquí se trata no sólo de un converso de la España del siglo XVI, sino de *cualquier* "converso" de una ley a otra o de una creencia política a otra. De hecho, encontramos en "El inquisidor" frases que calan muy hondo las profundidades sicológicas del converso que ha recibido la "gracia" de "ver la luz," un don que le impone "cargas" y le plantea "exigencias proporcionadas a la singular magnitud" de dicha "gracia"; de modo que siente que por lo menos debe justificarla *a posteriori* con sus actos. Así entonces el Inquisidor de la narración "comprendía estar obligado para con la Santa Iglesia *en mayor medida que cualquier otro cristiano*" (énfasis mío). En otras palabras, un rasgo sicológico característico del "converso" es ser, como vulgarmente se dice, "más papista que el Papa."

Se trata aquí, como habíamos apuntado, de un caso histórico y a la vez ejemplar. La situación específica en que encontramos a nuestro Inquisidor es la de verse obligado a juzgar a su propio cuñado, el tío de su adorada hija a quien ésta trata de defender de los cargos que se le han levantado de judaizante. En el proceso de defender a su tío, la hija del Inquisidor cae también bajo la sospecha de conservar, a pesar del cuidado con que su padre la ha hecho instruir en su nueva religión, fuertes resabios de la antigua ley. Su padre, en calidad de Inquisidor general, no tiene más remedio que hacer detener a su propia hija para sacrificarla en aras del celo con que se siente obligado a practicar su misión. Sólo que en el momento mismo de entregarla a la Inquisición el Inquisidor, desconcertado, invoca al Padre Abraham demostrando que él mismo no ha logrado separarse totalmente de su antigua ley.

Ayala termina el cuento con una nota ambigua que ha dado lugar a, por lo menos, dos interpretaciones de su final. Una interpretación sugiere que el Inquisidor ha caído en su propia trampa al exclamar desesperado "¡Asísteme, Padre Abraham!" en el momento de entregar a su hija. El profesor Keith Ellis[1] sugiere que el Inquisidor

---

1. *El arte narrativo de Francisco Ayala*, Madrid, Gredos, p. 196.

será denunciado por su Secretario allí presente. Mi interpretación
es diferente. Es cierto, como se indicó antes, que el Inquisidor
inconscientemente vuelve a su antigua ley, como sus sueños nos
lo había sugerido repetidas veces. Pero cuando invoca el nombre de
Abraham lo hace para sí—"El señor obispo inclinó la frente, perlada
de sudor; sus labios temblaron en una imploración '¡Asísteme, Padre
Abraham!,' e hizo un signo al Secretario." Por lo que sigue se so-
breentiende que el signo que él hace al Secretario es una indicación
para que detenga a su hija—"El Secretario comprendió; no esperaba
otra cosa." En otras palabras, el Secretario *acata* las órdenes del
Inquisidor a quien vemos aun en pleno control de la situación a
pesar de su *lapsus linguae* reveleador—"Extendió un pliego limpio,
mojó la pluma en el tintero y, durante un buen rato, sólo se oyó el
rasguear sobre el áspero papel, mientras el prelado, pálido como un
muerto, se miraba las uñas." Esta última frase es, por supuesto,
tremendamente irónica porque el Inquisidor *sabe* que también él,
inconscientemente, ha vuelto a las andadas, exactamente como hacía
sólo un instante le había sucedido a su hija. Por esta razón está
pálido y se mira las uñas. Pero no hay nada que indique que él ha
perdido control sobre su Secretario. Precisamente, el hecho que no se
le acuse a él del crimen de que se acusará a su hija, es lo que da al
final del cuento su fina ironía.

El carácter ejemplar de esta narración puede dar lugar a interpretaciones demasiado simplistas como la de limitarse a decir que el tema
de "El inquisidor" podría reducirse a una simple frase como "No
juzguéis, para no ser juzgados," que, por cierto, aparece en el
texto del cuento. Ni esta frase ni otras parecidas que podrían
formularse calan, sin embargo, la sutileza y la profundidad sicoló-
gica de esta narración ni, mucho menos, esas "intuiciones esenciales
que mediante su nuevo tratamiento artístico" el autor ha conseguido
impartir a esta viñeta de carácter histórico. Porque, además de la
sicología del converso, Ayala nos hace vivir el mismo proceso in-
quisitorial por medio del cual se pone en ejecución el plan justificador de dicho converso, proceso que tiene enorme resonancia para
quienes hayan vivido o conocido, aunque indirectamente, la vida
insegura, llena de intimidaciones, de represiones policiales, de con-
fiscaciones de bienes, en países que han sufrido sistemas políticos
opresivos con su tendencia a engendrar climas de sospechas y
desconfianza. Nuestro propio siglo ha producido buen número de
situaciones reales en las que algún "inquisidor" ha podido preparar su caso como prepara el de Ayala el suyo en contra de su

cuñado Lucero: "Ahora, en este caso... todo lo tenía reunido ahí, todo estaba *minuciosamente ordenado* y relatado ante sus ojos, folio tras folio, desde el comienzo mismo, con la denuncia sobre el converso Antonio María Lucero..." (énfasis mío). ¡Cuántos sospechosos no habrán sido detenidos, como Lucero, en la Alemania de Hitler o en la Rusia de Stalin, para mencionar dos de los casos más obvios de nuestra historia contemporánea, sorprendidos "en el sueño" y hechos presos "en medio del costernado revuelo de su casa"! En los juicios de estas pobres víctimas también habrán salido a relucir "las palabras que habrían dejado escapar en el azoramiento de la situación," palabras que habrán constado en el proceso con inhumana exactitud. Y, por último, "las sucesivas declaraciones, a lo largo de varios meses de interrogatorios," declaraciones entrecortadas "por los ayes y gemidos, gritos y súplicas del tormento...". Los detalles del proceso de Lucero son, pues, típicos de tales situaciones y pueden aplicarse, como es la intensión explícita de Ayala, a ciertos momentos de nuestra época.

Pero no es ni siquiera indispensable que nosotros interpretemos este cuento con relación a situaciones como las que existieron en Alemania o en Rusia, donde también se persiguió al "heterodoxo." El relato de Ayala nos lleva, sobre todo, al resorte sicológico de cualquier "investigador" que, con un sentido mesiánico, se imponga a sí mismo la tarea, interpretada como *deber*, de mantener cualquier ortodoxia y de defenderla en contra de enemigos, reales o imaginarios, sea ésta religiosa o política o tenga un título tan inocuo, en apariencia, como "The American Way of Life." El peligro de estas situaciones, una vez creadas, como lo demuestra Ayala, es que al "enemigo" de la ortodoxia se la puede encontrar en cualquier parte, incluso en nuestra propia casa y en las personas más allegadas y merecedoras de nuestra confianza. En ciertos momentos históricos, y por razones no muy diferentes de las que motivan este cuento, se han creado climas de histeria colectiva que, con resultados desastrosos, tanto físicos como sicológicos, han causado incontables sufrimientos. Nuestro propio país, y en una época no muy lejana, ha pasado por situaciones similares que, por ejemplo, Arthur Miller, utilizando esencialmente el mismo método de la analogía histórica, dramatizó en su drama *The Crucible*. Me refiero a la era del Macarthismo que Miller expresó en su obra por medio de la alusión histórica utilizando las persecuciones de "brujas" en Salem, Massachusetts. Este método de la analogía histórica ha servido a autores, en diferentes países y en diferentes épocas, para expresar con la

objetividad del distanciamiento histórico una situación "ejemplar"
que puede ayudarnos a interpretar y comprender un momento dado
de nuestro presente. En España, por ejemplo, la intención que llevó
a Galdós a escribir sus *Episodios nacionales* o a Valle-Inclán sus
novelas del "Ruedo ibérico" no es muy diferente de la que ha llevado
a Francisco Ayala a escribir el ciclo de narraciones que con el título
Los usurpadores publicó en 1949 y al que al año siguiente añadió "El
inquisidor."

Rodolfo Cardona

◉ José Ruibal ◉

El bacalao[1]

(Con el telón abierto entra silenciosamente el AUTOR. Viste etiqueta prestada,[2] manteniendo a duras penas[3] su dignidad de hombre de letras.
Cuando termina de hablar sale de puntillas por el fondo.[4] Sobre un diván
está la SECRETARIA. A su lado, sobre un cajón vacío, hay un despertador
próximo a las 16, hora en que sonará. Sentado, con la cara apoyada
sobre una máquina de escribir, duerme BUROCRATA 1. Tendido a lo largo
de un arcón antiquísimo, sestea BUROCRATA 2. La oficina corresponde
a una sección del Palacio de Justicia.[5] En alguna parte cuelga el emblema
ciego de la diosa.[6] Los muebles, de diversos estilos antiguos, están desven-

1. *bacalao* codfish. Symbol of something shriveled up or preserved over a long
period of time.
2. *Viste... prestada* he's dressed in a rented tuxedo
3. *a duras penas* with great difficulty; i.e., the formal clothes make him look
affected and ill at ease
4. *por el fondo* upstage
5. *Palacio de Justicia* Department of Justice
6. *emblema... diosa* the symbol of Justice, the blindfolded goddess Minerva, holding
scales and a sword

cijados. En las paredes hay estantes cargados de expedientes,[7] curvados
por el peso. Se ven botellas descorchadas y restos de comida. Apilados
con especial desorden, cajones vacíos de bebidas comunes. Entre los
trastos viejos se destaca un sillón de esquelético respaldo. Cuando suena
el despertador, la SECRETARIA, *soñolienta, se incorpora, mientras los*
burócratas siguen durmiendo. La mujer bosteza, estira sus brazos de
carnes ya vencidas,[8] alza sus pechos caídos, se arregla el pelo quemado
por los tintes[9] y salta al suelo. Calza los zapatos elegantes, se sube las
medias, luciendo piernas de líneas todavía hermosas. Vuelta de espaldas,
como escondiéndose de sí misma, aprieta la cincha de la faja, metiendo
en cintura tripas y rollos,[10] delatores de sus horas de vuelo.[11]

Detrás de unos trastos encuentra su cartera. Saca un brillante collar de
fantasía,[12] espejo, barra de labios y colorete. Aunque gastada, el color
reanima su pasado esplendor. Coquetea meneando su belleza en replie-
gue[13] y se dispone a irse. Ya en la puerta, chasquea los dedos al darse
cuenta que se olvidaba sus guantes. Comienza a buscarlos empujando y
derribando cuanto le sale al paso.)

AUTOR.—Yo soy el autor de esta farsa. Es decir: el único personaje
del reparto que no sabe su papel. Por eso me veo obligado a improvisar con la intención de ponerles en antecedentes de lo que aquí
va a suceder. Nos encontramos en una dependencia[14] del Palacio
5   de Justicia. Y nadie se espante de[15] la justicia que aquí se adminis-
tra. No en balde se dice que en casa de herrero, cuchillo de palo.[16]
De otro modo sería incomprensible. ¿O acaso el panadero que amasa
su hornada con los pies sin lavar[17] coma de ese pan? ¡De ningún
modo! Come del pan que compra a otro panadero, buen amigo suyo,
10 quien a su vez lo amasa con el trasero.
      Y así tiene que ser.

7. *expedientes*   files and documents
8. *brazos... vencidas*   flabby arms
9. *el pelo... tintes*   dye-burned hair
10. *metiendo... rollos*   tucking inside her belt the rolls of fat
11. *delatores... vuelo*   which bear witness to her years
12. *brillante... fantasía*   cheap, gaudy necklace
13. *meneando... repliegue*   wriggling coquettishly her well-girdled body
14. *dependencia*   small bureau, ministerial subsection
15. *Y... de*   and I hope no one is worried about
16. *en... palo*   Proverb similar to the English, "In the shoemaker's home the children go barefoot"; i.e., in the Justice Department there is no justice.
17. *los pies... lavar*   his dirty feet

Pero ya me fuí de la lengua.[18] Me retiro en silencio, sin molestar
a los que en esta dependencia palaciega están durmiendo la siesta,
tradicional institución de la patria. Alguien ha de cargar con el
cúmulo sagrado de la herencia secular. Por otra parte, estos buró-   15
cratas están de tal modo identificados con el espíritu nacional, que
aun durmiendo no lo dejan cesante.[19]

Me voy. No hagáis ruido: podrían despertarse. Mientras duermen
son totalmente inofensivos, puesto que no hacen justicia, lo único
que saben hacer. (*Indica silencio y sale de puntillas.*)   20

SECRETARIA.—(*Cada vez más furiosa.*) ¡Mis guantes! ¿Quién se tragó
mis guantes? ¡Cómo voy a salir sin guantes! ¿De qué modo daría la
mano a la gente enguantada? (*Gritando al oído del* BUROCRATA 2.)
¡Mis guantes! Me dais un asco increíble. ¡Ay, qué desgraciada soy!
¡Pobre de mí! Pero no debo llorar aquí. Ante todo cuidemos las   25
formas. (*Sonriente y soñadora.*) ¡Oh, si volviese a tener 20 años!
¡Mis veinte añitos! ¡Qué derroche! ¿Y dónde estaba yo a los veinte
años?... (*Se hace la ilusión de que vuelve a tenerlos, pavoneándose
sensual y delicada.*) ¡Oh! ¡Cómo está usted, señor ministro! ¿Qué si
quiero ser su secretaria particular? Con mucho gusto, usted manda,   30
señor ministro. ¿Qué si sé taquimecanografía? (*Negando.*) ¡Es una
palabra larguísima! Pero sé todo lo demás. De acuerdo: lo que no
sepa me lo enseña usted. Me gusta tanto tratar con personas mayores
... (*Sorprendida.*) Sí. Ayer cumplí veintidós años. (*Decepcionada.*)
¡Cómo! ¿Me trasladan al despacho del viceministro? (*De nuevo*   35
optimista.) ¡Ah! Ya entiendo: es un ascenso. Muchas gracias, señor
ministro. Bajaré a ocupar mi nuevo cargo. Muy buenos días, señor.
(*Sale y entra en el piso de abajo,*[20] *saludando ceremoniosamente.*) A sus
órdenes, señor viceministro. Sí. Soy su nueva secretaria particular.
¿Qué si sé?... ¡Pues no voy a saber!²¹ (*Se menea provocativa.*) He   40
trabajado dos años al lado del señor ministro, pero usted le gana en
todo.²² ¿Así que su mujer se cela? También yo me celaría si en vez
de ser su secretaria particular fuese su esposa particular. (*Suelta una
carcajada.*) ¡Qué hombre más competente es usted! (*Se pasea como*

18. *me... lengua* I'm digressing
19. *cesante* i.e., they preserve the national spirit by taking a nap after the mid-day
meal; clever use of the historically significant term *cesante*, "dismissed" or "jobless." The *cesante* symbolizes insecure bureaucratic jobs.
20. *Sale... abajo* The Secretary will exit and return repeatedly, as if she were entering a new office with different people each time.
21. *¡Pues... saber!* Do I know how!
22. *usted... todo* he's nothing compared to you

45 *culebra al sol.*)[23] Muchas gracias por el regalito. ¡Cómo pasa el
tiempo! Llevo ya cinco años trabajando a su lado y se me antoja que
fué ayer cuando entré por esa puerta. (*Sorprendida.*) ¡Qué! ¿Me echa
de su lado? ¡Oh! ¿Se trata de un ascenso? Ya sé: me destinan al
despacho del director general. (*Añorando el pasado.*) Pero nunca me
50 olvidaré de usted, señor viceministro. Primero una vive de realidades; luego de recuerdos. Y así vamos barajando el tiempo. Le seré
franca: me había... ¿cómo decirlo?... acostumbrado a sus modales.
Ello me hace abrigar un temor[24] ante el nuevo destino. No sé si
lograré adaptarme a las exigencias del futuro jefe. (*Sobreponiéndose.*)
55 Pero un ascenso siempre es un ascenso. ¡Qué caray! Yo tengo mis
ambiciones. Me voy abajo. Llámeme cuando me eche de menos.
Hasta prontito, señor viceministro. (*Emocionada.*) No se olvide de mí.
(*Después de despedirse, sale y entra en el despacho de abajo.*) Buenos
días, señor director. Soy su nueva secretaria particular. ¡Cómo! ¿Qué
60 no me necesita para nada? (Marica.)[25] Así que usted sólo usa secre-
tarios, ¿no? (*Aspira.*) ¡Oh! ¡Qué perfume de almendros en flor! Si no
me burlo. Simplemente olfateo el aroma eficiente de esta oficina.
¿La más concurrida de la casa? No hace falta que me lo jure. Le creo.
Sí, eso es cierto. Las secretarias sufrimos inexorables lunas, en cam-
65 bio sus girasoles están siempre a punto de caramelo.[26] ¡Ojo con[27] la
menta! (*Sale dando un expresivo portazo. Queda por un instante in-
decisa, derrotada. Luego se dispone a seguir bajando escaleras*). Me
ascendré yo misma. (*Entra en el nuevo destino.*)[28] ¿Cómo está usted,
señor subdirector? Soy su nueva secretaria particular. Estoy encan-
70 tada de tener un jefe de tan buena presencia. ¿Que está cubierta la
plaza?[29] ¡Pues no hay derecho! ¿Y no voy a ofenderme? ¿O se cree
que acabo de caerme de un nido?[30] Se equivoca. Llevo ya siete años
empleada y llego a este cargo por riguroso turno de antiguedad.[31]
¡De modo que por eso mismo no me necesita! ¿Así que tiene la
75 desfachatez de no respetar el escalafón, cubriendo los cargos de

23. *se... sol* slithers
24. *me... temor* I'm somewhat uneasy
25. *Marica* fag. The Secretary utters this to herself.
26. *Las secretarias... caramelo* We secretaries are terribly moody while your staff of
pretty boys is always just so. *Girasoles* has a double meaning: sunflowers and
adulators.
27. *Ojo con* careful with
28. *destino* place of employment
29. *¿Que... plaza?* The position has already been filled?
30. *¿O... nido* I wasn't born yesterday, you know.
31. *riguroso... antiguedad* seniority

ascenso con secretarias novatas, apañadas por ahí,[32] sin la menor
experiencia? ¡Buena anda la administración pública! (*Recibiendo una
noticia agradable.*) ¡Oh, gracias, señor subdirector! ¿Entonces debo
presentarme en el despacho del jefe de sección, un pisito más abajo?
Hoy he tenido suerte: dos ascensos (*Indicando descensos*) de un
golpe. Buenos días. (*Sale, baja, abre varias puertas y entra.*) ¡Caramba,
mi querido jefe de sección (*Le da la mano.*), cuánto he deseado
trabajar a su lado! (*Sintiéndose gastada*). Nada mejor que vivir entre
la juventud: contagia su entusiasmo. ¿De veras que no sabe quién
soy? Adivine. Eso mismo. No entiendo ni jota.[33] (*Retrocede asom-*
brada.) ¿Que[34] no tiene usted secretaria particular fija? (*Avanzando*
optimista.) Comprendo: utiliza varias secretarias a la vez. Eso quiere
decir que es usted un funcionario muy activo. ¡Me encanta la gente
así! (*Vaporosa.*) ¡Oh, la actividad! Hace diez años, cuando empecé
mi carrera al lado del señor ministro, me aburría un disparate.[35] ¡El
pobre señor casi me tenía de adorno! Gracias a mi propia iniciativa
no me morí de tedio. (*Se menea con maestría.*) ¡Nunca pude estar sin
hacer nada! Poseo una gran experiencia. (*Saca un cigarrillo y fuma*
haciendo piruetas con el humo.[36] Transición al estado actual. Se sienta
de mala manera.) Y así... así... así... (*Indica descensos.*) hasta tres
pisitos más de ascensos. Es curioso: un hombre puede comenzar en
la portería[37] y terminar siendo ministro. En cambio las mujeres
empezamos en el despacho del ministro y terminamos en la portería.
Evidentemente somos sexos de signo contrario. (*Recuperando algo su*
rumbo anterior.) ¡Oh, no crean que trabajo en esta sección! Estoy en
el pisito de arriba. (*Ligera.*) Aquí estoy... como quien dice... haciendo
oposiciones.[38] Desde luego. Venir a este despacho me supondría
un nuevo ascenso. Pero ya estoy cansada. Siempre la secretaria...
particular. ¡Estoy harta! Toda una vida por unos trapos lujosos. Y
en este mercado infernal, donde mis piernas valen más que toda mi
persona, ¿qué otra cosa hubiera podido ser?... Nadie me quiso.
Tampoco yo me enamoré gran cosa ni por mucho tiempo. Amores
de estación, como las flores. Me moriré de vieja con el corazón

---

32. *apañadas por ahí*   picked up here and there
33. *No... jota*   I don't have the faintest idea what's going on.
34. *Que*   what do you mean
35. *me... disparate*   I was bored something awful
36. *haciendo... humo*   blowing smoke rings
37. *en la portería*   as a janitor
38. *haciendo oposiciones*   Ironic allusion to the academic custom of filling openings
by competitive examinations called *oposiciones*.

intacto. ¿Morirme de vieja? Eso nunca. Me arrojaré al tren. Hará
110 papilla mi corazón intacto...[39] Pero mejor será que me tire al mar.
Sus rizos acariciarán mi cuerpo hasta la orilla. Todavía seré un
cadáver bastante hermoso... ¡Adiós, voy a morir! ¿Pero dónde
diablos estarán metidos mis guantes? (*Los encuentra fácilmente.*)
Aparecieron de pronto. Es indicio de que alguien vela para que se
115 cumpla mi destino. (*Llora ante lo inevitable. Al comprobar que no
está sola, detiene su llanto y adquiere una actitud muy digna*). ¡Me
arrojaré al mar!

(*Al salir la* SECRETARIA *se despierta* BUROCRATA 1. *Tiene un físico con
ribetes de iluminado.*[40] *Bebe a morro*[41] *de una botella para quitarse el
mal sabor de la boca. Se peina y arregla la corbata. Mira la hora y
despierta a* BUROCRATA 2.)

BUROCRATA 1.—¡Eh, tú, que ya pasó la hora de la siesta!
BUROCRATA 2.—(*Se incorpora desperezándose.*)[42] ¡Ay! ¡Qué mal he
120 dormido! Todo el tiempo dando más vueltas que un trompo.[43]
BUROCRATA 1.—Yo también pasé una siesta perra.[44] Estaba deseando que sonase el despertador, pero la secretaria debe haberlo
trabado. Las mujeres no hacen cosa al derecho.[45]
BUROCRATA 2.—¿De qué secretaria estás hablando?
125 BUROCRATA 1.—De la tipa de arriba.[46]
BUROCRATA 2.—¿Entonces estuvo aquí? Creí que había soñado
con ella. ¡Estúpido! Me despertaste en el momento más dulce...
BUROCRATA 1.—Pues yo estaba deseando despertar. Todo el
tiempo me vino torturando el alfiler de una idea.[47]
130 BUROCRATA 2.—Prohibido soñar cosas obscenas.
BUROCRATA 1.—Bueno, no creo que haya sido exactamente una
idea. Le llamo así para darle algún mote. Tal vez no pase de ser una
ocurrencia para matar mejor el tiempo.
BUROCRATA 2.—Eso no estaría mal. Aquí nos aburrimos bastante.
135 Cuenta, cuenta.
BUROCRATA 1.—Vivimos en un mundo que se cae a pedazos, y

39. *hará... intacto*   my whole heart will be squashed
40. *Tiene... iluminado*   He appears to be burdened by heavy thought.
41. *Bebe a morro*   he takes a swig
42. *desperezándose*   shaking off his sleep
43. *dando... trompo*   tossing and turning like a top
44. *siesta perra*   a bitch of a nap
45. *no... derecho*   have no sense of propriety
46. *De... arriba*   About that broad upstairs.
47. *me... idea*   I was pricked by an idea

nosotros aquí, insensibles, como ratas de archivo, llenando estantes y más estantes con el papel conducta[48] de nuestros ciudadanos. Hay que hacer algo que nos aleje del abismo. El país necesita...

BUROCRATA 2.—Déjalo que necesite. El hombre es hijo de la   140
necesidad. Tú y yo apenas somos hombres: somos parte integral de la máquina del estado. Nosotros estamos en el mismo centro del país, igual que el gusano dentro de la manzana. Y como tales gusanos debemos comportarnos. ¿Acaso el gusano se preocupa de la manzana? ¡En absoluto! Come y come y, cuando está repleto, se   145
tumba a dormir la siesta. ¡La felicidad!

BUROCRATA 1.—Sí, pero nuestra manzana está podrida.

BUROCRATA 2.—¿Y acaso la carroña no alimenta?[49]

BUROCRATA 1.—No hay mejor alimento.

BUROCRATA 2.—Entonces sigamos acumulando expedientes.   150

BUROCRATA 1.—¿Pero no comprendes que todo está a punto de reventar y venirse al suelo como estos estantes? El mejor día madrugamos hechos trizas.[50] Y eso es lo que hay que evitar.

BUROCRATA 2.—¿Qué hacer? ¿Cómo detener el rumbo hacia el peligro?   155

BUROCRATA 1.—Muy sencillo: dar marcha atrás.[51] Dado que el futuro es peligroso e incierto, lo discreto es tornar al pasado, donde nada podrá sorprendernos.

BUROCRATA 2.—¿Retornar, retornar al pasado?

BUROCRATA 1.—Eso he soñado.   160

BUROCRATA 2.—¡Qué alegría! Volveremos a encontrarnos con antiguas amistades, desparecidas hace ya muchos siglos.

BUROCRATA 1.—Sí; la vida recuperará su primitiva sencillez. La tierra y el cielo, y el viento amigo para atizar la hoguera. ¿A qué vienen todos estos papeles llenos de firmas y huellas digitales?[52]   165
¿Acaso no siguen acechando los enemigos del orden?

BUROCRATA 2.—¿Y si llega a traspapelarse la conducta?[53]

BUROCRATA 1.—El orden jurídico de mi sueño encauzará al hombre hacia otra vida, liberándole de este valle de lágrimas.

BUROCRATA 2.—Pero en la vida seguirán necesitándose papeles.   170

---

48. *el papel conducta*   documents about the behavior
49. *¿Y... alimenta?*   You think you can't live on rot?
50. *El mejor... trizas*   Any day now we'll wake up in shreds.
51. *dar marcha atrás*   go into reverse
52. *huellas digitales*   fingerprints
53. *¿Y... conducta?*   And what if the documents on the citizens were mislaid?

BUROCRATA 1.—¡Ni el higiénico![54] Por lo demás estos papeles que nos mandan cuidar con tanto celo son totalmente ineficaces. Ahora mismo te lo demostraré (*Toma un fajo de expedientes.*) Voy a destruirlos.

175 BUROCRATA 2.—(*Alarmado.*) ¡Por Dios, desatarías la catástrofe!

BUROCRATA 1.—¡Qué simple eres! No pasará absolutemente nada. Y eso es lo malo. Cuando un órgano es de tal modo insensible, mejor es amputarlo. Ya no son los primeros que rompo y ¿ha pasado algo?

180 BUROCRATA 2.—(*Sin salir del asombro.*) ¿Que has destruido documentos?

BUROCRATA 1.—Un montón así. Quise percatarme de su ineficacia y me dije: ¿serán tan importantes estos papeles? Para salir de la duda rompí uno. No pasó nada. Al día siguiente rompí tres juntos. No

185 pasó nada. Luego rompí hasta cansarme. Tampoco pasó nada.

BUROCRATA 2.—¿Y nadie te llamó al orden?[55]

BUROCRATA 1.—Sólo la mujer que hace la limpieza se dió por enterada:[56] vendió los destrozos al trapero.

BUROCRATA 2.—No puedo creer que nuestra tarea resulte tan inútil.

190 BUROCRATA 1.—¿Dudas de mi palabra? Compruébalo tú mismo (*Rompe más expedientes.* BUROCRATA 2, *espantado, espera que algo comience a desplomarse.*)

BUROCRATA 2.—Veré si fuera hay alarma. (*Fisga por cerraduras y rendijas.*)[57] Por aquí no hay síntoma ninguno. Tampoco. ¿Será posible? (*Después de un momento de indecisión.*) ¡Magnífico! También a mí me entraron ganas de hacer algo. (*Se dispone a romper*

195 *documentos.*)

BUROCRATA 1.—(*Arrancándoselos de las manos.*) ¡Basta!

BUROCRATA 2.—No seas egoísta.

BUROCRATA 1.—¿No ves que es un trabajo inútil?

BUROCRATA 2.—Chico, la costumbre.

200 BUROCRATA 1.—Veo que comienzas a entenderme. Te revelaré el misterio de mi sueño.

BUROCRATA 2.—Tomemos antes un trago. (*Beben de una botella.*)

BUROCRATA 1.—La cosa es que soñé que tú y yo éramos algo así como dignísimos inquisidores, firmes regentes de un novísimo

205 orden jurídico.

54. *¡Ni el higiénico!*   Not even toilet paper!
55. *¿Y... orden?*   And no one reprimanded you?
56. *se... enterada*   realized it
57. *Fisga... rendijas*   He peeps through keyholes and cracks.

BUROCRATA 2.—¡Nuevo e inofensivo!

BUROCRATA 1.—Es la resurrección del caro ideal de nuestros ante-
pasados. Y en eso se fundamenta la sal de su virtud, pues responde a los cánones de la más rancia tradición jurídica.[58]

BUROCRATA 2.—¡La luminosa ley de la hoguera![59]   210

BUROCRATA 1.—(*Embedido.*) Fué el sueño que en este mismo local
nos dispusimos a hacer justicia, dada la ineficacia antisubversiva
de la existente. Ya viste: rompemos un montón de expedientes y
nadie registra el menor atentado.[60] Organo insensible, cadavérico es.

BUROCRATA 2.—"Requiescat in pace"...[61]   215

BUROCRATA 1.—No me interrumpas. Aquí mismo habíamos mon-
tado un tinglado jurídico.[62] Tú vestías unos ropajes tan fantásticos
que llegaste a turbarme. ¡Eras majestuoso! Recuerdo que en alguna
parte había un símbolo del que emanaba nuestra inspiración. Tenía,
no sé por qué, la forma de un bacalao. ¡Qué lástima! De no haberse   220
agotado la hora de la siesta.[63] hubiéramos arreglado el mundo
entero.

BUROCRATA 2.—Oye... ¿y quién puede impedir que hagamos
realidad ese sueño redentor? Dentro de ese antiguo arcón hay
cuanto has visto en sueños (*Abre el arcón y saca lo que va nom-*   225
brando.) Mira: damascos, alfombras, plumeros y hasta un traje de
gran inquisidor, prenda que nos dará la salsa histórica adecuada.[64]
(*Saca un bacalao.*) ¡Un bacalao! ¿Es posible que haya podido llegar
nadando hasta aquí? (BUROCRATA 1 *se desvanece ante la realidad de lo*
soñado, mientras el otro le abanica con el bacalao.) Oportuno el baca- 230
lao. Invitaremos a la secretaria de arriba y nos daremos una buena
panzada.[65]

BUROCRATA 1.—(*Le arrebata el bacalao y lo contempla asombrado.*) ¡El
bacalao de mi sueño!

BUROCRATA 2.—¿Y no te lo comiste?   235

BUROCRATA 1.—¿Es, acaso, un comestible?

---

58. *la más... jurídica*   the most old-fashioned tradition in jurisprudence
59. *¡La luminosa... hoguera!*   The luminous law of the bonfire. Refers to the custom
of the Spanish Inquisition of burning heretics at the stake. Note the double meaning
of luminous.
60. *registra el atentado*   investigates our crime
61. *"Requiescat in pace"*   May it rest in peace. (Latin)
62. *un tinglado jurídico*   a miniature courtroom
63. *De... siesta*   if I hand't run out of nap time
64. *nos... adecuada*   it'll add the proper historical spice
65. *nos... panzada*   we'll have a real bellyful

BUROCRATA 2.—¿Es, acaso, un licor?...

BUROCRATA 1.—En mi sueño el bacalao era un símbolo. Más aún: el ideal supremo del género humano.

240   BUROCRATA 2.—(*Sentándose decepcionado.*) No entiendo ni jota.

BUROCRATA 1.—¡Hombre de poca fe! Ya te dije que en sueños se me había aparecido un bacalao. Y, si no soy mal fisonomista, debe ser este mismo.

BUROCRATA 2.—Dale un mordisco[66] y lo reconocerás.

245   BUROCRATA 1.—¡Materialista! El bacalao es el ser más puro y perfecto de la creación. Su ausencia de cabeza[67] le ha trocado en ejemplo[68] y esperanza de la especie humana. La cabeza es la peor parte del cuerpo: de ella emanan las ideas como del excremento los agudos olores. Cuando el pobrecito tiene cabeza y padece la más

250 elemental capacidad de discurrir, el infeliz no sale de debajo del agua, teniendo que andar en puntillas huyendo de los monstruos marinos, siempre dispuestos a zampárselo.[69] Liberado de su cabeza se convierte en un ser respetable, con grandes amigos en la bolsa[70] internacional.

255   BUROCRATA 2.—Tanto ha crecido en mí que se me ha desabrochado la bragueta del apetito.[71]

BUROCRATA 1.—He aquí el símbolo que redimirá al mundo. El hombre, si quiere salvarse, debe dejarse de vanidades y lujos nefastos, rebanándose de una buena vez su inútil mollera,[72] cantera

260 inagotable de todos sus dolores de cabeza.[73]

BUROCRATA 2.—(*Entusiasmado.*) Ese es el quid[74] de todos nuestros males. Desde el origen del mundo, desde Lucifer orgulloso e intelectual,[75] pasando por la curiosidad chismosa de Eva, hasta nuestros desatinados días, la maldita sesera[76] ha sido brote[77] de per-

---

66. *Dale un mordisco*   take a bite
67. *Su... cabeza*   Reference to a fable written in 1782 by Tomás Iriarte about a headless codfish who, without brains, traveled worryless throughout the world.
68. *le... ejemplo*   has set him an example
69. *dispuestos a zampárselo*   on the lookout to gobble him down
70. *bolsa*   stock exchange, commerce
71. *se... apetito*   I have a voracious appetite (slang)
72. *rebanándose... mollera*   lopping off with a swipe his useless noggin
73. *cantera... cabeza*   the inexhaustible source of all his headaches
74. *quid*   wherefore (Latin)
75. *Lucifer... intelectual*   Satan's sins were pride and refusal to accept the divine plan for the resurrection of Christ.
76. *maldita sesera*   damn brainpan
77. *brote*   source

dición. Heme aquí a disposición del bacalao redentor[78] para lo que se ocurra ordenarme.[79] (*Se cuadra.*) 265

BUROCRATA 1.—Los símbolos no hablan: su mudez es la llave de su elocuencia.

BUROCRATA 2.—Pues inspirados en el bacalao, hagamos justicia.

BUROCRATA 1.—Comencemos por montar un suntuoso estrado, 270 desde donde la palabra justicia resuene solemnemente. Hagamos con estos trastos desvencijados el pedestal del nuevo orden jurídico. Luego cubramos sus vergüenzas[80] con estas alfombras y damascos, puesto que lo importante es la piel.[81] (*Comienzan a armar el estrado, ensamblando unos trastos en otros.*) 275

BUROCRATA 2.—(*Sentándose fatigado.*) No puedo más. Tomemos unas vacaciones.[82]

BUROCRATA 1.—Acuérdate de que la carroña es nuestra madre. Cubramos su rostro con la gala de la hipocresía. (*Cubren todo de alfombras y damascos. Enfundan el sillón y lo colocan en la presi-* 280 *dencia.*[83] *Sacan del arcón útiles de escribanía y un martillo de juez.*)[84]

BUROCRATA 2.—(*Contemplando asombrado el retablo.*) ¡Un milagro! ¡Cuánto puede un buen hábito! Ahora comprendo por qué la verdad es cosa obscena y la mentira la madre de la honestidad.

BUROCRATA 1.—(*Soplando el polvo de los siglos,*[85] *saca del arcón un* 285 *libro enorme, encuadernado en pergamino.*) He aquí el prodigioso código, obra maestra de la jurisprudencia salomónica.[86] (*Lo abre.*) Este será nuestro guía infalible. (*Leyendo.*)

"ARTICULO UNICO:

POR EL QUE SE DECRETA LA PENA CAPITAL EN TODOS LOS CASOS 290
Y EN DOSIS APROPIADAS AL CUERPO DEL DELITO.

78. *bacalao redentor* The fish is a traditional Christian symbol. Each of the letters of the Greek word *icthys*, fish, stands for the Christian emblem Jesus Christ, son of God Savior. In the early days of Christianity, when Christians were severely persecuted, members of the fold used the secret symbol of the fish as a means to identify other Christians. The author's use of the codfish is ironic.
79. *Heme... ordenarme* Here I am at the disposal of the Codfish Redeemer; it can use me as it sees fit.
80. *sus vergüenzas* its flaws
81. *la piel* the surface, the appearance
82. *Tomemos... vacaciones* Let's rest.
83. *en la presidencia* centrally; i.e., the stuffed chair occupies the limelight and stands out on the stage
84. *útiles... juez* writing tools and a gavel
85. *el polvo... siglos* centuries of dust
86. *salomónica* Allusion to the wise judgments and laws of Solomon, King of Israel.

CONSIDERANDO:[87]
QUE EL HOMBRE ES EL SER MÁS DESPRECIABLE DE LA CREACION,
HIJO NATURAL DE EXCREMENTO CONCUPISCENTE,
295 CAUSA QUE OBLIGA A LOS GUARDIANES DE LA FAMILIA HUMANA[88]
AL PIADOSO DEBER DE APLICAR UNA O MAS PENAS DE MUERTE,
POR EL BIEN DE SU ALMA Y PARA LIBERARLE DE PENOSAS RECAIDAS[89]
O SER PASTO DE NUEVAS TENTACIONES,
A MAYOR GLORIA
300 Y EJEMPLO EDIFICANTE DE LOS HIJOS DE CAIN,
AMEN.''

BUROCRATA 2.—(*Bautizando.*) Reconociendo tus merecimientos,
¡oh piadoso código!, yo te bautizo con el nombre de ''Llave de la
eternidad.''
305 BUROCRATA 1.—En verdad, en verdad te digo[90] que es oportuno
tu bautizo. Porque este piadoso código es tan sensible a los dolores
humanos, tan profundo en todas y cada una de sus partes, que en
el sintético enunciado de su artículo único abarca la pena y el castigo
de todos los delitos comestibles, por pequeños e invisibles que sean.
310 Al triste ser humano se le ensanchan las puertas gloriosas de la
eternidad.
BUROCRATA 2.—(*Cogiendo el traje.*) ¿Y cuál de los dos se vestirá
de inspirado inquisidor?
BUROCRATA 1.—Para respetar la legalidad, primero yo te nombro
315 a ti; luego tú a mí.
BUROCRATA 2.—Tanto monta.[91] (*Se descalza y comienza a desnudarse.*)
BUROCRATA 1.—(*Tapándole las desnudeces.*) ¡Detente! No muestres
tus verdades.[92] Toda verdad es siempre cosa obscena. (*Le calza los
320 zapatos rojos con borlas.*)[93]
BUROCRATA 2.—¿Y se acomodarán ahí dentro mis callos?
BUROCRATA 1.—Aunque antiquísimos, son el último grito de la
moda: cura y soldado, mitad y mitad.[94]

87. *Considerando* given. A legal formula.
88. *Los guardianes... humana* i.e., the Inquisition
89. *Penosas recaídas* perilous backslidings
90. *En verdad, en verdad te digo* Ironic use of Jesus' ''Verily I say unto you.''
91. *Tanto monta* Fair enough.
92. *verdades* Euphemism for genital parts.
93. *los zapatos... borlas* red shoes with tassels (worn in the seventeenth and eighteenth centuries)
94. *cura... mitad* they're half-religious and half-military. Allusion to the militant
religiosity of the Jesuits and of the Spanish Inquisition.

BUROCRATA 2.—¡Qué cómodos! Bajo estas suelas es un felpudo el suelo de la patria.[95] (*Camina pisando fuerte y seguro.*)

BUROCRATA 1.—(*Tirándole la camisa.*) Toma, mángate la camisa.[96] (*Sorprendido de su actitud cae en marcado servilismo.*) ¡Oh! (*Le viste la camisa llena de adornos.*)

BUROCRATA 2.—(*Afirmando su nueva personalidad.*) Me siento otro. ¡La magia del hábito! (*Mira extrañado a su ex compañero.*) Le encuentro distinto.

BUROCRATA 1.—Y ahora el traje de gran inquisidor, capa de verdad infalible. (*Cada vez más imponente, pasea haciendo ademanes y poses, tropezando con el servilismo de su ayudante.*)[97] Mil perdones, excelencia. ¡He dormido una siesta laceríntica.[98] (*Le contempla después de colgarle cintas y atributos.*)[99] Su majestuosa presencia me fascina, me sorbe el juicio.

BUROCRATA 2.—Que en realidad nunca has tenido mucho. ¡Una estúpida ratita de archivo!

BUROCRATA 1.—A sus pies, mi gran señor. (*Reverencia*). Ya sólo falta el bonete de terciopelo.[100] (*Le sopla el polvo y se lo pone. El inquisidor acentúa su ampulosidad e intolerancia, a la vez que el otro queda totalmente hipnotizado, haciéndole una reverencia a cada mirada, terminando con el ayudante pegado al suelo. Al intentar levantarse, un simple gesto o mirada del inquisidor le sepulta de nuevo. Satisfecho, el inquisidor se dirige al público.*)

BUROCRATA 2.—Un antiquísimo milagro está a punto de producirse. Han llegado los tiempos de redimir al hombre de su fatal manía de pensar. ¡Aleluya! El cerebro, infernal madriguera de la idea, debe ser clausurado. ¡Aleluya! Y así como se poda una vid o un manzano, domándolo para que dé el fruto apetecido, ¿por qué no va a podarse una cabeza? (*Toma ritualmente el bacalao y lo coloca en la presidencia. Sigilosamente, mientras el inquisidor está de espalda, BUROCRATA 1 se arrastra hasta una mesa colocada a un costado y se dispone a trabajar. BUROCRATA 2 se instala cómodamente.*)

BUROCRATA 1.—(*Todos sus movimientos adquieren un ritmo mecá-*

---

95. *Bajo... patria*   Beneath the soles of these shoes our native land seems a doormat.
96. *mángate la camisa*   slip into this shirt
97. *tropezando... ayudante*   i.e., his partner, acting as his assistant, follows him around constantly bowing and making obsequities
98. *siesta laberíntica*   puzzling sleep full of intricate dreams
99. *cintas y atributos*   decorations
100. *el bonete de terciopelo*   a square velvet cap with three projections and a tassel on top, usually worn by Catholic clergy

nico.) Excelencia: vuestra señoría se encuentra en la cúspide del
aparato estatal, desde cuyo trono su capricho es ley. Agite su excelencia el mazo y al instante acudirá a informarle sobre los reos de
360   muerte a liberar,[101] la sapientísima Legión de los Soplones.[102]
(*Golpea.*) ¡Adelante la Legión de los Soplones! (*Al son de una saeta*[103]
entran LOS SOPLONES. *Son una mezcla de pajarracos nocturnos, panzones*
y orejudos, portando antenas y aparatos de radar. Cuchichean constante-
mente al amparo de sus capas.[104] *Escriben y consultan pergaminos.*
365   *Divididos en dos grupos, gesticulan y sisean en cada oreja del inquisidor,*
a quien entregan los rollos de pergamino. Durante un momento señalan
acusadores a BUROCRATA 1, *remedando*[105] *el destrozo de los expedientes.*
A BUROCRATA 1 *le gustaría evaporarse. Luego bajan del estrado, satis-*
fechos de la misión cumplida, engullendo alimentos invisibles. Haciendo
370   *piruetas de ballet, cantan acariciando y tocando el bombo de sus*
panzas.)[106]

BALLET DE LOS SOPLONES

        Soplar
        soplar
        soplar
375   no es delatar
        sino llenar[107]
        lo que vacío
        no puede andar.

        Nosotros
380   que confesamos
        y vigilamos
        a nuestra grey
        sabemos

101. *los reos... a liberar*   the defendants who must be judged
102. *la sapientísima... Soplones*   the illustrious Legion of Stool-Pigeons. *Soplón* is
from *soplar,* used colloquially to mean to blow or squeal.
103. *saeta*   sacred ceremonial song sung and played on the trumpet at the passing of
a procession
104. *al amparo... capas*   behind the refuge of their capes
105. *remedando*   The stool-pigeons mimic the earlier actions of Bureaucrat 1 when he
was shredding documents.
106. *acariciando... panzas*   patting and beating their bellies like a drum
107. *no... llenar*   is not denouncing but rather fueling

de buena lengua
que alguien atenta   385
contra la ley.

Soplar
soplar
soplar
soplar   390
no es delatar
sino llenar
lo que vacío
no puede andar. (*Salen.*)

BUROCRATA 2.—(*Golpea.*) En nombre del orden y la ley se acusa al   395
hombre del uso indebido de la masa encefálica.[108] (*Redoble de tam-*
bores. Entra el ACUSADO, *amordazado y maltrecho, arrastrando una*
gruesa cadena y con las manos atadas a la espalda. Los VERDUGOS *que*
le acompañan lucen capas blancas y turbantes de colores. Portan lanzas
con gallardetes macabros.[109] *En sus espaldas cuelgan objetos confusos,*   400
que luego resultarán ser cabezas de cocodrilos. Colocan al reo frente al
tribunal, mientras el abanico de VERDUGOS[110] *mira hacia el público.*)
BUROCRATA 1.—Teniendo en cuenta la reconocida infalibilidad de
los fallos de este inapelable tribunal, se presciende por innecesarios
e inútiles, de testigos y pruebas, pasando a tomar juramento a los   405
señores verdugos aquí presentes, sobre cuyas diestras y siniestras[111]
recaerá la ejecución de las sentencias que se dicten.
LOS VERDUGOS.—(*Con el brazo tendido hacia el bacalao.*) Nosotros,
fieles devotos de Mahoma, juramos defender la civilización cristiana, moliendo a palos[112] los lomos de los cristianos que fuese   410
menester, para mayor gloria de Alá.[113]

---

108. *de... encefálica*   of his noggin; i.e., of thinking
109. *gallardetes macabros*   The pennants attached to the lances have drawings of death
scenes, skeletons, and other gruesome things. Note that the Executioners dress as
Arabs, a reference to the Arab mercenaries who fought on the side of Franco.
110. *el abanico... Verdugos*   they are lined up together on the stage in the shape of
a big fan
111. *sobre... siniestras*   into whose hands
112. *moliendo a palos*   beating to a pulp
113. *Alá*   Allah, the Moslem name for God

BUROCRATA 2.—(*Golpea.*) Resulta verdaderamente incomprensible que en el siglo glorioso del bacalao, ejemplo y esperanza del género humano, haya osados que todavía intentan descubrir algo nuevo bajo el sol. ¿Acaso no hay ya, en este desdichado valle de lágrimas, medios sobrados[114] de condenación eterna? ¡Oh, si fanáticos siguiésemos[115] el ejemplo edificante del bacalao! ¡Miradlo! Ahí lo tenéis inspirando piadosa justicia, redimido de torturantes dolores de cabeza. ¿Es, acaso, poco apreciado? Goza de tal estimación, que los negociantes, unos pocos entre los elegidos, se han enriquecido difundiéndolo por el mundo. Sin embargo, y con profunda amargura, me veo obligado a confesar que existen tozudos emperrados en el delito común de discurrir. Tal es el presente caso. El despojo que ahí veis, ha tenido la desfachatez de descubrir la circulación de la sangre, haciendo de su cálida y apacible sustancia un líquido que amenaza teñir con su roja bandera la oronda faz de la tierra.[116] Eso es, señores verdugos, le que el soplo me ha dicho.

LOS VERDUGOS.—Nosotros, ¡oh infalible juez!, negamos, rotundamente, la circulación de la sangre.

BUROCRATA 2.—Ello es, discretos verdugos, el delito común del acusado, cuya piadosa sentencia paso a pronunciar. (*Golpea y se ponen de pie.*) Después de haber cantado de plano[117] y renegado de sus ciencias ocultas, con el propósito de liberarle de la fatal manía de pensar y salirse de las casillas consustanciales[118] con el bostezo de la raza, liberaremos al reo de su nefasta cabeza. Cumplimos así una sabia partícula de nuestro infalible código. Satisfecha tal ejecutoria,[119] el acusado quedará libre y totalmente perdonado.

BUROCRATA 1.—(*Sellando el pergamino que le pasa el juez y entregándoselo a los* VERDUGOS.) Ejecútese, silénciese y archívese. (*Los* VERDUGOS *retiran al reo, quien, al llegar al umbral, es acusado nuevamente.*)

BUROCRATA 2.—(*Leyendo otro rollo.*) ¡Alto ahí!

BUROCRATA 1.—Un nuevo e inspirado soplo acaba de fulminar al reo. Cúmplase la voluntad del viento.[120]

114. *medios sobrados*   more than enough means
115. *si fanáticos siguiésemos*   if we could only follow like good fanatics
116. *teñir... tierra*   to stain the soil of the earth with its red banners
117. *cantado de plano*   made a clean breast of; renounced categorically
118. *salirse... circunstanciales*   consequently to fly off the handle
119. *Satisfecha tal ejecutoria*   once the sentence is carried out
120. *viento*   wind, in the sense of information supplied against some one. See note 102.

BUROCRATA 2.—El uso y abuso del cerebro ha tornado a perderte. 445
Se te acusa de propagar una moderna filosofía, caos y desconcierto
de la familia humana. ¿Te consideras culpable?

LOS VERDUGOS.—Tiene la boca llena de piedras. Le quitaremos el
bozal.

BUROCRATA 2.—Nada de eso. ¿Acaso no sabéis que quien calla, 450
otorga?[121] El silencio es cómplice de su delito. Además el hombre
nació condenado a morir y es justo que se cumpla su destino.
¿Digo bien, secretario?

BUROCRATA 1.—(*Leyendo de pie.*) "Memento, homo, quia pulvis
eris et in pulverem reverteris."[122] 455

BUROCRATA 2.—Eso indica que no debemos oponernos a superio-
res designios. Por otra parte, estoy seguro, cada palabra que soltase
sería motivo de un nuevo delito. Le concedo, pues, la gracia de no
defenderse. Y dime, engendro de la idea,[123] ¿para qué necesita el
mundo otra filosofía que la de nuestros padres Platón y Aristóteles? 460
¿Qué ha cambiado desde entonces? Si pobres y ricos había en esos
tiempos, más pobres y más ricos hay hoy. En esencia nada ha sido
alterado. Ya veis: el cielo sigue siendo curvo y la tierra plana, como
en tiempos de Tolomeo.[124] Y estoy convencido de que si los filósofos
antiguos viviesen en nuestros días, no se molestarían en elaborar 465
una nueva filosofía a la luz de las ciencias actuales, como dicen
los pedantes de ahora, sino que se encerrarían bajo siete llaves
ocupados en descifrarse a sí mismos.[125]

LOS VERDUGOS.—Nosotros, amantes de la filosofía occidental,
negamos cuanto vemos, oímos o tocamos. Sólo admitimos, como 470
verdad absoluta, aquello que no vemos, ni oímos, ni tocamos.

BUROCRATA 2.—Descartada la necesidad de toda nueva filosofía,
pasemos a recetar sentencia. (*Golpea y se ponen en pie.*) Convicto y

121. *quien calla, otorga*   silence is consent
122. *Memento… reverteris*   Biblical commonplace: remember, man, dust thou art and
unto dust thou shalt return. (Latin)
123. *engendro… idea*   thinker
124. *Tolomeo*   Ptolemy (fl. 127 A.D. to 141 or 151 A.D.), Greco-Egyptian mathe-
metician, astronomer, and geographer who made a number of original discoveries
and also systematized and recorded the scientific data already known to Alex-
andrian scholars. His works on geography and astronomy were accepted dogma
until Copernicus set forth a radically new concept of the relation to the earth of
other astronomical bodies. According to the Ptolemaic system the earth, global in
form, was the stationary center of the universe around which the sun, moon, and
stars revolved in circular orbits.
125. *se… mismos*   they'd lock themselves up tight trying to figure themselves out

confeso, se le otorga al reo de muerte[126] la gracia liberadora del
475 bacalao, aplicándole por doble partida[127] la esencia de nuestro
salomónico código.

LOS VERDUGOS.—¡Aleluya, aleluya, aleluya!

BUROCRATA 1.—Ejecútese, silénciese y archívese. (*Se llevan al acusado.*)

480 BUROCRATA 2.—(*Observa otro pergamino.*) ¡Alto ahí! Se acusa
reiteradamente al reo que acaba de beneficiarse de la piedad inefable de este tribunal, de atentar contra la seguridad del estado,
llamando a la huelga, conspirando con la revolución, la reforma
agraria y otros apéndices de la subversión, todo ello al servicio de
485 una potencia extranjera, de cuyo nombre no quiero acordarme.[128]
(*Golpea y se levantan.*) Pero la justicia bien entendida puede, en
verdad, compararse con una apisonadora:[129] por donde pasa, aplana
con el peso insobornable de la ley. Aplicando esa jurídica metáfora,
se le otorga al acusado todo el rigor del artículo único de nuestro
490 código, cuya validez universal le hizo famoso, enviando su cuerpo
descabezado al seno del bienaventurado bacalao.

BUROCRATA 1.—Excelencia: un escrúpulo profesional turba mi ánimo. Temo que el reo no haya oído la sentencia.

BUROCRATA 2.—Lo principal es que la sienta.

495 LOS VERDUGOS.—De su sensibilidad respondemos nosotros.

BUROCRATA 1.—¿Alguna indulgencia para el desventurado?[130]

BUROCRATA 2.—Nada de favoritismos. Como a los otros. Luego
veremos de perdonarle.

LOS VERDUGOS.—¡Protesto! Este proceso es ilegal. ¿Quién defiende
500 al reo? ¿Dónde está su abogado defensor?

BUROCRATA 1.—Bajo la égida infalible del bacalao todos los reos
son indefensos.

LOS VERDUGOS.—Sin embargo, y lejos de poner en duda la honorabilidad del tribunal, deben cuidarse las normas legales que
505 otorgan al acusado el derecho de contar con un abogado defensor.

BUROCRATA 2.—(*Golpea interrumpiendo.*) Nombro al señor Verdugo
amparo de la víctima y estandarte de la legalidad. (*El* VERDUGO *se*

126. *se... muerte*   the condemned man is granted
127. *doble partida*   double portion; two times over
128. *de... acordarme*   Reference to the vague first line of Cervantes's masterpiece *Don Quijote:* "In a place of La Mancha whose name I don't care to recall."
129. *apisonadora*   i.e., justice is a great leveller
130. *¿Alguna... desventurado?*   Does the victim get a final plea?

quita el turbante y se lo pone de toga.)[131] Tiene la palabra el señor abogado defensor.

UN VERDUGO.—Señores del jurado: mi cliente ha sido acusado de inventar la circulación de la sangre y propagar una nueva filosofía. Verificados los hechos, recayó sobre mi cliente la gracia redentora de nuestro símbolo, aquí mismo presente y ausente.[132] Por reiterada acusación, está de nuevo mi defendido ante este tribunal. ¿De qué se le acusa? Nada menos que del delito común de atentar contra la seguridad del estado, llamando a la huelga y conspirando con la revolución, la reforma agraria y otros apéndices de la subversión. Ante las pruebas infalibles que ha presentado el tribunal, no tengo más remedio que considerar que mi cliente es culpable. Sin embargo, apelando a la manifiesta generosidad del jurado, pido clemencia para el acusado. Su delito no se aparta un ápice[133] de lo que tantas veces ni hemos visto, ni oído, ni tocado. Y yo me pregunto, ¿qué persona decente, sí, señores del jurado, decente, se ha escapado en nuestros desventurados días de no ser acusado de promover los mismos delitos de mi cliente?

BUROCRATA 2.—(*Interrumpe golpeando.*) Escuchada la defensa, este tribunal condena al reo por ser persona decente.

BUROCRATA 1.—(*Sellando.*) Ejecútese, silénciese y archívese.

UN VERDUGO.—Y si muere el acusado, ¿dónde cobro yo los servicios prestados? ¿Quién pagará mis honorarios de abogado defensor?

BUROCRATA 1.—(*Dándole un sobre.*) Ahí van tus honorarios como defensor. Luego cobrarás como verdugo. (*Los* VERDUGOS *aparecen de cocodrilos.*)[134]

LOS VERDUGOS.—Todo se ha terminado. Dichoso tú, que ya estás pisando el umbral de la eternidad. Dejas en la tierra un recuerdo imperecedero, poblar de estatuas nuestras ciudades. Coronas con tu nombre glorioso el frontispicio de famosas universidades. Pero aún sabiendo que al morir alcanzarás mejor vida, sentimos una profunda emoción al despedirte. La memoria de tu inquieta grandeza rompe el dique de nuestro llanto.[135] (*Lloran y dicen entre lamentos el poema*

---

131. *se... toga*   wears it like a Roman gown
132. *presente y ausente*   here and everywhere; omnipresent. Note the irony of the comparison with Christ the Redeemer.
133. *no... ápice*   is not in any way different
134. *aparecen de cocodrilos*   put on the stuffed crocodile heads
135. *rompe... llanto*   releases tears

de Manrique.[136] El VERDUGO *defensor prepara una soga y la echa al cuello del acusado, comenzando a tirar durante la segunda copla.*)

"Amigo de sus amigos.
¡Qué señor para criados
545   y parientes!
¡Qué enemigo de enemigos!
¡Qué maestro de esforzados
y valientes!

¡Qué seso para discretos!
550   ¡Qué gracia para donosos!
¡Qué razón![137]
¡Qué benigno a los sujetos!
A los bravos y dañosos,[138]
qué león!

555   En ventura Octaviano;[139]
Julio César en vencer
y batallar;
Aníbal en el saber
y trabajar;

560   en la bondad, un Trajano;
Tito en liberalidad
con alegría;
en su brazo,[140] Aureliano;
Marco Atilio en la verdad
565   que prometía."

(*Entran apresurados dos* SOPLONES. *Cuchichean al inquisidor, le entregan un rollo y se van.*)

    BUROCRATA 2.—(*Después de leer el pergamino, golpea.*) ¡Basta de coplas! No puede ser redimido.

---

136. *el poema de Manrique*   the Spanish poet Jorge Manrique (1440?–79), author of the famous elegy *Coplas por la muerte de su padre,* the most famous in Spanish literature
137. *¡Qué... razón!*   What a mind!
138. *¡Qué... donosos!*   How charming with witty people!
139. *En ventura Octaviano*   in good fortune an Octavian. What follows is a list of the dead man's virtues compared with those of great figures in history. The idea is that even the best of men must die.
140. *en su brazo*   in the strength of his arm

LOS VERDUGOS.—(*Quitándose las máscaras.*) ¿Es, acaso, un impío?

BUROCRATA 2.—(*Patético.*) ¡Se le acusa de ser engendrus hispánicus![141]   570

LOS VERDUGOS.—(*En guardia.*) ¡Imposible! De esa especie no quedó
títere con cabeza.

BUROCRATA 2.—Pues ahí tenéis la muestra del fracaso.

LOS VERDUGOS.—¡No puede tratarse de un bípedo hispánicus!
¿Es fidedigna la fuente del soplo?   575

BUROCRATA 2.—Vosotros mismos podéis comprobarlo. Si es español, por fuerza ha de tener rabo.

LOS VERDUGOS.—(*Averiguando.*) Nada se ve, excelencia. Ni un tanto
así.[142]

BUROCRATA 2.—¡Cómo! ¿Un español sin rabo? ¡Jamás se vió tal   580
cosa!

LOS VERDUGOS.—Sí, sí, tiene rabo. Sucede que se trata de los
clandestinos, al servicio de alguna potencia extranjera.

BUROCRATA 2.—Aclaradas las averiguaciones,[143] acuso al reo de ser
o haber sido español, en pensamiento, palabra y obra, aberración   585
sin atenuantes que hace imposible la aplicación de nuestro salomónico código, puesto que los supervivientes de esa especie, por estar
al margen de la familia humana, son indignos de entrar en el reino
del apacible bacalao. ¿Digo bien, secretario?

BUROCRATA 1.—(*Leyendo*)   590

"ARTICULO UNICO:
POR EL QUE SE DECRETA LA PENA CAPITAL EN TODOS LOS CASOS
Y EN DOSIS APROPIADAS AL CUERPO DEL DELITO.
CONSIDERANDO:
QUE EL HOMBRE ES EL SER MÁS DESPRECIABLE DE LA CREACION,   595
HIJO NATURAL DE EXCREMENTO CONCUPISCENTE, CAUSA QUE
OBLIGA A LOS GUARDIANES DE LA FAMILIA HUMANA AL PIADOSO
DEBER DE APLICARLE UNA O MÁS PENAS DE MUERTE, POR EL BIEN
DE SU ALMA Y PARA LIBERARLE DE PENOSAS RECAIDAS O SER
PASTO DE NUEVAS TENTACIONES,   600
A MAYOR GLORIA
Y ENJEMPLO EDIFICANTE DE LOS HIJOS DE CAIN,
AMEN."

---

141. *engendrus hispánicus*   Hispanic foetus
142. *Ni... así*   Not even an itty-bitty stub.
143. *Aclaradas las averiguaciones*   since our suspicions have been verified

BUROCRATA 2.—De lo que se desprende:[144]

605   PRIMERO.—Que el delito de ser español no está comprendido en
nuestro código;

SEGUNDO.—Que ser o haber sido español, significa estar al margen
de la familia humana, no pudiendo darse el apelativo de hombre,
por muy mortal que éste sea;

610   Y TERCERO.—No siendo hombre, sería herejía el condenarle con
leyes destinadas a liberar a la humanidad de la tortura implacable
del pensamiento. Se le niega, pues, al presente bípedo hispánicus
la entrada en el seno del muy tranquilo y bienaventurado bacalao.

LOS VERDUGOS.—Nosotros, excelencia, pertenezca este sujeto a la
615   familia humana o a la de los bípedos ibéricos, confesamos que le
hemos tomado afición[145] y hasta verdadero cariño. ¡Es tanto el pan
que por sus culpas llevamos a nuestros hogares![146] Nunca hemos
visto, ni oído, ni tocado mejor viña. Te rogamos que le dejes en
plena libertad, ya que así le hicieron los anchísimos cielos, a mayor
620   gloria y prosperidad de nuestros carísimos prójimos.

BUROCRATA 2.—En verdad, en verdad os digo que si el mal fuese
borrado de la faz de la tierra, ¿de qué vivirían lo hombres de bien? El
sujeto aquí presente no merece compasión alguna, dada la reiterada
terquedad de su delito. Pudo haber nacido turco o fenicio, y no
625   quiso. Tuvo mil oportunidades para cambiar de especie,[147] con la
facilidad que muda de camisa la serpiente,[148] y no quiso. Se intentó trocar su andar perezoso por el automático ritmo del ganso
germánico,[149] y fué arar en el mar.[150] Finalmente, a pesar de eficiente

---

144. *De... desprende*   from which we may deduce the following
145. *le... afición*   we've taken a liking to him
146. *Es... hogares*   i.e., throughout history—and especially during the Inquisition—
Spaniards provided ample work for the executioners, thereby enabling them to provide well for their families
147. *Tuvo... especie*   The Phoenicians crossed the Strait of Gibraltar and established
colonies in Andalusia in the Ninth century B.C.   Spain was later invaded by a number
of other groups including the Carthaginians, the Romans, the Vandals, the Visigoths, and the Moors. In 1571 Spain defeated the would-be Turkish invaders at the
Battle of Lepanto.
148. *muda... serpiente*   a snake sheds its skin
149. *ritmo... germánico*   Refers to the highstepping march practiced by Hitler's Nazi
army. Generalisimo Francisco Franco's Fascist party received military aid from Germany during the Spanish Civil War (1936–39) and Spain became a testing ground for
many of Hitler's and Mussolini's new weapons.
150. *fué... mar*   it was a complete flop; i.e., even the Germans could not make the
Spaniards change their ways

propaganda, rechazó la sugestiva propuesta de hacer de su trasero un mástil de occidente. 630

LOS VERDUGOS.—¡Libertad, libertad, libertad!

BUROCRATA 1.—Excelencia: dada la ausencia en nuestra lengua de la palabra plebeya que acaban de pronunciar los señores verdugos, ¿puedo sustituirla por algún sinónimo de nuestros caros ante-pasados? 635

BUROCRATA 2.—Escribe jaula, jaula, jaula, y hasta podrás presumir de erudito.[151]

LOS VERDUGOS.—¡Libertad, libertad, libertad!

BUROCRATA 1.—(Sin dejar de escribir.) ¡Jaula, jaula, jaula!

BUROCRATA 2.—¡Basta de solidaridad! Prosigamos este difícil 640 proceso. ¿Quién podría sospechar que todavía quedaba un español con rabo? Incluso los más optimistas lo habían descartado. Y tenían sobradas razones. ¿Acaso después de tantas luminosas hogueras po-dría sospecharse el recrudecimiento de tan levantisca españolatría?[152] Pues ahí tenéis la muestra del fracaso. Sin embargo algo hemos 645 adelantado. No cabía en mi ánimo que un solo ser humano pudiese acumular tantos delitos. Pero ya que ha declarado ser español, se hace comprensible la temeridad con que descubrió la circulación de la sangre, propagó una nueva filosofía, caos y desconcierto de la familia humana, y atentó contra la seguridad del estado y otros 650 apéndices[153] de la subversión.

LOS VERDUGOS.—Dada la presencia del rabo clandestino, prueba evidente de españolatría, rogamos al infalible tribunal que bien puede darse todo lo dicho por fiado.[154]

BUROCRATA 2.—Pero, ¿qué hacer del cuerpo del delito? Si por las 655 causas comunes juzgadas hasta ahora con una o dos penas de muerte per cápita podrían pasarse por alto,[155] el delito de ser español pilla a este tribunal en paños menores.[156]

LOS VERDUGOS.—Basados en anteriores procedimientos, sugerimos al tribunal negar y dar por invisible el cuerpo del delito. 660

BUROCRATA 2.—Eso sería volverse de espaldas al peligro. (Medita.)

---

151. *presumir de erudito*   pass for a scholar
152. *el recrudecimiento... españolatría*   the recurrence of unruly "Spanishtry" after so many years of inactivity. *Españolatría* is a made-up word combining *español* and *idolatría*, idolatry. The choice of the suffix indicates the Spaniard's fanaticism.
153. *apéndices*   Double meaning: tail and arm.
154. *por fiado*   as reliable
155. *pasarse por alto*   be overlooked
156. *pilla... menores*   has caught this court with its pants down

BUROCRATA 1.—Opino que redactemos un decreto nombrando al español precursor del mismísimo demonio.

LOS VERDUGOS.—Desinfectemos el suelo hispánico, arándolo y
665   sembrando sal.

BUROCRATA 1.—Opino que redactemos otro decreto ordenando que todo nacido o naciente bajo el cielo de la Península Ibérica, incluyendo el reino apocalíptico[157] de Portugal, se le declare extranjero, sea éste ave o persona.

670   LOS VERDUGOS.—Lo principal es hallar una fórmula legal que no merme el pan[158] de nuestros hijos. Para que todo siga como hasta aquí, nos pronunciamos por la libertad, ¡libertad!

BUROCRATA 1.—¡Jaula, jaula, dice el acta!

BUROCRATA 2.—(Golpeando enérgico.) ¡Silencio! ¿Qué es esto, un
675   infalible tribunal o una casa de damas?[159] En el nombre del Padre...[160] (Simula signarse.)

LOS VERDUGOS.—Quisimos, ¡oh altísimo juez!, aportar la desinteresada modestia de nuestras ideas.

BUROCRATA 2.—Para eso basta y sobra el apacible bacalao.

680   LOS VERDUGOS.—Llevaremos al reo por su senda liberadora.[161]

BUROCRATA 2.—¡Imposible! ¿Dónde habréis estudiado leyes? Ya es sabido que la esencia de nuestro código no puede aplicarse en este caso. Degollar al acusado sería su salvación. Y jurídicamente cometeríamos un atropello tan grande como si les aplicáramos el derecho
685   civil a los elefantes.

LOS VERDUGOS.—Sólo pensábamos en hacerle durar como quien estira un queso sabroso.[162]

BUROCRATA 2.—Comparto vuestros sentimientos y el piadoso bacalao acaba de inspirarme en sentido contrario, por lo que dare-

---

157. *apocalíptico* Reference to the Apocalypse, the last book of the New Testament, which recounts the end of the world and the coming of an age of happiness and perfection. The application of the adjective "apocalyptic" to Portugal, one of the most backward and impoverished nations in Western Europe, is ironic.
158. *que... pan* so we don't lose the bread
159. *casa de damas* house of prostitution
160. *En... Padre* First part of the Church formula accompanying the sign of the cross, "In the name of the Father and the Son and the Holy Ghost...".
161. *Llevaremos... liberadora* We shall take the accused through the gates of freedom; i.e., to be executed.
162. *estira... sabroso* Make a good thing last. Allusion to the fable of the fox and the crow, in which the crow held a delicious cheese in his mouth without being able to eat it; i.e., we only intended to allow him to live in order to prolong his agony.

mos al reo un castigo más eficaz que el degüello, e incluso mucho 690
más doloroso. (*Golpea y se ponen de pie.*) En tu pecado tendrás la
penitencia.[163] En nombre de la ley, te condeno por los siglos de los
siglos a la pena eterna de seguir siendo español.

BUROCRATA 1.—Amordácese, enréjese y archívese.

LOS VERDUGOS.—¡Aleluya, aleluya! La libertad nuevamente ha 700
triunfado.

BUROCRATA 1.—(*Repartiendo sobres.*) Ahí van vuestros haberes.
(*Cuentan.*) Desalojad la sala. (*Cantando sacan entre lanzas al acusado.*)

> Lucifer a la oreja
> te va diciendo: 705
> sigue siendo español
> ve discurriendo. (*Salen.*)

BUROCRATA 2.—(*Leyendo otro pergamino.*) ¡Sabotaje, sabotaje! Se
acusa al secretario de este tribunal de haber atentado contra la
salud de los archivos estatales. 710

BUROCRATA 1.—Se armó la gorda.[164] Me voy al extranjero. (*Sale,
pero le traen los* VERDUGOS.)

BUROCRATA 2.—Sentadle en el banquillo. Confiesa tu delito, traidor.

BUROCRATA 1.—Vuestra señoría sabe perfectamente que se trataba 715
de un papelorio inútil.[165]

BUROCRATA 2.—Eso es lo grave. Además se te acusa de haber
tenido una idea, una ocurrencia o cosa semejante, por cuyas faltas
paso a sancionarte echando mano a una errata de imprenta, inciso
de uso interno,[166] de nuestro infalible código. (*Golpea.*) Covicto y 720
confeso nihilista estatal, te condeno a la errata de imprenta de
recibir 600 azotes en las bases del cuerpo. Atenuante:[167] por ser un
viejo funcionario de la casa, se te rebaja la pena[168] en un veinte
por cien. Practicada la resta correspondiente, quedan a tu favor

---

163. *En... penitencia* Reference to the Christian idea that being a sinner is in itself
the worst punishment.
164. *Se... gorda* This is a mess.
165. *papelorio inútil* worthless mess of papers
166. *inciso... interno* comma
167. *Atenuante* With one extenuating circumstance. Note that the speech is replete
with legal formuli.
168. *se... pena* I commute your sentence

725 12.000 azotes que recibirás en conante y sonante moneda de curso
legal.[169]

LOS VERDUGOS.—(*Toman y sellan el pergamino.*) Atese, páguese y
archívese.

BUROCRATA 2.—(*Sobre un fondo de latigazos y quejas.*) Si alguno de
730 los presentes duda de la infalibilidad inapelable de este tribunal,
preocupado por apartar de nosotros la fatal manía de pensar y de
encauzar al género humano por la senda redentora del bacalao,
tiene plena libertad para hacer uso de la palabra y su propio pellejo
le dará testimonio de nuestra celosa diligencia. (*Suena una sirena.*)
735 ¿No habéis oído la hora?[170]

LOS VERDUGOS.—Ya que estamos con las manos en la masa,[171]
podríamos hacer unas horitas extra.[172]

BUROCRATA 2.—Nada de horas extra. Para dar palos, todas las
horas extraordinarias son pocas. (*No muy conformes se van, dejando*
740 *a la víctima colgada y sin conocimiento.*[173] BUROCRATA 2 *se desviste*
y guarda todo dentro del arcón. Luego mira hambriento el bacalao,
busca un cuchillo enorme y se sienta a comer.) ¡Ajá! Estabas ahí. El
buen altar ha de dar de yantar.[174] (*Se oyen dolorosos quejidos.*)
¿Quién va? ¿Qué dolores de parto son ésos?

745 BUROCRATA 1.—Yo, yo, tu compadre.

BUROCRATA 2.—¿Y qué haces en esa postura tan rara? (*Le desata.*)

BUROCRATA 1.—¿Es posible que no te acuerdes de nada?

BUROCRATA 2.—¿De qué?

BUROCRATA 1.—¿Pero dónde diablos has estado metido?

750 BUROCRATA 2.—Durmiendo. ¡Un sueño maravilloso!

BUROCRATA 1.—Del que mis pies fueron el argumento.

BUROCRATA 2.—He tenido el sueño de tu siesta. Me vi de gran
inquisidor, paseando omnipotente sobre la aplanadora de la justicia.
Desde ese trono todo tiene un aspecto diferente. Hasta estos inútiles
755 papeles tienen un valor distinto.

BUROCRATA 1.—¡Oh, sí! Mis pies pueden dar una conferencia
sobre el tema.

BUROCRATA 2.—Sin embargo no hay cosa más estúpida. (*Rompe*
unos cuantos expedientes.) ¿Y qué podríamos hacer ahora?

169. *en... legal*   in full and legal tender
170. *¿No... hora?*   Don't you hear the clock? It's quitting time.
171. *estamos... masa*   we're right in the middle of something
172. *unas horitas extra*   a bit of overtime
173. *sin conocimiento*   unconscious
174. *El buen... yantar*   A worthy symbol is one that feeds us. (An invented proverb.)

BUROCRATA 1.—Yo estoy curado: no se me ocurre absolutamente   760
nada.

BUROCRATA 2.—¿Y quién nos metió en todo esto? ¡El autor! Voy
a buscarle. Que nos diga cómo continuar esta farsa.

BUROCRATA 1.—El autor se ha ido hace rato. No quiso esperar al
final.   765

BUROCRATA 2.—¿Así que no quedó para saludar al público,[175]
como aconseja la buena costumbre?

BUROCRATA 1.—Pero no la mejor prudencia.

BUROCRATA 2.—¿Y cómo terminamos?

BUROCRATA 1.—Mis pies me prohiben pensar.   770

BUROCRATA 2.—Ayúdame a bajar el telón.

BUROCRATA 1.—Yo no quiero más bodas al cielo.[176] (*Al comenzar*
BUROCRATA 2 *a bajar el telón entra precipitada y festiva la* SECRE-
TARIA.)

SECRETARIA.—¡Felicitadme, queridos, felicitadme! ¡Me han ascen-   775
dido! ¡Vengo a trabajar aquí! (*Ayuda a bajar el* TELON.)

---

175. *saludar al público*   In Calderón, see note 258. It was the custom for one of the
actors to address the audience from the stage and ask forgiveness for flaws or errors
made by the author or members of the cast.

176. *más... cielo*   that's enough for one night (from the fable of the fox and the eagle)

▣ *Commentary* ▣

Esta obra fué escrita en 1960 y hasta el presente nunca fué editada ni representada. La difusión de este tipo de teatro encuentra en España dos clases de dificultades: la represión política de la censura y el retraso técnico de la escena española.

Mi teatro, como todo el nuevo teatro español desconocido, por ser un teatro muy crítico a nivel ideológico, sufre una brutal persecución que lo reduce a la condición más extrema del drama subterráneo.

Por otra parte aquellas obras que logran burlar la vigilancia de los censores tropiezan con la pobreza de nuestros medios escénicos, la rutina empresarial y la escasa capacidad creadora de nuestras gentes de teatro, adocenadas en fórmulas dramáticas caducas.

Estas causas esterilizan los esfuerzos de los nuevos autores. Puede pensarse que en una España de libertad más enrarecida que la actual pudo salir a flote el teatro de la promoción realista. ¿Por qué no sucede ahora lo mismo?

La línea de ataque del teatro realista se paraba en la crítica a las injusticias que segregaba el sistema. El nuestro pretende ir más allá: ataca la raíz del sistema. Y una cosa es poner en tela de juicio algo que puede ser mejorado o reformado mediante un simple decreto, pero sin conmover el sistema, y otra cosa es echar ácido en su misma raíz.

Desde el punto de vista de la forma los realistas utilizaron moldes tradicionales. Decían que lo que les preocupaba eran los contenidos. Nosotros buscamos formas nuevas porque creemos que todo arte nuevo o genera su propia forma o su novedad es una simulación.

Y estas actitudes también alcanzan al público. Hay gentes que van al teatro y les gusta sentirse halagadas al verse reflejadas en eso que suele llamarse personajes positivos y en sus actitudes más campanudas. Como nosotros pensamos que el teatro debe funcionar a la manera de un revulsivo social, ese tipo de personajes no aparece en nuestras creaciones.

Yo creo que esos personajes positivos cumplen socialmente una función negativa: son el refugio de la hipocresía que potencialmente hay en cualquier público, incluso entre el mejor. Por eso nosotros no escribimos para el público—no escribimos para una clientela— sino contra el público. Todo sería más fácil si escribiéramos un teatro con algún grado de ejemplaridad, pero el arte y la independencia del autor saldrían perdiendo. Así sólamente somos pobres.

En la gestación de mis obras concurren una serie de motivaciones. De unas soy más consciente que de otras. En *El bacalao* jugaron un papel importante las sugerencias que se desprendieron de aquellas famosas palabras de "lejos de nosotros la fatal manía de pensar," dichas ante Fernando VII. A esto se unió inmediatamente la imagen del bacalao, tal vez debido a que desde la infancia conocía la fábula de Iriarte sobre el bacalao que viaja por el mundo sin cabeza.

En la obra hay contenida una cultura y una historia que puede ser identificada con un determinado país. Pero esto no actúa contra sus contenidos universales. La irracionalidad que aquí se refleja abunda, de un modo u otro, en otras partes. Si cambiamos los trajes de los personajes y en vez de inquisidores y mercenarios moriscos les vestimos los ropajes del kukusklán, a la vez que vestimos a sus comparsas con los uniformes de los mercenarios que tengamos más cerca, la obra cobra una dimensión geográfica más amplia. La irracionalidad es un mecanismo muy adecuado para tergiversar la realidad en cualquier parte.

Digo que en mi teatro hay una síntesis de contenidos críticos de la realidad, pero nunca imito la expresión naturalista ni en el lenguaje ni en la plástica escénica. Puede escribirse en un lenguaje directo y funcional donde cada palabra expresa lo que gramaticalmente dice. A mí ese modo de escribir me aburre: no me expreso, me quedan fuera muchas cosas. El lenguaje artístico para mí debe estar cuajado de contenidos. Con cuantos más significados e intencionalidades sepamos cargar el lenguaje mejor arte haremos. Y también más perdurable.

En *El bacalao* hay un constante juego de planos. Primero el del Autor que presenta la obra, es decir, nos mete en la irrealidad del teatro. Luego surge el sueño que por su brutalidad aparece como lo más real del juego. Antes de bajar el telón los personajes invocan al Autor, cosa que vuelve a remontar de nuevo a la obra a su realidad escénica. Y al entrar de nuevo el personaje de la Secretaria, el contraste entre los distintos planos entra nuevamente en tensión.

Después que el Autor se retira, la Secretaria se despierta y, a la vez que hace ante nosotros la radiografía de un sistema, percibimos su condición de mujer enajenada. Hastiada de vivir sale diciendo que va a suicidarse, no sin antes poner a punto su coquetería. Seguidamente se despiertan Burócrata 1 y Burócrata 2. El primero dice que ha estado soñando con una idea redentora mientras el otro, que es pragmático, dice que soñó haber estado acostado con la Secretaria. Burócrata 1 comienza a contar la idea de redención soñada. El otro dice que todo eso puede ponerse en práctica, lo que hace que lo soñado se convierta en realidad. La idea de Burócrata 1 es que como el presente aparece incierto y caótico, él ha soñado que la seguridad está en dar marcha atrás a la rueda de la historia "donde nada podrá sorprendernos."

Transforman la escena adecuadamente y dan comienzo a un juicio en el que se acusa al ser humano del uso racional del cerebro. Para redimir al hombre no ven otra solución que el degüello, ya que la cabeza es la peor parte del cuerpo, pues de ella emanan las ideas. Para que no haya conflictos se incita al hombre a seguir el ejemplo edificante del bacalao quien, por no tener cabeza, anda por el mundo sin problemas.

Después de sentar las bases del nuevo orden tratan de acasar la función. Para ello buscan al Autor, que es quien les ha metido allí. Pero resulta que éste, por temor a las represalias que pudiera desencadenar su propia obra, se ha marchado. Cuando para salir de apuros el burócrata más pragmático se dispone a bajar el telón, entra precipitada y festiva la Secretaria, a la que han ascendido y que en vez de suicidarse viene a trabajar allí.

Nos encontramos, por tanto, con una serie de planos mediante los cuales se crea una realidad artística. Sus ingredientes están tomados de la realidad humana, pero han sido sometidos a un proceso de elaboración y síntesis y dispuestos de tal modo que a la vez que nos dan una imagen de la realidad la interpretan. Y, de un modo subyacente, este lenguaje artístico es vehículo y expresión de la personalidad del autor.

Este tipo de teatro deja un amplio margen a la actividad creadora de directores y actores. En pocas palabras, se trata de textos abiertos a la creatividad colectiva, lo que es hoy uno de los aspectos más atractivos y renovadores del arte escénico.

Para mí el teatro es el arte del conflicto. Donde no hay conflicto no hay acción dramática. Esta no consiste en corretear por todo el espacio escénico, sino en un choque que a nivel conceptual o vital se produce entre los personajes. La acción dramática es la chispa que salta al enfrentarse protagonistas y antagonistas. La acción dramática es algo esencialmente dialéctico.

José Ruibal

◙ Glossary ◙

The following vocabulary list includes almost all the words contained in this book. The following are not included: exact cognates; cognates ending in *-ción*; verb forms other than the infinitive, except for irregular past participles; words coined by individual authors and explained in the notes; common proper nouns; common words such as articles, numbers, demonstrative adjectives and pronouns; possessive adjectives and pronouns; foreign words defined in the notes. In the case of adverbs that end in *-mente* and that are translated by English adverbs ending in -ly; only the corresponding adjective appears in the vocabulary. For example, *perfecto* appears in the vocabulary, but *perfectamente* does not. The infinitive marker "to" does not appear with infinitives.

A

a: a + inf. if one____ (*a saberse* if one knew); *a (tu) alcance* within (your) reach; *a bordo* on his working table; *a caballo* on horseback; *a carga cerrada* blindly, without examination; *a confuso* in a disorderly manner; *a derechas* clearly, straightforward; *a diario* every day; *a duras penas* hardly, with great difficulty; *a ello* that's it; *a fondo* in depth; *a fuerza de* because of, due to; *a guisa de* as if to; *a hurtadillas* steathily; *a la española* in the Spanish style; *a la larga* in the long run; *a la moderna* modern-style; *a la postre* afterward, at the end; *a la vez* at the same time; *a la vista* apparently; *a lo* in the style of; *a lo largo* along, throughout; *a lo lejos* in the distance; *a lo menos* at least; *a lo que estamos* first things first; *a los pocos minutos* a few minutes later; *a más de* besides; *a medias* sharing equally, half; *a medida de* in proportion to; *a menudo* often; *a oscuras* in the dark; *a par de* together with; *a partir de* from, starting with; *a perpetuidad* perpetuity, perpetually, forever; *a pesar de* in spite of; *a pie* on foot; *a pie llano* without difficulty; *a porfía* vying to; *a propósito* by the way; *a propósito de* with respect to; *a punto* ready, just so; *a punto de* just about to, about to, on the verge of; *a punto de caramelo* just so; *a que* so that; *a querer* had he really wanted; *a ras de* even with, touching; *a rastras* dragging; *a ratos* sometimes; *a reculones* backwards; *a requerimientos de* at the request of; *a resultas de* resulting from, as a consequence of; *a ser* if it were; *a solas* alone, with himself; *a su despecho* in spite of himself; *a su gre* willingly, at his pleasure; *a su gusto* as he will; *a tiempo* when it's convenient; *a tientas* gropingly; *a tiento* with uncertainty; *a trueque de* in exchange for, instead of; *a ultranza* to the extreme, at any cost; *a uso de* in the style of; *a veces* sometimes

ábaco abacus

abajo down, downwards, downstairs; *echar abajo* tear down, break down

abandonar abandon

abanicar fan

abanico fan

abarcador all-encompassing

abarcar approach, overtake, take on, fathom, take in, touch; *El que mucho abarca poco aprieta:* Let's not bite off more than we can chew

abatir beat

abeja bee

abejar beehive

abierto open

abismar throw into an abyss; *abismarse* be buried

abismo abyss

abjurar forswear, abjure

ablandar soften

abocar face, aboard

abogado lawyer

abolengo ancestry

abollar dent, bump

abonar support; vouch, answer for; post bond

abono guarantee; *hacer abono de ceniza la memoria* make sure all is erased from one's memory

aborrascado rough

aborrascar disturb; get stormy, get rough

aborrecer hate, abhor, despise

aborrecible hateful

aboyado insensitive; without budging

abrasar kindle, burn

abrazar hug, embrace

abrenunciar deny

abrevar water, drink

abrigar cover, protect, shield; shelter; *abrigar un temor* be uneasy about

abril April

abrir open

abrojo thorn, thistle

abrumar cloud over; overcome, overwhelm

abrupto abrupt

absolutismo absolutism

absoluto absolute

absorto absorbed

abstener abstain

abstinencia abstinence

abstracto abstract

absurdo absurd

abuelo grandfather; *toma mi abuelo* by my grandad

abundancia abundance

abundante abundant

abundar abound

aburrir bore

abuso abuse

acá over here

acabar end, finish; *acabar de* + inf. just + past tense verb (*acabo de comer* I just ate)

académico academic

acaecer happen

acariciar caress, fondle

acasar carry out

acaso by chance, perhaps

acatado respectful

acatar await; respect, reverse

acción act, action; stock, share of stock

accionar act, move

acechanza spying

acechar spy on, spy; view
acecho spying; *en achecho* on the lookout
acedar turn sour
aceite oil
aceituna olive
acelerar accelerate
acendrar purify, refine
acento word; accent
acentuar accentuate
acepto accepted
acera sidewalk
acerca de about
acercamiento approach
acercar approach, bring closer to; *acercarse* approach, draw near
acero steel
acertar (a) succeed (in); hit the mark
aciago de cara sourpuss
acicalar dress up
ácido acid
aclarar clarify
acobardar feel cowardly; shrink back in cowardice
acomodar accommodate; use wisely of; *acomodarse* make oneself comfortable
acometer attack, overpower
acompañar accompany
acompañamiento accompaniment; *ir de acompañamiento* accompany
acompasado even, rhythmic
acongojar upset
aconsejar advise
acontecer happen, happening
acontecimiento event
acordado in tune
acordarse remember
acosar harass, pursue relentlessly
acostar put to bed; *acostarse* go to bed
acotar mark off, set a boundary
acreditar accredit
acreedor creditor
acta affidavit
actuación proceeding
actual present, current
actualidad present, present times
acuchillar stab; fence; duel
acudir go, go where one is called; come to help, come when called

acuerdo agreement; *ponerse de acuerdo* agree to
acumular accumulate
acurrucar cuddle up
acusar accuse
achaque matter
Adán Adam
adaptar adapt
adecuado adequate; appropriate; proper
adelantado in advance
adelantar advance, go forward; stick out
adelante forward; ¡adelante! come in!; *de aquí en adelante* from now on; *más adelante* later
ademán gesture
además besides
adentrarse en delve into
adentro inside; *para sus adentros* to himself
adherencia adherence; stickiness
adherente adherent; requisite
adiós good-by
adivinar guess
administrador administrator; business manager
administrar administer; administrate
admiración astonishment, surprise
admirar surprise; *admirarse* be surprised
admitir admit; permit; let in; recognize as
adobo tanning mixture, pickling mixture
adocenar teach; form
adolecido sick person
adolescencia adolescence
adonde where
adoptar adopt
adorar worship
adormecer put to sleep
adormilado numb
adornar adorn
adorno adornment
adquirir acquire
adrede on purpose
aducir adduce
aduendar possess by spirits

aduendero possessed one
adueñarse take possession of
adulación adulation, flattery
adusto stern, sullen
adventir notice; warn
adverso adverse
advertencia observation; notice; remark; warning
advertido wary, on the lookout; informed
advertimiento warning
afán desire; great desire; effort; longing; zeal
afanarse por get enthused over; desire ardently
afear make ugly
afecta effect
afectar affect; pretend; desire eagerly; earmark; encumber; meet
afecto affection; affect; deed; correctness; emotion
afeitar beautify; shave
afeite flashy adornment; cosmetic
aferrar hold tight
afianzar back up
afición fondness, liking; taste; *tomar afición a* take a liking to
afín similar, of the same kind
afincar invest in the land
afirmar affirm; *afirmarse* put on firmly, well
afirmativo affirmative
afligido unhappy
afligir aflict; *afligirse* be sorry
aforismo aphorism
afortunado fortunate
agasajo kindness, show of affection
ágil agile
agitar agitate; shake
aglutinador cohesive
agorero ill-omened
agotar run out; wear out; use up; tire
agradar please; agree with; be agreeable to; *si te agrada* if you like it
agradecer thank, be grateful for
agradecido grateful
agrario agricultural
agravar aggravate; make worse; offend
agravio affront

agregar add (up to)
agridulce bittersweet
agrupar group, put in a group
agua water; *aguas de olor* toilet water; *aguas templadas* type of medicinal drink
aguantar stand
aguardar await; give an extension
aguardiente liquor
agudeza cleverness
agudo sharp, pointed; bright, clever
aguijar goad, incite, urge on
aguijonear spur on
águila eagle
aguja needle
aguzar prick; sharpen; point
ahí there; *por ahí* here and there
ahijar make a godchild of; pin on, attach to
ahinco: con ahinco eagerly
ahito fed up
ahogar choke, suffocate, drown
ahondar delve
ahora now; *ahora bien* all right, now
ahorcar drown, strangle
ahorrar save, economize
ahorrativo economical, inclined to save
ahorro savings
ahumado smoky, smoke-colored, grey
ahumar darken with smoke
airado angry
aire air, draft; *aire colado* cold draft
airosidad gracefulness, elegance, majesty
aislar isolate
ajar bloody
ajedrez chess
ajeno foreign, alien; outside, foreign to; another person's, someone else's; of another person
ajustado tight
ajustar adjust, tighten
al: al + inf. upon, when one (*al salir* upon leaving, when one leaves); *al amparo de* behind the refuge of; *al cabo* in the end, in the long run; *al fin* even so, in the end; at last, finally, after all; *al hilo de* skirt; *al hoyo* that's it; *al instante* immediately, right

away; *al par que* at the same time as;
al paso at the same pace; *al paso que*
at the same time as, while; *al pie* at
the foot, at the bottom; *al punto* on
the verge, at the time; instantly, right
away; *al rato* after a while; *al revés*
backwards, upside down; *al revés de*
the opposite of; *al revés que* the opposite of; *al uso* in vogue

ala wing

Alá Allah

alabanza praise

alabar praise; *alabarse de* brag about

alameda tree-lined walk

álamo poplar

alarde show, display; flashiness, loud-
ness; *en alarde* on show; *sin alarde*
humble

alargar take far away, take farther away,
distance; make long; hand, hand
over; put away from; go; *alargarse* go
so far as to

alarma alarm

alarmante alarming

alba dawn

albañil mason

albarazado streaked with black, yellow,
and red

albardero packsaddle-maker or vendor

albedrío free will

albor whiteness, dawn

alborotar agitate, stir up, make a racket;
alborotarse get excited

alboroto confusion, excitement

alborozar excite

alborozo excitement

alcahueta go-between, meddler,
madam

alcalde alderman, mayor

alcance reach; *a (tu) alcance* within
(your) reach

alcanzar reach; attain; manage; achieve

alcázar castle; fortress

alcoba room, bedroom, chamber

alcohólico alcoholic

alcor hill

aldabada knock with a door-knocker

aldea village

aleccionar teach; egg on, prime

alegórico allegorical

alegrar make happy; *alegrarse* be glad

alegre gay, joyous, happy

alegría happiness, joy

alejar put away; *alejarse* go away

aleluya hallelujah

alemán German

alentar encourage, inspire, cheer

alerce larchwood

alerta alert

alfanje scimitar (Oriental sword)

alfiler pin; prick

alfombra rug, carpet

alfombrar carpet; cover

algarabía piece of Arabic gibberish

algazara tumult

algo something; somewhat

alguacil constable, bailiff

algún(-uno) some, someone; *sin_____
alguno* without any_____at all; any,
none at all

alhaja jewel, gem, ornament

alienista psychiatrist

aliento breath; encouragement

alimentar nourish

alimento nourishment; food

alistar enlist

alivio relief

aljófar imperfect pearl; dewdrop

alma soul; *alma nacida* a single person;
partir el alma break one's heart

almendro almond tree

alminar minaret

almohada pillow

almorzar have lunch

alojamiento lodging

alojar lodge

alón wing, scrawny wing

alpargata sandal, espadrille

alquería farmhouse

alrededor surrounding; *a mi alrededor*
around me

alterado upset

alterar alter, change; upset; *alterarse* get
upset; get excited

alternar alternate, dialogue

altivez height,˙greatness; highness

alto high, tall; stop; *en alto* raised; *manos en alto* hands up; *pasar por alto* overlook; *hacer alto* come to a stop

altruista altruistic

aludir allude

alumbrar brighten, illuminate

alzar raise, build upon

allá there; *allá voy* I'm coming

allegado close

allende afar, foreign lands

allí there

ama housekeeper; mistress; lady; owner; *ama de casa* housewife

amamantar nurse

amanecer get up; start the day; dawn

amancebamiento living together out of wedlock

amante lover, suitor

amapola poppy

amar love

amargo bitter

amargura bitterness

amarillento yellowed, yellowish

amarillo yellow

amarrado tie

amarrar tie

amasar gather, collect; knead

amazona Amazon

ámbar amber

ambiente atmosphere, surroundings

ambigüedad ambiguity

ambiguo ambiguous

ámbito scope, compass; atmosphere

ambos both

amenaza threat

amenazar menace, threaten

amigo friend

amistad friend; friendship

amo owner; master

amodorrido drowsy; numb; sleepy

amojamar dry up

amontonar heap up; pile up

amor love

amordazar gag; muzzle; deprive of free speech

amoroso loving, sweet

amortajar shroud

amotinar rebel

amparar aid, help

amparo aid, help; *al amparo de* behind the refuge of

amplio ample, wide, broad; large

ampulosidad pomposity, verbosity

amputar amputate

análisis analysis

anarquista anarchist

anatomía anatomy

anatómico anatomical

anciana old woman

anciano old man

áncora anchor

ancho wide

anchuroso broad, spacious

andadas bygones

andamio scaffold

andar go (around); walk; step; *andar de unas en otras* wander here and there; *y andando* and that's it

anécdota anecdote

anecdótico anecdotal

anegar muffle

anfitrión host

angélico angelic

angosto narrow

ángulo corner, angle

angustia anguish

angustiado anguished

anhelante panting; gasping; eager; yearning

anhelar desire greatly; strive toward

anhelo desire

anidar make a nest

anillo ring

ánima soul

animar be alive; breathe; cheer up, encourage

ánimo force, energy; mind, spirit

animoso enthusiastic, spirited

aniquilación annihilation

aniquilar annihilate

anís anise; anise-flavored brandy

anisado anisette

anochecer become night, get dark

anonadar annihilate; leave speechless; stun; disappear into nothingness

anónimo anonymous

anotar note, write down
ansia anxiousness
ansioso anxious
antagonista antagonist
ante before; *ante todas cosas* no matter what
antecedente antecedent; *poner en antecedentes* bring up to date, let know what happened up to now
anterior preceding; former; previous
antes before; on the contrary, rather; *cuanto antes* as soon as possible
antesala waiting room
anticipado before; anticipated
anticipar anticipate; get ahead of; go in advance; *anticiparse* anticipate, get ahead of
anticipo anticipated; glimpse, preview
antigüedad seniority; antiquity
antiguo old, ancient; former
antijerárquico antihierarchical
antimonárquico antimonarchist, antimonarchic
antipatía antipathy, dislike
antipático unpleasant
antípoda directly opposite
antiquísimo very old
antisubversivo antisubversive
antitético antithetic, of oppositions
antojar seem, strike as; feel like, feel like doing something on a whim; *antojársele* seem
antorcha torch
anublar conceal, cloud
anudar tie together, bind together
anunciar announce, advertise
anuncio advertisement
añadir add
año year; *tener 20 años* be 20 years old
añorar remember with nostalgia
apacentar pasture
apacible calm, peaceful
apaciguar pacify, calm down
apagar put out; turn off; *apagarse* go out
apalear beat
apañalar smash
apañar pick up
aparato apparatus; machine
aparecer appear

aparecido ghost
aparejar hitch up, harness
aparentar seem, pretend
aparente attractive; similar to the real thing; apparent, seeming
aparición appearance; ghost
apariencia appearance; stage decoration
apartar separate, put aside; *apartarse* be different; step aside, go away, go away from, be set aside
aparte aside
apasionado fan; person well-versed in a subject; passionate
apearse get down
apedrear throw stones at
apelación appeal
apelar appeal
apelativo appellative, name
apelotonado snarly
apenas hardly
apéndice appendix; supplement; organ; tail; arm
apercibir perceive
apetecer crave, desire; appeal
apetito appetite
ápice trifle, iota
apilar pile, pile up
apisonadora battering ram, leveler
aplacar placate, abate
aplacer please
aplanar flatten
aplaudir applaud
aplauso applause
aplicar apply
aplomo aplomb, self-confidence
apocalíptico apocalyptical; of the apocalypse
apócrifo apocryphal, false
apoderarse take over, take control
apodo nickname
aportar contribute, bring
aporrear cudgel, beat
aporreo banging
aposentarse lodge, live
aposento apartment, quarters
apostar bet
apostólico apostolic
apoyar support, lean
apreciador appreciator; appreciative

apreciar appreciate; esteem, value
aprecio appreciation; respect; regard; esteem
apremiar urge, compel
apresurado in a hurry
apresurarse hurry
apretado squinty; tight
apretar squeeze, hold tight, press; *El que mucho abarca poco aprieta* Let's not bite off more than we can chew
aprieto tight situation; problem
aprobar approve, second
aprobatorio approving
apropiado appropriate
aprovechar benefit
aproximación approximation; approach
aproximado approximate
aproximar approximate; bring closer together; *aproximarse* near
apuntar aim at, point at
apunto prompting
apuñalar stab
apurar gulp down; hurry; worry
apuro tight situation; *sacar del apuro* help out
aquel that; *aquellos* those
aquello that
aqueste this
aquesto this
aquí here; *hasta aquí* so much for; *desde aquí* from now on; *aquí mismo* right here
aquilatar examine closely
ara altar
árabe Arab
arado plow; plowing; plowed area
aragoné(-esa) from Aragón, Aragonese
arañar scratch
arar plow; *arar en el mar* be a waste of time
arbitrio tax; will
árbitro judge, arbitrator
árbol tree
arbolado surrounded by trees
arca ark; chest; coffer; *arca de Noé* Noah's ark
arcaico archaic

arcediano archdeacon
arco arch; *arco rubio* rainbow
arcón large chest, bin
archivar record; keep in the records
archivo records, archive
arder burn
ardiente ardent; burning; glowing
ardoroso enthusiastic, burning
arduo arduous; difficult
arena sand
argüir argue
argumento argument, plot
árido arid
aristocratizarse become aristocratic
arma arm; *pasar por las armas* execute by a firing squad
armadura armor
armar arm; make; put up; create; start; form; *armarse* break out; *se arma* the trouble will start; *se arma la gorda* this will be a mess
armazón frame
armonía harmony
armonizar harmonize
arpa harp
arquitectura architecture
arte art
artero cunning, artful
articular articulate
artículo article
artificio artifice, skill, art
artificioso deceitful, skillful, artful, false
arrancar pull (out); pull off; tear away; snatch; *arrancarse* run off
arranque impulse; fit; jerk; *punto de arranque* starting point
arrastar drag (off)
arratado squeaky, mousy
arrebatado impetuous
arrebatar attract, stir; grab away from; snatch, carry off; inflame, unset; topple; *arrebatarse* get excited
arrebol glow; red (of sunset or sunrise); rosiness
arrebujar jumble up, wrap
arreciar grow worse
arrecir grow stiff with cold
arredrar drive back; frighten
arreglar fix, see about, order, put in

order; *arreglar las cuentas* settle accounts

arremeter attack; offend; rush upon; spur; attack, rush forth

arremeterse a pass oneself off as

arrepentimiento repentance

arrepentirse repent

arriba up; upstairs

arriesgado risky

arriesgarse risk

arrimar get next to; trust; depend upon; *arrimar el ascua a su sardina* take advantage, be hot on the trail; *arrimar el hombro* lift on one's shoulder

arrimo closeness

arroba weight equaling about 25 pounds

arrodillarse kneel

arrogante arrogant

arrojar thrown, hurl; *arrojar a la calle* run out of the house; *arrojar de luz* shed light

arroyo stream

arruga wrinkle

arrugar wrinkle; *frente arrugada* knitted brow

arruinar ruin

arrullar soothe, sing a lullaby to; coo

asaltar asault, attack

asalto assault

asar roast

ascender ascend

ascendiente ancestor

ascenso promotion

asco disgust; *dar asco* disgust

ascua coal

asediar besiege; blockade; importune

asegurar assure

asentir assent

asesinar murder

asesino murderer

así thus, in that way, such, so

asiento seat

asignar assign; give

asilo asylum

asir glue; seize, grasp

asistencia attendance, audience

asistir attend; accompany; wait on; serve; take care of; be present

asno ass

asomar peep out

asombrar amaze; tarnish

asombro surprise, amazement, astonishment

asonancia assonance

asonantado with assonance

asonante assonant

aspa sticking out, forming an X

aspar outstretch, form an X

aspecto aspect

aspereza roughness

asperges sprinkling (of holy water)

aspergis var. of *asperges*

áspero rough

áspid asp

aspirar aspire; take a breath

asqueroso disgusting

astilla splinter; piece of wood

astro astronomical body

astucia astuteness

astuto astute, clever

asunto matter, subject

asustar frighten

atacar attack

atajar take a short cut; *quien piensa atajar rodea* haste makes waste

atajo short cut

atalaya watch tower, look-out

ataque attack

atar tie; *atar y desatar* wheel and deal; *atarse* be binding

atardecer late afternoon; get late

ataúd coffin

atención attention; *en atención a* in view of; *en atención a que* owing to the fact that

atender await; *atender a* tend to, attend to; treat; focus on

atenerse a abide by; *atente a las consecuencias* resign yourself

atentado attempt, crime

atento attentive, kind, polite, courteous

atenuante extenuating circumstances; mitigating circumstances; redeeming circumstance

aterecer become stiff with cold

aterrar terrify; terrorize

atirante stretched

atizar stir, poke (a fire)
atleta athlete
atolondrar amaze, bewilder
átomo atom
atontar knock dead
atormentar torment, torture
atraer attract
atrás behind; *de tiempo atrás* for some
time
atravesar cross; go through; *atravesarse:*
penetrate; see through
atreverse dare
atrevido daring
atrevimiento daring, gall
atribuir attribute, give credit for
atributo decoration
atrición repentance
atrio atrium
atronar thunder
atropellar trample, run roughshod, run
over; knock down
atropello slip
aturdimiento confusion
atusar trim, smooth; dress fancily;
atusarse fix, smooth, comb
audacia audaciousness
auge boom, acme, apogee
augusto august, grand, great
áulico aulic, courtier
aullar howl
aullido howl
aumentar get larger, make larger, expand, augment, increase
aún still
aun even; *aun bien* it's luck that
aunar join, unite, mix
aunque although, even though
aurora dawn
ausencia absence
ausentar absent, go away; *ausentarse* go
away
ausente absent
austeridad austerity
auto: auto-da-fé sentencing ceremony
autocrítica autocriticism
autógrafo autograph, autographic;
work written in the author's own
hand
automático automatic

autonomía autonomy
autopsia autopsy
autor(a) author; in 16th and 17th centuries, manager of a theatrical company; f. wife of a theatrical manager
autoridad authority
autorizado proper, authorized
auxiliar auxiliary
auxilio help
avance advance
avanzar advance
avaricia avarice, miserliness
avariento avaricious; miserly, greedy;
miser
avasallar make a vassal out of
ave bird
avena oats; *avena loca* wild oat
avenir agree, get along
aventajado having the advantage; fortunate; the best
aventajar get ahead of
aventar push away; blow
aventura affair
aventurar risk
aventurero adventurer
avergonzado ashamed
avergonzar make, be ashamed
averiguación verification
averiguar check, verify; *dar por averiguado* accept, take for granted
aversión aversion
ávido avid
avilantez boldness, insolence; mean-
ness
avisar advise, alert, let know, give
notice to
aviso announcement; advertisement;
warning; advice; notice, admonish-
ment; prudence; *dar por aviso* let
(someone) know
avistar view
ay ouch (exclamation of pain); moan,
groan; oh; *ay de mí* oh my goodness
ayer yesterday
ayo tutor
ayudante helper
ayudar help
ayuna fast; *en ayunas* fasting
ayunar fast

ayuno fasting, fast
azada hoe
azadón hoe
azar fortune
azogue quicksilver, mercury
azoramiento trepidation
azorar abash, disturb, excite
azotar slap; shoo away; whip
azote lash; blow; beating
azul blue
azulear become blue
azuzar stir up

B

bacalao codfish
bachiller(-a) bachelor (degree granted by a university); recipient of a *bachillerato*, or secondary-school degree; educated person; talkative
bah no
bailador dancer
bailar dance; *esto no es bailar* it's like dancing without music; it's like being out of step
baile dance
bajar lower, descend, go down; get out
bajel ship, vessel; ark; boat
bajeza lowness
bajo low, lower, short; *planta baja* ground floor
bala bullet
balazo shot
balbuciente stammering
balcón balcony
balde: en balde for nothing; in vain
baldío untilled
baldón insult, affront
baldosa tile
balumba stage equipment; bulk
bamboleo swinging, swaying
banca hands; banking
banco bank; bench
banda band, ribbon
bandera banner, flag, standard
bandurria type of lute
banquero banker
banqueta bench

banquillo bench
bañar bathe
barajar jumble, get confused about
baratijo junk, trinket
baraúnda uproar, hullabaloo
barba beard
barbarie barbarism
bárbaro pagan, brutal
barbero barber
barquero boatman
barra bar; rail; stick; *barra de labios* lipstick
barranca ravine, gorge
barranco ravine, gorge, gully
barretina beret worn by Jews
barricada barricade
barriga belly
barrio neighborhood
barro mud; earth; clay
barroco Baroque
basamento base and pedestal (of a column)
básico basic
basilisco basilisk
basta enough
bastante enough; quite a; quite a bit of
bastar be enough
bastardo bastard
bastón cane
batalla battle
batallar battle
batida hunting party; *en batida* with a hunting party
batir hit; pound; beat on
bautismo baptism, christening
bautizar baptize
bautizo baptism, christening
bayeta thick flannel
beato blessed; devoted; devout
beber drink; *beber a morro* take a swig
bebida drink
beldad beauty
bélico war
belicoso bellicose, warlike, related to war
bellaco scoundrel, wild, ornery
bellaquería wickedness
belleza beauty
bello beautiful, handsome

bellota acorn
bendecir bless; *bendito* blessed
bendición blessing
bendito blessed; *agua bendita* holy water
beneficiarse de profit from; reap the benefit of
beneficio benefit
benevolencia benevolence, good will
benévolo benevolent
benigno benign, kind
bergante scoundrel, rascal
besar kiss
beso kiss
bestia beast
biblia volume, large or authoritative book; *Biblia* Bible
bíblico biblical
biblioteca library; collection; series of books
biblista authority on the Bible
bien well; so; very; good; fine; *hombre de bien* honest man, decent man, reliable man; *bien que* although
bienaventurado fortunate, blessed
bienestar well-being, comfort
bigote mustache
billetaje bills, paper money
billete bill, ticket, note
bimembre two-part
biografía biography
biombo screen, room divider
bípedo biped
bizarría gallantry, loftiness, magnanimity
bizarro gallant, lofty, magnanimous
biznieto grandson
blanco white; target; *dar lejos del blanco* miss the mark; *dejar en blanco* leave out, say nothing of
blancura whiteness
blandear soften up
blando soft
blanquear turn white
blasón heraldry; blazon; charge; honor; glory; armorial bearing; armorial symbol; shield
blasonar cover; be a shield for; be the distinguishing mark of

boca mouth; *a boca llena* completely, categorically
bocado mouthful
boda wedding; *no quiero más bodas al cielo* that's enough for one night
bodega cave, cellar
bodegón tavern
bodegonero tavern keeper
bolsa bag; stock exchange, commerce; purse
bombo drum
bondadoso kind
bonete cap
bonito pretty; *bonita soy yo para eso* that's all I need
bono bond
borbollonear bubble
bordar embroider
bordo: a bordo on his working table
borla tassel
borracho drunk; drunkard
borrador rough draft
borrar erase
borrego lamb
bosque forest, woods, grove
bosquejar sketch, outline
bosquejo crease
bostezar yawn
bostezo yawn
botella bottle
botero maker of wineskins
botica pharmacy
botina boat
botón button; bud
bozal muzzle
bragado with flanks of a different color from the rest of the body
bragueta fly, pants
bramar howl, bray; rage, roar
bramido bray, roar
bravata bravado
bravo ferocious, angry
brazado armful
brazo arm
brega conflict, scuffle
bregar contend, struggle
breña rough and brambly ground
breva: no caerá esa breva no such luck
breve brief, short

bribón bum
brindis toast
brida low saddle and long stirrups
brillante shiny
brillar shine
brillo ornament
brincar jump, hop
brinco leap
brindar offer
brío spirit, determination, brilliance, elegance
brocado brocade
broma joke
bronce toll
brotar spring forth; shoot up
brote source
bruja witch
brújula compass; sight (for looking through a hole)
brujulear uncover (cards) gradually; outguess; guess; know one's way around
bruñir polish; bronze; tarnish
brutalidad brutality
bruto animal; brute; beast; stupid; coarse, common
bucle curl, loop
buche belly
buen(o) good, fine
bufarda vent
bufón clown, buffoon
buhonero peddler
buitre vulture
bula remission of purgatorial punishment
bulto mass, bulk
bulla noise
bullicioso noisy
bullir boil; agitate; bubble
burgués(-esa) bourgeois
burla joke, mockery, gag, trickery; *de burlas* imaginary, feigned, "play"
burlarse (de) mock, make fun (of)
burlesco mocking
burlón mocking
burócrata bureaucrat
burujo pack; lump; roll
busca search
buscar look for

búsqueda search
busto bust; torso
buz kiss of gratitude, kiss of reverence; *de buces* face downward; *caer de buces* fall flat on one's face

C

ca oh no, no indeed
cabal great; perfect; complete; exact; finished
cabalgadura riding, mount
cabalgar ride
caballero gentleman; knight
caballo horse *a caballo* on horseback; *caballo de copas* Queen of Hearts
cabecera head, head of a bed
cabecilla ringleader, faction leader
cabellera head of hair
cabello hair
caber fit; *no cabe duda* without a doubt
cabeza head; "lid"; *de cabeza* head first; *dolor de cabeza* headache
cabildo clan, group
cabizbajo with bowed head; thoughtful; head down
cabo end; *al cabo* in the long run; in the end; *llevar a cabo* carry out
cacería hunting expedition
cachear poke around
cacho bit
cada each; *cada vez más* more and more
cadavérico cadaverous
cadena chain
cadillo group, line, litter of puppies
caducar become decrepit
caduco weak, dissipated; old-fashioned, antiquated; dying, wilting; on the decline; decrepit
caer fall; *caer en la cuenta* realize; *no caerá esa breva* no such luck
caída interior decoration (for a casket)
cainita of Cain
caja box, coffin
caja profundity, deep inside
cajón drawer
cal lime; *cal y canto* stone and mortar
calandria person who feigns illness; kind of bird

calar drench; penetrate
calavera skeleton; skull
calcañar heel
calcaño heel
calcular calculate
cálculo calculation
caldero pot
calderoniano of Calderón
caldo broth
calidad quality; en calidad de as, be-
    cause of
cálido warm
calificado competent; approved; tested
calificar qualify, describe
caliginoso misty, dark
cáliz chalice
calma calm
calmarse calm down
calor heat
calumnia calumny, libel, slander
caluroso warm
calvo bald; empty
calzado footwear
calzar be shod in, wear (shoes)
callado silent
callar quiet, silence; callarse be quiet,
    shut up, be silent
calle street; a seis calles from far away
callo corn
cama bed
cámara quarters, chamber
camastro rickety old bed, wretched bed
cambiante changing
cambio change; exchange; en cambio
    on the other hand; letra de cambio
    draft
caminar walk, move
camino way, road
camisa shirt; nightgown
campamento encampment, camp
campana bell
campanario bell tower
campanudo pompous
campaña campaign
campear come out of the ground; grow
    green; show up
campesinado country-like, rural
campesino country; peasant
campo field; country

camposanto burial ground
can dog
cana white hair
canalla rabble, trash, scum
canchal rocky ground
candela candle
cándido candid, unaware of; innocent
candil olive-oil lamp
candor pure whiteness, candor
canijo sickly, infirm
canilla arm bone, leg bone
canón canon, rule
canónigo canon
canonjía position of canon
canoso with grey hair
cansado tired
cansancio tiredness
cansar tire; cansarse tire, get
    tired
cantábile singable
cantar sing; cantar de plano make a clean
    breast of; renounce categorically
cántaro bucket; a cántaros bucketsfull;
    llover a cántaros rain cats and dogs
cantera source
cantidad (de) many; quantity, amount
canto song; end; cal y canto stone and
    mortar
cañada gully, gulch
caño stream
cañón shaft
caos chaos
caótico chaotic
capa cape, layer
capacidad capacity; ability
capacha arm basket
capacho sack-clothed; baggy pants
capaz capable
capellán chaplain
capigorrón idler, loafer
capilla chapel
capital: pena capital death sentence,
    capital punishment
capitalista capitalist
capitán captain
capítulo chapter
capricho caprice, whim
captar capture
capullo bud

capuz hooded cloak

cara face; *la cara y la cruz* heads and tails; both sides

carácter character, personality

característico characteristic

caramba gosh

caramelo candy; *a punto de caramelo* just so

carátula: farándula y carátula company of actors or entertainers

caray: qué caray what the hell

carbón coal

carbunclo carbuncle (ruby or garnet); jewel

carcajada burst of laughter; *dar una carcajada* burst out laughing

cárcel jail, prison

carcelero jailer

cardenal black and blue mark

cardo thistle

carecer lack, be without

carga demand, responsibility; package, load, charge; *a carga cerrada* blindly; *cuatro cuerpos de los vuestros no harán un tercio, cuanto más una carga* four of you wouldn't add up to half a mule's load, let alone a real charge

cargado (de) burdened (with); covered (with); full, laden

cargar fill up, carry, demand, require, bother, disgust, get on one's nerves; plant right on top of

cargo charge; responsibility; *a cargo de* in the hands of; *a mi cargo queda eso* I'll take care of that; *hacerse cargo* realize; take care of

caricaturesco in caricature

caricontecido suffering; suffering look

caridad charity

cariz appearance, look, aspect

carmín carmine (red)

carnal: primo carnal first cousin

carne meat; flesh

caro dear

cartera purse

cartón cardboard

cartucho cartridge; *quemar el último cartucho* play one's last trump card

carrera race, career

carretera highway

carroña rot

carroza carriage

casa house; *casa de damas* house of prostitution

casamiento marriage, wedding

casar marry; *casarse* get married

cascado broken, weak

casco head; hoof, tree (of a saddle)

caserío houses

casero homey

casi almost

casilla compartment; *salirse de la casilla* fly off the handle

casero house, home

casillero set of pigeonholes

caso case; *en todo caso* anyhow

casona large house

casta race, caste, lot; *mala casta* low-born

castañeta castanet

castaña de Indias horse chestnut

castellano Castilian, Spanish

castigar punish

castigo punishment

Castilla Castile

castillo castle

castizo pure Spanish

castrado castrated; eunuch

catálogo catalogue

catear search for

cátedra professional; *de cátedra* professorial, intellectual, "egghead"

catedral cathedral; *hacer una catedral* make a mountain out of a molehill

catedrático professor

categoría category

caterva throng, crowd, mob

católico Catholic

caudal wealth; of great volume; abundance; estate; intellectual baggage

caudaloso of great volume

causa cause, case

cautela caution, precaution

cauteloso careful; cautious

cautivar captivate

cautivo captive

cauto cautious

cavador digger

cavar dig

caverna cavern
cavilar cavil
caza hunt; hunting
cazador hunter
cazar hunt; chase
cebada barley
cebar brew; arouse
ceceo lisp; whisper
ceder give in; yield
cedro ceder
cegar blind
ceguedad blindness
ceguera blindness; *¡cegueras!* she's nuts!
ceja eyebrow
cejijunto frowning
celador prison guard
celar protect zealously; watch out for; look after; *celarse* get jealous
celda cell
celebrar praise, celebrate
célebre great, celebrated
celebridad celebrity
celeste celestial
celo zeal
celoso jealous; zealous
cementerio cemetery
cenar dine, have dinner
ceniciento sooty; ash-covered; greyed
ceniza ash; *hacer abono de ceniza la memoria* make sure all is erased from one's memory
censo revenue
censura censure; censorship
censurar censure, criticize
centavo cent
centella flash; spark; lightning; bright light
centenario a hundred years old
centeno rye
centinela sentinel, watch guard
centrar center, focus
centro center
ceñido tight; closed
ceñir encircle; besiege; surround *ceñirse a* stick to
ceño brow; frown
cepa stub; vine stalk
cera wax

cercano near
cercar de surround
cerciorarse move in on; get closer to; check up on; verify
cerebro brain
ceremonia ceremony; formality
ceremonial ceremony
ceremonioso ceremonious
cereza cherry
cerilla match
certeza certainty
certificado (death) certificate
certificar certify
cerúleo sky-blue
cerviz cervix; base; neck; nape of neck; base of brain
cerrado closed; muggy; *a carga cerrada* blindly
cerradura lock
cerrar close; begin (the night); *cerrar el paso* block; *cerrar los tratos* close the deal
cerro hill
cesante unattended; dismissed; jobless
cesar stop, cease
césar king
cesura caesura
cetro scepter
ciceroniano Ciceronian
cíclico cyclical
ciclo cycle
ciego blind
cielo sky; heaven; *llevar al cielo* put in the limelight; *no quiero más bodas al cielo* that's enough for one night
ciencia learning, science
ciento: de a ciento in 100-peseta bills; *por ciento* percent
cierto certain, right, correct; *por cierto* certainly, of course; *de cierto* for certain; *cierto es que no* of course not
ciervo stag
cierre closing
cifra figure; character; abridgement; device; monogram; summary; sum, total
cifrar figure out; mask
cigarra locust
cigarrillo cigarette

cigarro cigar; cigarette
cigüeña crane; stork
cilicio hairshirt
cimera top, crest
cimitarra scimitar
cincha cinch
cineraria crematory; of ashes
cinta ribbon
cintillo ornate hat band
cinto cinch, belt
cintura belt; waist
círculo circle
circundante surround
circundar surround
circunstancia circumstance
circunstancialidad circumstantiality
cirineo helper·
ciruela plum; cherry
ciruelo plum tree
citar call for an appointment; quote; *ser citado* have an appointment
cítara lute, zither
cítola small, guitarlike instrument
ciudad city
ciudadano citizen
ciudadela citadel, stronghold
civil urbane
cizaña discord
clamar clamor, cry out
clamor plaint, whine
clandestino clandestine, hidden
claraboya skylight
claro clear; of course; *vamos claros* let's make this clear
claroscuro light and dark
clase class, kind
clásico classic, classical
claudicante limping, stumbling
cláusula cadence
clausura cloister; enclosure
clausurar close, terminate, shut
clavar nail
clavel carnation
clemencia clemency
clérigo clergyman
clero clergyman, clergy
clientela clientele
clisé cliché
coadjutor assistant

cobarde coward
cobardía cowardice
cobertor bedspread
cobra attainment; good work; charge; gain
cobrar collect; attain; take on; charge; demand in payment
cobre copper
cobro: poner en cobro place in safety
cocer cook
cocido stew
cocina stove; kitchen
cocodrilo crocodile
coche coach; car
cocho nook; retreat; hole; (metaphorically) bed (Galician)
códice code, text
codicia greed
codicioso covetous, greedy; grasping
código code
codo elbow
coetáneo together, coetaneous
cofrade member; brother (of a brotherhood); *cofrades de los hospitales* Hospital of asylum brethren
cofradía brotherhood
coger catch; grab
cogitación thought; thinking
cohechar bribe
coherencia coherence
cohete firecracker; *cohetes* fireworks
cohibido inhibited
coincidente at the same time; coincident
coincidir coincide
cola tail
colaborador(a) collaborator
colaborar collaborate
colación light lunch; meal
colado: aire colado cold draft
colega colleague
coleo stroking
cólera anger
colérico angry
colgadura drapery
colgar hang; hang up
colmar cover; fill
colmena honeycomb
colmenar honeycombs

colmenero honey-eating
colmo epitome; culmination; maximum
colocación place; placement
colocar deposit; place
colodrillo back of neck
colorear color, redden
colorete rouge
coloso giant
columna column, pillar
coluro colure, intersecting circle on a
globe
collar collar, necklace; *puntas y collar*
leanings, inclinations; *collar de fantasía* costume necklace
comadre busybody; friend
comadrón male midwife
combar bend; sag; lie; bulge
combate combat
combatir combat
comedia play, comedy; verse play
comedor(a) eating
comentar comment upon
comentario commentary
comenzar begin
comer eat; *ganar de comer* earn a living
comercio commerce; business
cometer commit
comicidad comedy, humor
cómico comical, funny
comida food, meal
comisario commissary
comitiva retinue
como like; as; how; since
comodidad convenience; comfort
comodín excuse; catch-all
cómodo comfortable
compadecer feel sorry (for)
compadre friend; godfather of one's
child
compañero friend, companion
compañía company; *compañia de partes*
touring stock company
comparar compare
comparecer appear
comparsa "extra" (in the theatre);
supernumerary; masquerade
compartir share
compás rhythm
compendiar summarize, condense

competente competent
competir compete
compilar compile
complaciente complacent
complejidad complexity
complejo complex
complementario complementary
complemento complement; object
completo complete
complicar complicate
cómplice accomplice
complicidad complicity
componer compose, put together; *com-
ponérselas* work things out
comportamiento behavior
comportarse behave
composición: hacer su composición del
lugar size up the situation
compostura composition; creation
comprar buy
comprensión comprehension; understanding
comprometer compromise; obligate;
engage; commit
compromiso commitment; obligation
compulsar compare
compungir make remorseful
comunicativo communicative
comunista communist
comunitario community; of the many
con with; *con ahinco* eagerly; *con doble
traspiés* stumbling all over; *con todo*
with it all, all in all
conante: conante y sonante moneda de
curso legal legal tender
cóncavo concave
concebir conceive
conceder concede
concentrar concentrate; *concentarse* concentrate
concepto concept; idea; opinion
conciencia conscience
concluir conclude; finish off
concluyente conclusive; concluding
concordar agree
concreción concreteness; process of
making concrete
concreto concrete
concuñado brother-in-law

concupiscente concupiscent; of desire
concurso concurrence; crowd; contest gathering
concurrencia those gathered; crowd
concurrente person present; guest; spectator; participant
concurrido busy; well-attended
concurrir concur; attend
conde count
condenar condemn
condensar condense
condición: en buenas condiciones in good condition
condoler move to compassion; move; *condolerse* share in (someone's) grief
conducir conduct; lead
conducta conduct; document concerning the behavior of someone
conducto duct; canal
conexión connection
conexo intertwined
conferencia lecture
confesarse confess; *confesarse* confess to being
confeso convert; *raza de confeso* impure (of Jewish or Moslem lineage) blood
confesor confessor
confianza confidence, trust
confidencia confidence
configurar form, shape
confín border, boundary, confine
confirmar confirm
conflictivo conflictive
conformar conform; be satisfied; *conformarse* conform; be satisfied; agree
conforme in accordance with; in agreement; happy with the idea
conformidad conformity
confundir confuse
confuso confused, unordered; *a confuso* in a disorderly manner
congoja anguish, grief; anxiety
congojoso painful, emotionally draining
conjectura conjecture
conjecturar conjecture
conjunto group, combination; whole
conjuntura joint
conjurar conjure

conjuro conjuration; abjuration; entreaty
conminar threaten (with punishment)
conmoción shock
conmover shake up; move
connatural inborn, inherent
conocedor knowledgeable (person)
conocer know
conocido known, well-known; *de solar conocido* of good family
conocimiento knowledge; *sin conocimiento* unconscious
conmigo with me
conquista conquest
conquistador(a) conqueror
conquistar a conquer from
conreinar co-reign
conrey co-king; fellow king
consagrado sacred
consagrar consecrate
consanguíneo blood relation; blood
consecuencia consequence; *atente a las consecuencias* resign yourself
conseguir obtain
conseja story
consejo council; advice; *formar consejo de guerra* court-martial
consentimiento consent
consentir consent (to)
conserje custodian
conservador conservative
conservar conserve, maintain, preserve, keep
considerar consider; *considerando* given
consiguiente: por consiguiente therefore
consistir consist
consolar console
consonante consonant
consorte consort
constante constant, firm
constar count; be part of the record; be there
constitucional constitutionalist
constituir constitute; *constituirse en* set oneself up as
construir construct
consuelo consolation
consultar consult
consumir consume

consuno: de consuno together
consustancial consequent
contador accountant
contagiar be catching; taint; infect; be contagious, catch by contagion
contagio contagion, infection
contaminar contaminate
contar count; tell, recount
contrario opposite
contemplar contemplate
contemporáneo contemporary
contener contain, accommodate, hold
contenido contents, content
contentadizo easy to please; *mal contentadizo* hard to please
contentar be happy with, be satisfied with; *contenarse* be satisfied
contento content, happy; satisfied; happiness
contiguo next to
contingencia contingency
contingente contingent
continuado continuous
continuidad continuity
continuo continuous, continual; immediately following one another
contonearse strut in an affected manner
contornos environs, neighborhood
contra against; *en su contra* against him
contradecir contradict
contrario adversary; contrary, opposite; *en contrario* to the contrary; *al contrario* just the opposite
contrarrestar stop, go against
contratar make contracts
contratreta trick, opposing strategy
contribución tax
contribuir contribute
contrincante adversary
controversia controversy
convencer convince
convencional conventional
convencionalismo conventionalism
conveniente suitable
conveniencia convenience, agreement, nicety
conveniente suitable
convenir suit, be appropriate, be

worthwhile or advantageous; *convenirse* concur
convento convent
convertir convert
convicto convicted
convidado guest
convidar invite
convite dinner party; invitation
convivir live with, live together
conyugal conjugal
cooperar cooperate
copa drink; wine glass; top; heart; *caballo de copas* Queen of Hearts
copiar copy
copla couplet (kind of poem); popular song; improvised verse
coquetear flirt
coquetería flirtatiousness
coránico of the Koran
corazón heart; *duro de corazón* hard-hearted
corcel mount
corchete constable; deputy constable, bailiff
cordero lamb
corneta horn
cornudo cuckold
coro chorus
corona crown; *corona de pensamientos* funeral wreath
coronar crown
corporación: en corporación con together with
corpulencia corpulence
corsaria corsair, pirate
cortar clip; cut; stop; *tener tela cortada* have work laid out
corte court; capital city; cut; end; cut off; courtship; *corte de mangas* obscene gesture
cortés courteous, courtly
Cortes Spanish parliament
cortesano courtisan, courtier
cortesía (act of) courtesy; bow; curtsy
cortina curtain; bed clothes
corto short
corvo arched; curved; bent
corzo roe
corredor hall; runner

correlativo correlative
correligionario partner; fellow
correo mail
correr run; *correr por su cuenta* pay for; *correrse* be rumored; *correrse de* avoid
correspondencia correspondence; *en correspondencia con* in keeping with
corresponder correspond
correspondiente corresponding
corretear run around
corrido humiliated, angry
corriente current; *al corriente* abreast
corromper corrupt
corrosivo corrosive
cosa thing; *qué cosa* what, what for
cosecha crop
cosechar reap
coser sew
cosido bunch of materials sewn together
costa coast
costado side
costar be difficult; cost; *costar trabajo* be trouble, be a bother
costoso expensive
costumbre custom, habit, accepted way of doing things; *la buena costumbre* good manners
cotejar collate; compare
cotidiano daily; everyday; banal
cotillón (-ona) gossiper; cotillion
coto restricted area
coyentura chance, opportunity; joint
coz kick
cráneo skull
crasa crass
creador creative; creator
crecer grow
crédito credit; credibility
credo creed
crédulo credulous
creencia belief
creer believe
crematístico economic
cresta crest
crestonado crested
criada maid

criado servant; public servant
criador creator
crianza upbringing; good manners
criar raise; *ser criado* be natural
criatura child, little person; *criaturilla* miserable little thing
crimen crime
crío kid, child
crispado stiff
crispador chilling
cristal clear water (fig.); glass; mirror; window
cristalera glass case
cristalina crystalline
cristalizar crystallize
cristiandad Christianity; Christendom
cristianismo Christian thought
cristiano Christian; person
criterio criterion
crítica criticism
crítico critical; critic
criticón critic; criticizer
cronología chronology
crudo crude, coarse; raw
crueldad cruelty
crujir crackle; creak; squeak
cruz cross; *la cara y la cruz* heads and tails; both sides
cruzar cross; lash; slash
cuaderno notebook
cuadra flower bed; room
cuadrarse stand at attention
cuajar fill to the brim
cual as, like, which; another one; *el cual* which
cualesquiera var. of *cualquiera*
cualquiera any, anyone; whichever; whatever; either
cuan as
cuando when; whenever; *de cuando en cuando* once in a while; *cuando menos* at least; *cuando mucho* at most, at best; *cuando más* the more
cuanto all; all that; what; how much; how many; so much; *cuanto antes* as soon as possible; *en cuanto* as soon as; *en cuanto a* as for, in terms of; *cuanto más* let alone, not to mention; *no tanto . . . cuanto* not

as much as . . . as; *tanto más cuanto* haggling; *todo cuanto* however much; whatever

cuartel barracks

cuarto room; monetary unit, Spanish coin

cubierta cover

cubierto covered; place setting

cubrir cover; take; fill

cuchara spoon

cuchichear whisper

cuchillo knife

cudicioso var. of *codicioso*

cuello neck; collar

cuenta bead; bill; *arreglar las cuentas* settle accounts; *caer en la cuenta* realize; *correr por su cuenta* pay for; *dar cuenta de* account for; *darse cuenta* realize; *hacer cuenta* figure (it) out; *por mi cuenta* for my part; *tener en cuenta* keep in mind; *venir a cuentas* come to terms

cuento short story; story

cuerda string, cord, rope; *por debajo de la cuerda* underhandedly, on the sly

cuerdo sane; levelheaded; intelligent

cuerno horn

cuero leather

cuerpo body; *cuerpo de Dios* I'll be damned; *cuerpo de nosla* for Pete's sake; *cuerpo del mundo* I'll be darned; *de cuerpo entero* full-length; *en cuerpo* naked; *cuerpo de tal* curse you, damn you

cuervo raven; crow

cuesta: llevar a cuestas carry on one's back, carry uphill

cuestión matter, problem

cuestionar question

cueva grave, tomb; cave

cuidado care; *con cuidado* carefully; *tener cuidado* be careful

cuidar take care of; *cuidar de* worry about, concern oneself about, take care of; *cuidar las formas* maintain one's decorum

cuitado troubled, worried

culebra snake; *pasearse como una culebra al sol* slither

culminante culminating

culminar culminate

culpa blame, guilt, sin, fault

culpable guilty

culpar blame

cultivador cultivator

cultivar cultivate, grow

culto cultured

cultura culture

cumbre top, peak

cumplido large

cumplimiento completion; compliance; compliment

cumplir carry out; comply with; complete; meet the requirements; *cumplir _____años* become_____years old

cúmulo heap; pile; great quantity

cuna cradle

cundir spread

cuñada sister-in-law; friend

cuñado brother-in-law; friend

cupletismo night-club performing

cupletista cabaret performer

cura priest

curación cure

curar cure

curia small claims court

curiosidad curiosity

curioso busybody, curious

curmana var. of *cuñada*

curso course; *de curso legal* legal

cursor runner

curvado bent

cuscurro crust

cuyo whose

CH

chacona jig

champaña champagne

chanclo overshoe, rubber

chapín chopine (clog worn by women); slipper

chápiro: por vida del chápiro Good grief; for the love of Mike

chaqueta jacket

charol patent leather

chascarrillo joke, funny story

chasco trick, joke

chasquear snap

chía short, black mourning cloak

chico small, boy; *hacer el chiquito* make someone beg, put on an act

chicuelo urchin

chimenea chimney, fire place

chiquillería children

chirimía hornpipe

chirino trifle; happy-go-lucky

chirrar squeak

chirrido screech

chisme gossip; piece of gossip

chismoso gossip, gossiping

chispa spark

chispear crackle; sparkle

chisporrotear sputter; sparkle

chiste joke

chocante shocking

chopo poplar; black poplar

choque collision; shock

D

dadivoso generous

dama lady, leading lady; checker; *casa de damas* house of prostitution

damasco damask

damasquino from Damascus

dandysmo dandyism

danza dance

dañoso harmful

dañar harm

dar give; *dar a entender* let know, show, reveal; let it show that; let it be known that; *dar a luz* dispel; give birth; *dar asco* disgust; *dar campo* give rise, make possible; *dar con* come up with; *dar consigo en el sueño* fall asleep; *dar cuenta de* account for; *darse cuenta* realize; *darse un filo a la lengua* sharpen one's tongue; be witty; *darse un nudo a la lengua* shut up; *dar de sí* yield; *dar en* fall into, wind up in; *dar en* start up with; hit upon; come up with the idea of; *dar gritos* scream, yell; *dar (las cuatro)* strike, ring (four o'clock); *dar las gracias* thank; *dar lejos del*

blanco miss the mark; *dar marcha atrás* go in reverse; *dar mortificaciones* humiliate; *dar paso* lead to; *dar paso a* open to; *dar pie a* give rise to, bring about; *dar por* consider as; *dar por averiguado* accept, take for granted; *dar por aviso* let (someone) know; *dar por bien empleado* consider it worthwhile; *dar por invisible* forget about; *dar que hacer a* make work for; *¿qué más da?* what difference does it make?; *¿qué te ha dado?* what happened to you? what's gotten into you?; *dar la vuelta* turn around, turn back; *darse nueva vida* start a new life; *dar palos* beat; *darse por enterado* realize; *darse prisa* hurry, hurry up; *dar razón a* side with; *darse preso* be under arrest; *dar una carcajada* burst out laughing; *dar un mordisco* take a bite; *dar una voz* shout; *dar una zapateta* slam the door; *dar voces* yell, shout; *dar vuelta a* turn; *dar vueltas* turn around; *me la estás dando* you're convincing me

dato datum, fact, piece of information

dávida gift

de: *de a ciento* in one hundred-peseta bills; *de allí a poco* shortly afterwards; *de buena gana* willingly; *de buena lengua* from a good source; *de buen tono* high-class; *de cabeza* headfirst; *de consuno* together; *de cuando en cuando* once in a while; *de cuerpo entero* full-length; *de espacio* slow; *de exclusivas* with a one-track mind; *de fijo* certainly; *de galería* showy, dressy; *de hecho* in fact; *de improviso* unexpectedly; *de las primeras* first-class; *de madre de* overflowing onto; *de medio a medio* completely; *de medio lado* sideways; *de momento* right away; *de ninguna manera* in no way, absolutely not; *de ningún modo* absolutely not; *de nuevo* again; *de otro modo* otherwise; *de paso* so that; at the same time that; temporarily; *de piquillos* with ornamental edging; *de prisa* in a hurry; *de pronto* suddenly; *de* *puntillas* on tiptoe; *de rechazo* on the rebound; *de refilón* suspiciously; *de rulumbrón* showy, flashy, tawdry; *de repente* all of a sudden; *de resultas* as a result; *de rodillas* on one's knees; *de rondón* brashly, uncompromisingly; *de rosquillas* grubby, dirty; *de tal modo* so; *de una buena vez* once and for all; *de un golpe* at once, all of a sudden; *de un modo o de otro* one way or another; *de un pulo* suddenly; *de una vez* once and for all; *de viaje* on a trip; *de vuelta* back

debajo (de) under, underneath; *debajo de su buen parecer* if it's all right with you

debatir debate, argue

deber owe; should, must, ought to

debido due

débil weak, slight

debilidad weakness

debilitar weaken

decaído fallen, depressed

decandentismo show of decadence

decantar exaggerate

decasílabos 10-syllable line

decencia decency, good manners

decente decent

decepcionar disappoint

decidero speakable

decidir decide

décima type of Spanish stanza

decir tell, say; saying, proverb; *ello dirá* you wait and see; time will tell; *es decir* that is to say; *vale decir* that is to say

decisivo decisive

declamatorio declamatory

declarar declare; *declararse* break out, arise, occur

decorativo decorative

decoro decorum

decretar decree

decreto decree

dedicar dedicate

dedicatoria dedication

dedo finger; inch; small portion

defecto defect; default

defender defend

defensa defense; self-defense

defensor defending, defense

deficiente deficient

definitivo definitive

deformante deforming

degollar behead; slit one's throat

degüello beheading; throat slitting

deidad deity, god, divinity

dejar let, allow; leave; *dejar de* stop, fail to; *déjame* leave me alone; *dejar en blanco* leave out, say nothing of; *dejar en pie* leave intact; *dejarse de* never mind (the); lay off; stop

delante in front

delantera lead

delatar denounce; *delatarse* betray oneself

delator witness

deleitable delectable

deleite delight

delgado thin, slim

deliberado deliberate

delicadez delicacy

delicadeza delicacy

delicado delicate

delicia pleasure

delicioso delicious

delincuente delinquent

delinear outline

delirar fall, collapse

delirio delirium

delito crime, misdeed

demagogo demagogue

demás others, rest; other; too much

demoníaco demonic

demonio Devil

demorar take long

demostrar demonstrate

denominador denominator

denominar denominate, name, be called

denso dense

dentadura denture, mouth full of teeth

dentro inside; *dentro de poco* in a little while; *por de dentro* on the inside

denuncia denunciation

denunciar denounce

deparar furnish, provide, present

deparramar spread out

dependencia dependence; small bureau; ministerial subsection
dependiente clerk
depositar deposit
depósito deposit
deprimir depress
depurador purifying
depurar purify
derecha right
derecho civil; right; law; straight; *a derechas* clearly, straight forward; *no hay derecho* it's not right, it's not fair
derivar derive
derogado debunked
derramar pour, spill
derredor: en derredor de around, surrounding, about
derretir melt
derribar knock down, throw down
derrochar squander
derroche waste
derrotado depressed, "down," "in the dumps"
derrumbar collapse
desabrimiento insipidness, despondency, bitterness
deabroachar unbutton
desacorde dissonance, discord
desagradable unpleasant
desagrado displeasure
desaguisado outrage, offense
desairar insult, irritate
desalentado out of breath
desaliñado uncouth
desalojar get out of
desamortización freedom from mortmain
desamparado helpless; without support
desandar go back, undo
desaparecer disappear
desaparecimiento disappearance
desarrollo development
desastrado unfortunate, shabby, ragged
desastroso disastrous
desatar untie; release; detach; burst forth; unleash; *atar y desatar* wheel and deal
desatinado crazy, irrational
desavenirse disagree with; sow discord among

desazonado out of season
desbarajuste confusion, disorder
desbaratar disrupt
desbocar let loose
descabezado headless
descabezar cut off the head
descalzarse take one's shoes off
descalzo shoeless, barefoot
descansar rest; revel
descanso rest; ease; *sin hallar patria ni descanso* without ever being satisfied
descarga volley
descargar set down; shoot, discharge; unload
descargo unloading, relaxing, unburdening
descariñar(se) become cruel or indifferent; stop loving
descarnado fleshless
descarnar detach
descartar put aside; *descartarse* skirt, evade, avoid (a commitment)
descarriar(se) get off the track
descender descend
descenso demotion
descerrajar break the lock off of; shoot, discharge
descifrar figure out, decipher
descolgar come on suddenly; hand up; unhang; take down
descolorar whiten
descollar emerge
descomponer upset
descompuesto uncomposed, upset
descomunal out of proportion; huge
desconcertar disconcert
desconcierto consternation
desconfiado untrusting; wary
desconfianza distrust
desconocer not to know; not to recognize
desconocido stranger; unknown
desconsuelo unconsolableness
descontar collect; take for granted
descontentarse de be unhappy with
descontento unhappy; *ser descontento* experience a letdown
descorchar uncork
descrédito discredit
descriptivo descriptive

descubridor revealer
descubrimiento discovery
descubrir uncover; reveal
descuidado unsuspecting; worry-free; sloppy; careless; without paying attention
descuidar de be negligent of; neglect; not bother oneself about
descuido negligence; carelessness; oversight
deschecho messed up
desde from; *desde aquí* from now on; *desde luego* of course
desdeñoso disdainful
desdicha misfortune
desdichado unfortunate
desdoblado slit in two
desdoblamiento division; split
desdoblar unfold
desdramatizar dedramatize, play down
desear desire; wish; *te los deseo muy felices* many happy returns
desechar cast aside; think little of; underrate; blame
desembarazado tolerant; unemcumbered
desembocar lead up to; end up in; give rise to
desempeñar carry out (a task)
desencadenar unchain; unleash; let loose
desencajarse bulge
desencantar disenchant
desenclavo unnailing
desengaño disenchantment; power to undeceive
desentender pretend not to notice
desentendido pretending ignorance; pretending not to notice anything
desentrañar disembowel; eviscerate; dig deeply into; figure out
desenvainado unsheathed
desenvolvimiento development
deseo wish; desire
desertar desert
desesperación despair; desperation
desesperarse despair
desfachatez nerve
desfigurar disfigure, disguise
desfilar parade

desfile parade
desgajar tear off; break off
desgarrador tearing
desgarrar tatter
desgarrón tearing away
desglosado all sorted out
desgracia misfortune; *por desgracia* unfortunately
desgraciado unfortunate
deshacer break, dishevel; rough up; undo
deshecho stumbling; irregular
deshojar defoliate; strip the leaves off of
deshonra dishonor
desierto desert
designio sign, design; purpose
desigual unequal; dissimilar
desinfectar disinfect
desinteresado without ulterior motive
desliz error
deslizarse slip away
deslucir dim
deslumbrante full of light
deslumbrar dazzle, bewilder, outshine
desmadejar weaken
desmán excess; mishap; misfortune
desmayar faint; cool off; slow down
desmayo fainting spell
desmelenado uncombed; with hair in disarray
desmentir belie, reveal; conceal; hide
desmeollar take out the marrow; bash (someone's) brains out
desmitificador demystifying
desmontar tear down; take apart
desnudar denude; undress; *desnudarse* undress
desnudez nudity; private part; nakedness
desnudo naked; nude
desoír be deaf to
desorden disorder
desorientar disorient
despacio slow
despachar send off; *estar despachado* have one's accounts settled
despacho dispatch; office
despavorido terrified
despecho indignation; *a su despecho* in spite of himself

despedazar tear apart

despedida taking leave; good-by

despedir send off; dispatch; fire; give off; take leave of; say good-by to; *despedirse* say good-by to; forget about

despejado charming; witty

despejo wit and charm

desperdiciar waste; throw out

desperezarse shake off one's sleep

despertador alarm clock

despertar awakening; *despertarse* awaken

despierto awake

desplante boldness

desplegar reveal; unfold

desplomarse collapse

desplumado featherless

despojar sack; *despojarse* relieve oneself of; take off

despojo spoil; *despojos* remains

desposada bride

desposar get married; become engaged

desposeído poor, have-not

despotiquez despotism

despreciable despicable; lowly

despreciar disdain; scorn

desprecio disdain; scorn

desprenderse come loose from; *de lo que se desprende . . .* from which we may deduce. . .

desprendimiento detachment

despreocupación worrilessness

desproporcionado disproportionate

después after, afterwards, then

despuntado dull, blunt

despuntar show; peep through; cut off; cut away; miss the mark; *no despuntes de aguda* don't make your tongue excessively sharp

destacar take out, develop; *destacarse* stand out

deste (desta, destos, destas) contraction of *de* + demonstrative adj. or pronoun

desterrar exile, banish; remove to a great distance

destinar place, send

destino destiny; job

destituir deprive; dismiss; take away; relieve

destreza skill

destrozo destruction, disaster; piece; tatter; left over

desvalido destitute; helpless

desván garret; loft

desvanecer cause to disappear; dispel; cast aside; faint; pass out; die; vanish

desvanecimiento disappearance; dissipation

desvanecido haughty; vain

desvelado awake; anxious; concerned with

desvelar keep awake; watch out for

desvelo vigilance; anxiety; concern; act of staying up all night

desvencijado rickety; loose-jointed

desvencijar disunite; weaken

desventura misfortune

desventurado unfortunate; silly; victim

desvergonzado shameless

desvinculado without bonds

desvío deviation

detalle detail

detener stop, detain

determinar determine

detonación shot

detrás (de) behind

deuda debt

deudo debtor

deudor debtor; in debt

devanar bundle

devolver return

devorar devour

devuelto returned

día day; *día de días* Saint's day; *día de Difuntos* All Souls' Day; *día de los Santos* All Saints' Day; *días* Saint's day, name day

diablo devil; *dar al diablo* curse; *qué diablos* what the hell

diabólico diabolical

diagnóstico diagnostic

dialéctica dialectic

dialéctico dialectic; dialectical

dialogado in a dialogue

dialógico dialogue

diálogo dialogue

diamante diamond
diario daily; *a diario* every day
diástole diastole (the lengthening of a syllable that is naturally short)
dibujar sketch; draw
dibujo sketch
diciplinante Disciplinant (member of a religious sect)
dictadura dictatorship
dictar dictate, command
dicha saying; fortune; happiness; luck
dichoso lucky
didáctico didactic
diente tooth
diestra right hand
diestro skillful, artful; right (hand)
diferencia difference
diferenciar differ, differentiate
diferente different
difundir diffuse, spread; spread out
difunto dead person, dead; *Día de difuntos* All Souls' Day
digerir digest
digital: huella digital fingerprint
dignatario dignitary
dignidad dignity
digno worthy
dilación delay
dilatado wide; dilated; sprawled out
dilatar dilate; postpone
diligencia diligence, caution; errand; task; *diligencia del fresco* fresh fish store
diluvio deluge; flood
dinámico dynamic
dinerario money; pertaining to money
dinero money
Dios God; *por Dios* I swear to God; *vive Dios* by God
diputado representative, deputy
dique dike
directo direct
dirigir direct; *dirigirse* go; go to; address
discarinar var. of *descariñar*
discernimiento insight; discernment
disciplina scourge
discordia discord

discreto discrete
discriminar discriminate; point out; isolate
disculpa excuse; pardon
disculpar excuse; justify
discurso speech; discourse
discurrir discourse; ramble on; talk; discuss; amble
discutir discuss; argue
diseño design
disfrazar disguise
disfrutar enjoy; profit
disgusto displeasure
disimular dissimulate; hide
disimulo dissimulation
disipar dissipate
dislocado disjointed; jerky
disloque top-notch; tops; turn for the better
disminuir diminish, reduce
disolver dissolve
dispar dissimilar
disparar shoot, explode; project
disparate absurdity; silly thing; idea; nonsense; silly remark or action; *me aburría un disparate* I was bored something awful
dispensar dispense, confer a dispensation
disponer de dispose of; have at one's disposal; *disponerse a* get ready to, be going to
disputa dispute
disputar dispute
distancia distance
distanciamiento distancing
distar be distant
distinguir distinguish
distinto distinct; separate; different
distraer distract, call attention away from
distraído distracted; absentminded
distribuir distribute
distributivo retributive
disturbio disturbance
divertir divert, amuse; *divertirse* have a good time
dividir divide
divinidad divinity

divino divine
divinos last sacraments
divisa motto
divisar see at a distance
divorcio divorce
do archaic for *donde*
doblar bend; double; turn; fold
doble double; ring; *con doble traspiés* stumbling all over; *doble partida* double portion, two times over
doblez fold
docena dozen
dócil docile
docto learned
doctrina doctrine; *muchacho de la doctrina* church-raised orphan
documentar document
documento document
dogmático dogmatist
doler hurt; suffer
doliente suffering; hurting
dolo fraud
dolor pain; *dolor de cabeza* headache
doloroso painful
domar control, dominate, domesticate, tame
domeñar tame; domesticate
dominar dominate; force
domingo Sunday; *vestido de domingo* in one's Sunday best
dominio poise
don gift, blessing; talent; title of respect
donaire cleverness; witticism; nimbleness
doncella maiden
donde where
donoso witty
dorado golden; gold-covered
dorar gild; make golden; cover with gold
dormido asleep
dormir sleep; *dormirse* fall asleep
dosel canopy
dote gift
dramático dramatic
dualidad duality
dubitativo doubtful
ducado ducat

duda doubt; *sin duda* probably, undoubtedly, possibly
dudar doubt
dueña chaperone
dueño owner; master
dulce sweet; soft; preserves
dulzura sweetness
duplicar duplicate
duque duke
durar last
durmiente sleeper
duro hard; Spanish monetary unit worth 5 pesetas; *a duras penas* with great difficulty; *duro de corazón* hard-hearted

E

ea hey
ébano ebony
eclesiástico ecclesiastical
eclipsar eclipse
eco echo
economía economy; economics
económico economical
echar serve; throw out; throw; pour; deliver; *echar abajo* tear down, break down; *echar a rodar* upset, topple; *echar de menos* miss; *echar de ver* notice; *echar el pie delante* get ahead of; *echar flores* pay a compliment; throw, bring flowers; *echar la llave* lock; *echar la pata* outdo; *echar fuera* get out of one's system; *echar mano* grab; *echar mano a* use, grab, hold on to; *echar mano de* hold on to, grab, resort to, take advantage of; *echar menos* miss; *echar pie a tierra* dismount; *echarse por* opt for, go over to; *echar redondo* blurt out; *echarse* get out of the way; *echar tierra* hush up, bury; *echar un sello* lock up, hide, seal
edad age, years; *mayor de edad* adult
edicto edict
edificante edifying
edificar edify
edificio edifice, building
editar publish

editor publisher

educación upbringing, raising; education; good manners; manners

educador educator

educanda student

educar educate, bring up

efectivo effective, real; cash

efecto effect; *en efecto* in fact, in truth, in reality, in effect, really

eficacia efficiency

eficaz efficient

égida aegis, protection

Egipto Egypt

egoismo selfishness

egoista selfish

ejecución execution; carrying out; effectuation; title of rights of noblemen, act; summons; foreclosure

ejecutar execute, carry out

ejecutoria patent of one's nobility; sentence

ejemplar example, exemplary

ejemplaridad exemplariness

ejemplo example

ejercicio exercise

ejercitar exercise

elaborar elaborate

elástico elastic, supple

elección choice

elefante elephant

elegante elegant

elegir elect; select

elementalidad elementalness

elemento element

elevación raised platform; *en elevación* on a raised platform

elevar rise; *elevarse* rise

elocuencia eloquence

elocuente grandiose, eloquent; "royal"

elogio praise

ello: a ello that's it

emanar emanate, arise, from

embalsamar embalm

embarazado filled; pregnant

embarazar become full; make pregnant; embarrass

embarazo pregnancy

embarazoso embarrassing

embargo: sin embargo nevertheless

embarrar cover with mud

embaucar mesmerize

embebido drunken, submerged

embeleco fraud; *humos y embelecos* fraud and humbug

embelesado spellbound

embestida attack, assault

embestir attack

emblema emblem

emborracharse get drunk

emboscar ambush, put in hiding for a surprise attack

embozar wrap up, bundle up

embuchado pork sausage

embuste trick, deceit

embutir insert

eminencia eminence

eminente eminent

emocionar move

empacho: sin empacho without "putting on"; for real

empalagar surfeit; pall; cloy; bore; weary; annoy

empañar cloud, fog up

empecinado stubborn

empedrado stone paved street

empellón: a empellones violently, roughly

empeñado in debt

empeñar force, compel; compromise, commit; pawn; *empeñarse* make an effort

empeño undertaking, effort; pawn; *en empeño* pawned, out of the way

emperador emperor

empero but, however,

emperrado stubborn, obstinate

empezar begin

empinado high

emplazado person who has been summoned

empleado employee, clerk

emplear use, employ

empleo work, job, employment; activity; use

emplomado greyed, leaded

empobrecer make poor

emporio emporium
emprender undertake
empresa enterprise
empresarial business, pertaining to big business
empresario businessman
empujar push
empuñar take in one's fist, grip hold; hold in one's fist; make a fist
émulo emulation; rival, emulator
en: en alto raised; *en atención a* in view of; *en atención a que* owing to the fact that; *en balde* for nothing; in vain; *en batida* with a hunting party; *en buena hora* opportunely; *en calidad de* as, because of; *en cambio* on the other hand; *en cuanto* as soon as; *en derredor de* around; *en efecto* in fact, in truth, in reality; really, in effect; *en fin* after all, when all is said and done; so; finally; *en flor* in bloom; *en pro de* in favor of, on behalf of; *en repliegue* well-girdled, squeezed together; *en seguida* right afterwards; *en su contra* against him; *en tanto* in the meanwhile; *en todo caso* anyhow; *en torno a* around; *en torno de* around, all over; *en verdad* really, verily; *en vida de* best wishes for; *en vilo* in the air; *en voz de* in the mouth of
enagua petticoat
enajenación alienation; taking over; elimination; throwing out
enajenar alienate
enamorado in love
enamorar make love; *enamorarse* fall in love
enano dwarf; very small
encallar become stiff
encaminarse a go toward
encandillado squeezed together
encanecer grow grey, grow old
encantador charming, delightful
encanto charm; enchantment
encaramar raise, lift up; stand at the top of
encarar face, aim at
encarcelar encarcerate
encarecer make dearer; urge

encargar order; *encargarse de* take charge of; take it upon oneself to
encarnado red; flesh-colored; incarnadine
encarnar embody; incarnate
encausar prosecute, sue
encauzar direct, channel, guide
encefálico encephalic, brain
encender light; shine, burn
encendido ignited, red, burning
encentar slice up
encerrar enclose, contain, hide, lock up
enciclopédico encyclopedic
encierro confinement, locking up
encima besides; on top; *por encima de* on top of
encina holm oak; evergreen oak
enclavamiento interlocking
enclavijar stick, grip, nail
encoger shrink
encomendar commend
encomio encomium
encontrado opposite, different in every way
encontrón jolt, bump
encorvado bent
encorvarse stoop over
encrucijada intersection
encuadernar bind
encubrir cover up; hide
encuentro meeting
endecasílabo 11-syllable line
endemoniado inspired by the devil; possessed by the devil
endemoniar anger; irritate
enderezar straighten
endiablado hellish
enemigo enemy
enemistad enmity
energía energy
enérgico energetic
enervante weakening, enervating
enervar weaken
enfadar annoy
énfasis emphasis
enfermedad illness, sickness
enfrascar involve
enfrentar face; *enfrentarse* confront, face
enfrente in front, opposite

enfundar stuff, fill up, cover, put into a cover
engalar dress up, spruce up
engañar fool, trick; cheat
engaño deceit
engastar set, mount
engendrar beget; engender; sire; reproduce; give rise to
engendro father, creator, sire
engordar get fat
engorroso bothersome, annoying
engrosar swell
enguantar glove
engullir gorge, gobble, devour
enhebrar thread, string; rattle off
enigma puzzle, riddle
enjugar juice, cover with juice; mop, wipe
enjuiciar judge, condemn
enjundia substance; force, vigor
enjunto tied; *con los pies enjuntos* effortlessly
enlace relationship, linking
enloquecer go crazy
enmarañado messed up, tangled
enmarcar frame
enmendar correct, make right, emend, set right again
enmudecer become quiet
ennegrecer blacken
enojado angry
enojar anger
enojo anger
enojoso irritating, aggravating, annoying, unpleasant
enorgullecer be proud; make proud
enorme enormous
enrarecer extenuate, come to be in short supply
enredar tangle; *enredarse* become entangled
enrejar surround with railing, incarcerate; deprive of liberty
enriquecer get rich; make rich
ensabanado covered with a sheet
ensamblar join, connect, assemble
ensanchar widen
ensayar rehearse; show
ensaye copy, essay, trial

ensayista essayist
ensayo essay
enseñanza teaching
enseñar teach; show
enser household item
ensimismado absentmindedly; involved in one's own thoughts
ensimismamiento involvement; absentmindedness
ensuciar dirty
ensueño nostalgia; reverie
entablar concur, settle upon; start
ente being
entender understand; *no entender ni jota* not to have the slightest idea what's going on; *entenderse (con)* get along (with)
entendido intelligent; sophisticated
entendimiento understanding, "brains"
enterar inform; *darse por enterado* realize; *enterarse de* find out about
enternecer move; make soft; touch (emotionally); *enternecerse* become tender, be moved
entero entire, all in one piece; whole
enterrador burier, gravedigger
enterrar bury
entierro funeral, burial
entodavía still
entomólogo entomologist
entonar be on key
entonces then
entornar half-close one's eyes
entorpecido clumsy; mixed up
entorpecimiento delay; obstruction
entrada entrance; entry
entrambos both
entraña inside; *entrañas* guts, innards, insides
entrañable internal, deep inside
entrañar hold within, have as its essence
entrar exist (theatrical term); enter, come in; fit; *entrarle ganas de* get the urge to
entre between, among; *entre sí* to oneself, to himself; *entre tanto* in the meantime

entreabrir half open
entreambos both
entrecano partially white; with white hairs
entrecejo area between the eyebrows; brow
entrecortado broken
entrecortar interrupt, cut into
entrecruzamiento intertwining
entredicho prohibition, accusation
entregar hand over; relinquish; *entregarse* yield, dedicate oneself
entremés theatrical interlude
entremeterse butt in
entresacar pick out, select
entresueño: de entresueños nightmarish; somnambulistic
entretenedor entertainer; one in charge of
entretener entertain; keep in abeyance; keep waiting; amuse; ponder; occupy; *entretenerse* amuse oneself
entretenimiento entertainment; keeping busy; maintenance; upkeep
entrever peek, glimpse
entusiasmado enthused, excited
entusiasmar enthuse
entusiasmo enthusiasm
entusiasta enthusiastic
enunciado declaration
enunciar enunciate, pronounce
envainar cover, shield
envenenar poison
enviar send
envidar bid, bet
envidia envy
envidiar envy
envidioso envious
envilecimiento debasement
enviudar become a widow(er)
envolver surround, envelop, wrap, wrap up
envuelto wrapped, surrounded
épico epic
epígrafe epigraph
epílogo epilogue
episcopal of the bishop
episodio episode
epitafio epitaph

epíteto epithet
época epoch; period
equidistante equidistant
equis X, undetermined
equivaler be the equivalent of
equivocarse make a mistake, err, be mistaken
ergotista ergotist; one who debates twisting logic in his favor
erguir stand erect; (*se yergue* he stands erect)
erizo thistle, burr
ermita hermitage, saloon
erótico erotic
erotismo eroticism
erudito erudite; scholar
errante wandering
errar err; (*yerro* I err)
esbozar outline; sketch
esbozo outline
escabroso scandalous; tempting; dangerous; rugged
escala ladder; *escala abajo* down the ladder
escalafón army list; rank system
escalar scale, climb
escalera stairs
escama scale
escandalizar make a scene; *escandalizarse* be scandalized
escándalo scandal
escandaloso scandalous
escaño bench
escaparate show window
escaparse escape
escapatoria escape
escarbar delve
escarchar frost
escarda weeding hoe
escarnio scoffing, derision, act of disrespect
escasez scarcity
escaso scarce
escena stage, scene; *poner en escena* make a spectacle of
escenario background; stage props
escénico scene; stage; theater; scenic
escepticismo skepticism
escéptico skeptic

escindir split
esclavitud slavery
escoger choose; select
esconder hide
escondite hiding place
escopeta gun, shotgun
escotilla trapdoor, hatchway
escribanía ornamental inkstand; writing
escribano scribe
escribido who knows how to write; leído y escribido literate
escribir write; máquina de escribir typewriter
escrito written, signed up; writing
escritor writer
escritura scripture, writing
escrupulear be scrupulous (about); have scruples
escrúpulo scruple
escrutar scrutinize
escuadra squad; gang
escudero squire
escuela school
escueto free, unencumbered, unadorned
escultor sculptor
escupir spit
escuridad archaic for oscuridad
escuro archaic for oscuro
esencia essence
esencialidad element of; essence
esencial essential
esfera sphere
esfinge sphinx
esforzado strong and willing
esforzar force
esfuerzo effort
esgrimir draw (a sword)
eslabonar link
eso that, that other; eso mismo exactly right
espaciar relax, amuse oneself
espacio space, slowness, room; de espacio slow
espada sword
espalda back; espaldas shoulders; a nuestras espaldas behind us; vuelto de espaldas with one's back turned

espaldar back support of armor
espantar frighten, surprise; espantarse de worry about; be frightened of
espanto fear, terror, awful thing
espantoso horrible, awful, frightening, fearful
español Spanish, Spaniard; a la española in the Spanish style
esparcir strew
esparto esparto grass
especial especial; special
especie kind; type; species
especiería flea market, variety store
especificación specification; specificity
espectáculo spectacle; show
espectador spectator
espectro specter
especulación speculation
espejar reflect, mirror
espejo mirror; espejo de luna rounded mirror
esperanza hope, expect; wait (for)
esperpento aberration
espesarse thicken
espeso thick
espetar spit
espetarse be stiff and solemn, pierce, transfix
espía spy
espiga spike of wheat
espina thorn
espiral spiral
espirar expire
espíritu spirit; mind
espiritual spiritual; witty
espiritualidad spirituality; wittiness
espiritualismo spirituality, spiritualism, spiritual awakening
esplendor splendor
espolear spur on
espontaneidad spontaneity
esposa wife
esposo husband
espuela spur
espuma foam
esquelético very thin, skeletonlike
esqueleto skeleton
esquema sketch, outline
esquemático sketchy

esquilón large hand bell
esquina corner
esquivez gruffness, scorn
esquivo aloof, gruff, scornful
estabilizador stabilizing
establecer establish
establecimiento establishment
estación season
estado state; inn; social class; walk of life
estafa swindle
estallar burst; explode
estambre woolen yarn
estamento state; estate; class; *Estamento de Próceres* House of Lords, Upper House
estampa picture, stamp
estancia dwelling; room
estandarte banner
estante shelf
estar be; *a lo que estamos* first things first; *estar de gracias* be in a merry mood; *estar para* be ready for; *estar con las manos en la masa* be in the middle of something; *estar malo* take ill; be ill; *estar metido* be involved
estatal of the state
estatua statue
estatuto charter, statute, decree
estela steerage, trail
estepa twig
estéril sterile
esterilizar sterilize
esterilla gold or silver plait
estertor death rattle
estética esthetics
estilístico stylistic
estilo style; *por el estilo* like that
estimación esteem
estimar esteem
estimular stimulate
estímulo stimulus
estío summer
estirado drown out
estirar stretch
estirpe race, lineage
estofado stew
estómago stomach
estorbar get in someone's way, prevent; bother; hinder; make difficult; obstruct

estotro this, this other
estrado drawing room; platform
estrafalario extravagant, outlandish
estragado depraved
estragar corrupt, deprave, spoil
estrecharse get narrow
estrecho narrow; tight
estrella star; fortune
estremecer shudder; *estremecerse* shiver, shudder
estremecimiento shiver, shudder
estrenar wear for the first time; use for the first time
estreno first performance
estreñir bind, tighten, constipate
estrépito clamor
estribillo refrain, chorus
estridente strident, loud, screaming
estrofa strophe
estrófico strophe
estructura structure
estruendo loud noise
estrujar wring
estudiar study
estudio study
estudioso studious
estupefacción stupefaction
estúpido stupid
estupor stupor
etapa stage
eternidad eternity
eterno eternal
ética ethics
ético ethical
etiqueta etiquette; label; tuxedo
evaporarse disappear into thin air
evidencia evidence, visible objects
evidenciar evidence
evidente evident
evitar avoid
evocar evoke
exabrupto brash
exacerbar exacerbate
exactitud exactitude
exacto exact
exagerar exaggerate
exaltar exalt
examen exam, examination
examinar examine

exangüe lifeless
exánime lifeless, faint
exceder(a) exceed
excelencia excellence; excellency; *por excelencia* par excellence
excelente excellent
excepcional exceptional
excesivo excessive
exceso excess
excitar excite
exclamación exclamation, remark
exclamar exclaim, remark
excluir exclude
exclusivas: de exclusivas with a one-track mind
excrecencia outgrowth; growth
excremento excrement
excusa excuse
excusar do without; excuse; prohibit; *excusarse* be excused; *pensar en lo excusado* expect too much
execrar curse
exento exempt; clear; open; free; unimpaired; deprived
exhibicionismo exhibitionism
exhortativo exhortative
exigencia demand
exigible demandable
exigir demand
existencial existential
existente existing
éxito success; *tener éxito* be successful
exorcismo exorcism
exornar adorn, embellish
expandir expand
expansivo expansive
expectativa expectation
expediente proceedings, case; file; legal document
experiencia experience; experiment
experimentar experience
expiar expiate
explicación explanation
explicitación clarification
explícito explicit
explotar exploit
exponente exponent
exponer expose
expositivo expositive
expresar express

expresivo expressive
expuesto exposed
exquisito delicious
extemporáneo extemporaneous
extender extend; *extender el protesto* deposit the receipt
extensivo extensive
exterioridad exterior, outward show
exterminar exterminate
extinguir extinguish
extranjero foreign country; abroad; foreign; foreigner
extrañar be alien to; surprise; miss; vacillate; *extrañarse* be surprised
extrañeza strangeness, surprise
extraño strange
extraordinario extraordinary
extravagancia extravagance, exaggeration
extravagante extravagant, unusual
extraviado lost
extraviar lose
extremo extreme; farthest point; highest or lowest point; *hacer extremos* go to extremes

F

fábrica creation, manufacturing; fabrication; factory; manufacture; manufacturer
fabricar make; manufacture; create
fábula fable; story; gossip
fabuloso fabulous
facción feature; *facciones* appearance
faccioso member of a faction; Carlist rebel
fácil easy, facile
facilidad ease
facilitar facilitate, make easy; give; make possible
facineroso villain
factura make-up
faena work
faja girdle, belt
fajo bunch
falda skirt; *falda de un sombrero* brim of a hat
faldón skirt, coarse skirt
faldriquera pocket

falsedad falseness, falsehood
falsificar falsify
falso false
falta error; lack; fault; *hacer falta* be necessary, be lacking; *sin falta* undoubtedly, surely
faltar be lacking, be left, be gone; leave; not come; fail to show up; offend; *no faltaba más* that's the last straw
falto de lacking in
fallar fail; not to work
fallecer die, pass away
fallo failing, defect
fama fame, reputation
familia family
familiar relative
famoso famous
fanático fanatic
fanatismo fanaticism
fantasía fantasy; *collar de fantasía* costume necklace
fantasma ghost; phantom
fantástico fantastic; imaginary
farándula: farándula y carátule company of actors or entertainers
Faraón Pharaoh
farol lamp; street lamp
farsa farce
farragoso confused
fas: por fas o por nefas for sure, in any case
fascinar hold spellbound, fascinate
fatalidad fatality, fate
fatalista fatalistic
fatídico prophetic
fatiga fatigue
fatigar tire
fatigoso tired; tiring
favor: favor al Rey in the King's name; *favor a la justicia* in the name of the law; *por favor* please
favorecer favor
favoritismo special favor
fayado attic
fayo attic
faz face, outside
fe faith
fealdad ugliness
febril feverish
fecundo fecund

fecha date; delay
felicidad happiness
felicitar congratulate
feligresía parishioners
feliz happy
felpudo doormat
femenino feminine
fenicio Phoenician
fénix phoenix
fenómeno phenomenon
feo ugly
féretro bier, coffin
feria fair
fermentar ferment
ferocidad ferociousness, ferocity
feroz ferocious, hostile
fértil fertile
fertilidad fertility
ferviente fervent
ferranchado group
ferreruelo short cloak
festejar court, please; celebrate
festín feast
festividad festivity
festivo festive, happy
fetichismo fetishism
fiado reliable
fiambre cured; cold cut; stale
fiar entrust; give credit; trust; count on; *fiarse de* trust in
ficticio fictitious
fidedigno reliable
fidelidad fidelity
fiel loyal, faithful
fiera wild animal
fiero wild
fiesta party; holiday; celebration; *día de fiesta* holiday; *fiesta de cuatro capas* solemn religious celebration; *hacer fiesta* celebrate
figura figure; *figurarse* imagine
figurón ridiculous actor
fijación fixing
fijar fix; focus; *fijarse* notice
fijo fixed; permanent; *de fijo* certainly
filantrópico philanthropic
filántropo philanthropist
filo edge, blade; *darse un filo a la lengua* sharpen one's tongue; be witty
filosofía philosophy

filósofo philosopher
filtrar filter (through)
fin end; *al fin* after all; even so, in the end; at last; finally; *sin fin* limitless
final end; *principio final* entrée
finalidad goal; finality
finado dead, deceased
fineza care, delicacy; fineness
fingir pretend, feint
fino fine
finura fineness; good manners
firme firm, unbending
firmesa firmness
fisgar peep
físico appearance; physical
fisonomía physiognomy
fisonomista physionomist
fisura fissure
flaco skinny; weak
flaquear become weak, thin
flaqueza weakness; moral laxity
flauta flute
fleco fringe
flojedad laziness, laxity; slackness; softness
flor flower; *echar flores* pay a compliment; throw, bring flowers; *en flor* in bloom
floreado flowered
florecer flower
floresta grove; anthology
florido flowering; flowery
flotar float
flote: salir a flote make a go of it, be successful
fluctuar fluctuate, go back and forth
flujo flow
folklórico folkloric
follaje gaudy ornament
folleto folio
fonda inn, restaurant
fondo background; bottom; back; upstage; fund; *a fondo* in depth; *en el fondo* down deep, basically
fonético phonetic
forcejar struggle
forjar forge
forma form, way; *en esta forma* like this; *cuidar las formas* maintain one's decorum

formal in terms of form
formalidad formality
formalizar formalize
formar form; *formar consejo de guerra* court-martial
fornido strong
fortaleza fort; fortress; strength
fortuna fortune; *por fortuna* luckily
forzado: pie forzado set foot (in poetry)
forzoso necessary; imperative; obligatory
fosa grave
fosforescencia phosphorescence
fósforo match
fósil fossil
foso lair
fotografía photograph
frac dress coat
fracaso failure
fragante fragrant
frágil fragile
fragua forge, smithshop
fraguar forge out
frailero: sillón frailero frair's chair, a type of large armchair
francés French, Frenchman
Francia France
franco frank; *franco-español* French-Spanish
franqueza frankness, openness
franja strip, fringe
frase sentence
fratricida fratricide; killer of one's brother
frecuentar frequent, go often
frenético crazy, frenzied
freno brake
frente forehead; opposite; *frente a* in the face of; in opposition to; *frente arrugada* knitted brow
fresco cool; fresh; fresh fish; *fresca* fresh remark
frescura freshness; tartness
frialdad coldness
frío cold
friolera trifle
fronda leafy branch
frontera boundary, border
frontispicio façade
frotar rub

frustrar frustrate
fruta fruit
fruto fruit, product
fuego fire; *fuegos a la valenciana* fire-works like those in Valencia; *al fuego* cooking; *prender fuego* catch fire
fuente fountain, source
fuera out, outside; *tomarle mal de fuera* have a sudden fit; *por de fuera* on the outside
fuere: fut. subj. of *ser; lo que en mí fuere* whatever I can do; whatever is in my power
fuerza force, strength; *a fuerza de* be-cause of, due to; *es fuerza* it's neces-sary; *por fuerza* by force; necessarily
fugacidad fugacity
fugaz fleeting
fugitivo fugitive; swift; fleeting
Fulano So-and-So
fulgor glow; radiance; light
fulminar issue ecclesiastical censures, excommunications; cause to explode; emit light onto
fullero crook
fumar smoke
funcionario functionary
fundación foundation
fundamentación basis; foundation
fundamentar found
fundamento foundation; fundamental
fundar found, base oneself on; *fundarse* found, be founded upon; base one-self
fundir melt away; fade away
fúnebre funeral; death
funesto awful, deathly; dire; unfortu-nate
furia fury
furibundo angry, violent
furioso furious
furor excessive anger; outrage
furtivo furtive
furrier army quartermaster
fusil gun

G

gafas glasses
gaje wage

gaita bagpipe
gaitero flashy, gaudy
gala elegant dress, festive dress; charm; elegance; choice; favorite; pomp; show; finery; adornment; fancy clothing
galán fine-looking
galante gallant; attentive to women; *fem.* coquettish, loose (woman)
galantería gallantry
galardonar reward
galera galley
galería gallery; *de galería* showy, dressy
galope gallop
gallardete pennant
gallego Gallician
gallina chicken, hen
gallinero chicken coop
gallo rooster
gallofero bum, loafer
gana desire; *de buena gana* willingly; *entrarle ganas de* get the urge to
ganacia earning
ganado herd
ganapán errand boy; coarse fellow
ganar earn, win; *ganar de comer* earn a living; *ganar de mano* get ahead
ganchudo hooked, hooklike
gangoso sniffling; nasal
ganso goose
gañán worker, farmhand
garabato beak
garantar var. of *garantizar*
garantía guarantee
garantizar guarantee
garbanzo chick-pea
gargajo phlegm
garganta throat
garra claw
garrote iron collar used for executions
gastar spend; make spend; waste; wear away; wear out
gasto expense, expenditure
gato cat; moneybag; "wad" of money; *gatito muerto* meek little kitten, hypo-crite
gavilla sheaf; bundle; bunch
gelatinoso sticky
gemelo twin

gemido wail, whine

gemir moan, groan, wail, whine, squirm

general all-encompassing

generalidad generality

generar generate

género gender; genre; type

generosidad generosity

generoso generous; fine; strong; enthusiastic

genio genius, wit

gente people

gentil pagan

gentileza fineness

gentilidad pagans, heathens; barbarians; non-Christians

gentilhombre gentleman

geográfico geographic, geographical

germántico German

germen germ, seed

germinar take root

gesticulante gesticulating; twisted, distorted

gesticular gesticulate

gesto gesture; facial expression; grimace; face; facial gesture, expression

gigante giant; very large

gigantesco gigantic

girar turn

girasol sunflower; adulator; admirer

globo globe

gloria glory; masc. prayer "Glory to God on high"; estar en la gloria be in paradise; Dios le tenga en gloria God keep him in Heaven

glorioso glorious

glosar define, explain

gnomo dwarf

gobernación ministry of the interior

gobernador governor; governing; presiding

gobernar govern

gobierno government

goce pleasure

godo Gothic

golfo gulf; mass of water; bum

golondrina swallow

golpe blow; golpe de mano surprise attack; golpe de teatro theatrical tour de force; de un golpe at once, all of a sudden; golpe de vista quick glance

gordo fat; armarse la gorda be a mess

gorra cap

gorrión sparrow

gorro cap

gota drop

gotear drip

gótico Gothic

gozar de enjoy

gozne hinge

gozoso overjoyed, delighted

gracia joke; cuteness; grace; wit; charm; trick; name; favor; como es su gracia whatever his name is

gracianesco of Gracián

gracias thanks; dar las gracias thank; estar de gracias be in a merry mood

grado degree; part

graduar grade

grana crimson; kermes (dyestuff); fine scarlet cloth; scarlet

gran(de) large, big, great; nobleman

grandeza grandeur

granja grange, farm; dairy; country place

grano grain

grasa grease

grasiento lip; greasy

grato a pleasing to

grave low; serious; grave

gregüescos wide breeches

gremio group; guild; trade union

greña shock; tangled mop of hair

grey congregation, flock, group; will; pleasure; a su grey willingly, at his pleasure

griego Greek

grillos shackles, fetters

gritar yell

grito yell, scream, shout; dar gritos scream, yell; el último grito the latest thing; lanzar un grito scream

grosería grossness, rudeness, coarseness; vulgarity

grosero gross; crude; rude

grotesco grotesque

grueso thick

grupo group
guante glove
guarda guard; *ángel de la guarda* guardian angel; *ropa de guarda* Sunday dress; best clothes
guardar keep; guard; respect; adhere to; watch; reserve; save; maintain; *guardarse* watch out, be careful
guarida lair
guarnecer edge
guerra war
guerrero warrior
guía guide
guiar guide
guija pebble, grass pea
guinda sour cherry
guiñadura wink
guiñapo rag, tatter
guiño wink
guiñol slapstick
guisa: a guisa de as if to
guisar cook
gula gluttony
gusano worm
gustar please; *me gusta* I like it; *gustar de* like
gusto taste, inclination; pleasure; *a su gusto* as he will

H

haba bean
haber have (aux. used in perfect tenses); *ha de* + inf. will + verb; must + verb; is to + verb (*¿hase de hacer algo?* are we to do something?); fee; *haberle menester* need; *que no sea habido* who was not begotten; *no hay más* that's it; nothing less; *no los había de ver* of course I see them
hábil able, clever, dexterous
habilidad cleverness, ability; feat; scheme; skill
habitación room
hábito habit, clothes
habituar accustom
habla speech
hacer do; make; *hace* ago; *hace tres años que vivo aquí* I've been living here for three years; *hacer abono de ceniza la*

memoria make sure all is erased from one's memory; *hacer alto* come to a stop; *hacerse cargo* realize; *hágame Ud. el favor* please; *hacer caso* pay attention; *hacer cuenta* figure it out; *hacer cuentas* settle accounts; straighten things out; *hacer de* pretend (to be); *hacer de señas* wave, signal; *hacer efecto a* have an effect on; *estar hecho a* to be used to; *hacer falta* be necessary; *hacer fiesta* celebrate; *hacer horas extra* work overtime; *hacer lugar* make way; *hacer noche* call it a night; *hacer papilla* squash; *hacer penitencia* take pot luck; *hace rato* quite a while ago; *hacer saber* let know; *hacerse* pretend to be; *se me hace* it seems to me like; *hacer su composición del lugar* size up the situation; *hacer tortilla* crush; *hacer una catedral* make a mountain out of a molehill; *hacérsele de mal* be a nuisance to someone; undertake
hacia toward; *hacia arriba* upward
hacienda holding, property; income; wealth; finances; estate; means; farm
hacha hatchet; torch; ax
hachazo blow with a hatchet
hada fairy
hado fate
halagar cajole; fawn on; flatter; praise
halago flattery, praise
halcón falcon
hallar find; *sin hallar patria ni descanso* never being satisfied
hambre hunger
hambriento hungry, famished, starving
hartazgo what fills up, what is enough
harto enough; full; plenty; such; great; tired; really; satisfied; *harto de* tired of; fed up with
hasta until, up to; *hasta aquí* so much for; *hasta pronto* see you soon
hastiar tire, exhaust
hay there is, there are; *no hay tal* absolutely not
haya beech tree
hayedo beech groove
haz bunch, bundle, surface, face
hazaña deed, feat
hebraísta Hebrew scholar

hebreo Hebrew
hechicería witchcraft, spell
hechizo enchantment, witchcraft
hecho accustomed; fact; deed; event; full-grown; *de hecho* in fact, in reality
hechura product, creation, making, workmanship
hedor stench
helado frozen
helar freeze, go cold
helecho fern
hembra woman, female
hendir pierce; wound; split
heptasílabo 7-syllable, heptasyllabic
heredar inherit
heredero heir
hereditario hereditary
herejía heresy
herencia inheritance
herida wound, injury
herido hurt, wounded
herir hurt, wound; *herir en lo vivo* hit where it hurts
hermana sister
hermanar pair
hermano brother
hermoso beautiful
hermosura beauty
héroe hero
heroicidad heroism
heroico heroic
heroína heroine
herrero smith, metal worker
herrumbre ironlike
heterogéneo heterogeneous
hídago liver
hidalgo nobleman of low rank; noble
hidalguía inherited rights of a noble
hideputa son of a bitch
hidrópico hydropic
hiedra ivy
hiel bile, gall
hielo ice, freeze
hierba grass; *hierba mala* weed
hierro iron; steel
higiénico: papel higiénico toilet paper
hija daughter
hijo son; *hijo natural* bastard, illegitimate child
hilandera weaver

hilo thread; *al hilo de* skirt
himno hymn
hincha grudge
hinchado swollen, loaded with goods
hinchar swell
hipar hiccough
hipnotizar hypnotize
hipocresía hypocrisy
hipócrita hypocrite
histeria hysteria
historia history; story
historiador storyteller
histórico historical
historieta short story
histrión actor, phony, person given to feigned emotions
hobbesiano of Hobbes
hocico snout, mouth of an animal
hogar house, home, hearth
hogaza loaf of bread
hoguera fire, heat
hoja leaf
holgar enjoy; rest, not work
holgazán lazy; bum
holgura leisure
hombre man; *hombre de bien* honest man, decent man, reliable man
hombrear shoulder; bully; act like a man
hombro shoulder
homicida homicide, murderer
homicidio homicide, murder
hondo deep
hondón bottom
hondura depth
honestidad chastity; honesty
honorabilidad respectability
honorario fee
honra honor
honradez honorableness
honrado honest, honorable, decent, honored
honrar honor
hora hour; *a todas horas* all the time; *horas de vuelo* time past; *en buena hora* opportunely; *hacer horas extra* work overtime
horca noose
horizonte horizon
hornada loaf

horrorizar terrify
horroroso awful, terrible
hosco dark
hospital hospital; asylum; clinic
hostia wafer, Host
hostil hostile
hoy today
hoyo hole; *al hoyo* that's it
hoz hoe; sickle
hucha chest
húchoho com'on (to a bull)
huelga strike
huella track; mark; trace; *huella digital*
   fingerprint
huérfano orphan
huerta orchard
huerto orchard
hueso bone; stone (of a fruit)
huésped host
huir flee
humano human
humeante smoking
humear smoke, cover with smoke
húmedo humid
humildad humility, humbleness
humilde humble
humo smoke; *humos y embelecos* fraud
   and humbug
humor temperament
humorístico humoristic, humorous
hundimiento falling apart
hundir bury; sink; collapse; sink into
hurtadillas: a hurtadillas stealthily
hurtar steal; steal away, cast away
husillo axle

I

ibérico Iberian
iconoclasta iconoclastic
idealidad ideal qualities; idealness;
   idealization
idealista idealistic
identidad identity
identificar identify
ideológico ideological
idolatría idolatry
idolátrico given to idolatry

idóneo appropriate
iglesia church
ignorancia ignorance
ignorante ignorant, unaware, unconscious
ignorar not to know
ignota nonexistent, undiscovered, unknown
igual equal, the same; identical; *al igual*
   equally, at the same time; *por igual*
   equally; likewise
igualar make equal
igualdad equality
igualmente in the same way
ijar flank, loin
ilícito illicit
iluminar bring to light; illuminate
ilustrar enlighten
ilustre illustrious
imagen image
imaginar imagine
imaginativo imaginative
imán magnet
imitador imitator
imitar imitate
impalpable untouchable
impar odd
impartir impart
impasible impassible, impassive
impedir prevent, stop
imperecedero imperishable, eternal,
   everlasting
imperio command; empire
imperioso imperious
impertérrito dauntless
impertinencia impertinence
ímpetu impetus; haste, violence, im-
   petuousness
impetuoso impetuous
impío unpious; heretic
implicar imply
imploración act of imploring; entreaty
implorar implore
imponente imposing
imponer impose
importante important
importar matter, be important
importunar importune, annoy
importuno out of place

imposibilidad impossibility
impostura imposter
impotencia impotence
imprecación curse
imprenta printing; printing press; imprinting business
imprescindible necessary, imperative
impresionista impressionist
impreso impressed; printed
imprimir print; impress
improcedente not right; untimely; unfit
improperio insult
improvisar improvise
improviso: de improviso unexpectedly
imprudencia imprudence
impulsar give impulse to
impulso impulse
inacabable unending
inadecuación unsuitability; inadequacy
inagotable impossible to use up; tireless; inexhaustible
inalcanzable unreachable
inano inane
inapelable unappealable
inaquietable comfortless, unsoothing; rattling; provocative
inaudito unheard of
inaugurar inaugurate, start
incansable untiring
incauto heedless, uncautious
incendiar fuel, add fuel; burn
incensar incense, perfume with incense; flatter
incertidumbre incertitude
incienso incense
incierto uncertain
inciso de uso interno comma
incitar incite
inclinación bow
inclinado bent
inclinar lean, incline, bow; *inclinarse* bend; humble oneself; bow; be inclined
ínclito great; worthy
incluso as well
incomodarse feel uncomfortable; go out of one's way; mind; worry
incompleto incomplete
incomprendido misunderstood

incomprensibilidad incomprehensible things; quality of being incomprehensible
inconducente unproductive; leading nowhere
inconexo disconnected
inconformismo nonconformity
inconsciente unconscious
inconsiderado inconsiderate; that hasn't been properly considered; rash
incontable uncountable; untellable
incontinente at once
incorporarse sit up; *incorporarse a* join
incorpóreo without form
incubarse incubate
inculto vulgar; uncultured; uncultivated
incurrir incur
indagación investigation
indagar investigate
indagatoria investigation
indebido undue
indecible unspeakable, undescribable
indeciso undecisive
indefenso defenseless
indefinible undefinable
indescriptible undescribable
indiano Spaniard who makes a fortune in the New World; from America
Indias Indies; *castaña de Indias* horse chestnut
indicio indication
indignado indignant; unworthy
indiscreto indiscrete
indiscriminado indiscriminate; lack of discrimination
indistinto indistinct
individualismo individualism
individuo individual
índole type
indudable indubitable
indulgencia final plea
industria industry; work
industrioso industrious
inédito unedited; unpublished
inefable ineffable
ineficaz inefficient
inequívoco unequivocal, unmistakable
inerme unarmed

inexorable unexplainable; relentless
inexperto novice
inexplicable unexplainable, inexplicable
infalibilidad infallibility
infalible inevitable; infallible
infame infamous, evil
infancia childhood
infantil infantile, childish
infeliz unhappy; unfortunate
inferior lower
inferir infer
infiel infidel, unfaithful
infierno hell
ínfimo lowest; least; humblest; most abject; meanest; vilest
infinidad large number, infinity
infinita infinite
infinito infinite; *en infinito* forever; infinitely
infligir inflict
influencia influence
influjo influx, influence
informar give form to, shape; inform
informe formless; shapeless
infundir inject; penetrate; inspire, put in, pour in
ingenio talent, genius; creative faculty; skill
ingenioso ingenious, clever
ingenuo ingenuous
ingerir engineer; push
ingratitud ingratitude
ingrediente ingredient
ingresar enter
inhábil inept
inhibir inhibit
inhumano inhuman; pagan
iniciativa iniciative
inicio beginning
inicuo iniquitous
ininteligible unintelligible
iniquidad iniquity
injerir interject
injusticia injustice
injustificado unjustified
inmaterial immaterial; not made of material

inmediato immediate; near; following directly; next to
inmenso immense
inmortalidad immortality
inmortal immortal
inmóvil immobile
inmovilismo immobility
inmundicia filth
inmutar change, move
innato innate
innecesario unnecessary
inocente innocent
inocuo innocuous
inofensivo inoffensive
inolvidable unforgettable
inquieto restless, uneasy
inquietud anxiety
inquisidor inquisitor
insatisfactorio unsatisfactory
insecto insect
inseguridad insecurity
insensato senseless, unreasonable; stupid
insensible insensitive
inserto inserted
insigne great, illustrious
insinuante insinuating, ingratiating
insistir en insist
insobornable incorruptible
insolente insolent
insólito unheard of
insoluable unsolvable
insomnio insomnia
insondable unsoundable
insoportable unbearable
inspirar inspire
instalar install, settle; *instalarse* get settled
instantaneidad instantaneousness
instante instant; *al instante* immediately, right away
instar press; urge
instinto instinct
instituir institute
instructor: juez instructor; examining magistrate
instruido learned, educated
instrumento instrument

insuficiente insufficient
insulto insult
integrar make up
inteligencia intelligence, understanding
inteligible intelligible
intención intent
intensidad intensity
intensificar intensify
intentar attempt
intento: al intento on purpose
interceder intercede
interés interest
interindividual between individuals
intermedio in between; mediary
internar hold
interno internal; interior; *inciso de uso interno* comma
interpelar speak, call
interpretar interpret
intérprete interpreter
intervalo interval
intervenir intervene
interrogador probing
interrogatorio interrogation
interrumpir interrupt
intimidad intimacy
íntimo intimate
intolerancia intolerance
intrahistoria intrahistory
intricado intricate
intriga intrigue
introducir introduce; put into
introductorio introductory
intruso intruder; usurper
inundar flood
inútil useless, worthless
inutilidad uselessness
invencible invincible
inventar invent
inventive inventive, inventiveness
inverosímil unlikely, illogical
investidura investiture
investigador investigator
invicto great
invierno winter
invocar invoke
involuntario involuntary

ir go; *allá voy* I'm coming; *lo que va* what a difference; *irse de la lengua* digress; *vamos claros* let's make this clear; *vaya la lista* just look how clever she is
ira ire, anger
ironía irony
irónico ironic
irracional irrational
irracionalidad irrationality
irrealidad unreal situation
irrisorio derisive; laughable; absurd
irritante irritating
irritar irritate
irrumpe erupt
isla island
isleño island, from an island
itinerario itinerary, way
izar hoist, haul up
izquierda left
izquierdo left

J

jabalí wild boar
jabelgue cosmetic used to whiten the skin
jabón soap, washing; reprimand
jamás never, ever
jamón ham
jarabe syrup, medicine
jardín garden
jarra jug
jaspe jasper
jaspeado speckled
jaula cage
jayán big brute of a person
jefe boss, chief, head
jerárquico hierarchical
jergón straw mattress
Jesucristo Jesus Christ
jesuitismo jesuitism
jeta snout
jinete rider
jirón tatter
jocoso burlesque, slapstick
jornada day, working day
jornal pay (for a day's work)

jornalero day laborer
jota J; *no entiendo ni jota* I don't have the faintest idea what's going on
joya jewel
jornada act (of a play); day
joroba hunch; hump
joven young; youth
joya jewel; *llevar la joya* outdo
joyel jewel
juanete bunion; ball
jubilado master
jubileo rejoicing; retirement; freedom from work
judaico Jewish
judaizante "new" Christian who continued with Jewish practices
judaizar indulge in Jewish practices
judería Jewish quarters; Jews
judío Jewish, Jew
juego game; trick; play; *poner en juego* involve
juez judge; *juez instructor* examining magistrate
jugador player, gambler
jugar play; gamble
juglar minstrel, jongleur, jester, buffoon
juguetear play
juicio judgment, senses; *ir seguro a juicio* go with a calm mind
juicioso judicious, with good judgment
junta group, committee
juntamente at the same time, together
juntar unite, gather; get together
junto together, next to
jurado jury
juramento oath
jurídico juridic
jurista jurist; person in the legal profession
juro right of perpetual ownership
justamente just
justicia justice
justiciero just
justificador justifying
justificar justify
justillo waist; underwaist
justo exactly; just; right
juventud youth

juzgado judges
juzgar judge

K

Kukusklán Ku Klux Klan

L

laberíntico puzzling, intricate; labyrinthal
laberinto labyrinth
labio lip; *barra de labios* lipstick
laborador farm worker
laborioso hard-working
labrador farm worker
labrar work
labriego that works the land
lacayo lacky
ladear push to the side; tip, tilt
ladera slope, hillside
lado side; *de medio lado* sideways; *por otro lado* on the other hand
ladra var. of *ladrona*
ladrar bark
ladrido bark; barking
ladrón(-ona) thief
lagaña blear-eye, rheum
lamento lamentation, plaint
lámpara lamp
lampazo burdock
lana wool
lance chance; affair; episode; throw
lanza spear, lance
lanzar throw; *lanzar un grito* scream
lapida gravestone
lar hearth; *lares* household gods; home
largo long; *a la larga* in the long run; *a lo largo* along, throughout
lascivia lasciviousness
lascivo lascivious
lástima shame, pity; *qué lástima* too bad
lastimar hurt, pain
lastimero sad, plaintive
latente latent
latido beat
latigazo lash with a whip
latir beat
latitud latitude, breadth

latón brass
laúd lute
laureado laureate, laureled; crowned with laurel
lavar wash
laxo lax
laya kind, group
lazo bound; binding; tie
lebrel whippet
lección lesson
lector reader
lectura reading
leche milk
lecho bed
lechón suckling pig
legajos bundle of documents pertaining to a case before the Inquisition
legalidad legality
legitimidad legitimacy
legítimo legitimate
lego lay, uninformed; unperfected
legua league
leído well-read; léido y escribido literate
lejano far, distant
lejos far; background; a lo lejos in the distance; qué lejos da del blanco you're really off the mark; you're really far from the truth
lengua language; tongue; darse un filo a la lengua sharpen one's tongue; be witty; darse un nudo a la lengua shut up
lenguaje language; form of expression
lenidad leniency, softness
lento slow
leña fuel; firewood
león lion
letanía litany
lepra leprosy
letra IOU; letter; letra de cambio draft
letrero sign
levantar raise; pick up; draw up; levantarse get up; levantar los manteles clear the table
levantisco restless
leve light; slight
levita habit; frock coat
ley law; system
leyenda legend

lezna awl (a pointed instrument for making small holes)
libar sip
liberador liberating
liberal generous
liberar judge
libertad liberty; freedom; permissiveness
librador dealer; deliverer; drawer
librar concede; deliver; free; spare; deliberate; free; Dios te libre God spare you
librazo blow with a book
libre free
librero bookseller
libro book
licencia license; freedom; permission
licenciado lawyer
lícito legal, right; licit
licor liqueur; liquor
lid argument
lienzo piece of material; canvas
ligero light; fast; swift
lilailo trifle
limitar limit
límite limit
limosna charity; offering, alms
limosnero alms giver; charitable
limpiar clean
límpido limpid
limpieza cleaning; cleanliness; propriety
limpio clean; sacar en limpio net
linaje lineage
lince keen, shrewd, or discerning person
lindero adjoining, bordering
lindeza attraction; pretty thing
lindo pretty; de lo lindo nicely
línea line; por linea recta directly
líquen lichen
lírica lyric; lyrical poetry
lírico lyric
lisonja flattery
lisonjear flatter
lisonjero flattering; pleasing
listado striped
listo clever; smart; ready; vaya la lista just look how clever she is

literario literary
literatura literature
lividez lividity; whiteness
lívido livid; white
lo que what; *lo que en mí fuere* whatever I can do; *lo que va* what a difference
loa prologue or short play
loable praiseworthy
lobo wolf
local place
loco crazy; madman; *loco de remate* perfectly mad, stark raving mad
locura madness
lodo mud
lograr obtain; get; achieve; manage
logro bargain, achievement; attainment
loma hill
lomo side; rump
longitud length; distance
lonja marketplace
loquero guard in an insane asylum
lotería lottery; *tocarle la lotería (a alguien)* win the lottery
lozanía luxuriance
lozano vigorous; lusty
lucero light; star
lucido magnificent; brilliant, gorgeous
lúcido lucid
lucimiento light, lucidness; lucidity
lucha struggle
luego right away; soon; then; *desde luego* of course; *luego al punto* right now; *luego incontinente* right now
lugar way, place, quote; *en lugar de* instead; *hacer su composición del lugar* size up the situation
lúgubre lugubrious
lujo luxury
lujuria lust, lechery
lumbre light
luminar stagelight
luminoso luminous
luna moon; whim; *lunas* stars; *luna de miel* honeymoon; *espejo de luna* rounded mirror
lunar birthmark; mole; beauty mark
lustre luster, shine
lustro five years, lustrum
luto mourning

luz light; *arrojar de luz* shed light; *dar a luz* dispel; *sacar a luz* bring to light; publish

LL

llama flame, torch
llamado so-called
llamador knocker
llamar call; *llamar al orden* reprimand; *llamarse* be named
llaneza plainness, simplicity
llano flat, plain; obvious; clear; *a pie llano* without difficulty
llanto wail, cry, crying
llanura plain
llave key; *echar la llave* lock
llegar arrive, reach; *llegar a* reach the point of; come to the point of
llenar fill
lleno full; *a boca llena* completely, categorically
llevar carry, wear, lead; *llevar de vuelo* send flying; *llevar a cabo* carry out; *llevar a cuestas* carry on one's back; carry uphill; *llevar al cielo* put in the limelight; *llevar la joya* outdo; *llevarle la ventaja a alguien* have the advantage over someone; *llevarse* take away; carry off
llorar cry (for)
lloriquear whine
llorón crying
lloroso crying; tearful
llover rain
llovista rainmaker
llovizna drizzle
lluvia rain

M

macabro macabre
macarrón macaroon
macedón Macedonian
macilento haggard
macizo hefty, sturdy, large
macho masculine, male
machorro barren
madama ladylike, refined

madeja wad, ball of yarn
madera wood
madre mother; *de madre de* overflowing onto
madreselva honeysuckle
madriguera den; lurking place; lair
madrugada dawn
madrugarse wake up early
madurar mature
madurez maturity
maestrescuela headmaster
maestría expertise
maestro teacher; master; largest
magistral great
magnánimo magnanimous
magnético magnetic
magnificencia magnificence
magnífico magnificent
magno great
magra slice of ham
mahometano Mohammedan
mahometismo Mohammedanism
Mahoma Mohammed
majada sheepfold
majestad majesty
majestuoso majestic
majo gorgeous; attractive
mal evil; sickness; bad; ill; *mal de casado* cuckoldry; *tomarle mal de fuera* have a sudden fit
maldad evil deed
maldecir damn; swear at
maldito damn, damned
malear harm
maléfico evil, maleficent
malestar ill-being; bad feeling; discomfort
maleza weed
malherir badly wound
malhumorado grumpy, ill-humored
malicia evil; malice; maliciousness; evil doing
malicioso given to malice; malicious
maligno malignant; sly; clever
malo ill; bad; *malas lenguas* malicious gossip
malograr fail, fail to achieve
malregido disorganized
maltratar mistreat

maltrecho ill-treated, beat up
malva mallow; *en las malvas* "in the sticks"; *nacer en las malvas* be low born
mallar mesh
manada bunch, herd
manantial spring
mancebo boy
mancha blemish; stain, spot
manchar stain, spot
mandamiento command; commandment
mandar send; command
manejar manage; drive; conduct; manipulate
manera manner, way; *de tal manera* in such a way, so; *de ninguna manera* in no way
manga sleeve; *corte de mangas* obscene gesture
mangarse slip into
manía obsession
manicomio insane asylum
manifestación demonstration
manifestar show; manifest
manifesto manifest; *poner de manifiesto* show up, make obvious
maniobra maneuver
manjar delicacy
mano hand; *golpe de mano* surprise attack; *manos a la obra* let's get to it; *echar mano a* grab; *echar mano de* resort to, take advantage of; *manos en alto* hands up; *ganar de mano* get ahead; *hablar de mano* gesture while talking
manojo handful
manola low-class woman of old Madrid
manopla postilion whip
manso tame
manta cloak; blanket
mantel tablecloth; *levantar los manteles* clear the table
mantener maintain
mantenimiento maintenance
manteo cloak
manto blanket; mantle; coat
manuscrito manuscript
manzana apple

manzanilla light wine
manzano apple tree
mañana tomorrow; morning
maquiar contrive
maquiavélico Machiavellian
máquina machine; apparatus; "business"; *máquina de escribir* typewriter
maquinal mechanical
maquinar maneuver; contrive
mar sea; *arar en el mar* be a waste of time
maravilla marvel
maravilloso marvelous
marca mark; march; trip; way; process of leaving; *dar marcha atrás* go in reverse
marcar mark; take one's bearings
marcial martial
marco frame; framework
marchar go; *marcharse* go away; leave
marchitarse wilt
marchito fading, wilting
marear make dizzy, drive crazy; navigate
marfil ivory
margen bank; border; margin; edge
marginación nonparticipation in the mainstream; act of "dropping out"
marica fag
maridillo complacent husband; cuckold
marido husband
marinero sailor
marino sea; marine
marioneta marionette, puppet
mariposa lamp; butterfly
mármol marble
Marte Mars
martillar hammer, pound
martillo gavel, hammer
mártir martyr
martirizar martyrize
mas but
más more; *a más de* besides; *cuando más* the more; *más allá* beyond; *las más veces* most of the time
masa glob, mass; *estar con las manos en la masa* be in the middle of something
mascar chew
máscara mask

mástil mast; bed post
mastín mastiff, Great Dane
matador killer
matar kill
materia matter, subject, material; *primer materia* dust
maternidad motherhood
materno mother; maternal
matiz shade, hint
matrimonio matrimony, marriage
matrona matron; matronly
maula hussy; intriguer; gossip
mausoleo mausoleum
máximo greatest; maximum; of high quality
Mayo May
mayor chief; main; principal; larger; largest; older; oldest; elder; *mayor de edad* adult; *por la mayor parte* most, by and large
mayorazgo primogeniture, first-born son
mazmorra underground dungeon
mazo gavel
mazocona doughy food; *a la mazacona* without sharpness
mecánico mechanical
mecanismo mechanism
mecanizar mechanize
mecer rock
mecha wick; fuse
mechar cut into pieces
mechón tuft
media stocking
medianía mediocrity; Golden Mean
mediano medium, average; median, fair; halfway through; *hacérselo más que mediano* go out of one's way to be nice
medianoche midnight
mediante by means of
mediar exist, mediate
médico doctor
medida measurement; measure; *a medida de* in proportion to
medieval medieval; Middle Age
Medievo Middle Ages
medio half; atmosphere; means; way; middle; *a medias* sharing equally; half; *en medio de* in the middle of; *de*

medio a medio completely; *de medio lado* sideways; *en medio de* among, in the middle of; *por medio* through the middle

mediodía noon

medir measure, be moderate; *medirse con la hacienda* live within one's means

meditar meditate

medrar grow; thrive; prosper; *medrados estamos* we're in for it

medroso fearful, dreadful, terrible

médula marrow

mejilla cheek

mejor better, best

mejoramiento improvement

mejorar improve

melancolía melancholy; fit of melancholy

melena hair; mien

melodía melody

melodramático melodramatic

mellizo twin

memoria memory; renown; souvenir; *no se te pasen de la memoria* don't forget; *hacer abono de ceniza la memoria* make sure all is erased from one's memory

mendigo beggar

mendiguez beggarhood

menear shake; wiggle

menester necessary; task; duty; *haber menester* need

menesteroso needy

menestral arty; showy; mechanical; artisan

mengua diminishing

menguar lessen, diminish

menino child; boy

menor minor; slightest

menos less; *a lo menos* at least; *echar de menos* miss; *por lo menos* at least

menta mint

mentalidad mentality

mentar name; mention

mente mind

mentecato dumbbell, stupid person

mentir lie

mentira lie

mentiroso lying, liar

menudear do something in detail; do frequently

menudo frequent; small; *a menudo* often

mercado market

mercancía piece of merchandise

mercenario mercenary

mereceder worthy

merecedor deserving, worthy

merecer deserve; *merecerse* deserve; be worthy of

merecimiento merit

merino type of sheep

mérito merit

merma decrease, reduction

mermar lose

mes month

mesa table

meseta plateau

mesiánico Messianic

Mesías Messiah

mesonero innkeeper

meta goal

metafísico metaphysical

metáfora metaphor

meter put; *meterse* get involved; *meterse a* pretend to be; *estar metido* be involved

métrico metric

metro meter

mezcla mixture

mezclar mix; get together

mezquino small; petty

mezquita mosque

miedo fear

miedoso fearful

miel honey; *luna de miel* honeymoon

miembro member; limb; *miembro de la justicia* minister of justice

miente mind; *que no se les pase de las mientes* don't forget

mientras while

mieses grain fields

milagro miracle

milagroso miraculous

milano burr or down of thistle

milenta thousands

militancia militancy

militante militant

militar military man; soldier

mina mine

mínimo minimum

ministerio government building in the Plaza de los Ministerios; ministry

ministro minister; maker

minucioso detailed; very careful

minuto minute; *a los pocos minutos* a few minutes later

miope myopic

mirada look

mirador looker, spectator

miradura look

miramiento awe, reverence, dread

mirar look; *no se mira* don't worry about

mirlo blackbird; *mirlo blanco* oddball

misa mass

misacantanos mass sung by a priest for the first time

misceláneas odds and ends

miseria misery

misericordia mercy

mísero miserable

mismo same, very; *aquí mismo* right here; *eso mismo* exactly right; *nosotros mismos* we ourselves; *por lo mismo* by the same token

míster Mr.

misterioso mysterious

místico mystical

mitad half

mitificación mythification

mito myth

mitra bishop's cap, mitre

mochacha colloquial for *muchacha*

moda fashion

modal manner, way; *modales* manners

modelo model

moderado moderate; *lo moderado* moderation

modernidad modernity

moderno modern; *a la moderna* modern style

modestia modesty

modesto modest

modo way; *de ningún modo* absolutely not; *de otro modo* otherwise; *de tal modo* so; *de un modo o de otro* one way or another

mohatra fake sale

mohoso musty

mojadura soaking, drenching

mojar wet

molde mold, form; *tenerlo como de molde* count on it; take it for granted

moldura molding

moler grind; chop; *moler a palos* beat to a pulp

molestar bother; *molestarse* take the trouble

molestia bother; trouble

molesto bothered; annoyed

mollera noggin

momento moment; *de momento* right away

mona drunkenness

monada affection; cuteness; cutey

monarca monarch

monarquía monarchy

monárquico of the monarchy

moneda change, currency; coin; *conante y sonante moneda de curso* legal tender

monigote small puppet

monopolio monopoly

monótono monotonous

monstruo monster

monstruosidad monstrosity

monstruoso monstrous

montar mount; set up; *tanto monta* fair enough; *y monta que son pocos* and there are not just a few of them; *montar a caballo* ride horseback

monte mount, mountain, wooded mount

montero scavenger

monumento monument

montón heap, pile

moño bun (hair style)

morado purple, wine-colored

moral morality

moralista moralist

moralístico moralistic

morar live

morcilla blood sausage

morder bite

mordisco bite; *dar un mordisco* take a bite

moreno dark-complectioned; dark; dark-skinned

morenico little black

moribundo dying; dying person
morir die; *morirse* die; *morirse de viejo* die of old age
morisco Moorish
moro Moor
moroso slow
mortaja shroud
mortal deathly
mortecino dying
mortificación: dar mortificaciones humiliate
mortificar mortify
morro: beber a morro take a swig
mostrar show; *mostrarse* look
mote name, tag, nickname
motín mutiny; uprising
motivar motivate, move
motivo motive; motif
mover move; *moverse* move
movilizar mobilize
movimiento movement
moza girl
mozo boy; young man
muchacha girl
muchacho boy; *muchacho de la doctrina* church-raised orphan
mudable changeable
mudar change, move
mudez silence, muteness
mudo mute; speechless; dumb; silent
mueble piece of furniture
mueca grimace; *hacer muecas* make a face
muecín Moslem crier
muela millstone; grindstone
muerte death; *reo de muerte* criminal condemned to death; defendant
muerto dead; *gatito muerto* meek little kitten; hypocrite
muestra sign, show, demonstration; sign; mark
mujer wife, woman
mula mule
muladar dung heap
multiplicar multiply
multitud multitude; crowd
mullidor beadle, church messenger; one who fluffs up wool
mundano worldly

mundo world; *gran mundo* high society; *todo el mundo* everybody
muñeca wrist
murmullo murmur
murmurar murmur
muro wall
musgo moss
músico musician
mustio musty; gloomy; sad
mutabilidad changing quality
mutuo mutual

N

Nabuco-Donosor Nebuchadnezzar
nacer be born; *alma nacida* a single person
nada nothing; anything; *nada de* I don't want to hear anything about; *para nada* at all
nadar swim
nadie nobody; anybody
naipe card
nalgario pertaining to the buttocks
nariz nose
narrar narrate; tell
narrativo narrative
nativo native
natura nature
natural nature; *hijo natural* illegitimate child
naturaleza nature
naturalismo naturalism
navaja knife
náyada naiad, nymph
necedad silliness, stupidity
necesario necessary
necesidad necessity, need
necio silly, dumb, foolish
necrofilia necrophilia
necrófilo necrophile
nefas: por fas o por nefas for sure; in any case
nefasto evil, awful
negador denying, refusing
negar deny; refuse; *negarse* refuse
negativo negative
negligencia negligence
negociante negotiator, businessman

negociar negotiate; do business
negocio business; piece of business
negro black
neoclasicismo neoclassicism
neoestoico Neo Stoic
neutro neutral
nevada snow; blanket of snow
nevar snow, snow-white
nexo nexus, connection
ni neither, nor; either, or
nicho niche
nido nest
niebla fog; mist
nieto grandson; grandchild
nieve snow
nigromántico sorcerer
nihilismo nihilism
ninfa nymph
ningún(-uno) none, no one; *sin_____
ninguno* without any_____
niñez childhood
niño child
nivel level
nobleza nobility
nocturno nocturnal, night
noche night; *esta noche* tonight; *por la
noche* in the evening, at night; *hacer
noche* call it a night
nombrar name, mention
nombre name
noramala damn it
nosla: por cuerpo de nosla for Pete's
sake
nota note
notar notice
notario notary
noticia knowledge, notion; piece of
news; *noticias* news
notificar notify
novato beginner, novice, new
novedad novelty, newness
novel new, inexperienced
novela novel
noviembre November
nube cloud
núcleo nucleus
nudo knot; plot; *darle un nudo a la
lengua* shut up
nuera daughter-in-law

nueva piece of news
nuevo new; *de nuevo* again; like new
número number, limit
nunca never
nutrición process of filling up
nutrido heavy, thick

O

obcecación confusion; blindness
obedecer obey
obedencial in obedience
obediencia obedience
obediente obedient
obispo bishop
objetar object
objetividad objectivity
objetivo objective
objeto object
obligar obligate
obra work; *manos a la obra* let's get
to it
obrar work, perform
obrero worker
obsceno obscene
obsequio gift
observar observe
obsesionar obsess
obstante: no obstante nevertheless
obstinarse persist
obstruir obstruct
obtención obtainment
obvio obvious
ocasionar occasion; bring about; cause
occidente west; occident
océano ocean
ocio leisure
ocioso lazy, slow
octosílabos 8-syllable line
ocultar hide
oculto hidden; occult
ocupación occupation; task
ocupar occupy
ocurrencia idea
ocho: de a ocho in the highest degree
odio hatred
ofender offend; *ofenderse* take offense
oficial officer

oficina office
oficio job, work; labor
ofrecer offer, come up; *ofrecérsele* turn up; present itself
ofuscar confuse
oído hearing, ear; *al oído* in his ear
oír hear, listen
oja var. of *hoja*
ojal buttonhole
ojeada glance
ojiva ogive, pointed arch
ojo eye; *ojo con* careful with; *perder ojo* let out of sight; lose sight of
ola wave
oler smell; *oler a* smell of
olfatear smell
olfato sense of smell
olmo oak
olor smell, odor; *aguas de olor* toilet water
olvidado forgetful
olvidar forget
olvido forgetfulness, oblivion; *poner en olvido* forget
omnipotente omnipotent
omóplato shoulder blade
onda wave, swelling
ondular undulate
onírico dream
onza ounce
opinar have, give an opinion
oponerse object; oppose; *oponerse a* oppose
oportuno opportune, convenient; suitable
oposición opposition; *oposiciones* competitive examinations
oprimir opress; press on
optar opt
optimista optimistic
opulencia opulence
opulento opulent; very wealthy
opúsculo short work
ora. . .ora now . . . then, now . . . now
oración prayer, oration
oráculo oracle
orador orator
oratorio oratory, oratorical; private chapel

orbe orbit; orb
orden order; *a sus órdenes* at your service; *de segundo orden* second-class; *llamar al orden* reprimand; *por su orden* in turn
ordenado orderly, correct
ordenador ordering
ordenar order; put in order; *ordenarse* be ordained
ordinario ordinary, low-class
oreja ear
orejudo with big ears
orfandad orphanhood; orphaning
orfebre goldsmith
orfeonista member of a glee club or chorus
organizar organize
órgano organ; agency
orgullo pride
orgulloso proud
oriental eastern
orientarse orient, direct
oriente east
origen origin
orilla edge; shore
orín rust
orlar trim
ornamento ornament
ornato adornment; show; decoration
oro gold
orondo hollow; showy
ortodoxia orthodoxy
orza crock
osadía daring
osamenta skeleton
osamento bones
osar dare
osario burial urn
oscuras: a oscuras in the dark
oscurecer get dark
oscuridad darkness
oscuro dark
oso bear
ostentar show off; show ostentatiously
ostentoso ostentatious
otero hillock, knoll
otoñada autumn light
otoño autumn
otorgar authorize, give; grant

otro other; another; any other; *otro tanto* as much
oveja sheep

P

pabellón pavilion
pabilo wick
pacífico pacific, peaceful
pacto pact
padecer suffer; *padecer los meses* have one's period
padre father; *padres* parents
padrino godfather
paga payment
pagano pagan
pagar pay; *me lo has de pagar* I'll get even with you
página page
país country
paja straw; hay; *quedarse en las pajas* stay put
pajarraco strange bird
paje page
pajizo pale yellow
palabra word
palaciego of the palace
palacio palace
palanquín errand boy, porter
palidecer become pale
palidez pallidness; pallor
pálido pallid
palique chitchat; small talk; chatter
palma palm
palmada clap; slap
palmeado clapping
palo stick, perch; *dar palos* beat; *moler a palos* beat to a pulp
palpar touch, feel
palpitar palpitate
pan bread
panadero baker
panadizo sickness, infection
pandereta rump, rear
pantalón pants
pantasma ghost (arch.)
panteón pantheon
panza belly

panzada belly-full; big meal
panzón potbellied
paño rag; *paños menores* underwear; *pillar en paños menores* catch with his pants down
pañoleta shawl; scarf
pañuelo handkerchief
Papa Pope
papel paper; role; *papel higiénico* toilet paper
papeleta slip of paper; pawn ticket
papelorio mess of papers
papelote worthless paper, scrap of paper
papilla pablum; *hacer papilla* squash
papista Papist; in favor of the Pope
par even; pair; *a la par* in equal quantities; *al par que* at the same time as; *a par de* together with; *de par en par* wide open; in all directions; *para par a la pareja* two of the same kind
para for, toward, in order to; *para que* so that, in order that; *para con* toward; *para mí* in my opinion; *para nada* at all; *para qué* what for, any reason
parábola parable
paradoja paradox
paradójico paradoxical
paraguas umbrella
paraje place, spot, condition
paralela parallel
paralelo parallel
páramo high barren plain
parangón comparison
parar stop; *venir a parar* land on; *pararse* stand up
parasismo last gasp
pardo brown
parecer seem; appear; opinion; *debajo de su buen parecer* if it's all right with you
parecido similar
pared wall
pareja couple; pairing; *para par a la pareja* two of the same kind
parejo even with; pushed up against; *parejo a* like
parentela relatives

parentesco kinship; relationship
parienta female relative
parir give birth; give birth to; bear
parlamento speech
parnasiano Parnassian; poet of Mont Parnasse
parodia parody
paródico caricaturesque
párpado eyelid
parpadear blink
parte part; portion; place; communiqué; *nada fue parte a* nothing availed to; *por la mayor parte* by and large; *por otra parte* on the other hand; *por la parte de* on the side of; *por mi parte* as for me
partera midwife
participar share
partícula particle; part
particular private
partida: doble partida double portion; two times over
partido party, game, partisan
partir divide; leave; leave off; split; *a partir de* from, starting with; *partir el alma* break one's heart
parto birth; delivery; offshoot
párvula ward
parra vine
párrafo paragraph
parricidio parricide
párroco parish; parish priest
parroquia parish
pasa raisin
pasado past, last (one)
pasaje passage
pasar stop by; pass; go by; *pasar de* be more than; *no se te pase de la memoria* don't forget; *pasarle el pecho* spill one's guts, kill; *pasar por alto* overlook; *pasar por las armas* execute by firing squad; *no se te pase de las mientes* don't forget
Pascua Christmas, Easter, holiday
paseante passerby
pasear take for a walk; go for a walk; walk; stroll; *pasearse* take a stroll; take a ride; pace back and forth; walk; *pasearse como una culebra al sol* slither

paseo walk, path; *vete a paseo* the heck with you
pasivo passive
pasmarse become numb, be shocked
pasmo wonder, astonishment, prodigy
paso gait, step; at the same pace; *al paso que* at the same time that; *al paso que* while; *cerrar el paso* block; *con paso propio* on one's own; *dar paso* lead to; *dar paso a* open to; *de paso* along the way, on his way; *salir al paso* be in the way
pastel cake
pastilla pill, candy
pastor(-a) shepherd
pata foot (of an animal); *echar la pata* outdo
patán clown, hick, bumpkin
patente patent; obvious
paterno paternal, father
patético pathetic
patetismo pitiful performance; pathos
patria fatherland, homeland; land; *sin hallar patria ni descanso* never being satisfied
patriarcal patriarchal
patrimonio patrimony, rights
patriotismo patriotism
patrón boss; pattern
patrono boss
paulino Paulist
pausado slow; person who speaks haltingly
pavo turkey
pavonearse strut
pavoroso fearful
paz peace
pecado sin
pecador sinner, sinning, lying; *pecador de mí* sinner that I am; my word; my goodness
pecar sin; *pecar de* sin because of being
pecunia dough
pecunario pecuniary
pecho chest, breast
pedante pedant
pedantería pedantry
pedazo piece

pedestre pedestrian; mediocre
pedigüeño bothersome
pedir ask for, require
pedrada stoning
pegar stick; hit; *pegar a* attach, glue to; *pegársele* contract, "catch"
pegujal harsh working conditions; peculium; small dead or live stock; small holding
peinado hairdo; headdress
peinarse comb one's hair
pelado stark
pelambre bare spot; bushy hair
pelar peel; take off
pelear fight
pelele doll, puppet
peliculero movie actor
peligro danger
peligroso dangerous
pelma lazy, sluggish
pelo hair
pelón poor, hairless
peludo hairy, furry, thick
pellejo skin, hide
pellizco pinch
pena sorrow; pain, hardship; misfortune, unhappiness; sentence; *a duras penas* hardly, with great difficulty; *pena capital* death sentence; capital punishment; *última pena* death sentence
penalidad penalty
penativo pensive
pendencia challenge; street quarrel; quarrel
pendiente hanging, dangling
penetrar penetrate
penitencia penitence; *hacer penitencia* take pot luck
penoso full of suffering; afflictive; arduous; difficult; perilous
pensamiento thought; pansy; *corona de pensamientos* funeral wreath
penar think; intend; plan
pensativo pensive
pensión price; investment; pension
penúltimo next-to-last; penultimate
penumbra shadow

penumbroso shadowy
peña cliff
peor worse, worst
pequeño small
pera pear
percatar suspect; *percatarse de* find out, verify
percebir perceive
perder lose, ruin; *perder ojo* let out of sight
pérdida loss
perdón pardon
perdonar pardon, forgive; go without saying; not to say
perdurable everlasting; lasting
perdurar last a long time
perecedero temporal, perishable
perecer perish; *perecer de* lack
peregrino wandering, rare
perentorio in an imperative, urgent tone
pereza laziness
perezoso lazy
perfeccionar perfect
perfidia perfidy
perfil profile
perfilar detail, show precisely; profile, show a profile
pergamino parchment
periódico newspaper
periodístico newspaper
período sentence, period
peripatético ambling
perjudicar hurt, damage
perjuicio damage
perla pearl
perlar form beads or pearls
permanecer remain, stay
permanente permanent
permisión permissiveness
permiso permission; *con permiso* excuse me
permitir permit
pero pear tree; but
perpetuo perpetual, constant; perennial
perplejidad perplexity
persistir persist
perseguir pursue, chase

perseverancia perseverance
persiana blind
persistencia persistence
persona person
personalidad personality
perspectiva deceptive appearance; point of view; perspective; view
perspicaz perspicacious
persuadir persuade
pertenecer belong
pertinacia pertinacity
pertrechos equipment, supplies, provisions
perturbante perturbing
perturbar perturb, bother
perra bitch
perro dog
pesadilla nightmare
pesado difficult; heavy
pesadumbre sorrow, evil happening
pésame condolence, wake
pesar pain, weight upon; pain, unhappiness; a pesar de in spite of; a pesar de que in spite of
pescado fish
pesia in spite of
pesimismo pessimism
peso weight; scale
pesquisa cop, policeman
petición request
peto breastplate
petroleo oil
petulante petulant, loud
pez fish
piadoso pious
picachón double-edged pickax
picar anger, annoy; cut, cut up; sting; bite; picar en el vivo peak; hit where it hurts; picarse de boast of being
pícara fresh girl
picaresco picaresque
pícaro scoundrel
pico pick; point; end; sum; beak; un buen pico a fat sum
pichón young pigeon
pie foot; al pie at the foot; at the bottom; a pie on foot; a pie quedo firmly; a pie llano without difficulty; dejar en pie

leave intact; echar pie a tierra dismount; pie forzado set foot (in poetry); ponerle pie delante outdo; ponerse de pie get up; ponerse en pie get up
piedad piety; pity
piedra stone; la piedra de la adulación flattery's whetstone
piel skin, surface, appearance
piélago ocean
pierna leg
pieza piece; play; room; work
pigmeo pigmy, tiny
pillar catch
pinar pine grove
pingón(-ona) covered with rags, tattered; tattered old man, woman
pino pine
pintado in one's imagination
pintar paint
pintor painter
pintura paint, painting
pío pious
piquillo: de piquillos with ornamental edging
pirámide pyramid
pirata pirate
pirueta ring, curl; turn; twirl; gesture
pisada footstep; step
pisado trampled upon
pisar step on; step over; step; walking, stepping
piso floor
pisotón step (on someone's foot)
pisto mess, wrangle
placa mask
pláceme congratulations
placer pleasure; please; me place I'm happy to
plácido placid, tranquil
planeta planet
plano flat; plane, level; plan; segundo plano secondary importance, background
planta foot; plant; planta baja ground floor
plantar plant; put it straight to
planteamiento action of raising a question

plantear pose, plant; propose, impose

planto plaint, lament (archaism)

plañido lament

plañir complain; lament

plasta paste, flattened mass

plástica plastic, plasticity

plata money; silver

platear coat with silver

plática chat

platicante blabbermouth

platicar chat

plausibilidad praiseworthiness; acceptability

plausible praiseworthy, acceptable, popular, deserving of applause

plaza area, square; position

plazo date of payment

plebe common people

plebeyo plebian, ordinary

plegar fold, bend; fold over; *plegue a Dios* Goddamn it

pleito argument

plenitud plenitude, fullness

pleno full; in the middle of

pliego paper

pliegue fold

plomizo greyish, leaden

plomo lead

pluma pen; quill; feather

plumero plume, bundle of plumes

pluralidad plurality

población population

poblado dense, densely populated

pobre poor; *pobre de mí* poor me

pobreza poverty

pócima potion

poco little; *poco a poco* little by little; *de allí a poco* shortly afterwards; *dentro de poco* in a little while

podador pruner

podar trim, prune

podenco hound

poder can, be able; hands; proxy; power of attorney; power; *no poder más* not be able to take any more; not be able to stand it any more; *no poder menos de* can't help but

poderío power

poderoso powerful

podrición rot

podrido rotten

podrir rot

poesía poetry

poeta poet

policía policeman

policíaco police, detective

policial police

política policy; political; politics

político diplomatic; political

polvo powder, dust

pólvora powder

pompa pomp

ponderar ponder, weigh, praise

poner put; place; pet; *ponerse* put on; *sin quitar ni poner un punto* perfect, without taking away or adding anything; just as it is; *poner a punto* fix up, make just right; *poner a salvo* save; *poner de manifiesto* show up, make obvious; *poner en tela de juicio* hold up to the light, expose; *poner en antecedentes* let know what happened before, up to now; bring up to date; *poner en cobro* place in safety; *poner en escena* make a spectacle of; *poner en juego* involve; *poner en olvido* forget; *ponerse en pie* stand up; *ponerle pie delante* outdo; *ponerse* become; *ponerse de acuerdo* agree; *ponerse de pie* get up; *poner la mesa* set the table

pontífice pontil, of a bridge; pontiff

ponzoña poison

popa poop, stern

popular of the masses

por for, because of, instead of, for the sake of; *por ahí* here and there; *por ciento* per cent; *por consiguiente* therefore; *por de dentro* on the inside; *por de fuera* on the outside; *por desgracia* unfortunately; *por Dios* I swear to God; *por el estilo* like that; *por encima de* on top of; *por eso* for that reason, consequently; *por excelencia* par excellence; *por fortuna* luckily; *por fuerza* by force, necessarily; *por igual* likewise, equally, at the same time; *por* *la mayor parte* by and large; *por lo menos* at least; *por lo pronto* for the moment; *por mi cuenta* for my part; *por otra parte* on the other hand; *por sospechas* as a suspect; *por su vida* for the life of you; please; *por tanto* therefore; *por último* in the last place; at last; finally

porfía competition; stubbornness; obstinacy; unbending quest; *a porfía* vying to

porfiado stubborn, obstinate

porfiar insist

porque because, so that

portador carrier

portar carry, wear

portazo slam of the door

porte: sacar porte be handsome

portento prodigy, wonder

portentoso portentious, great

portería main door, main entrance; janitor's room; porter's lodge

portillo gap, breach, opening

portón gate

porvenir future

porvenirista promising, looking toward the future

posada inn

posar pose, put down; *posarse* land, pose, take repose

poseedor possessor

poseer possess

positivismo positivism

positivo positive

posta post, mail

postergar put off

posterior after, later

postizo false

postrar be below, prostrate oneself, kneel

postre dessert; *a la postre* afterward, at the end

postrer(o) last

postrimería last stages of man

postular imagine, postulate

póstumo posthumous

postura position

potencia power, strength; ray

potro rack

pozo well

práctica practice

practicar do; carry out; practice

práctico practical

pradera plain, field

prado field; grass

pragmático pragmatic

praxis practice (of an art or science)

preámbulo preamble

preceder precede

precepto order

preciarse de be proud of being; boast of being; have pretentions of being

precio price

preciosismo preciosity

preciosista one given to preciosity

precioso precious; darling; delightful

precipitado fast, quick, precipitous

precipitarse hurry; rush

preciso necessary; precise

precita damned

prédica sermon; harangue

predicamento predicament; category; esteem; reputation

predicar preach; say; predicate

predominar predominate

predominio predomination

preferencia preference

preferente with preference for, to

preferir prefer

pregonero town crier

pregunta question

preguntar ask

prelado prelate

preliminar preliminary

premiar reward

premio prize; reward; *en premio* as a prize

premioso burdensome

premisa premise

prenda adornment; gift; talent; belonging; possession; jewel; prize; article of clothing or of jewelry

prendar fall for; fall in love with

prendedor taker

prender pin; hold with a pin; adorn; apprehend; grab; *prender fuego* catch fire

preñado full; pregnant

preocupar preoccupy
pre-rafaelismo Pre-Raphaelism
presagiar foretell
prescinder de dispense with
presencia presence
presentación introduction
presentar present
presente present; tense; *tener presente* have or keep in mind
presentir have a presentiment
preservar preserve
presidencia presiding
presidente president; presiding judge
preso overcome; prisoner; *darse preso* be under arrest
prestación service
prestamista money lender
préstamo loan
prestar lend
presto fast; soon
presumido scornful, snobbish
presumir presume, undertake; *presumir de* pass for; put on airs of being
presunción presumption; presumptuousness
presuntuoso presumptuous
pretender claim; court; ask for; ask in marriage; pretend
pretendiente pretender; suitor
pretérito former
prevalecer prevail
prevención preparation; foresight
prevenido ready; forewarned
prevenir forewarn
previo previous
previsible predictable
previsto foreseen
priesa var. of *prisa*
primavera spring
primer(o) first; of great importance; of top priority; *de las primeras* first-class
primitivismo primitivism
primitivo primitive
primo cousin; *primo carnal* first cousin
primogénito primogenitor; first born
primor virtue, excellence
primoroso careful; skillful; fine; elegant; exquisite
príncipe prince

principio beginning; principle; *principio final* entrée
prisa haste; *con prisa* in a hurry; *darse prisa* hurry, hurry up; *de prisa* in a hurry; *tener prisa* be in a hurry
prisma prism
prístina clear
privado private; private citizen
privanza privation
privar deprive
privilegio privilege
pro: en pro de in favor of; on behalf of
probar prove; try; try on; taste; try out
problema problem
problemática problematic questions
problemático problematic
proceder behavior; come from; proceed
prócer lord, dignitary
Próceres House of Lords, Upper House
procesado defendant
procesemiento process, proceedings
procesar try (a case)
proceso proceedings
proclive inclined, disposed
procrear procreate, beget
procurar seek; try
prodigalidad prodigality
prodigio prodigy; wonder; prodigious
producir produce
proeza magnificent feat
profanador profaning; profaner
profanar profane; debase
profano profane
proferir pronounce; express; name
profesar profess
profundidad depth
prófugo fugitive
profundo profound, deep
profuso profuse
progresar progress
progreso progress
prohibir prohibit; prevent
prole offspring
proletario proletarian; proletariat
prolijo tedious
prólogo prologue
prolongar prolong; outstretch
promesa promise
prometer promise

promoción advancement; preference; upward mobility
promover promote; bring about; push ahead; foment
pronombre pronoun
prontitud quickness
pronto quick; soon; *de pronto* suddenly; *por lo pronto* for the moment
propagador propagator
propagar propagate; spread
propensión propensity
propiamente really
propiedad property; ownership; proprietorship; naturalness; likeness
propietario owner
propio own; same
proponer propose
proporcionar destine
propósito purpose; objective; *a propósito de* with respect to; *a propósito* to the point; opportune; to the heart of the matter; by the way
propriedad propriety; proprietorship
propuesta proposal
prosaismo prosaic nature
prosapia ancestry; lineage
proseguir continue; go on
prosperidad prosperity
prostrer(o) last
protagonista protagonist
protesto written receipt; *extender el protesto* deposit the receipt
provecho advantage; benefit
provechoso advantageous; beneficial
providencia foresight; providence
provincia province
provinciano in the provinces
provisor overwatching; protective
provocativo provocative
proximidad nearness
próximo near
proyectar project
proyecto project
prudencia prudence
prudencialista restrained; requiring self-control
prudente careful; prudent
prueba evidence; proof; trial; test

psicología psychology
psicológico psychological
psicologismo conclusion based on psychological findings
psíquico psychic
publicar publish
público public
pucherillo pot
pueblo town; village; people
puente bridge
puerta door
pueril childish
puerilidad childish thing; childishness
puerta door
puerto port
pues since, well; then
puesta del sol sunset
puesto place; position; job; put; *puesto que* since
pugna fighting; agressiveness
puja: venir a puja place bids
pujar outdo; strain
pulir polish; embellish
pulo: de un pulo suddenly
pulso pulse; *sin pulsos* weakened; without strength
pulular pullulate; swarm; teem; breed in abundance
punta end; edge; point; tip; stitch; *puntas y collar* leanings; inclinations
puntería aim; goal; mark
puntilla: de puntillas on tiptoe
punto point; period; dot; *al punto* right away; *a punto* ready, just so; *a punto de* about to; just about to; on the verge of; *a punto de caramelo* just so; *en su punto* perfect; *luego al punto* right now; *poner a punto* fix up; make just right; *punto de arranque* starting point
puntualidad accuracy; carefulness
puñada blow with the fist; fistful
puñalada dagger wound; stab
puñela damn it
puño fist
pupila pupil
pureza purity
purgar purge; *purgarse* purge; cleanse
Purgatorio purgatory

purificador purifying
puro pure; nothing but; *de puro* + adj.
 just because he's (she's) + adj.
púrpura purple
purpúreo deep red; purple
purpurino purplish
pusilánime pusilanimous
puta whore
putería whorehouse

Q

que it's that; because; than; that;
 which; who; what; how
qué which; what; what a; how
quebrada gorge; ravine
quebradero break
quebrantar break; crack
quebrar break; crack
quedar remain; be left; *quedarse* remain;
 stay; *quedarse en las pajas* stay put
queja complaint; moan; scream of pain;
 whine
quejarse de complain about
quejido cry; whine
quejoso complaining; lamenting
quema burning; fire
quemar burn; *quemar el último cartucho*
 play one's last trump card
querella quarrel; debate
querer want; wish; love; intend; *a*
 querer had he really wanted; *querer*
 decir mean; *querer mal* not to like
querida mistress
querido dear; lover
queso cheese
quevedesco of Quevedo
quiebro break; rupture
quien who, whom, which
quienquiera whoever
quieto calm
quijotesco referring to Don Quijote
quilate carat; small amount; weight in
 gold
quimerista daydreamer
quinqué wick lamp
quintaesenciado very refined
quintero farmer

quitar take away; *sin quitar ni poner un*
 punto perfect; without taking away
 or adding anything; just as it is;
 quitar el sol hide the sun; *quitar de*
 allá get out of here; *quitarse* take off
quizá perhaps

R

rabadilla rump
rabel rebeck (musical instrument)
rabelín puny player of the rebeck
rabicorto short around the thighs
rabia anger; *mala rabia* damn it
rabino rabbi
rabioso angry, mad
rabo tail
racionalista rationalistic
radiante radiant
radicar live
radio radius
radiografía X-ray
ráfaga gust, puff
raíz root
rajarse brag; break; tear away; tear
 apart
rama branch
ramillete bouquet
ramo branch
rampante rampant
ramplón coarse; vulgar
rancioso greasy; old-fashioned
rapaz boy; child
rapidez rapidity
rápido rapid
rapto rapid; kidnapping
raquítico sickly; weakly
raridad rarity; rareness
raro rare; strange; *rara vez* rarely
ras: a ras de even with; touching
rascar scratch
rasgo trait; mark; trace; slight move
rasgón tear; rip; rent
rasguear scratch
raso satin; smooth; clear
rastra: a rastras dragging
rastrear tell; gather
rastro trail; wake; trace

rata rat

ratero base; vile

rato while; short period of time; *a ratos* sometimes; *al rato* after a while; *de rato en rato* from time to time; *hace rato* quite a while ago

ratón mouse

raudo state

rayado striped

rayar break (said of the dawn)

rayo lightning; ray; stripe

raza race; spot; *raza de confeso* impure (of Jewish or Moslem) blood or lineage

razón reason; *con razón* no wonder; *dar razón a* side with; *razón de estado* reason for being; *tener razón* be right; *tener uso de la razón* be able to think

razonador capable of reasoning

razonar reason

reaccionario reactionary

real royal; real; monetary unit formerly used in Spain

realce emphasis

realidad reality

realismo realism

realización effectuation; act of carrying out

realizar realize; carry out; enhance

reanimar bring back to life

reanudarse tie together again

reaparecer reappear

rebajar lower; reduce; *rebajar la pena* commute the sentence

rebanarse lop off

rebaño pack

rebasar overflow; be very abundant

rebeldía rebellion

rebotar bend back; bend over

rebozar cover up

rebujarse wrap oneself up

rebullir stir

recabar succeed in getting

recaer en fall to

recaída backsliding; relapse

recapitular recapitulate

recargar charge

recatar hide; conceal

recato reserve; modesty

recelar suspect; be afraid of; fear for; distrust

recelo caution; fear; distrust

receptáculo receptacle

receta prescription

recetar give a prescription; prescribe

recibir receive; *valor recibido* paid in full

recién recently

recíproco reciprocal

recitante performer who speaks lines

recitar recite; speak (in a play)

reclamar claim; demand

reclamo advertisement; claim

reclinatorio kneeling bench

recluir stay in reclusion

recobrar regain control of

recoger collect; pick up; gather; gather up; gather together

recogimiento care

recoleto saintly; self-communing

recomendar recommend

recompensa compensation

reconciliar reconciliate

reconocer recognize

recontar count again

recopilación act of compiling; compilation

recordar remember; remind

recostar lean

recrear delight

recrudecimiento recurrence

recto straight

recua drove; multitude

recuerdo memory; souvenir

reculón: a reculones backwards

recuperar recuperate; get back

recurrir have recourse to

recurso recourse; means

rechazar reject

rechazo: de rechazo on the rebound

red net

redactar edit; compose

redactor editor

redención redemption

redentor redeeming; redeemer

redil sheepfold

redimir redeem

rediós Oh my God; Goddam

redoble beat, roll

redoma phial; flask
redondo round; straightforward
reducir reduce
reducto redoubt
reemplazable replaceable
referido aforementioned
referir recount; tell; *referirse* refer
refilón: de refilón suspiciously
reflejar reflect
reflejo reflection
reflexionar reflect
reflujo ebb
reforma reform
reformador reforming; reformer
reformar reform
reforzar reinforce
refrán refrain
refrenar break; hold back; slow down
refugio refuse; *refugiarse* take refuge
regalar give as a gift
regalo gift
regazo lap
regenerar regenerate
regenta regent; regent's wife
regente regent
regidor councilman
régimen regime
regir rule; keep in line; discipline
registrar search; investigate; appear upon; examine
regla rule; *en regla* in order; proper; in due form
regocijo enjoyment; rejoicing
regresar return
reguedero stream
regular normal
rehuir flee from; avoid
rehusar refuse
reinado reign
reinar reign
reino kingdom
reír laugh; *reírse* laugh
reiterante reiterating
reiterar reiterate; repeat
reja iron; grill; grating
relación story
relajado bum
relámpago lightning; quick glance
relampagueante lightning-swift; flashing

relatar relate; tell
relato story
releer reread
relegar relegate
relevante superior; outstanding
religioso religious (person); monk; priest
reluciente shining; outstanding
relucir shine
relumbrón: de relumbrón showy; flashy; tawdry
remansar dam up; back up
rematar finish off; kill off; finish
remate: loco de remate perfectly mad; stark, raving mad
remedar imitate; copy; ape; mimic
remediar remedy; take care of
remedio remedy; medicine; *no hay remedio* there's no choice; you have to
remendar mend
remiso remiss; excessive; misplaced
remitir defer; yield; commute (a sentence); send; transport
remolino eddy; swirl
remontar elevate; rise; raise up; go back; raise
remordimiento remorse
remoto remote
remover remove; shake; *removerse* move; shake
remozar rejuvenate
renacentista renaissance
renacer be reborn
Renacimiento Renaissance
rencor anger; grudge
rendija crack
rendir give in to; be overcome by; succumb; make succumb; take care of; settle; render; *rendirse* give in; give up
renegado renegade; coarse person
renegar de deny; denounce; renounce
renombre renown; fame; reputation
renovación renewal
renovador renovating
renovar renew
renta income
renuncia renunciation
reñido at variance
reñir fight; argue

reo criminal; condemned person; *reo de muerte* criminal condemned to death; defendant

reorganizar reorganize

reparar restore; repair; notice; note; make amends for; restrain; *repararse en* notice

reparo observation; doubt; protection; wariness; bashfulness

repartir share; hand out; distribute

reparto cast

repasar review

repente: de repente all of a sudden

repentino sudden

repetir repeat

réplica duplicate; reply

replicar reply

repliegue: en repliegue squeezed together; girdled

repollo cabbage head; head of cabbage

reportar check; restrain

reposar rest; repose

repostero elegant tapestry used as a curtain for small stages

repreguntar ask again

reprehender reprehend

reprehensión reprimand

reprender reprehend; scold

represalia reprisal

representación appearance; play

representante performer

representar represent; act

reprochar reproach

reproducir reproduce

reptante crawling; sneaky

república republic

repudiar repudiate

repugnancia repugnance

repugnar be repugnant; be disagreeable

reputarse en be regarded as

requerer require; demand

requerimiento: a requerimientos de at the request of

requirir get

requisito requirement

resabio wisdom; knowledge; wise

resbalar slide; slip; *resbalarse* slip; slide

rescoldo ember

resentido resentful

resentimiento resentment

reservado reserved; discrete

reservar reserve

residir reside

residuo trace; residue

resignar resign; *resignarse* resign oneself; give in

resistencia resistance

resistir stand; resist; *resistirse a* resist

resma ream

resolver resolve

resonancia resonance

resonar resound

resorte resort; spring

respalda back

respective matter

respectivo respective

respecto a with respect to

respetable respectable

respetar respect

respeto respect

respiración breathing

respirar breathe

resplandecer shine

resplandeciente shining; glittering

resplandor glow; shine; brilliance

responder answer; respond

responsabilidad responsibility

responso prayer for the dead

resta subtraction

restanar stanch

restar remain; be left; subtract

restaurador restorator; restorer

restaurar restore

restituir restitute; give back

resto remains; remainder; rest; vestige

restos remains

restrictivo restrictive

restringir restrain

resulta: a resultas de resulting from; as a consequence of; *de resultas* as a result

resultado result

resumen résumé; summary; summing up

resumir resume; summarize

resusitar resuscitate

retablo retable; raised ledge for holding ornaments during a service; shelf; puppet show; altar

retahila string; line
retama Spanish broom
retazo portion; fragment; *a retazos* a little bit at a time
reticencia reticence
retirada retreat
retirado retired; sold; unsociable
retirar retire; take back; *retirarse* step back; retire; go away
retiro retreat; retirement; inactivity; *Retiro* park in Madrid
reto challenge
retorcer twist
retórico rhetorical
retornar turn around and around; return
retorno return
retraso backwardness
retreparse lean back; recline
retrete closet
retroceder go backwards; step back
reunir gather; get together; unite
revelador revealing
revelar reveal; show
reventar spill out; burst; explode
reverencia bow; curtsy
reverenciar revere
revertir revert
revés: al revés backwards; upside down; *al revés que* the opposite of; *al revés de* the opposite of
revestir cover up; dress up; protect
revisar review; go over
revista magazine; review
revocar revoke
revolver walk back and forth; stir; turn around; shake up
revuelo confusion; excitement
revuelta revolt
revulsivo which provokes change or a sudden, strong reaction; jolting; shocking
rey king, maximum
rezar pray
rezo prayer
ribazo slope; embankment
ribera shore; bank
ribete trace; sign
rico rich; delicious; good; well
ridículez ridiculousness

ridículo ridiculous; worthy of ridicule
rienda rein
riesgo risk
rígido stiff
rigor exactitude; rigorousness; inflexibility; cruelty
riguroso rigorous; inflexible; stubborn
rima rhyme
rincón corner
río river
riqueza richness
risa laugh; *tomar a risa* take as a joke
risible laughable
ristra string
risueño smiling
ritmo rhythm
rivalidad rivalry
rizo foam; curl; hairdo
robar rob; steal
roble British oak
robo stolen merchandize; robbery
robusto robust; large; strong
roca rock
rocín hack; nag; workhorse
rocío dew; drizzle
rodar go around; roll; *echar a rodar* upset; topple
rodear surround; go around the long way; *quien piensa atajar rodea* haste makes waste
rodilla knee; *de rodillas* on one's knees
roer gnaw (at); *roer los zancajos* talk behind someone's back
rogar beg; plead
rojizo reddish
rollo roll
romance ballad; romance; popular poetic form characterized by 8-syllable lines
romancillo type of Spanish verse
romanticismo romanticism
romántico romantic
romper break; tear
ronco hoarse; dull
rondeña tune from Ronda
rondón: de rondón brashly; uncompromisingly
ropa clothes; *ropa de guarda* Sunday dress; best clothes; *ropa talar* long clothes

ropaje clothes; get-up
ropilla kind of elegant short vestment
roqueda rocks; rockiness
rosa rose
rosado pink
rosal rosebush
rosario rosary; collection
rosquilla grub; *de rosquillas* grubby; dirty
rostro face
roto broken; torn; tattered
rotundidad rotundity; straightforwardness
rotura rupture
rozar rub together; skim
rubí ruby
rubio blond; yellow; *arco rubio* rainbow; *mar rubio* Red Sea
rubricar add one's flourish to; make one's special mark when signing one's name; sign and seal; certify to; attest to
rudo rude; coarse
rueda wheel
ruego plea
rugir roar
ruido noise
ruina ruin
ruinoso ruinous
ruiseñor nightingale
rumbo course; direction; way; bearing; pomp; show
rumor low noise; soft sound; gossip
rutina routine
rutinario routine

S

sábana sheet
sabandija insect; vermin
sabático sabbatical
saber know; find out; *saber a* taste like; *hacer saber* let know; *¡No lo he de saber!* I certainly ought to know!; *qué sé yo* how do I know
sabiduría knowledge; wisdom
sabihondo know-it-all; wise guy
sabio intellectual; wise man; sage; wise
sabor taste; flavor

sabotaje sabotage
sabroso delicious
sacar take out; take off; take away; get; dry (up); *sacar a luz* bring to light; publish; *sacar a lucimiento* bring out; show; *sacar de apuro* help out; *sacar en limpio* net; *sacar porte* be handsome
sacerdote priest
sacramentar transubstantiate; conceal; hide; sanctify
sacramento sacrament
sacrificar sacrifice
sacrificio sacrifice
sacrosanto sacrosanct; holy
sacudida shake
sacudir shake (off); shake up; dust
saeta kind of ceremonial song
sagaz sagacious; wise
sagrado sacred; holy; refuge
sahumerio perfuming; incense; aromatic smoke
sal salt
sala living room; parlor; room; hall
salario salary
salida exit; way out; escape
salir leave; enter (theatrical); go out; come out; result; *salir a luz* turn out; result; *salir al encuentro de* go out to meet; *salir a flote* make a go of it; be successful; *salir al paso* be in the way; *salir con* get away with; succeed in; *salirse* disappear; be rubbed off; erased; fade; *salirse de las casillas* fly off the handle
salmo psalm
salón hall; large room; salon; living room
salsa sauce; flavor; stimulation
saltar jump; fly (a spark); splash; *hacer saltar* shoot; throw
salto jump
salud health
saludable healthy
saludar greet
salva act of tasting food before serving it; *hacer la salva* taste
salvadera sandcaster
salvar save
salvilla grooved tray for holding cups and glasses

salvo: poner a salvo save
sancionar penalize
saneamiento cure; healing
sangre blood
sangriento bloody; bloodred
sanguinario bloodthirsty
sano healthy
santiguarse make the sign of the cross
santo holy; saint; saintly; *día de los santos* All Saints Day
saña rage; fury; cruelty
sapiento wise
sarcasmo sarcasm
sarcófago sarcophagus
sardina sardine
sarmentador vine shoot gatherer
sarmiento vine shoot
sarna itch; bite; mange; scabies
sarta line
sastre tailor
satánico satanic; inspired by the Devil
sátira satire
satírico satirist
satirizar satirize
satisfacer satisfy; comply
saturar saturate
saya skirt
sayo smock; tunic; garment
sayón torturer
sazón ripening
sazonado tasty; witty; expressive
secar dry (out)
seco dry
secretario secretary
secreto secret; silent
sectario supporter
sed thirst
seda silk
sede seat; headquarters
seducir seduce
seductora seductress
segregar divide; rip through
seguida: en seguida right afterward
seguidamente one after the other
seguimiento pursuit
seguir follow; continue
según according to; as; according to the way
segundo second
segundón second-born

seguro sure; insurance policy; assurance; *mal seguro* unsure
selecto selective
selva jungle; thick woods
sellar stamp; seal
sello seal
semblante face; appearance
sembrado sown field
sembrar sow; *sembrar sal* salt down
semejante similar; such a
semejanza similarity
sementera seeding
sencillez simplicity
sencillo simple
senda path
senderear cut or open a path
sendo strong; heavy
sendos strong; two
seno breast; depth
sensibilidad sensitivity
sensible sensitive
sensual sexy; sensuous
sentar place; establish; seat; *sentarse* sit down
sentencia sentence; declaration
sentido feeling; sense; meaning; way; direction
sentimentalismo sentimentalism
sentimiento feeling; emotion; sentiment; grief
sentir feel; suffer; hear; *lo siento* I'm sorry
seña signal; sign; *hacer de señas* wave; signal
señal mark; sign; signal
señalar indicate; point out
señor sir; Mr.; gentleman; *Señor* Lord
señora lady; wife
señorear dominate; rule
señoría nobility
señorío seigneury; dominion
señorito dandy; youngster; young gentleman
señuelo lure; bait; decoy
separar separate
sepulcro sepulcher
sepultar bury
sepultura sepulcher; grave
séquito hangers-on; yes men; followers

ser being; be; *a ser* if it were; *es decir*
that is to say; *sea de ello lo que quiera*
make of it what you will
serena mermaid; sea siren; siren
serenarse calm down
sereno serene
serie series
seriedad seriousness
sermonario collection of sermons
serpear flash; wind
serpentear wind
serpiente snake
servicio service
servidor servant
servil servile
servilleta napkin
servir serve; *servir de* serve as; be good
for; *sírvase* help yourself
serrijón short chain of mountains
sesera brainpan
seso brain; mind; *¿está en su seso?* are
you out of your mind?
sestear sleep; take a nap
seudónimo pseudonym
severidad severity
severo severe; serious
si if, why; well
sí yes; *sí, tal* oh yes you can
sicología psychology
sicológico psychological
siempre always
sien temple
siervo vassal
sierra mountain
siesta nap
sigiloso reserved; silent
siglo century; *por el siglo de mi madre*
I swear by my mother; I swear by all I
hold dear; *por el siglo de mi abuela* on
my granny's soul
signar make the sign of the cross
significación meaning
significado meaning
significar mean
significativo significant
signo wave; sign; movement
siguiente following
silbido hiss
silenciar silence
silencioso silent; silently

silueta silhouette; shadow
silla chair
sillón armchair; *sillón frailero* friar's
chair; a type of large armchair
sima hollow
simbólico symbolic
simbolista symbolist
símbolo symbol
simétrico symmetrical
simiente seed; germ; semen
simpatía congeniality; winsomeness
simple simpleminded
simulación copy
simular pretend
simultáneo simultaneous
sin without; *sin duda* probably; without
doubt; *sin embargo* nevertheless; *sin
falta* undoubtedly; surely; *sin fin* limitless; *sin pulsos* weakened, without
strength; *sin que* without; *sin ton ni
son* any which way, without rhyme
or reason
sinagoga synagogue
sincero sincere
singular strange thing; strange; singular
singularidad singularity; uniqueness
siniestra left hand; evil; sinister; wrong
siniestro left (hand)
sino sine; *sino (que)* but
sinónimo synonym
sintáctico syntactical
síntesis synthesis
sintético synthetic
síntoma symptom
sinuoso wavy; devious
siquiera even; just; if only; at least;
ni siquiera not even
sirena siren
sisear whisper
sistema system
sistemático systematic
sístole systole (the shortening of a syllable that is naturally or by position
long)
sitial armchair; place of honor; president's chair
sitio siege; place
situar place; situate
so you (Galicianism)

soberanía sovereignty; rule; haughtiness
soberano sovereign
soberbia pride
soberbio proud; arrogant
sobornar buy; bribe
soborno bribe; control
sobra excess; left over
sobrado attic; more than enough
sobrar be left over; be in excess; have in excess
sobre on, about; envelope; *sobre todo* above all; especially; be in excess
sobrecoger move; shock; scare
sobreentender read between the lines; perceive
sobrenatural supernatural
sobrepasar overcome; *sobreponerse* overcome; dominate; control; get the better of oneself
sobresalir excel
sobresaltado startled
sobrescribir superscribe; address
sobremesa period after dinner during which all remain at the table and chat; *de sobremesa* after dinner
sobrino nephew
socarrón sly
socialista socialist
sociedad society
socio member; *socio de mérito* distinguished member
sociológico sociological
socorrido handy; helpful
socorro help
socratismo Socratism
sofisma clever argument
sofista sophist
sofisticado sophisticated
soga noose
sol sun; *pasearse como una culebra al sol* slither; *puesta del sol* sunset; *quitar el sol* hide the sun
solapa lapel
solapado artful; on the sly; sly; hidden
solar lot; place; land; plot; *de solar conocido* of good family
soldado soldier
solemne solemn

solemnidad solemness; solemnity
soler be accustomed to; *suele venir* he usually comes
soleta: tomar soleta hurry up
solicitar ask for; request; solicit
solícito eager
solicitud request; desire for knowledge
solidaridad solidarity
sólido solid
soliloquio soliloquy
solio throne with a canopy
solitario solitary
soliza shine
solo alone; *a solas* alone; with oneself
sólo only; alone
solomónico of Solomon
soltar give up; let go of; loosen; fork out; hand over; *soltar el trapo* give free rein to one's emotions
soltero bachelor; single
soltura letting loose
sollozar sob
sollozo sob
sombra shadow; *a la sombra* on the other side; on the sly; *a la sombra de* behind
sombrero hat
sombrío somber
somero slight; superficial
sometimiento submission
son sweet sound; music; *sin ton ni son* any which way; without rhyme or reason
sonadera blowing
sonante: conante y sonante moneda de curso legal legal tender
sonar sound; ring; chime; make music
sondar sound; delve into; touch bottom
sondear sound out
soneto sonnet
sonido sound
sonoro sonorous; noisy
sonreír(se) smile
sonriente smiling
sonrisa smile
sonsacar entice away
soñador dreamy
soñar dream
soñoliento sleepy

sopetón: de sopetón unexpectedly
soplar blow; breathe on
soplo blow; breath; gossip; rumors; grapevine; squealers
soplón squealer; stool pigeon; catchpole (sheriff's deputy); informer; spy
sopor drowsiness; stupor
soportar stand
soporte support
sorber seep up; absorb
sordo deaf; dull
soriano from Soria
sorprender surprise
sorpresa surprise
sortija ring; curl
sosegarse calm down; relax
sospecha suspicion; por sospechas as a suspect
sospechar suspect
sospechoso suspicious
sostener hold; sustain
sotana cassock; habit
sótano basement
suave soft; refined
súbdito subject
subjetivismo subjectivism
subir rise; go up; ascend; pull up
sublevar incite to rebellion
subordinado subordinate
subrayar underline
subterráneo underground
subtítulo subtitle
subversivo subversive
subyacente underlying
suceder happen; occur; succeed; follow
sucesivo successive
suceso event
sucumbir succumb
sudar sweat
sudario shroud
sudor sweat
suela sole
sueldo salary
suelo ground; floor; stage flooring; floor; venirse al suelo fall to the ground
suelto loose; alone
sueño sleep; dream; dar consigo en el sueño fall asleep; entre sueños while dreaming

suerte luck; de suerte que so that
sufragio help; succor
sufrimiento suffering
sufrir suffer; tolerate; put up with
sugerencia suggestion
sugestiva suggested; suggestive
suicidarse commit suicide
suicidio suicide
sujeción subjection
sujetar hold; hold fast; subjugate; hold in place
sujeto subject; person; individual; sujeto a subject to; held in place
sumamente very; exceedingly
sumario swift
sumir swallow; sink; submerge
sumiso submissive
sumo great
suntuoso sumptuous
supeditar hold down; oppress; subject
superar overcome; rise above
superchería fraud; deceit
superioridad superiority
supersticioso superstitious
superviviente survivor
súplica plea
suplicar beg
suplicio place of execution
suplir make up for, substitute
suponer suppose
supremacía supremacy
supremo supreme
supuesto que since
surcar furrow; plough
surco furrow
surgir appear; upsurge; come about; come up
surtidor tureen
surtir provide; stock
suscitar stir up; provoke; bring about
suspender suspend
suspenso bewildered
suspirar sigh
suspiro sigh
sustancia substance
sustancial substantial
sustentar sustain, maintain, nourish
sustento food, sustenance; nourishment

sustituir substitute
susto fright
susurrar whisper
sutil subtle, clever
sutileza subtlety; skill; instinct

T

tabardillo nutty fellow; rabble
taberna tavern
tabique thin wall; partition
tabla board; tie
tablado stage
tablilla panel; slat; board
táctica tactic
táctico tactical; tactic
tacto tact; sense of touch
tachón scratch
tafetán taffeta
tahur gambler; cheat
tal such; that's what; *sí, tal* oh yes, you can; *tal vez* perhaps, maybe; sometimes; once
talar: ropa talar long clothes
talento talent
talmente really; just like
talle figure; stature; waist
tamaño size
tambor drum
tamboril small drum
tampoco either; neither
tan as, so; *salir tan a luz* turn out as well; be as successful
tantear feel; check out; size up; try out; grope at
tanto as much; so much; *tantos* as many; so many; *algún tanto* a little bit; *en tanto* in the meanwhile; *entre tanto* in the meanwhile; *tanto más cuánto* haggling; *otro tanto* as much; *por tanto* therefore; *¡y tanto!* only too well!
tañer chime; ring; toll
tañido toll
tapa cover
tapar cover (up)
tapia mud wall
tapiz wall hanging; tapestry
taquimecanografía shorthand and typing

taracea marquetry; inlaid work; inlaid floor
tarambana madcap
tarazón slice; piece
tardar take time; daly; be late; take long; *tardar en* take a long time
tardío late
tardo sad; slow; heavy
tarea task; work
tarima stand; platform; stool
tartajoso stammering; stuttering; stutterer
tartamudo hesitant; stammering; stuttering
tarro can; jar
tasa appraisal
teatral theatrical
teatralería theatricality
teatro theater
tebano from Thebes
tecleado touch; fingering
técnica technique
técnico technical
tecnificación making technical
tedio tedium
tedioso tedious
teja end
tejadillo top; cover
tejer knit; weave
tela cloth; fiber; *poner en tela de juicio* hold up to the light; expose; *tener tela cortada* have work laid out
tema topic; subject; subject matter
temática topic
temblar tremble
temblón(-ona) trembling
tembloroso trembling
temer fear
temeridad recklessness; temerity
temeroso fearful
temible fearful
temor fear; *abrigar un temor* be uneasy about
temperamento temperament
tempestad tempest; storm
templado moderate; steady
templar calm; moderate; act with moderation; *aguas templadas* type of medicinal drink
Templario Knight Templar

temple frame of mind
templo temple
temporalidad temporality; time element
temprano early
tenaz tenacious; firm; *tenaz a* resisting
tender extend; hand; reach out; *tenderse* lie down; repose
tendero storekeeper
tendido prolonged
tenebroso dark; shadowy
tenedor fork; holder
tener have; hold; sustain; support; *a tener yo dos onzas de entendimiento* anyone with two ounces of brains; *tener cuidado* be careful; *tener en cuenta* keep in mind; *eso tengo yo* I'll handle this; *tenerlo como de molde* count on it; take it for granted; *tener por* consider; take to be; *tener presente* have in mind; keep in mind; *tener que* have to; *qué tengo de* do you suppose I'm going to; *tener razón* be right; *no tener razón* be wrong; *tener que ver* have to do; *tenerse* refrain; *tener tela cortada* have work laid out; *tener uso de la razón* be able to think; *tener 20 años* be 20 years old
tenor character
tentativa attempt
tenue tenuous; weak
teñir dye; stain
teólogo theologian
teoría theory
teratología study of monstrosities
tercer(o) third
terciar place diagonally
tercio third
terciopelo velvet
terco stubborn
tergiversar distort
terminante absolute
término end; term; *buen término* good faith
ternera veal
ternura tenderness
terquedad stubbornness
terreno earthly; terrain; ground; terraine; field; site
terrón ground

tesón tenacity
tesoro treasure; treasury
testa head
testamento testament; will
testar leave a will; make a will
testificar testify
testigo witness
testimonio testimonial; testimony
tetramembre four-part
texto text; words
tez skin
tibieza lack of fervor
tibio warm; tepid; luke warm
tiempo time; *a tiempo* when it's convenient; *de tiempo atrás* for some time; *al tiempo que* while; at the same time that
tienda store; *es tienda* it's store-bought
tientas: a tientas gropingly
tiento: a tiento with uncertainty
tierno tender
tierra earth; land; *echar pie a tierra* dismount; *echar tierra* hush up; bury; *vivimos en la tierra* that's just the way it is
tieso stiff; tight
tigresa tigress
tijeras scissors
timbal tart
tímido timid
tinglado temporary platform or stage
tiniebla shadow
tinta ink; dye
tinte dye
tintero inkwell; *no dejar ninguno en el tintero* leave nothing unsaid
tío-abuelo great uncle
tipa dame; broad
tipificación example; something typical
tipo type; guy
tirar pull; pluck; throw; throw out; throw away
tirio Tyrian; Phoenician; *ni tirios ni troyanos* either side
tiro shot
tirón pull; tug
titubeante stammering
titubear hesitate; stammer; stutter; tremble
titular entitle

título title
tiznado soiled with soot; drunk
tizón wheat smut
tobillo ankle
toca toga; mourning veil
tocador night table; vanity table
tocante touching (on)
tocar play (a musical instrument); touch; correspond to; be one's turn; be one's place; *tocarle la lotería a alguien* hit the jackpot; win the lottery
todo all; with it all; *del todo* completely; *todo el mundo* everyone
todopoderoso all powerful
toisón fleece
tomador drawee
tomar take; drink; *tomarle mal de fuera* have a sudden fit; *tomar afición* take a liking to; *tomar a risa* take as a joke; *tomar la hincha* hold a grudge against; *toma mi abuelo* by my granddad; *tomar soleta* hurry up; *tomar vacaciones* rest
tomate tomato
tomo volume
ton tone; *sin ton ni son* any which way; without rhyme or reason
tono tone; *de buen tono* high-class
tonto foolish; silly; stupid
topar run across; bump into; encounter; find
tópico topic
torbellino whirlwind
torcer twist
tormenta storm
tormento torture; torment
tornabodas wedding celebration
tornar turn (around); return
tornasolado light purple
torniscón slap on the face; pinch
torno: en torno a around; with respect to; *en torno de* around; all over
toro bull
torpe dizzying
torpeza clumsiness; mistake
tortilla pancake; omelet; *hacer tortilla* crush
tortuoso torturous
tortura torture
torturante torturous

torvo fierce; grim
torre tower
torrente torrent; storm
tos cough
tosco rough
totalidad totality
tozudo obstinate; stubborn
trabajador worker
trabajar work
trabajo tribulation; affliction; work; job; *costar trabajo* be trouble
trabajoso difficult; exhausting; requiring work
trabar clasp; seize; jam
traducir translate
traer bring
tráfico movement; concerning movement
tragar swallow
tragedia tragedy
tragicomedia type of Spanish play
trago drink; gulp; swallow
traído shabby
traidor traitor
traje suit; costume; clothes
trama plot
tramitar make arrangements for
trámite record
tramoya device; stage device
trampa cheating; trap
tranca pole; beam
tranco long stride
tranquilizarse calm down
tranquilo calm
transcribir transcribe
transeúnte passerby
transferir transfer
transformar transform
tránsito passage, trip, travel
translúcido transparent
transmitir transmit
transparente transparent
trapero rag man
trapo rag
tras behind; after
trascendencia transcendence
trascendente transcendent
trascender transcend; "get out"; leak
trasero behind

trasfondo background
trasgo goblin
trasladar move (from one place to another); transfer; *trasladarse* move
trasmutación transmutation
traspapelarse be mislaid
traspasar trespass; cross; pierce
traspiés stumble; *con doble traspiés*
stumbling all over
traspuesto sleepy
traste waste; *poner en traste* throw away;
ruin
trasto junk; piece of junk
trastornar go crazy
trasunto copy; likeness; image
tratado treatise
tratamiento treatment
tratar try; deal; treat; *tratar de* try; be
about; treat; be a matter of; *tratarse
de* be a matter of; be about
trato business; affair; treatment; dealing; *cerrar los tratos* close the deal
través: a través de through
travesía crossing
travesura piece of mischief; mischie-
vous act
trayectoria trajectory
trazar trace; draw; plan
treces: estarse en sus treces be hard-
headed; be stubborn
tregua treaty
tremendo tremendous
tremo tone; manner
tren train; outfit; equipment
trenquear stagger
trenza braid; lock of hair
treta trick
tributo tax; tribute
trigal wheat field
trigo wheat
trimembre trimember; with three parts
trinchador carver
trinchar carve
tripa possibility; *tripas* entrails
triste sad
tristeza sadness
triunfante triumphant
triunfo triumph
triza shred

trocar change; stop; switch; break;
change into; exchange; *trocar en*
change into; *trocarse* become
troj granary
trompa horn
trompeta trumpet
trompicón stumble; stumbling
trompo top
tronado spoiled
troncar hold; cut
tronco trunk
trono throne
tropa troop
tropel troop
tropelía prestidigitation; mad rush
tropezar trip; bump; collide; run into;
encounter; bump; bump into something; obstacle
trompicado choked
troyano Trojan; *ni tirios ni troyanos*
either side
trueco: a trueco de in exchange for
trueque: a trueque de in exchange for;
instead of
truhante truant
tubo tube
tumba tomb
tumbarse fall down
túmulo tumulus
tumulto tumult
turbador troublesome
turbante turban
turbar confuse; perturb
turbio upsetting
turbulencia turbulence
Turco Turk; *Gran Turco* Great Sultan;
como del Gran Turco not at all
turno turn

U

ufano proud; conceited; smooth; cheerful; satisfied
último last; last of all; *última pena* death
sentence; *por último* finally; at last; in
the last place
ultraje insult
ultranza: a ultranza to the extreme; at
any cost

ultratelúrico otherworldly contacts
ulular ululate; howl; hoot; wail
umbral doorway; threshold
unidad unity
unificar unify
uniforme uniform
unir unite
unamuniano of Unamuno
unánime unanimous; all the same
único only
unificar unify
universal versatile; multifaceted
universalidad universality
universidad university
universitario university; of the university; university student
universo universe
untar grease; anoint; bribe; rub
uña nail
urbanidad urbanity; sophistication
urbano urbane
urdir plot; scheme
urgente urgent
urgir urge; push; be urgent
urna urn
usado used; frequent
usar (de) use
uso custom; usage; use; *a uso de* in the style; *al uso* in vogue
usura usury; money-lending
usurero usurer
usurpador usurper
usurpar usurp
útil article; tool; useful
uva grape

V

vacación: tomar vacaciones rest
vacada herd of cows
vacilar vacilate
vacío empty; emptiness
vacuo vacuous; empty
vadear fathom
vado ford
vagabundo idler; bum; vagabond
vagamundo bum
vago vague
vaguedad vagueness

vaho light fog
válame: archaic for *válgame*
valenciano from Valencia
valentía braveness; valor
valentón arrogant; boastful; bold
valer be worth; have the confidence of; carry weight; *no hay bueno que valga* don't try to get out of it; no buts about it; *válgate el diablo* to hell with you; *válgame Dios* God help me; *vale decir* that's to say; *valerse de* use; take advantage of; make the most of
valeroso brave; valiant; valuable; worthy
validez validity
válido valid
valiente brave; *valentísimo* very brave
valimiento favor; protection
valor value; worth; bravery; *tener valor* be up to it; *valor recibido* paid in full
valorativo evaluation; value judgment
valle valley
valleinclanesco of Valle-Inclán
vámonos roundup
vampiro vampire
vanagloria boasting; arrogance; cockiness
vanidad vanity
vano vain
vapor steam
vaporoso breathy
vaqueta leather
vara stick; club
variedad variety
vario diverse; varying; full of variety; changing
varios several; various
varón man; male
vasallo vassal
vasco Basque
vaso vessel; glass
vástago offspring; young child
vasto vast
vecino neighbor
vedija tuft of wool
vejez old age
vela candle; sail
velada night session (of work)
velar stay awake

velatorio wake
veleidad caprice; whim; inconstancy; fickleness; flightiness
velo veil
velón night lamp
velorio wake
veloz swift; rapid
vellón fleece; lock of wool
vena vein
vencedor victor; conquering; conqueror
vencer overcome; vanquish; outdo
vencido flabby
vender sell; *venderse por* pass for
veneno venom, poison
venerar venerate
venganza vengeance; *tomar venganza de* take vengeance on
vengarse de take vengeance on
venida coming
venir come; *ancho te vendrá* it will be a little wide for you; *venir a cuentas* render accounts; *venir a puja* place bids; *venir a ser* happen to be; *venirse al suelo* fall to the ground
ventaja advantage
ventana window
ventano windows
ventero innkeeper
ventisquero blizzard
ventura fortune; good fortune; luck; *por ventura* fortunately; perhaps; perchance
venturoso fortunate
ver see; *a mi ver* in my opinion; *que se vean unos a otros* one as hard as the other; *tener que ver* have to do; *verse* be; feel; *verse las unas a las otras* each as good as the other
vera edge
verano summer
verbigracia for example
verbo verb
verdad truth; *en verdad* really; the truth is; really; verily; *verdades* "privates"; genitals
verdadero true; real
verde green; lascivious; off-color
verdear become green; turn green
verdugo hangman; executioner

verdura green; vegetable
vergel flower and fruit garden
vergonzoso shameful
vergüenza flaw; shame
verificable verifiable
verificar check; verify
verosimilitud lifelike representation; probability; likeliness; quality of being an exact copy of objective reality; realistic
versátil with different kinds
verso verse
verter spill; pour
vértigo dizziness
vestido dress; clothing
vestidura vestment; clothes
vestigio vestige
vestir dress
vestuario costumes; dressing room
vetusto ancient
vez time; *a la vez* at the same time; *cada vez más* more and more; *de una buena vez* once and for all; *de una vez* once and for all; *rara vez* rarely; *tal vez* maybe; perhaps; sometimes; *a veces* sometimes
vía way
viaje trip; *de viaje* on a trip
viajero traveler
viático provision
vibrante vibrant
vibrar vibrate
viceministro viceminister
vicio vice
vicioso given to vice
víctima victim
victimario victimizer
victoria victory
victoriar yell "victory"
victorioso victorious
vid grapevine; vine
vida life; *darse nueva vida* start a new life; *en vida* alive
vidente seer
vidrio glass; window
viejo old; *de viejo* old-time; *morirse de viejo* die of old age
viento wind
viejo old; old man

viento wind
vientre belly; womb
vigencia force; vogue
vigente in effect
vigía vigilance
vigilancia vigilance
vigilar watch
vigilia vigil
vihuela stringed instrument resembling the guitar
vil vile; *en vilo* in the air
villa settlement
villano villager; coarse; impolite; villain
vínculo tie
vino wine
viña vine; vineyard; "mine," "source"
viñedo vineyard
viñeta vignette
violado violet
violar ruin
violencia violence
violentar clash with; do violence to; curb; restrain
violento violent
violeta violet
virgen virgin
virginidad virginity
virtud virtue
virtuoso virtuous
virulencia virulence; force
visión apparition
visita visit; visitor
vislumbrar perceive
vislumbre glimpse
viso shine; gleam
víspera eve; day before
vista eyes; sight; view; vue; vision; *a la vista* apparently; *a vista de* in the eyes of; in full view of; *golpe de vista* quick glance
visto seen
viuda widow
viudo widower
viudez widowhood
vivacidad vivaciousness
vividor life-giving; alive
vivienda living quarters

viviente living; alive; living being
vivificar vivify
vivir live; *viva* long live; *vive Dios* by God; for God's sake; *vivimos en la tierra* that's just the way it is
vivo alive; vivid; lively; *herir en lo vivo* hit where it hurts; *sobre lo vivo* on the living skin; on the flesh
vizcaína person from Vizcaya
vocablo word
vocerío shouting
vocinglero loudmouth
volar fly; blow away; *se lo voló el viento* the wind swept it away
volcar turn over
voltear turn topsy turvy
volumen volume
voluntad will; free will
voluntario voluntary; willing; *voluntariamente* voluntarily; on purpose
volver return; turn; turn into; *volver a* + inf. do something again (*volvió a hablar* he spoke again); *volver en sí* get hold of oneself; regain consciousness; regain one's senses; *volverse* become; turn around; go back; go; *volverse loco* go crazy; *es para volverse loco* it's enough to drive you crazy; *vuelto de espaldas* with one's back turned
vomitar vomit
voraz voracious
votar vote; *voto a Dios* I swear to God; *voto a tal* damn you
voto vote
voz voice; rumor; term; word; *dar una voz* shout; *dar voces* yell; shout; *en voz de* in the mouth of
vuelillo lace cuff triming
vuelo flight; journey; *llevar de vuelo* send flying; *horas de vuelo* time past
vuelta return; turn; *dar la vuelta* turn around; turn back; *dar vuelta a* turn; *dar vueltas* turn around; *de vuelta* back; *a vuelta de* in return for; *a la vuelta de* on the other side of
vuelto returned
vuesa merced you; your mercy

vulgar common; ordinary; everyday
vulgaridad common people; vulgarity;
  mediocrity
vulgo common people; general public

Y

y and; **y qué** and what's this; and what
  about it; and how can that be; *y que*
  you mean to tell me that
ya already; now; either, or; *ya que*
  since
yacer lie
yegua mare
yelmo helmet
yelo var. of *hielo*
yerba grass
yerto immobile; motionless
yerro error
yesca tinder
yeso plaster
yugo yoke
yunque anvil
yunto yoke

Z

zaguán vestible
zalamero teasing
zalema salaam
zampar gobble up
zancajo heel bone; *roer los zancajos* talk
  behind someone's back
zanja ditch; trench; furrow
zapatero shoemaker
zapateta: dar una zapateta slam the
  door
zapatilla slipper
zapato shoe
zarabanda popular dance
zarza blackberry bush; bramble
zarzal underbrush; bramble
zarzar blueberry
zorro fox
zueco wooden shoe; clog
zumbar whistle
zumbido buzz
zurrar whip; beat